BEATE SANDER

NEUE AKTIEN STRATEGIEN FÜR PRIVATANLEGER

Auf dem Weg zur ersten Million

FBV

Bibliografische Information der Deutschen Nationalbibliothek
Die Deutsche Nationalbibliothek verzeichnet diese Publikation in der Deutschen Nationalbibliografie; detaillierte bibliografische Daten sind im Internet über **http://d-nb.de** abrufbar.

Für Fragen und Anregungen:
info@finanzbuchverlag.de

3. Auflage 2015

ein Imprint der Münchner Verlagsgruppe GmbH,
Nymphenburger Straße 86
D-80636 München
Tel.: 089 651285-0
Fax: 089 652096

Korrektorat: Leonie Zimmermann
Umschlaggestaltung: Laura Osswald, München
Umschlagabbildung: unter Verwendung von iStock-Bildern
Satz: Beate Sander, EDV-Fotosatz Huber/Verlagsservice G. Pfeifer, Germering
Druck: Florjancic Tisk d. o. o., Slowenien
Printed in the EU

ISBN Print 978-3-89879-902-7
ISBN E-Book (PDF) 978-3-86248-714-1
ISBN E-Book (EPUB, Mobi) 978-3-86248-715-8

Aus dem Inhalt

Vorwort

Liebe Leserinnen und Leser,

vermutlich fragen Sie sich: Warum soll ich dieses Buch in seiner 3., komplett neu bearbeiteten Auflage aus dem großen Angebot auswählen? Die kurze Antwort lautet: weil es auf Sie, Ihre Bedürfnisse und Ziele ausgerichtet ist, weil es sich zum „Querlesen" eignet, weil es nicht mit Fachchinesisch überfordert, sondern all jenes Rüstzeug spannend und leicht verständlich bringt, das wichtig für den Börsenerfolg ist. Vor allem: weil es auf falsche Versprechungen verzichtet und Wege aufzeigt, die nicht nur für Weltmeister, sondern Menschen wie Sie und ich begehbar sind.

Hinzu kommt, dass *Neue Aktienstrategien* als Arbeits- und Vertiefungsbuch den Bestseller *Der Aktien- und Börsenführerschein* ideal ergänzt. Das selbstbestimmte Lernen, die kritische Selbstanalyse, das Aufarbeiten von Fehlern, aber auch das Festigen gelungener Strategiezüge sind Schwerpunkte.

Bei der Frage nach der Performance und dem eigenen Börsenerfolg sucht so mancher Anleger, dessen Strategie nicht wunschgemäß verlief, Trost in der Aussage: „Andere waren viel schlechter als ich!" Damit wird die Aufarbeitung von Fehlern behindert, die Chance vertan, einen brauchbaren Lösungsweg zur Ergebnisverbesserung zu finden. Es ist so, als ob ein Schüler seinen Eltern eine Mathematikarbeit mit der Note „mangelhaft" vorlegt und zur Beschwichtigung erklärt, dass einige Mitschüler sogar eine Sechs bekommen hätten. Wohlweislich verschweigt er, dass es auch Arbeiten gab, die mit sehr gut, gut oder befriedigend bewertet wurden.

Sich an den Besseren zu messen ist nicht leicht. Um anspruchsvolle Ziele zu erreichen, sollten Sie, liebe Leserinnen und Leser, Ihre Kräfte mobilisieren. Beobachten Sie den Markt. Seien Sie lernbereit und offen für Anregungen. Setzen Sie sich mit unterschiedlichen Strategien kritisch und gründlich auseinander. Entscheiden Sie sich für eine Marschroute, die Ihrem Naturell und Ihrem Risikobewusstsein entspricht und die Sie innerlich bejahen. Dann werden Sie auch in schwierigen, von Korrektur und Crash geprägten Börsenzeiten wie im Herbst 2008 und Frühjahr 2009 nicht Ihre Strategie über Bord werfen und in unkontrollierbare Hektik verfallen. Sie werden Fehlentscheidungen weder verdrängen noch Ihrem Bauchgefühl vertrauen, sondern das bisherige Geschehen aufarbeiten. Keine Strategie zu haben oder diese zu wechseln wie ein Hemd kennzeichnet die Verlierer. Sie aber wollen zu den Siegern an der Börse zählen – heute, morgen und übermorgen.

Dieses Buch will Ihnen helfen, jede Marktlage für vernünftige Entscheidungen zu nutzen. Statt zu wehklagen, eröffnet selbst ein Crashszenario gewinnbringende Chancen. Machen Sie es wie ich selbst: „Kaufen bei Angst – verkaufen bei Hoffnung." Freilich gibt es die unfehlbare, im Bullen- wie im Bärenmarkt gleichermaßen gut funktionierende Strategie nicht. Selbst Börsenexperten liegen bisweilen schief.

Das Börsengeschehen ist von so vielen unterschiedlichen Faktoren abhängig, dass hundertprozentig gültige Aussagen zur Kursentwicklung der Indizes und einzelner Aktien unmöglich sind. Wer von sich behauptet, schon im Vorfeld alles zu wissen, sollte als Beweis seiner Glaubwürdigkeit zu den Börsenmilliardären zählen. Dauerhafter Börsenerfolg beruht zwar auch auf Zufall, ist aber viel mehr der verdiente Lohn für Lernbereitschaft, Disziplin, Mut und kontrolliertes Handeln.

Ich mache keine unseriösen, haltlosen Versprechen. Was ich Ihnen jedoch zusichere: Mit Leidenschaft, Wissbegier, gründlicher Recherche, gewinnbringenden Strategien und viel Engagement habe ich dieses Buch in seiner 1., 2. und jetzt 3. Auflage komplett neu bearbeitet in der Absicht, dass das Lesen Freude macht und ermutigt, dass es Ihnen nützt und Sie alles verstehen. Es ist ein ehrliches Buch aus der Praxis für die Praxis mit Überlegungen und Tipps für den Börsenalltag. Das Strategiebuch will Ihnen helfen, große Fehler zu vermeiden und aus den kleinen zu lernen. Sie wollen mit Aktien ordentlich Geld verdienen, auch wenn das wegen des geänderten Aktiensteuerrechts schwieriger geworden ist.

Sie können sich selbst gratulieren, wenn Sie sich bereits vor 2009 einen Aktienaltbestand mit Qualitätstiteln ins Depot gelegt haben, um weiterhin steuerfreie Kursgewinne einzustreichen. Gute Werte im Altdepot sollten Sie hüten wie einen Schatz. Höchstens hier und da einen Teilverkauf bei drei-, vielleicht sogar vierstelligen Kursgewinnen vornehmen! Alles, was Sie seit 2009 ordern, gehört in das zweite Neudepot. Ansonsten werden Ihre alten Titel immer zuerst verkauft, ohne dies irgendwie beeinflussen zu können.

Orientieren Sie sich nicht nur am DAX. Seien Sie offen für andere Indizes, für mittlere und kleinere Werte. „Breit gestreut – nie bereut!" ist die Voraussetzung für nachhaltigen Börsenerfolg. Fast jeder orientiert sich nur am deutschen Leitindex DAX. Dies ist verständlich, nimmt er doch unter den großen Weltindizes mit einem Kursgewinn von über 25% im Jahr 2013 den Bronze-Rang Platz 3 ein. Deutlich besser waren der TecDAX (+38%), der MDAX der mittelgroßen Werte (+37%) und der SDAX der kleineren Titeln (+28%). Schauen wir auf die drei DAX-Sieger 2013: CONTINENTAL (+8%), DEUTSCHE POST(+61%), DEUTSCHE TELEKOM (+46%). Noch beeindruckender präsentierte sich der MDAX, der mit seinen exportstarken, großteils familiengeführten Industriefirmen seit Jahren besser als der DAX abschneidet. SKY (+95%), Dürr, MAN und EADS (je +90%) waren die besten Titel.

Der DAX als **Performanceindex** bezieht im Gegensatz zu den ausländischen Börsenbarometern die Dividende mit ein. Als **Kursindex** würde er bei 4850 Punkten notieren, also noch 30% vom Allzeithoch im März 2000 bei 6276 Punkten entfernt – von Blasenbildung keine Spur. Schauen Sie nicht allein auf den DAX. Richtig viel ging im TecDAX ab. Mit NORDEX konnten Sie bis August 2014 sogar 48%, mit DIALOG 45% und DRILLISCH 39% Kursgewinn erzielen.

Was aber viel wichtiger ist: Unabhängig von DAX & Co. kann jeder Börsentag ein Kauf- oder Verkaufstag für einzelne Titel sein. So ist es unsinnig, aus Crashangst sein Depot komplett auszuräumen bzw. nur einzusteigen, wenn es Kursabschläge gibt oder charttechnisch Widerstandslinien durchstoßen werden.

Professor Gerd **Gigerenzer,** Wissenschaftler am Max-Planck-Institut für Bildungsforschung in Berlin, überprüfte im Frühjahr 2013 im Rahmen einer Untersuchung das „minimale Wirtschaftswissen" der Bundesbürger. **Das Ergebnis:** Im Durchschnitt beantworteten die vom Institut befragten Bundesbürger nur zur Hälfte solch einfache Fragen richtig wie: „Womit zahlt man in Dänemark? Ist die Aktie eine sichere Anlage? Und wer ist eigentlich der Wirtschaftsminister?" **Das Fazit:** „Die Bundesbürger haben schwerwiegende Wissenslücken über ökonomische Fakten und Zusammenhänge. Getestet wurde, ob man sich gefahrlos in der Wirtschaftswelt zurechtfinden und die Nachrichten verstehen kann." Ihnen soll das nicht ähnlich ergehen. Mit diesem Buch stärken Sie auch Ihr Wirtschaftswissen.

Stoßen Sie das Wissenstor „Marktkenntnis" auf, so finden Sie noch höhere Kursgewinne als in Deutschland mit DAX, MDAX, TecDAX und SDAX. Das südamerikanische Land Venezuela, das 95% seiner Exporteinnahmen mit Öl erwirtschaftet, legte 2013 um rund 300% zu. Selbst in Griechenland, unlängst dicht vor der Pleite stehend, sprudelten Kursgewinne. 2013 ein Plus von 80%, aktuell ein Minus.

Die beste Nachricht zum Schluss: Der DAX dürfte 2015 mit seinen Dividenden von 30 Mrd. € den Rekord von 28 Mrd. € aus dem Jahr 2008 brechen. Spitzenreiter dürften die Allianz mit einer Ausschüttung von 7,00 € (Rendite: ca. 5%), MUNICH RE (Dividende: 7,50 €, Rendite: ca. 5%), BASF und DEUTSCHE TELEKOM (Rendite: über 4%) sein. Wie armselig präsentieren sich dagegen die Sparbuchzinsen!

- Ich danke dem Programmleiter Georg Hodolitsch dafür, dass ich bei ihm stets ein offenes Ohr finde, wenn es um Neubearbeitungen oder Neuerscheinungen geht. *Neue Aktienstrategien für Privatanleger* ist als erfolgreiches Buch seit 2006, also einem Jahrzehnt, am Markt.

So wünsche ich Ihnen viel Lesefreude und ein glückliches Händchen an der Börse, vor allem in den Zeiten historisch niedriger Leitzinssätze. In diesem Umfeld, in dem Sie mit Sparbuch und Festgeld langsam, aber stetig Ihr Kapital vernichten, freut sich der Aktienbulle, das Symbol für steigende Kurse. Eine Rückkehr zur Hochzinspolitik ist vorerst nicht zu befürchten. Träte sie ein, würde der Bär, das Symbol für sinkende Kurse, in die Börsenarena tapsen und mit seinen starken Tatzen die Kursgewinne bei DAX & Co. abräumen. Also verharren Sie nicht, wie die meisten Privatanleger in Deutschland, abwartend, passiv, ängstlich und pessimistisch an der Seitenlinie des Börsenfeldes! Seien Sie so aktiv wie ich!

Ulm, im Frühjahr 2015 Ihre Autorin Beate Sander

❶ Einführung: Grundsätzliches zur Aktienanlage

Ob Börsen-Arbeitsgemeinschaften in der Schule, Börsenseminare an der Volkshochschule oder Universität, Vorträge bei Aktienclubs oder Beantwortung von Leserzuschriften: Oft stellt sich die Frage nach der richtigen Aktienstrategie. Und ich beobachte haarsträubende Strategiefehler. So ist es viel zu riskant, sein gesamtes Vermögen in einen einzigen DAX-Titel zu investieren, sich allein auf Autoaktien zu konzentrieren oder einseitig auf eine Turnaround-Story zu vertrauen. Es ist auch nicht hilfreich, sich nur am DAX zu orientieren oder lediglich bei bestimmten Kursständen zu kaufen oder zu verkaufen. Letztlich führen trotz Aufwärts- oder Abwärtstrends viele Aktien und Indizes ein Eigenleben, das es auszunutzen gilt.

Die einzig richtige, den Erfolg garantierende Aktienstrategie gibt es freilich nicht. Wäre es anders, bestände keine Börse. Sie speist sich aus Kauf und Verkauf, Angebot und Nachfrage. Selbst beste Börsenstrategien sind nicht in jeder Marktlage gleichermaßen erfolgreich. Wer in der Hausse die Rangliste anführt, ist in der Baisse vielleicht nur Mittelmaß. Markt und Börsengeschehen prägen zahlreiche Faktoren. Selbst renommierte Aktienexperten, Fondsmanager und Analysten irren sich in ihren Markteinschätzungen. Gäbe es die unfehlbare Strategie für den Bullen- und Bärenmarkt, wären viele Seminare, Börsenbriefe, Magazine und Fachbücher überflüssig. Eine Menge Arbeitsplätze ginge verloren.

Wir kennen berühmte Sieger, deren Erfolgsgeschichten um die Welt gehen und Anleger motivieren, es ihnen gleichzutun. Über das Heer der Verlierer wird selten berichtet. Die Opfer verkriechen sich. Schadenfreude für die Betroffenen ist schmerzhaft. Am Ende des dreijährigen Börsencrashs von 2000 bis 2003 zählte ich wegen meiner Vorliebe zum Neuen Markt zu den Verlierern. Aber längst konnte ich das Minus in ein mehrfaches Plus umwandeln. Oft werden Börsenerfolge durch psychologische Faktoren ausgebremst. Der Anleger spürt, dass er etwas falsch macht, kann sich aber von eingefahrenen Verhaltensmustern nicht lösen. So macht er die entscheidenden Fehler mehrmals – trotz vorhandenen Wissens und entgegen guter Vorsätze. Beherzigen Sie die Grundregeln, unterlaufen Ihnen nicht die großen Fehler wie mangelnde Streuung, verfrühte Gewinnmitnahmen und hinausgeschobene Verlustbegrenzungen bis zum bitteren Ende. Wichtig ist es, aus Fehlern zu lernen und nicht dem Herdentrieb oder Stammtischgeschwätz zu verfallen. Selbstreflexion hilft, mit Vernunft statt Bauchgefühl zu entscheiden.

Sie sollten sich über Ihre Beweggründe klar sein und sich von risikoscheu über chancenorientiert und risikobewusst bis spekulativ richtig einordnen. Seien Sie mutig! Langfristig eröffnen Aktien Chancen auf hohe Renditen. Üppige Dividenden gleichen Zinsen nahe 0% mehr als nur aus. Die Börse ist spannend, sorgt für Abwechslung, eröffnet Kontakte zu Gleichgesinnten. Es kann Spaß machen, mit im Boot zu sein und sich ein neues Wissens- und Anlagefeld zu erschließen. Die Börse hält geistig fit. Im Ruhestand eröffnen sich neue Perspektiven und Aktivitäten.

> *Ein alter Börsianer kann alles verlieren, nur nicht seine Erfahrung.*
>
> **André Kostolany**
>
> *An der Börse gibt es viele Vokabeln. „Hätte" gehört nicht dazu.*
>
> **Steffen Bork**

Vergleichen Sie Ihr Aktiendepot mit einem Fußballbundesligateam, das mit Kampfkraft, Elan, der richtigen Einstellung, Strategie und einer geschlossenen Mannschaftsleistung die drei Punkte einfahren will. Es ist nicht zu erwarten, dass jeder Mitspieler stets eine Topleistung erbringt. Selbst der Tabellenführer muss damit leben, Ausfälle im Team zu haben. Die Leistungsträger stellen die drei Punkte sicher und bügeln die Schwäche einzelner Mitspieler aus. Erfolgreich spielt eine Fußballmannschaft, wenn sie neben erfahrenen Spielern junge Akteure, die Stars von morgen, mit einsetzt. Ohne sichere Abwehr, kreatives Mittelfeld und torhungrige Stürmer geht wenig. Wer nur Defensivkräfte einsetzt, spielt oft null zu null. Wer zu offensiv ausgerichtet ist, schießt viele Tore, fängt dafür aber Gegentreffer ein.

> **Warum Aktien und ETFs statt Sparbuch?**
>
> Wer derzeit 1000 € im Sparkonto anlegt, vernichtet schleichend sein Geld. Nach Steuern, Zinsen bis zu 1% und jährlicher Inflationsrate von 1% verlieren Sie Kaufkraft, statt für Ihr Alter vorzusorgen.

Ähnlich verhält es sich mit Ihrem Aktienportfolio. Neben den in DAX, EURO STOXX und DOW JONES gelisteten Dickschiffen, den Aktien der internationalen Großkonzerne, brauchen Sie wendige, manövrierfähige Schnellboote. Diese sind vergleichbar mit den in margenstarken Nischen erfolgreich operierenden Mittelständlern, gelistet in den Nebenwerte-Indizes wie TecDAX, MDAX und SDAX. Diversifikation bringt Kursmusik in Ihr Depot! Drei Siegpunkte statt ein langweiliges null zu null, mit dem niemand auf Dauer Meister wird!

Fußball und Börse haben noch weitere Gemeinsamkeiten, z. B. bei der Sündenbocksuche. Geht ein Spiel verloren, sind Trainer oder Schiedsrichter die Schuldigen. Verspekuliert sich jemand, schiebt er die Eigenverantwortung beiseite und meldet gegenüber seiner Depotbank Schadensersatzansprüche wegen mangelnder Beratungsqualität an. Sie sollten nicht zu solchen Ausweichmanövern greifen und sich verantwortlich fühlen. Dafür einzustehen, was man tut, bedeutet, überlegt und weitsichtig statt leichtfertig zu entscheiden.

Warum Aktien für Vermögensaufbau und Altersvorsorge?

Mutige Aktionäre wurden 2013 belohnt, aber auf eine harte Probe gestellt, als der DAX Anfang Juli 2014 bei über 10.000 und vier Wochen später unter 9000 Punkten notierte. Dennoch verwundert es, dass es hierzulande zu wenig Anleger gibt, die aus den historisch niedrigen Zinsen nahe 0% die Konsequenz ziehen und vom Sparkonto auf die Aktie umsteigen. Angsthasenmentalität bewirkt übertriebene Vorsicht. Mit dem Sparkonto ist kein Vermögensaufbau mit dem Ziel finanzieller Freiheit möglich. Wer nur auf Sicherheit setzt, verliert. Wer sich ein breit gestreutes Aktiendepot mit attraktiver Dividende aufbaut, zählt zu den Siegern. Schauen Sie sich meine eigenen Depotkurslisten an: kein Hexenwerk!

Obgleich der DAX 2013 um ein gutes Viertel stieg und ab Mai 2014 den Kampf um die psychologisch wichtige 10.000er-Marke erfolgreich aufnahm, ging die Zahl der Aktionäre in Deutschland 2013 um 600.000 zurück. Nur 8,9 Mio. Bundesbürger legen in Aktien oder Aktienfonds an. Dies entspricht 13,8% der Bevölkerung. Direktaktionäre, also ohne Fonds, machen nur 7% aus. Ob Vermögensaufbau oder Altersvorsorge. Leichtfertig werden große Renditechancen vergeben. Deutschland zählt weltweit zu den größten Aktienmuffeln. Binnen zehn Jahren schaffte der DAX bis Ende 2013 ein Jahresplus von 9,2%. Dazu meint Dr. Christine Bortenlänger, Chefin des Deutschen Aktieninstituts (DAI): „Ohne Aktien verzichten Anleger auf langfristig stabile Renditen über der Inflationsrate."

Trotz Zinsen nahe 0% Mini-Aktienanteil in Deutschland			
Deutsche Aktien DAX	12.100 €	**Spareinlagen Bank**	10.030 €
Sparbriefe Laufzeit 4 J.	10.140 €	**Bundesobligationen**	9.950 €
Termineinlagen 1. Jahr	10.090 €	**Gold**	7.000 €

Zinseszinseffekt bei einmaliger Anlage von 10.000 €			
Laufzeit: nach 10 Jahren	**1%:** 11.046 €	**3%:** 13.439 €	**5%:** 16.289 €
Laufzeit: nach 20 Jahren	**1%:** 12.202 €	**3%:** 18.061 €	**5%:** 26.533 €
Laufzeit: nach 30 Jahren	**1%:** 13.478 €	**3%:** 24.273 €	**5%:** 43.219 €

Zinseszinseffekt bei monatlicher Anlage von 100 €			
Laufzeit: nach 10 Jahren	**1%:** 12.623 €	**3%:** 13.980 €	**5%:** 15.502 €
Laufzeit: nach 20 Jahren	**1%:** 26.566 €	**3%:** 32.768 €	**5%:** 40.753 €
Laufzeit: nach 30 Jahren	**1%:** 41.968 €	**3%:** 58.018 €	**5%:** 81.886 €
Quelle für Zahlenspiegel:	Bankenverband und Bundesbank, 31. Dez. 2013		

1.1 Sich über seine Beweggründe klar sein

Warum interessieren Sie sich für Aktien? Was versprechen Sie sich davon? Nennen Sie Ihre hauptsächlichen Motive! Nach dem Börsencrash von 2000 bis 2003 – dem verlustreichsten Absturz seit Aufzeichnung des Aktienhandels ab 1870 in Deutschland – weichen Euphorie und Gier dem Streben nach Sicherheit und Kapitalerhalt. Im Fahrwasser der sich zum globalen Finanzdesaster ausgeweiteten Subprimekrise und dem dadurch ausgelösten Konjunktureinbruch führten Vertrauensverlust, Angst und Panik zum erneuten Crash im Herbst 2008 und Frühjahr 2009. Wie groß die Unsicherheit war, zeigt das Barometer des Goldpreises. Eine Unze Gold kostete damals 1900 US-Dollar gegenüber aktuell 1250 Dollar.

Gold gilt als sicherer Hafen bei Inflationsgefahr und im Crash. Die Pleiten von Hypothekenbanken und Hedgefonds sowie die Furcht vor Rezession trieben die Aktienkurse zunächst in den Keller. Danach folgte eine in dieser Größenordnung überraschende Hausse. Trotz Weltwirtschafts- und Überschuldungskrise bleibt über einen Zeitraum von Jahrzehnten die Vormachtstellung der Aktien als renditestärkste Anlageform unangetastet. Insbesondere deutsche Anleger verharren im Crash zu lange passiv an der Seitenlinie des Börsenfeldes und begnügen sich mit Gold, Sparbuch und Anleihen.

> *Die meisten Leute interessieren sich für Aktien, wenn alle anderen es tun. Die beste Zeit ist aber, wenn sich niemand für Aktien interessiert.*
>
> **Warren Buffett,** einer der weltweit erfolgreichsten Investoren

- **Obwohl das Sparkonto trotz niedriger Inflationsrate eine schleichende Kapitalvernichtung wegen des Leitzinssatzes nahe 0% bedeutet, besitzen in Deutschland nur 8,9 Mio. Bundesbürger Aktien oder Aktienfonds. Dies sind nicht einmal 14% der Bevölkerung. Deutschland präsentiert sich als ein Volk der Aktienmuffel und Angsthasen.**

- **Das gegenwärtige Hauptmotiv, Aktien zu kaufen, ist die Aussicht auf üppige Kursgewinne und eine attraktive Dividende, die den Sparbuchzins mehrfach schlägt.** Es geht um die Einhaltung des kaufmännischen Grundprinzips: *Im billigen Einkauf und im teuren Verkauf liegt der Gewinn!*

Bei Korrektur und Crash trennen sich furchtsame Anleger zum Tiefstpreis von ihren Papieren. Oft geschieht die Depotausräumung über computergesteuerte Verkaufsaufträge, Stop-Loss-Orders genannt. Eine Transaktion zur Verlustbegrenzung löst die nächste aus – der ideale Nährboden für einen Kursverfall mit Kettenreaktion. Seien Sie mutig, steigen Sie ein, wenn die Kurse niedrig, die Aktien günstig bewertet und die fundamentalen Daten überzeugend sind.

Am besten handeln Sie in der Bodenbildung antizyklisch, vertrauen auf Erholung, anziehende Kurse und gute Gewinnchancen. Wer Verluste stets aussitzt, wird oft für seine unschlüssige Haltung bestraft. Treue zum Unternehmen wird an der Börse nicht als moralisch anständiger Charakterzug geschätzt, der Belohnung verdient. Läuft es an der Börse wieder besser, sind – mit den richtigen Aktien und einer durchdachten Portfoliostruktur – jedoch hohe Kursgewinne möglich.

Einen weiteren Anreiz zum Aktienkauf bildet der Rat, breit zu streuen. Beschränken Sie sich nicht auf eine einzige Anlageform, seien es Immobilienerwerb, Staats- und Unternehmensanleihen, Geldmarktprodukte, Anlagezertifikate oder Derivate. Bildet sich in einem Sektor eine Spekulationsblase, ist der Verlust bei deren Platzen insgesamt weniger groß, als wenn Sie eine einzige Karte spielen.

Wichtige Beweggründe für den Kauf von Aktien:

- Kursgewinn
- Dividende
- Streuung der Anlageformen
- Spaß und Interesse an Aktien

Eine attraktive Dividende ist wichtig. Die AG beteiligt Sie in Deutschland einmal im Jahr, in den USA vierteljährlich mit der Ausschüttung am Gewinn, meist mit einer Quote von 30% bis 50%. Zudem sichert eine hohe Dividendenrendite den Kurs nach unten ab. Im Bullenmarkt liegt der Fokus bei den Kursgewinnen. In schwierigen Börsenzeiten ist die Dividende besonders wichtig, wenn sie weit über den Sparkontozinsen liegt.

Wer die Aktie am Tag der Hauptversammlung (HV) besitzt, erhält die gesamte Dividende am nächsten Werktag ausgezahlt, selbst wenn er das Papier erst am HV-Tag gekauft hat. Der Bankzinssatz bezieht sich dagegen auf ein Jahr (per annum). Trotzdem ist es unvernünftig, Aktien nur wegen einer hohen Ausschüttung zu kaufen. Läuft das operative Geschäft schlecht, sieht sich das Unternehmen vielleicht gezwungen, die Dividende empfindlich zu kürzen, wie 2014 um die Hälfte bei RWE, oder ganz zu streichen, wie 2010 bei DAIMLER oder LUFTHANSA geschehen.

Wer nur auf die Dividende schaut, muss auf die meisten Biotech- und Hightechwerte verzichten. Gerade hier wird die große Zukunftskarte gespielt. Anfangs geht es um Wachstum, Forschung, Entwicklung, Investitionen, Finanzierung klinischer Phasen im Gesundheitswesen bzw. neue Produkte und Markteroberung.

In extrem unruhigen Börsenzeiten wie Juli/August 2014 war zu beobachten, dass vor allem Biotechaktien auf Allzeithochniveau notierten, während es bei etlichen Titeln wie ADIDAS und VW (DAX), DRÄGERWERK, PFEIFFER VACUUM und FREENET (TecDAX) sowie BILFINGER, RHEINMETALL, WINCOR NIXDORF (MDAX) und C.A.T.Oil (SDAX) zweistellige Kurseinbrüche gab. In solchen Zeiten kaufe ich bei guten Chancen zu und finanziere dies mit Teilverkäufen von Siegern mit hohem Kursgewinn.

1.2 Das magische Dreieck klug nutzen

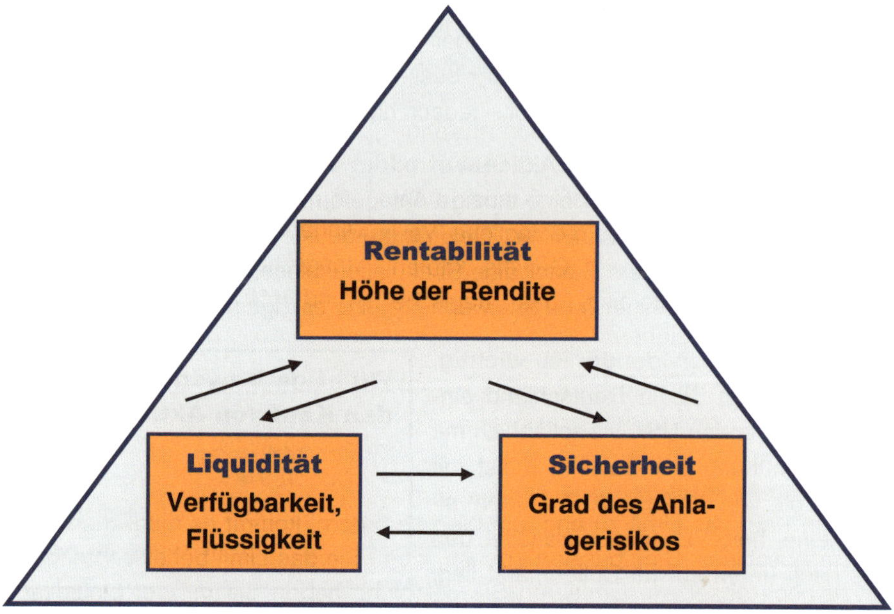

Behalten Sie bei der Geldanlage immer die drei Sachverhalte des magischen Dreiecks im Auge. Sie stehen zueinander in enger Wechselwirkung und erleichtern Ihnen die Selbsteinschätzung: „Wer bin ich wirklich? Was will ich? Was erwarte ich? Was verkrafte ich?“ Es geht einerseits um die Höhe der Rendite, die Rentabilität bzw. Ertragsmarge. Andererseits erscheinen die Sicherheit, der Grad des Anlagerisikos und schließlich die Verfügbarkeit bzw. Liquidität wichtig.

Die Risikobereitschaft wird vom Anlagezeitraum mitbestimmt. Wer kurzfristig ein- und aussteigt, dessen Risikoneigung ist oft höher, als wenn er über einen langen Zeitraum anlegt und selten umschichtet. Möglicherweise plant jemand bei der Altersvorsorge langfristig und bevorzugt sichere Anlageformen. Kurzfristig setzt er vielleicht sein sogenanntes Spielgeld spekulativ ein. Hier akzeptiert er ein höheres Risiko, um die Chancen auf üppige Renditen wahrzunehmen.

Vielleicht zählen Sie selbst zu den Investoren, die für den Vermögensaufbau physisches Gold, Silber und Platin, Blue-Chips-Fonds, Indexfonds (ETFs) und bei Einzelaktien substanz- und dividendenstarke Standardwerte auswählen. Für risikoreichere Investments favorisieren Sie vielleicht in- und ausländische Nebenwerte, Themenfonds und Aktien aus dem Gesundheitswesen mit den besten Biotechaktien, Hightech mit Software (Big Data, Cloud Computing, Digitalisierung), große soziale Netzwerke und hoffen auf ein Comeback bei erneuerbaren Energien.

Das Dreieck heißt „magisch“, weil Sie zwar alle drei Ziele auf niedrigem, nie aber gleichzeitig auf höchstem Niveau erreichen können. Wer auf Sicherheit, also Kapitalerhalt, setzt, muss Einbußen bei der Rendite hinnehmen. Wem es um hohe Gewinne geht, wie sie eine kluge Auswahl in ausländische Titel, in den MDAX, TecDAX, SDAX und den Biotechnologiesektor bieten, muss mehr Risiko akzeptieren. Selbst die tägliche Verfügbarkeit hat ihren Preis. Günstig kaufen und verkaufen heißt also, das magische Dreieck miteinzubeziehen.

Solarworld, ein trauriges Beispiel zum Nachdenken

Die Aktie von SOLARWORLD, deren Gründer und Vorstandschef Dr.-Ing. Frank Asbeck zeitweilig sogar vom DAX-Aufstieg träumte, geriet 2013 in akute Insolvenzgefahr. Die Aktionäre verloren nach dem anfänglichen Höhenflug zuletzt rund 95% ihres Vermögens.

Spekulieren Sie auf die niedrigsten Kaufkurse innerhalb einer Talsohle, so verpassen Sie diese vielleicht, weil die Trendumkehr früher einsetzt als von Ihnen erwartet. Wollen Sie zum Höchstpreis verkaufen, klappt dies bei schlechten Nachrichten und einer sich anbahnenden Korrektur nicht. Setzen Sie beim Kauf das Limit zu eng, um billig zu ordern, kommt es möglicherweise zu keinem Abschluss. Dies passiert ebenso, wenn Sie das Limit bei einer Verkaufsorder zu hoch ansetzen. Limitieren Sie gar nicht, haben Sie mit der Liquidität gewöhnlich kein Problem. Verspüren Sie Spekulationsblut in den Adern, können Sie in unruhigen Zeiten hier und da auch sogenannte „Abstauberlimits“ für günstigen Kauf und Verkauf setzen. Dabei sollten Sie den Zeitraum für die Ausführung auf mehrere Monate ansetzen, nicht zuletzt schon deshalb, um den ungünstigen Teilausführungen zu entgehen. Es ist üblich, dass die Bank Sie dann nur einmal mit den Kosten belastet, wenn die Transaktion mangels Angebot aufgeteilt wird.

Risikoneigung: abhängig von mehreren Faktoren

- Alter und Geschlecht
- Marktlage/Börsenklima
- Renditeerwartungen
- Anlageziele
- Anlagezeitraum
- Vermögensdecke
- Monatliche Ausgaben
- Börsenpsychologie
- Expertenempfehlungen
- Familiäre Pflichten

Blue-Chip-Orders aus DAX und DOW werden wegen hoher Handelsumsätze meist sekundenschnell ausgeführt. Sie können auf den Bildtafeln 215/216 des Nachrichtensenders n-tv die aktuellen DAX-Kurse live einsehen und auf den Folgeseiten ab 219 die Realtimekurse von TecDAX, MDAX und SDAX. Bei den von Analysten und Aktionären oft vernachlässigten, meist niedrig kapitalisierten Nebenwerten aus dem General oder Entry Standard mit geringem Streubesitz kann es länger als einen Tag dauern, bis eine Order ausgeführt wird. Ist die Rendite für Sie vordergründig und Sie limitieren zu hoch, fließt der Geldsegen durch den geplanten Verkauf erst später oder gar nicht.

1.3 Die Frage nach dem Anlegertyp beantworten

Ob Vermögensberatung oder eigenständiges Handeln. Wichtig ist, sich zur Groborientierung als Anlegertyp realistisch einzuordnen, und zwar:

- **in den ausgewogenen, sicherheitsbewussten, vorsichtig agierenden, risikoscheuen Typ mit Schwerpunkt auf eine attraktive Dividendenrendite, Interesse an Gold und Ausrichtung auf langfristigen Anlagehorizont**
- **in den chancenorientierten, flexibel handelnden Typ mit breit gestreutem Portfolio bei entsprechender Vermögensdecke und ETF-Vorliebe, um wichtige Märkte abzudecken**
- **in den ausgeprägt risikobewussten bis spekulativen Anlegertyp mit Vorliebe für schnelles Rein und Raus sowie Interesse an Derivaten**

Während des Börsenbooms Ende der 1990er-Jahre bis zum Platzen der Spekulationsblase im Frühjahr 2003 war das Interesse deutscher Anleger an Aktien so groß wie sonst nie. Die meisten Börsianer waren risikobereit und kauften selbst dann noch Aktien, als sie extrem teuer waren. Eine Dividende erschien eher nebensächlich. Die Aktionäre investierten in den risikobehafteten Neuen Markt und zeichneten in grenzenlosem Optimismus alles, was an die Börse kam, darunter Garagenklitschen mit Wachstumsvisionen, aber quasi ohne Umsatz und mit tiefroten Zahlen. Gier bestimmte den Markt und Aktienkäufe florierten auch auf Pump. Seit dem Platzen der Spekulationsblase, als der DAX zwischen 2000 und 2003 von über 8100 auf unter 2200 Punkte und der NEMAX 50 von mehr als 9600 auf unter 300 Punkte fiel (Absturz um 97%), wandelte sich das Anlegerverhalten grundlegend. Viele Aktionäre verabschiedeten sich von der Börse oder stehen unschlüssig an der Börsenfeld-Seitenlinie. Sicherheit ist Trumpf. Physisches Gold und Silber, Sparbuch, Geldmarkt, Staats- und Firmenanleihen sowie Garantieprodukte sind weiterhin gefragt. Die Risikoneigung ist ein Spiegelbild der Marktlage und wird vom Massenphänomen Herdentrieb und der Börsenpsychologie mitbestimmt.

Es wäre vernünftiger, im Bereich der Höchststände den Aktienbestand herunter- und im Crashszenario, während der Bodenbildung, hochzufahren (Kaufen bei Angst, Verkaufen bei Hoffnung). Doch wer tut das? Wer weiß schon, ob es nicht noch weiter hoch oder runter geht? Dies merkt man es erst hinterher. „Hätte ich" hilft nicht weiter. 2003/2004 gab es glänzende Gelegenheiten, die hohen Verluste nach dem Platzen der Spekulationsblase wettzumachen. Auch der mutige Zugriff auf Qualitätstitel während der Finanzkrise im Herbst 2008 und Frühjahr 2009 wurde mit hohen Kursgewinnen belohnt. Doch viele Anleger denken, wie das Deutsche Aktieninstitut (DAI) recherchiert hat, heute eher an schnelle Gewinnmitnahmen als an ein langfristiges Aktienengagement.

Die Kursentwicklung wichtiger Aktienindizes (I)					
Wichtige Börsenbarometer	**Schluss 1999**	**Schluss 2002**	**Schluss 2003**	**Schluss 2004**	**Schluss 2005**
DAX	6.859	2.893	3.965	4.256	5.408
MDAX	4.103	3.025	4.469	5.376	7.312
NEMAX/TecDAX	5.090	359	568	520	596
SDAX	2.889	1.709	2.586	3.144	4.249
EURO STOXX 50	4.904	2.386	2.760	2.951	3.260
DOW JONES	11.485	8.342	10.454	10.800	10.522
NASDAQ 100	4.041	1.336	2.004	2.178	2.160
S&P 500	1.436	880	1.112	1.241	1.220
NIKKEI 225	18.811	8.579	10.677	11.489	14.075

Die Kursentwicklung wichtiger Aktienindizes (II)					
Wichtige Börsenbarometer	**Schluss 2006**	**Schluss 2007**	**Schluss 2008**	**Schluss 2009**	**Schluss 2010**
DAX	6.596	8.067	4.810	5.957	6.914
MDAX	9.404	9.865	5.602	7.507	10.128
TecDAX	748	974	508	817	851
SDAX	5.567	5.192	2.801	3.549	5.174
EURO STOXX 50	4.120	4.405	2.065	2.966	2.807
DOW JONES	12.507	13.348	8.777	10.535	11.570
NASDAQ 100	2.425	2.676	1.577	2.284	2.226
S&P 500	1.424	1.477	903	1.124	1.258
NIKKEI 225	17.226	15.308	8.860	10.546	9.785

Die Kursentwicklung wichtiger Aktienindizes (III)					
Wichtige Börsenbarometer	**Schluss 2011**	**Schluss 2012**	**Schluss 2013**	**Kursentwicklg. 1, 3, 5 Jahre**	**Schluss 2014**
DAX	5.750	7.612	9.552	+2,7/+66/+65%	**9.806**
MDAX	8.625	11.914	16.574	+2,2/+90/+129%	**16.935**
TecDAX	667	828	1.167	+17,5/+100/+68%	**1.371**
SDAX	4.244	5.249	6.789	+5,9/+63/+102%	**7.186**

Wichtige Börsenbarometer	Schluss 2011	Schluss 2012	Schluss 2013	Kursentwicklg. 1, 3, 5 Jahre	Schluss 2014
EURO STOXX 50	2.203	2.627	3.101	+6/+47/+17%	**3.146**
DOW JONES	11.766	13.104	16.482	+9/+55/+73%	**18.038**
NASDAQ 100	2.215	2.661	3.592	+20/+95/+146%	**4.313**
S&P 500	1.205	1.426	1.840	+13/+74/+89%	**2.091**
NIKKEI 225	8.455	10.395	16.291	+7/+109/+90%	**17.451**

Selbst im Herbst 2008, als sich zu niedrigen Kursen ein steuerfreier Aktienaltbestand aufbauen ließ, wurde der Markt neben Derivaten mit Garantie-, Discount- und Bonuszertifikaten überschwemmt, mit denen der Kapitalerhalt außer bei Emittenteninsolvenz (siehe LEHMAN BROTHERS) ungefährdet erschien. Bald dürfte die Zwei-Millionen-Grenze erreicht sein. Bei dieser Vielfalt kennt sich niemand mehr aus. Die Zuordnung in Anlegertypen ist nicht zementiert, sondern hängt von Marktlage und Börsenklima ab. Sie wird beeinflusst durch Fondsmanager, Vermögensverwalter und Bankberater – gestützt auf das oft klägliche Börsenwissen im Privatkundengeschäft: Produktbezogenheit vor Kundenorientierung.

Deutschland – ein Angsthasenvolk? Das größte Risiko in den Zeiten der Null-Zins-Politik ist, jedes Risiko vermeiden zu wollen

Das Geldvermögen deutscher Privathaushalte in Mrd. €					
Bargeld & Einlagen	2007	2013	**Aktienanteil**	2007	2013
	1.544	2.041		355	264
Trotz Zinsen nahe 0% Mini-Aktienanteil in Deutschland					
Aktienquote pro Land	USA	Spanien	Japan	Griechenland	Deutschland
	56%	33%	28%	21%	7%
Quelle: Deutsche Bundesbank, Stand: 2. Quartal 2013, *Handelsblatt* Nr. 248					

Im Idealfall reagiert der einzelne Anleger sicherheits- wie risikobewusst. Für die Altersvorsorge und andere größere Vorhaben werden internationale Blue Chips mit hoher Dividendenrendite bevorzugt, seien es Einzeltitel, ETFs oder Aktienfonds. Mit weniger Einsatz wird eher kurzfristig auch in riskantere Nebenwerte investiert. Dazu zählen chancenreiche, aber risikobehaftete Branchen wie erneuerbare Energien, Biotechnologie, Software, Internet, Netzwerke und Medien. Auch ein Investment in Schwellenländer in Ostasien, Südamerika und Afrika zählen dazu. Der indische Aktienmarkt dürfte dagegen schon heiß gelaufen sein.

Typische Verhaltensmuster bei Kursgewinn und Kursverlust

Dass die so einfach erscheinende Zuordnung in bestimmte Anlegertypen in der Praxis oft nicht richtig funktioniert, zeigen typische Verhaltensreaktionen im Bullen- und Bärenmarkt. Viele Privatanleger setzen widersprüchliche Strategien ein. Bei Gewinnen reagieren sie übervorsichtig und verkaufen meist viel zu früh, getreu dem Motto: An Gewinnmitnahmen ist noch niemand verarmt! Umgekehrt sitzen sie Kursstürze oft bis nahe dem Totalverlust aus. Da spricht man sich Mut zu mit der tröstlichen, aber trügerischen Prognose: Meine Aktien erholen sich schon wieder!

Professor **Terrance Odean** von der Universität Berkeley ermittelte bei einer Umfrage unter 163.000 US-Brokerkunden, dass Gewinne fast zweimal so oft wie Verluste realisiert würden. Börsenexperte und Buchautor **Joachim Goldberg** fand heraus, dass Investoren auf Verluste mit viel höherer Risikobereitschaft reagieren und berichtet: „Konnten Anleger zwischen einem sicheren Gewinn von 5000 € und einer 25-prozentigen Chance auf 25.000 € (75% gewinnen nichts) wählen, entschied sich der Großteil für 5000 €. Mussten sie entscheiden zwischen einem sicheren Verlust von 5000 € und einer Wahrscheinlichkeit von 25%, dass sie alles verlieren (nämlich 25.000 €), und zu 75%, dass sie verlustfrei blieben, dann geht die Mehrheit die zweite Wette ein.“

Daniel Kahneman und **Amos Tversky** untersuchten, dass Verluste die Emotionen zweieinhalbmal stärker berühren als die Freude über Gewinne. Die Unfähigkeit, Verluste abzuschreiben, statt sie zu verdrängen, führt dazu, den Einstandskurs als dauerhaften Orientierungspreis zu bewerten. Dreht die Aktie ins Minus, wird zugekauft, um den Einstiegskurs zu verbilligen. Bei hochwertigen Aktien kann dies funktionieren, nicht aber, wenn der Kahlschlag fundamental untermauert wird.

> *Gewinne an der Börse sind wie Schmerzensgeld. Erst kommen die Schmerzen und dann das Geld.*
>
> **André Kostolany**

Dass von psychologisch geprägten Verhaltensmustern auch institutionelle Investoren nicht frei sind, zeigen die 1995 aufsehenerregenden Machenschaften des jungen Händlers Nicholas Leeson. Der Barings-Banker wollte anfangs mit seiner Spekulation Fehler von Kollegen ausbügeln, scheiterte aber und erhöhte das Risiko. Verzweifelt trieb er dieses Spiel so lange weiter, bis er 1995 mit 1,4 Mrd. USD in der Kreide stand und das 200 Jahre alte Traditionshaus zahlungsunfähig wurde.

Behavioral Finance. Sie schlägt bezüglich Kapitalmarkteinschätzung eine Brücke zwischen Ökonomie und Psychologie. Es geht um den Einfluss irrationaler Verhaltensmuster auf Kauf- und Verkaufsentscheidungen des Anlegers. Eine begrenzte Sichtweise, Angst vor Gesichtsverlust, Selbstwertprobleme, Verdrängung und Herdentrieb führen zu dem Fehler, Gewinne verfrüht zu realisieren und auf Verlustaktien zu lange sitzen zu bleiben.

Wichtige Einflussfaktoren auf die Anlagestrategie

Risikoneigung
Anlagezeitraum
Vermögensdecke
Investmentziele
Renditeerwartung
Lebensplanung
Lebensalter
Familienverhältnisse
Steuerliche Aspekte
Diversifikation (Streuung)

Was wurde aus 100.000 € Einsatz im 1. Halbjahr 2013?

Anlageformen mit Gewinn in €		Anlageformen mit Verlust in €	
Venezolanische Aktien (IBX)	151.700	**Silber**	62.510
Ghanaische Aktien (GSE)	149.350	**Brasilianische Aktien**	73.320
Aktien Dubai (DFM)	138.810	**Gold**	74.490
Aktien Abu Dhabi (ADX)	136.370	**Namibische Aktien**	75.850
US-Aktien (Dow Jones)	115.280	**Russische Aktien**	83.690
Irische Aktien	115.140	**Südafrikanische Aktien**	84.720
Japanische Aktien (Nikkei)	113.630	**Kupfer**	85.940
Anmerkung	Im 2. Halbjahr 2013 entwickelten sich fast alle Aktienindizes positiv, während Staats- und Firmenanleihen großteils an Wert verloren.		
Quellen:	**Oben:** Bloomberg, Bank of America, Merrill Lynch, HSBC, JP Morgan; **unten:** *Handelsblatt* 05.11.2014 und Goldman Sachs Asset		

Wie viel Prozent von 100.000 € würden Sie anlegen?

Wo sind bzw. wären Sie gern aktiv? Begründen Sie Ihre Meinung.		Wo würden Sie nicht anlegen? Woher rührt Ihre Ablehnung?	
Immobilien	**37%**	**Unternehmensanleihen**	**67%**
Sparbuch, Tagesgeld, Festgeld	**24%**	**Fonds**	**63%**
Aktien	**14%**	**Staatsanleihen**	**60%**
Fonds	**10%**	**Aktien**	**48%**
Staatsanleihen	**9%**	**Sparbuch, Tages-/Festgeld**	**34%**
Unternehmensanleihen	**6%**	**Immobilien**	**28%**

Anmerkung: An der Umfrage beteiligten sich über 1000 gut informierte Deutsche.

Auch Alter und Geschlecht beeinflussen die Risikoneigung

Frauen erreichen eine um durchschnittlich 3% bessere Rendite, weil sie weniger zocken als Männer, Durststrecken länger aushalten und sich eher am nachhaltigen Erfolg orientieren. Die Formel ***100 minus Lebensalter = Aktienanteil*** entspricht nicht der Lebenswirklichkeit. Junge Leute wollen, aber können oft nicht.

1.3.1 Der sicherheitsbewusste Investor

Jeder Anleger, der sich nach aufrichtiger Selbstanalyse als sicherheitsbewusst und risikoscheu einstuft, sollte bestimmte Anlageformen favorisieren und andere meiden. Eine Strategie, die der eigenen Persönlichkeit zuwiderläuft, lässt sich schon beim ersten Fehlschlag kaum durchhalten. Sollten Sie bei Kursverlusten Magenschmerzen bekommen, nachts nicht schlafen können, Ihre gute Laune und Lebensfreude verlieren, dann ist es besser, sich konsequent von riskanten Anlageformen zu trennen, auch wenn darunter die Rendite leidet.

Sofern dann noch Aktien infrage kommen, war es vor 2009 klug, Indexfonds (ETFs) bzw. substanzstarke internationale Standard- und deutsche Nebenwerte auszuwählen, um beim Aktienaltbestand steuerfreie Kursgewinne zu nutzen. Seit 2009 bieten sich weiterhin ETFs und erstklassige Einzeltitel, aber auch Discount- und Bonuszertifikate an, um das Risiko hoher Verluste in schlechten Börsenzeiten möglichst gering zu halten. Die Börse Stuttgart bietet allein rund eine halbe Million unterschiedlicher Anlagezertifikate an.

Sparbuch bleibt auch 2013 vorn

Sparbuch/Sparkonto:	55%
Sparen auf Girokonto:	53%
Bausparvertrag:	37%
Kapitallebensversicherg:	36%
Kurzfristige Geldanlagen:	30%
Immobilien:	25%
Riester-Rente:	23%
Investmentfonds:	21%
Aktien:	15%

Niedrigzinssatz drückt deutsche Sparquote

2008:	11,5%
2009:	10,9%
2010:	10,9%
2011:	10,4%
2012:	10,3%
2013:	10,0%
2014	9,0%

Quelle: Umfrage, Verband der Privaten Bausparkassen

Diszipliniert in dividendenstarke Aktien und ETFs anlegen

Interessant ist wegen der niedrigen Kosten ein ETF-Engagement in den 2005 von der Deutschen Börse AG aufgelegten DivDAX. Er besteht aus den 15 DAX-Werten mit der höchsten Dividende und wird alljährlich den veränderten Ausschüttungen angepasst. Zu überlegen ist ebenso ein Div-EURO-STOXX-ETF oder ein guter Dividenden-Aktienfonds.

Beispiel: Allerdings – und dies wird gern verschwiegen – enttäuscht beim DivDAX oft die Kursentwicklung, weil ein steiler Kursanstieg der Siegeraktien selbst bei steigender Dividende die prozentuale Rendite schmälert. Hat sich der Aktienkurs in fünf Jahren von 10 auf 50 € verfünffacht, die Ausschüttung dagegen von 0,50 auf 1 € nur verdoppelt, beträgt die Dividendenrendite nicht mehr satte 5%, sondern magere 2% (Formel: Dividende multipliziert mit 100 dividiert durch den Kurs). Folglich sind Kurstreiber kaum im DivDAX vertreten. Hand aufs Herz: Wurden Sie jemals bei einer Beratung über diesen Sachverhalt informiert?

Oberstes Gebot für Risikoscheue: breit gestreut – nie bereut!

Vorrangiges Ziel bleibt der Kapitalerhalt, auch wenn wegen historisch niedriger Leitzinssätze, einer Inflationsrate von derzeit knapp 1% und der Abgeltungsteuer von 25% dieses Vorhaben bei Zinspapieren kaum erfüllbar erscheint.

Zwischen Flop und Top: Was Indizes und Zahlen verraten

Vertrauen Sie nicht blindlings Freunden, Bekannten und Verwandten bezüglich Kapitalanlage. Entscheiden Sie überlegt nach gründlicher Information. Orientieren Sie sich an den vorstehenden Übersichten. Wer 2013 auf den DAX setzte, schaffte mit dem Depot „Heimatliebe“ trotz unzureichender Streuung immerhin im Schnitt 25% Gewinn. Mit Beimischung in den **TecDAX** und **MDAX** waren es deutlich über 35%. Vertraute er dem **NIKKEI** in Japan, konnte er sich zum richtigen Einstiegszeitpunkt über 50% Kursgewinn freuen. Wer als Lohn für gute Marktkenntnis und mit einem glücklichen Händchen beste **Biotechaktien** einfing, konnte binnen 12 Monaten sogar seinen Einsatz verdoppeln.

Wer fast alles falsch machte und Pech hatte, erlitt mit Aktien oder Anleihen bei Insolvenz der Firma möglicherweise einen Totalverlust. Schlimm sieht es bei einer Ein-Wert- oder Wenig-Werte-Strategie aus. Hier fehlen Spitzentitel zum Verlustausgleich.

Realer Verlust auch bei Garantieprodukten möglich

Selbst wenn ein Anleger 100% seines eingesetzten Kapitals zurückbekommt, macht er ein Minus in Höhe des gezahlten Ausgabeaufschlags, der bis zu 5% beträgt. Vielleicht fällt zusätzlich eine Verwaltungsgebühr an. Außerdem ist die jährliche Inflationsrate von 1 bis 2% einzukalkulieren.

Die Renditechancen bleiben dürftig, weil Kapitalgarantie und Gebühren Erträge auffressen.

Bei einem höheren Anlagevolumen ist der **Sparer-Pauschalbetrag** von 801 € für Singles und 1.602 € für Verheiratete schnell aufgebraucht. Seit 2009 gilt die Abgeltungsteuer mit 25%. Mit Solidaritätszuschlag und Kirchensteuer sind ca. 28% fällig. Also droht eine schleichende Kapitalvernichtung.

Veränderte Einschätzungen durch demografischen Wandel und Fortschritte in Biotechnologie, Medizintechnik und Pharma

Die Lebenserwartung steigt weiter. Eine Obergrenze ist nicht in Sicht. Pro Jahr dürfen Sie im Schnitt mit einem längeren Leben von 3 Monaten rechnen. In einem Jahrzehnt sind dies 2,5 Jahre, in 40 Jahren eine ganze Dekade. Ein Mädchen, das jetzt geboren wird, dürfte seinen 100. Geburtstag feiern. Momentan liegt das Durchschnittsalter in Deutschland bei rund 80 Jahren. Das Ziel heißt, gesund und fit zu altern – mit Lebensqualität, finanzieller Freiheit und Unabhängigkeit. Dies stellt Gesundheitswesen, Rentenkassen, Volkswirtschaft, Sozial- und Arbeitsmarktpolitik, Angebots- und Nachfragemarkt vor immer neue Herausforderungen. Schwierig wird es, wenn Sie für Ihren Ruhestand nicht ausreichend vorsorgen. Sie müssen mit Rentenabschlägen rechnen. Mit den richtigen Einzeltiteln, Aktien-Themenfonds und ETFs können Sie sich langfristig einen Vermögensstock aufbauen, der Ihnen die Teilhabe an den erfreulichen Seiten des Ruhestands ermöglicht.

Übertriebenes Sicherheitsstreben: oft ein teures Ruhekissen

Erträge erzielen, ohne ein Risiko einzugehen! Davon träumen viele Anleger. Seit dem Ende des Aktienhypes zur Jahrtausendwende sollten Sie genau überprüfen, welche Fallstricke sich hinter vollmundigen Versprechungen verbergen. Selbst die Garantie für den Kapitalerhalt gibt es bei Anlagezertifikaten nicht gratis. Der Anleger bezahlt mit verringerten Ertragschancen und oft auch versteckten Gebühren. Dieses psychologisch erklärbare starke Bedürfnis nach Kapitalerhalt als Reaktion auf erlittene Verluste ist die Triebfeder für den Absatzerfolg von Nischenprodukten wie Garantiefonds und Garantiezertifikaten. Sie versprechen bei Rückzahlung des eingesetzten Kapitals mäßige Renditen. Abgeltungsteuer und Inflationsrate werden gern verschwiegen. Das Begriffswirrwarr, die Riesenauswahl und die unübersichtliche Struktur der Produkte bereiten Kopfzerbrechen. Das größte Risiko heute ist, kein Risiko eingehen zu wollen.

Der DAX notiert nicht wie im Frühjahr 2000 bei 2200 Punkten, sondern übersprang nach erneutem Crash während der Weltwirtschaftskrise 2008/09 im Juni 2014 erstmals die lang ersehnte Marke von 10.000 Punkten. Wer seit 2010 auf deutliche Korrekturen beim DAX-Stand von knapp 7000 Punkten, MDAX gut 10.000 Punkten, TexDAX 850 Punkten und DOW JONES rund 11.500 Punkten wartete und passiv verharrte, ärgert sich beim Blick auf die aktuellen Kursstände.

Kursanstieg in 3 Jahren bei Aktien verpasst?

Vergleichszeitraum Jahresschluss 2014

DAX:	rund 65%
MDAX:	rund 90%
TecDAX:	rund 100%
SDAX:	rund 63%

Wer sein Depot aus Crashangst komplett ausräumte, um Gewinne mitzunehmen, dürfte sein ängstliches Handeln ebenfalls bereuen. So mancher Aktionär fragte sich zum Neujahrsbeginn 2015: *„Warum habe ich die Erholung der Aktienmärkte nicht genutzt? Warum ließ ich große Chancen aus und nutze sie auch momentan nicht? Warum nicht engagiert dabeibleiben, um alte Verluste zu bereinigen und den Vermögensaufbau voranzutreiben? Warum war mir beim Aktienboom um die Jahrtausendwende kein Risiko zu hoch, während ich jetzt untätig in der Warteschleife verharre? Warum kaufe ich nicht wenigstens hier und da bei niedrigen Kursen und verkaufe bestenfalls dann, wenn die Bullen das Börsengeschehen dominieren?"*

1.3.2 Der chancenorientierte Investor

> *Wenn Sie nicht wissen, wer Sie sind, dann ist die Börse ein kostspieliger Ort, es zu erlernen!*
>
> **David Dreman**
>
> *Ein Seemann, der nicht weiß, welches Ufer er ansteuern soll, für den ist kein Wind der richtige.*
>
> **Sander-Knöpfel**

Wer sich hier seelenverwandt fühlt, macht sich – abhängig von Marktlage und Börsenklima – eine Fülle von Anlageformen zunutze. Er investiert z. B. in Bonuszertifikate und vermehrt in Aktienfonds, die führende in- und ausländische Indizes abbilden oder sich auf bestimmte Sektoren konzentrieren. Er greift zu bei Firmenanleihen und ordert ETFs, um komplette Märkte abzudecken. Er nutzt mutig Trends und setzt bei Einzeltiteln nicht nur auf das „Heimatliebedepot DAX", sondern favorisiert dividendenstarke in- und ausländische Titel. Dem chancenorientierten Anleger reicht der Kapitalerhalt nicht. Er will ein Vermögen aufbauen, Anlageziele verwirklichen und mögliche Verluste aus früheren Börsencrashs wettmachen.

Hoffentlich hat Sie Ihr gebremstes Risikobewusstsein nicht daran gehindert, zwischen 2003 bis 2007 mutig einzusteigen, als sich der DAX vom Tiefstand bei 2200 Punkten bis auf 8000 Punkte fast vervierfachte. Schade wäre es, wenn Sie es bis Ende 2008 versäumten, sich ein steuerfreies Aktiendepot aufzubauen, und die imposante Kursrallye ab Sommer 2009 bis Jahresende 2013 verpassten. Da machte eine Perlensuche in den Nebenwerteindizes und im Biotechsektor richtig Freude. Deutsche Börsenbarometer erreichten neue Hochstände und haben sich seit Frühjahr 2009 mehr als verdoppelt. „Hätte ich nur" hilft zwar nicht weiter. Aber auch künftig gibt es gute Chancen an der Aktienbörse. Langfristig entwickeln sich die Kurse bei den Qualitätstiteln nach oben. Selbst ein Crash zeigt im Langzeitchart über einen Zeitraum von Jahrzehnten nur eine tiefe Delle.

> *Frage nicht nach dem Preis, den du für ein Unternehmen zahlst, sondern nach dem Wert, den du für dein Geld bekommst!*
>
> **Warren Buffett**

Bitte bedenken Sie, dass Ihre Bank oft produktbezogen statt kundenorientiert handelt. Eine maßgeschneiderte Anlageberatung gibt es meist nur bei größerem Vermögen. Höchste Zeit, eigenständig zu handeln. Beobachten Sie das Marktgeschehen. Vertrauen Sie nicht einer einzigen Empfehlung. Ignorieren Sie Stammtischgeschwätz und fallen Sie nicht auf ungebetene Telefonate und Online-Anpreisungen herein. Bilden Sie sich ein eigenes Urteil und fühlen Sie sich verantwortlich. Befassen Sie sich mit denjenigen Anlageformen gründlich, die für Sie interessant sind.

Nutzen Sie den Cost-Average-Effekt

> *Wenn der Börsenzug auf dem falschen Gleis steht, erübrigt sich jede Diskussion über den Fahrplan.*
>
> **Tim Baechle**
>
> *Im Unterschied zur Straßenbahn wird an der Börse zum Ein- und Aussteigen nicht geklingelt.*
>
> **Carl Fürstenberg**

Insbesondere in jüngeren Jahren sind Sparpläne interessant, die den **Cost-Average-Effekt** nutzen. Sie erhalten mit gleich hohem Einsatz bei fallenden Preisen mehr Wertpapiere und bei Kursanstieg weniger Anteile. Kaufen Sie in mehreren Tranchen Einzelaktien, so lässt sich der Cost-Average-Effekt auch hier nutzen. Chancenorientierte Aktionäre bevorzugen bei langem Anlagezeitraum vor allem konjunkturunabhängige Value-Titel (wie Industrie, Versorger, Konsum, Pharma) gegenüber den konjunkturabhängigen zyklischen Aktien, zu denen Autohersteller, Chemie, Maschinenbauer, IT-Dienstleister, Internet, Medien und Biotechnologie zählen.

1.3.3 Der risikobereite Investor

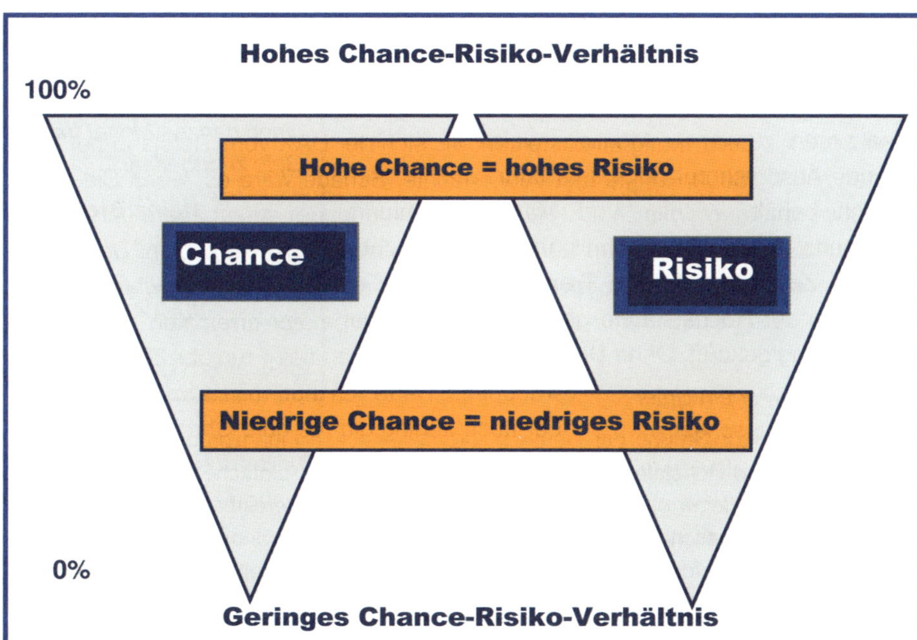

Risikobereitschaft erfordert eine gründliche Selbstanalyse

Eine risikoreiche Ausrichtung setzt voraus, mit hohen Kursgewinnen wie mit Kurseinbrüchen vernünftig umzugehen. So wie es gute und schlechte Sieger und Verlierer gibt, ist nicht jeder Anleger in Extremsituationen fähig, sein inneres Gleichgewicht zu bewahren, cool und beherrscht zu handeln. Wer sich leichtsinnig verhält und anmaßt, Börsenerfolge seien einzig allein seiner Klugheit zu verdanken, ist gefährdet, alles zu verspielen. Erinnert sei an den Neuen Markt. Börse erfordert viel Disziplin, Demut und Einsicht, dass auch der Zufall eine Rolle spielt. Wer bei Verlusten Gesundheit, ruhigen nächtlichen Schlaf, Nervenstärke und Lebensfreude einbüßt, sollte nur mit Spielgeld seinen Spekulationshunger stillen. Dies gilt ebenso, wer bei Fehlentscheidungen die Ursachen verdrängt, nach Sündenböcken sucht und Klagen plant. Es gilt, aus Fehlern zu lernen und die Strategie zu überdenken. Spekulatives Handeln bevorzugt das schnelle Rein und Raus.

In Extremform wird Day-Trading betrieben. Die Anlageinstrumente ändern sich, zumal Nervenkitzel hinzukommt. Penny Stocks sind ebenso wenig tabu wie Derivate am Terminmarkt, Optionsscheine, Hebelzertifikate sowie *CFDs (Contract for Difference). Wer Rohstoffderivate ordert, muss die **Finanztermingeschäftsfähigkeit** nachweisen und bei der Depotbank die höchste Risikostufe wählen.

> *Man kann keinen schlechteren Gebrauch von seinem Erfolg machen, als sich damit zu brüsten.*
>
> **Sir Arthur Phelps**

Der risikofreudige Anleger sollte zweigleisig handeln: Er investiert den Großteil seines Kapitals langfristig in Blue Chips mit hoher Dividendenrendite oder in ETFs, ist aber auch mutig genug, mit kleinem Einsatz mehr zu wagen. Möglicherweise ist die Risikofreude Ausdruck seiner Spielernatur, was er gern für sich behält. Wichtig sind Marktbeobachtung, Kompetenz in der Charttechnik und antizyklisches Handeln. Zeichnet sich eine Trendumkehr ab, wird im Bereich der Höchststände gern verkauft und bei Bodenbildung gekauft. Ohne Disziplin geht nichts.

> *Es ist oft produktiver, einen Tag lang über sein Geld nachzudenken, als einen ganzen Monat für Geld zu arbeiten.*
>
> **Heinz Brestel**
>
> *Der verlorenste aller Tage ist der, an dem man nicht spekuliert hat.*
>
> **Séb. Roch de Chamfort**

***CFDs** gehören zur Gruppe der Derivate. Die risikoreichen Finanzprodukte erlauben es, Aktien, Indizes und Rohstoffe wie Edelmetalle oder Erdöl auf einfache und preiswerte Art zu handeln. Der Anleger erwirbt keine Wertpapiere, sondern vereinbart mit dem Anbieter, dass die Differenz (geschätzter Gewinn oder Verlust, Long oder Short) bei der Transaktion auf seine Rechnung erfolgt. Hier sind selbst mit geringem Einsatz üppige Gewinne möglich, wegen der Hebelwirkung, aber auch hohe Verluste weit über dem Einstandspreis.

Auch Neuemissionen können interessant sein. Wie gestaltet sich die Kursentwicklung im außerbörslichen Handel? Wie chancen- und risikoreich erscheint das Geschäftsmodell? Wie sehen Umsatz und Ertrag, Bilanz und Prognose aus? Wie beurteilen die Analysten den Börsengang? Gut zu wissen, dass im Bullenmarkt bei einem IPO (Initial Public Offering) höhere Preisspannen durchsetzbar sind als im Bärenmarkt und dass in der Baisse nur erstklassige AGs mit einer gesunden Bilanzstruktur einen erfolgreichen Börsengang hinlegen können. Keineswegs darf der spekulative Anleger auf ein breit gestreutes Depot verzichten, zu dem nicht nur Aktien und Hebelzertifikate, sondern auch andere Anlageformen wie Firmenanleihen und Leerverkäufe zählen können. Hedgefonds bieten sich als Depotbeimischung und zur Risikominimierung an. Hier kann wie bei CFDs, Put-Optionsscheinen und Short-Zertifikaten auch im fallenden Markt Geld verdient werden.

Vermutlich haben es von den spekulativen Anlegern nur wenige geschafft, ihre in dem lang gezogenen Crash von 2000 bis 2003 sowie 2008/2009 erlittenen herben Verluste wettzumachen und in die Gewinnzone zu gelangen. Es gibt schon zu denken, dass von 2000 bis 2010 der MSCI WORLD, der Vergleichsindex für den weltweiten Aktienmarkt, ein Minus von 3,32% erzielte. Nur wenige Aktienfonds schafften es in diesem Zehn-Jahres-Zeitraum, den Vergleichsindex zu schlagen. Ganz anders sah es 2011 und erst recht 2012 und 2013 aus. 2013 jagte in den deutschen Indizes ein Allzeithoch das nächste. In den USA ging die Rallye 2014 weiter.

Interessant ist ein Blick auf die Musterdepots vom Handelsblatt, Stand 30. Dezember 2013. Nicht etwa das **spekulative Depot** mit den Schwerpunkten Anlage- und Hebelzertifikate, Richtung Long und Short, erzielte die beste Performance, sondern schnitt am schlechtesten ab. Der Zeitaufwand ist hoch und ohne Fachkompetenz geht gar nichts. Es gilt, eine kluge Auswahl aus rund 1,5 Mio. Anlage- und Hebelprodukten zu treffen. Beim **ausgewogenen Depot**, das mit seinen favorisierten Bonuszertifikaten und einigen Einzelaktien auf den zweiten Platz kam, ist der Zeitaufwand im Allgemeinen geringer. Am wenigsten Zeit, weil auf dividendenstarke Standardaktien und ETFs ausgerichtet, benötigte das siegreiche **defensive Depot.** Hier wird kein Expertenwissen verlangt und nicht dauernd umgeschichtet. Seit 2014 wählt das HANDELSBLATT eine andere Musterdepot-Struktur.

Performance Handelsblatt-Depots 30.12.13: Start 100.000 €		
❶ Depot defensiv	**❷ Depot ausgewogen**	**❸ Depot spekulativ**
Gesamtwert: **111.499 €: +11,50%**	Gesamtwert: **110.977 €: +10,98%**	Gesamtwert: **104.943 €: +4,94%**
Alle Wertpapiere im Depot: **72.960 €: +16,02%**	Alle Wertpapiere im Depot: **66.833 €: +8,22%**	Alle Wertpapiere im Depot: **72.435 €: +4,33%**

1.4 Die Aufgaben der Börse kennenlernen

Die Wertpapierbörse entstand vor über 400 Jahren

Vor 412 Jahren, am 20. März 1602, verbündeten sich holländische Kaufleute. Sie organisierten den Pfefferhandel und gründeten die Vereinigte Ostindische Compagnie (VOC). So entstand die erste AG mit frei handelbaren Anteilen. Das „Kontor VOC" entwickelte sich zur ersten Aktienbörse. Zur Eröffnung stieg der Kurs um 15%. Zwei Jahrzehnte später betrug der Kurszuwachs 300% und 100 Jahre danach 1200%. Ab dann ging es steil abwärts. 1799 kam durch Missmanagement das Aus. Vom Top zum Flop: Das gab es nicht nur am Neuen Markt.

Historiker leiten das Wort „Börse" vom alten Patrizierhaus Beurse in Brügge aus dem 14. Jahrhundert ab. Die Fassade war mit dem Geschlechterwappen, drei Geldbeuteln, verziert. Das lateinische Wort „bursa" und der griechische Begriff „byrsa" bedeuten Leder- oder Geldtasche. In diesem Anwesen ließen sich reisende Kaufleute nieder und bildeten den Treffpunkt von Angebot und Nachfrage. Die heutige Börse als Ort des Kapitals präsentiert sich als **hoch organisierter Handelsplatz für Wertpapiere.** Dabei unterscheiden wir die **Aktienbörse** (Anteilscheine, Dividendenwerte) und die **Rentenbörse** (verzinsliche Wertpapiere, Schuldverschreibungen, Staats- und Unternehmensanleihen). Wie bei anderen Kaufverträgen sind die Transaktionen an der Wertpapierbörse zweiseitige Verpflichtungs- und Erfüllungsgeschäfte mit Einigung über Art, Menge und Preis. Der Anleger kauft oder verkauft seine Aktien persönlich über einen Bankberater bzw. telefonisch oder online über seine Depotbank. Beim Verkauf wird der Erlös abzüglich Gebühren dem Depotkonto gutgeschrieben. Beim Kauf erhält er die gewünschten Wertpapiere. Sein Konto wird mit dem Kaufpreis und den Transaktionskosten belastet.

Der Finanzmarkt Börse weist folgende wichtige Merkmale auf:

Die Wertpapiere liegen an der Börse nicht als Dokumente vor; denn die Geschäfte laufen standardisiert über elektronische Handelssysteme ab wie XETRA. Gewährleistet sind eine marktgerechte Preisbildung und Transparenz. Der Handel geschieht an der Deutschen Börse AG in Frankfurt und an sechs Regionalbörsen.

Regionalbörsen als Handelspartner nutzen

Die Leitbörse in Frankfurt behauptet ihre führende Marktposition und wendet sich mit ihrem Handelssystem XETRA bevorzugt an institutionelle Anleger. Die Skulpturen von Bulle und Bär als Markenzeichen präsentieren sich am Frankfurter Börsenplatz. Der grunderneuerte Börsensaal dient nur als Platz für die Medienpräsenz.

Sechs Regionalbörsen, Berlin-Bremen, Düsseldorf, Hamburg, Hannover, München und Stuttgart, konzentrieren sich auf die Hauptzielgruppe Privatanleger. Sie stehen miteinander im harten Wettbewerb, besetzen Nischen, locken mit preiswertem Service und besserem Anlegerschutz. Während die Aktivitäten im elektronischen XETRA-System auf 09:00 bis 17:30 Uhr begrenzt sind, wird sonst ab 08:00 bis mindestens 20:00 Uhr gehandelt. Zum Angebot zählen verbindliche Kauf- und Verkaufskurse mit garantierten Stückzahlen und einem fairen Preis. Meine Testorders bei Regionalbörsen zeigen, dass Transaktionen mit Nebenwerten aus MDAX, TecDAX, SDAX sowie ausländischen Aktien bei regem Handel sekundenschnell ausgeführt werden.

Die **Stuttgarter Börse** ist durch den Zusammenschluss mit der EUWAX AG marktführend bei Anlage- und Hebelzertifikaten, Optionsscheinen und Anleihen. EUWAX übernimmt die Skontroführung (Vermittlung von Börsengeschäften) und stellt gemeinsam mit der Stuttgarter Börse die Privatanleger mit den institutionellen Investoren bezüglich Transparenz, schneller Abwicklung und Preisgestaltung gleich.

Die **Börse München** bietet mit ihrem Qualitäts-Marktsegment **m:access** über 50 Mittelständlern einen transparenten Handelsplatz mit den Vorteilen des Freiverkehrs bei vernünftigen Folgepflichten. Die Börse München garantiert, dass bei Teilausführungen keine Zusatzkosten anfallen, und beeindruckt mit ihrer Spezialkompetenz bei Auslandsaktien, ETFs und Mittelstandsanleihen. Im viel gelesenen Magazin Südseiten erscheint kostenlos meine Internetserie **„Gesunde Geldanlage“**.

Die **Hamburger Börse** bietet einen besonderen Clou für die Plattform Investmentfonds. Wer hier ordert, zahlt statt des üblichen Fondsausgabeaufschlags von 5% nur einen geringen Spread (Preisspanne zwischen Kauf- und Verkaufspreis). Die **Düsseldorfer Börse** schließlich wirbt mit verbindlichen Kauf- und Verkaufskursen (Handelssystem QUOTRIX; Angebot = Briefkurs, Nachfrage = Geldkurs), sekundenschnellem Online-Handel und verlängerten Handelszeiten.

- **Tipp:** Die Aktien mittelständischer Unternehmen, z. B. aus München, Stuttgart oder Hamburg, sollten Sie am besten bei der dortigen Regionalbörse ordern, damit Ihr Auftrag rasch ausgeführt wird. Klicken Sie die Webseite der Regionalbörse Ihrer Wahl an, um sich über das aktuelle Angebot zu informieren.

❷ Aus eigenen Fehlern lernen

2.1 Rückblick: Das Anlegerverhalten hinterfragen

Um zu begreifen, wie irrationale Übertreibungen dramatische Kursabstürze bewirken und ein Boom im Crashszenario endet, zeige ich Hintergründe auf. Es geht um die Erkenntnis: Nach der Blase ist vor der Blase – abgeleitet von einer alten Fußballweisheit. Dass ein Crash unvermeidbar ist, bestätigt der Rückblick und deckt sich mit Nobelpreisträger-Erkenntnissen.

Der Crash zu Beginn des neuen Jahrtausends war die Folge sich auftürmender Spekulationsblasen im Zuge der **Dotcom-Euphorie,** begleitet von riesiger Überbewertung vieler Titel. Der Crash im Herbst 2008 und Frühjahr 2009 entstand durch die sich zum größten Finanzdesaster seit 1929 ausweitende Subprime-Immobilienkrise. Hinzu kamen Verunsicherung, Herdentrieb, Angst und Panik.

Die Vorzeichen: Als 1995 der US-Browser **NETSCAPE** an die Börse ging, verdoppelte die Internetfirma bereits am ersten Handelstag ihren Wert. Die Gründer waren Millionäre, obgleich sie noch keinen Gewinn erwirtschafteten. NETSCAPE war der Funke, der den Ansturm auf das kalifornische Silicon Valley und die irrationalen Übertreibungen auslöste. Dies war die Geburtsstunde für die sich aufblähende Internetblase. Selbst als sie platzte, war die Besorgnis anfangs nicht groß. Die meisten Anleger gingen lediglich von einer überfälligen Korrektur aus. Heute erscheint die „Goldgräberstimmung" des Internetbooms unwirklich, mögen auch Google und die Sozialnetzwerke Facebook, Twitter und Alibaba neue Fantasien schüren. Nach dem Gipfelsturm an der Börse und dem sich anschließenden „Salami"-Crash zogen sich viele Anleger im Schatten wirtschaftlicher Unsicherheit und Terrorängste von der Börse zurück.

DAX-Verlauf

1. Januar 2000:
6750 Punkte

1. Januar 2001:
6433 Punkte

1. Januar 2002:
5160 Punkte

1. Januar 2003:
2892 Punkte

Allzeittief 2003:
2202 Punkte

1. Januar 2004:
3965 Punkte

1. Januar 2005:
4291 Punkte

Jahresende 2005:
5408 Punkte

Jahresende 2006:
6596 Punkte

Jahresende 2007:
8067 Punkte

Jahresende 2008:
4810 Punkte

Jahresende 2009:
5957 Punkte

Jahresende 2010:
6914 Punkte

Jahresende 2011:
5750 Punkte

Jahresende 2012:
7612 Punkte

Jahresende 2013:
9552 Punkte

Jahresende 2014:
9806 Punkte

Allzeithoch 2014:
10.093 Punkte

Der anfängliche Wunsch: „Wie werde ich am Neuen Markt schnell reich?“ wurde abgelöst von dem Ziel: „Wie sichere ich mein Anlagekapital vor Verlusten?“ Heute ist die Markteinschätzung gespalten: hier die Hoffnung, dort die Angst.

Im Zuge der Interneteuphorie der späten 1990er-Jahre und zu Beginn des neuen Jahrtausends kletterte der DOW JONES auf 11.900 Punkte, der DAX auf über 8000 Punkte und der NEMAX 50 auf mehr als 9600 Zähler. Ab Frühjahr 2000 war der Spuk vorbei. Die Spekulationsblase platzte. Der schöne Traum vom anhaltenden Reichtum in der „New Economy“ zerplatzte wie eine Seifenblase. Die wundersame Geldvermehrung wandelte sich zur größten Geldvernichtung. Übersehen wurde, dass solche Krisen kein einmaliges Geschehnis sind, sondern sich wiederholen.

Man denke an die niederländische Tulpenmanie im 17. Jahrhundert, an die South-Sea-Bubble im 18. Jahrhundert, den Eisenbahnboom im 19. Jahrhundert, den heftigen Börsencrash von 1929 sowie das Crashszenario 1987. Die spekulativen Exzesse waren die Folge von Massenwahn, angeheizt durch Gier, Euphorie und eine danach ausufernde Angst und Panik. Irrationales Verhalten benebelt den Verstand und begünstigt hohe Verluste bis hin zum finanziellen Ruin. Die Internetblase wurde parallel zur Eisenbahnhysterie von einer technologischen Revolution begleitet.

Viele Anleger glaubten Ende der 1990er-Jahre, dass sich der Markt in ein Online-Paradies verwandeln werde mit dauerhaftem Wohlstand. Die Boulevardpresse brachte Börsen-News auf der Titelseite. Heute stapeln selbst Institutionelle ihr Kapital eher in Anleihen. Die irrationelle Übertreibung wich einem starren Sicherheitsdenken, das bis auf den heutigen Tag den Blick für neue Chancen verschleiert.

Spekulationsblasen

Je neuer ein Trend ist und je mehr die Leute darüber reden, desto skeptischer sollten Anleger sein.

Tobias Levkovich,
Chefstratege Citigroup

Ein ungehörter Warnruf

Als die Aktienkurse am Neuen Markt den Höchststand erreichten, warnte die Finanzzeitschrift *Barron's* vor der baldigen Zahlungsunfähigkeit etlicher Internetfirmen. Doch die als lästig empfundene Gefahr wurde verdrängt. Die Unternehmen verbrannten weiter das Geld ihrer Aktionäre.

Verzerrte Wahrnehmung

Pleiten im Internetsektor wie GIGABELL, KABEL NEW MEDIA oder POPNET am Neuen Markt kamen gegenüber Insolvenzen in der Software- und IT-Branche und später im Solarstrombereich seltener vor. Einige der damals gegründeten Firmen waren noch nicht börsenreif. UNITED INTERNET und FREENET schafften nach längerer Anlaufzeit den Turnaround. Seit ihren Tiefständen legten sie drei- bis vierstellig zu. Ganz zu schweigen von GOOGLES fantastischem Börsendebüt und dem aktuell beeindruckenden Börsengang von ALIBABA trotz der sich abzeichnenden starken Korrektur im Herbst 2014.

Der Analyst und Börsenexperte Hilmar Platz empfiehlt: „Bei der Auswahl aussichtsreicher Investments sind viele Faktoren wichtig: Welche Märkte werden adressiert? Welches Geschäftsmodell, welche Technologien werden eingesetzt? Wie gut ist das Management?“ Die sich verfestigende Risikoaversion, begleitet vom „Scheuklappensyndrom“ (verdrängen, was der eigenen Sichtweise widerspricht), tut der Wirtschaft nicht gut. Sie lähmt die Konjunktur durch zögerliche Investitionen.

Die Interneteuphorie ist verflogen. Dennoch verändert das World Wide Web die Geschäftsbeziehungen und das Verbraucherverhalten. Ob Auftragseingänge, Lagerbestände oder Lieferkapazitäten – vieles lässt sich per Mausklick erledigen. So deuten einige Ökonomen wie der Österreicher Joseph Schumpeter den Boom und Crash der Jahrtausendwende nicht nur als schweren Unfall in der Börsenhistorie, sondern als eine die Neuausrichtung fordernde „schöpferische Zerstörung“. Hohe Umsätze sind nicht alles. Der Fokus liegt auf Substanzkraft und Nachhaltigkeit.

Aufstieg und Fall des Neuen Marktes

Am 10. März 2000, seinem dritten Geburtstag, erklomm der Neue Markt mit 9631 Punkten sein Allzeithoch. Die Deutsche Börse gründete 1997 das Segment für junge Wachstumsfirmen als deutsche Variante zur US-Technologiebörse NASDAQ. Der Handel begann verhalten mit dem Automobil-Ingenieur-Dienstleister **BERTRANDT**, heute ein gefeierter Börsenstar im MDAX, und dem Mobilfunkunternehmen MOBILCOM. Zur Blütezeit waren am Neuen Markt 353 Firmen gelistet und nahmen beim Börsengang fast 24 Mrd. € ein. Die Internationalität war groß. Es kamen aus Österreich 12, Nordamerika 9, Niederlande 9 und Israel 8 Gesellschaften. Es gab keine rote Karte für börsenunreife Garagenklitschen, die bei minimalen Umsätzen tiefrote Zahlen schrieben und allein mit Visionen brillierten. Die Zeichnungsmanie war zeitweilig so groß, dass Aktiendepots vom Neugeborenen bis zum Urgroßvater eingerichtet wurden, um die Zuteilungschancen zu erhöhen. Danach ging es rapide abwärts. Ende 2000 stand der NEMAX 50 nur noch bei 2869 Punkten. Bis zum endgültigen Niedergang betrug der Verlust über 97%.

Dazu ein Beispiel: Ein Freimakler konnte sich um die Jahrtausendwende vor Nachfrage kaum retten, als er den Kurs für BSE-Vorzüge mit 75 € auf sein elektronisches Handelssystem einstellte. Hunderte privater und institutioneller Anleger aus Europa gaben ihre Order ab. Der Hinweis, es sei eine Hightechemission am Neuen Markt, reichte. Genaue Informationen wurden kaum verlangt. Es war ein gelungener Aprilscherz; denn die Firma existierte gar nicht. BSE ist die Abkürzung für Rinderwahnsinn. Welch Schwachsinn, etwas zu ordern, das man nicht kennt!

- **Parallel zum Markt stürzten die Fonds von Investmentstar Ochner ins Bodenlose ab. Nicht minder tief war der Fall des Analysten Henry Blodget, der bei Merrill Lynch ein Jahresgehalt von 5 Mio. US-Dollar bezog.**

Im Börsenboom verflachte die moralische Kompetenz. Heute wird im Zuge millionenschwerer Steuerhinterziehungen, Bonuszahlungen und Abfindungen die Vorbildwirkung der Firmenchefs angemahnt. Damals waren es vor allem geschönte Bilanzen, erlogene Umsätze, gefälschte Erträge. So meldete die Verkehrstechnikfirma COMROAD ständig Großaufträge aus Fernost mit dem Schönheitsfehler, dass 95% der Umsätze frei erfunden waren. Staatsanwalt Peter Noll nannte mildernde Umstände: „Zu einem Clown gehört auch ein Zirkus, und dieser Zirkus nennt sich Neuer Markt." 1997 startete der NEMAX mit 505 Zählern. Fünf Jahre später waren es 367 Punkte. Im März 2003 „beerdigte" die Deutsche Börse den NEMAX und ersetzte ihn durch den TecDAX mit 30 in- und ausländischen Hightechtiteln.

Die deutsche Technologiebörse TecDAX war trotz der beachtlichen Performance von 30% im Jahr 2007 zum Jahresschluss 2008 mit einem Punktestand von nur noch 508 und einem Kursverlust von 48% ein Schatten ihrer selbst. Der TecDAX, zeitweilig während seiner Solarstromdominanz gern „Sonnen"-DAX genannt, war noch jahrelang belastet durch die negative Historie des Neuen Marktes. Der Hightechindex erholte sich jedoch 2009 eindrucksvoll und wurde mit einem Kursgewinn von 61% und Punktestand von 818 der große deutsche Indexsieger. In dem vorzüglichen Börsenjahr 2013 hängte der TecDAX erneut sämtliche deutschen Börsenbarometer ab mit einem Kursplus von 41% vor dem MDAX mit 39%, dem SDAX mit 29% und dem Leitindex DAX mit 25,5%.

Die Sichtweise der Volkswirtschaft im Einklang mit der Behavioral Finance: Börsenblasen entstehen und platzen auch künftig

Wer heute Volkswirtschaft studiert, erlebt mehr wirklichkeitsnahe Situationen im Vergleich zu früher, als die Studenten mit dicken Wälzern abstrakter Theorien überschüttet wurden. In studienbegleitenden Experimenten, in denen die Mitspieler bisweilen auch echtes Geld verdienen können, erfahren sie, dass sich die Finanzmärkte oftmals nicht rational verhalten, sondern regelmäßig das gleiche Muster ausbilden: Zunächst steigen die Preise weit über den fundamentalen Wert, um irgendwann – nur wann, wie lange, wie heftig, ist ungewiss – plötzlich abzustürzen. Offenbar lässt sich dieses Phänomen nicht verhindern. Experimente mit und ohne Leerverkauf – vergleichbar mit und ohne Hedgefondsbeteiligung – zeigen einen ähnlichen Verlauf. Es bilden sich Blasen, die später platzen. Dieses Grundmuster ändert sich nicht, weil der Mensch an gewohnten Verhaltensweisen festhält und eine Art Rudelinstinkt sein Handeln prägt. Auf dieses Phänomen gründet sich auch die technische Analyse bzw. Charttechnik. Die Experimente, über die Bernard **Ruffieux** in der Fachzeitschrift *Spektrum der Wissenschaft* berichtete, zeigen, dass die Börse irrational ist. Die Marktteilnehmer lernen aus der Geschichte wenig oder nichts. Es gibt mehr Übertreibungen nach oben als nach unten.

Letztlich bestätigen diese Experimente, dass die Tulpenzwiebelspekulation in Holland im 17. Jahrhundert, der Schwarze Freitag am Vorabend der Weltwirtschaftskrise der 30er-Jahre des 20. Jahrhunderts oder die dem Absturz von über 95% vorangegangene Kursexplosion am Neuen Markt nicht als Aussetzer zu bewerten sind. Der Mechanismus der Märkte erzeugt zwangsläufig Blasenbildungen, mag der Zeitraum dazwischen auch unterschiedlich lang sein und mögen die Reaktionen mehr oder weniger heftig ausfallen.

Nachdem die Märkte bisweilen unvernünftig reagieren und die Kapitalströme nicht immer effektiv steuern, sollten Sie sich gründlich informieren und Ihre Beweggründe und Ihr Risikobewusstsein richtig einschätzen. Streben Sie eine mittel- bis langfristige Anlage an, so ist neben einem günstigen Einstiegskurs eine hohe Qualität der Wertpapiere entscheidend, möglichst unterfüttert durch eine attraktive Dividende. Bei einem kurzfristigen Horizont sind genaue Marktbeobachtung und rasches Handeln entscheidend für den Erfolg. Es war verhängnisvoll, erst zu Beginn der Jahrtausendwende mit seinem gesamten Kapital einzusteigen und in der Crashtalsohle alle Papiere in panischer Angst auf den Markt zu werfen. „Breit gestreut – nie bereut!" bezieht den Zeitpunkt mit ein.

- Die Frage, welche Aktien am besten wann gekauft oder verkauft werden, kann die Wissenschaft nicht schlüssig beantworten. Aber sie hilft, vernünftig zu entscheiden, indem sie das Marktgeschehen besser strukturiert und analysiert.

Bert Flossbach: Unabhängigkeit mit Schwerpunkt Aktien

In seinem Flaggschiff-Mischfonds „Multiple Opportunities" bleibt die Aktienquote bei 71%. Dazu erklärt der Börsenexperte Bert Flossbach im *Handelsblatt*, Ausgabe Nr. 160 vom 21. August 2014: „Entscheidend ist unser Weltbild: Die Liquiditätsschwemme der Notenbanken ist der wichtigste Faktor." Der erfolgreiche Fondsmanager und Vorstand Flossbach von Storch hält den hohen Aktienanteil gerade jetzt für unverzichtbar, nachdem der Zins für erstklassige Anleihen und Einlagen praktisch abgeschafft wurde. Sein Motto lautet: Dividenden sind die neuen Zinsen. Im Zentrum stehen Qualitätsaktien wie **NESTLÉ**, die bei Börsenschocks weniger leiden und langfristig höhere Erträge sichern.

- Die von Fachleuten kritisierte Überbewertung zahlreicher Aktien wurde durch die starke Korrektur im Oktober 2014 großteils bereinigt. Der DAX kam von seinem Allzeithoch im Juni mit über 10.150 Punkten auf 8400 Punkte zurück. Für Langzeitanleger bieten solche Börsenbewegungen spannende Stock-Picking-Chancen. Selbst mitten im Crash gibt es vereinzelt Titel, die ihr Allzeithoch erzielen, während andere Werte 20 bis 50% Kursverlust erleiden. Schlechte Nachrichten führen in Phasen der Nervosität zur übertriebenen Abstrafung.

2.2 Das Marktgeschehen genau beobachten

Beispiel: Kurz vor dem Platzen der Spekulationsblase im Jahr 2000 bedurfte es nur eines Börsengurus im Fernsehen oder in den Printmedien, um den Kurs einer Aktie aus der 2. oder 3. Börsenliga mit nur einer einzigen Kaufempfehlung in luftige Höhen zu katapultieren. So wurde im Februar 2000 in der **3-SAT-Börse** die anfangs im Neuen Markt gelistete und jetzt im TecDAX notierte Biotechnologieaktie **MORPHOSYS** mit der Empfehlung „Starker Kauf und Kursziel 1000 Euro" versehen. Ende 1999 kostete der Titel 25 €, zwei Monate später bis zu 430 €. In einer Zeitspanne von kaum acht Wochen bezahlten die Anleger siebzehnmal(!) so viel für die Aktie einer AG, die noch keine Gewinne erzielte, sondern tiefrote Zahlen schrieb. Das böse Erwachen kam später. Zwei Jahre später rutschte der Biotechtitel auf sein Allzeittief unter 5 € – jetzt eine irrationale Übertreibung nach unten. 2013 setzte der große Höhenflug von MORPHOSYS ein – unterfüttert durch die weltweit begehrte Antikörperbank und den Aufbau einer eigenen Wirkstoffpalette. Renommierte internationale Großkonzerne wie **GlaxoSmithKline** und **CELGENE** stiegen hier ein und trieben den Kurs Ende 2014 auf 77 € hoch, wobei das Jahreshoch bei 87 € lag. Immer abhängig vom Zeitpunkt des Ein- und Ausstiegs waren mit MorphoSys stattliche Gewinne wie auch hohe Verluste möglich. Was lehrt dieses Beispiel? Niemand sollte utopische Summen für die Aktie eines Unternehmens bezahlen, dessen Geschäftsmodell mit einer eigenen Wirkstoffpipeline zukunftsträchtig ist, das aber weiterhin vorrangig von Kooperationen bzw. Beteiligungen seitens großer Pharmakonzerne und „Meilenstein"-Zahlungen lebt.

Gefährlich ist es, sich auf eine einzige Expertenstimme zu verlassen. Selbst DAX-Werte werden von Analysten oft unterschiedlich beurteilt. Mitunter wird derselbe Titel auf Kaufen, Halten und Verkaufen gestellt. Aussagekräftig ist das prozentuale Verhältnis. Es erleichtert die Orientierung, um sich unter Einbeziehung der Charttechnik und wichtiger Kennziffern wie Kurs-Gewinn-Verhältnis (KGV), Buchwert und Cashflow ein eigenes Urteil bilden zu können.

Wer sich einen raschen Überblick verschaffen will, sollte das Internet nutzen, wie die Plattform **http://boerse.ard.de,** die Finanzportale **http://www.finanzen.net.de** bzw. **http://www.onvista.de,** als Abonnent **www.boerse-online.de/premium** oder das kostenlose Online-Magazin ***Südseiten*** mit meiner Serie „Gesunde Geldanlage", sowie den Depotbank-Infodienst. Es bietet sich an, die wöchentlich erscheinende *BÖRSE ONLINE* zumindest gelegentlich zu kaufen, um die große Datenbank zu nutzen und über das Börsengeschehen im Bilde zu sein. Informationsüberflutung ist gefährlich – der Verzicht auf aktuelle Meldungen noch schlechter.

2.3 Den demografischen Wandel berücksichtigen

Die steigende Lebenserwartung in Verbindung mit Geburtenarmut bedeutet keine reine Freude. In 45 Jahren, 2060, wird es hierzulande fast so viele 80-Jährige geben wie unter 20-Jährige. Zum Jahresende 2012 lebten in Deutschland 80,5 Mio. Menschen. Ein Mädchen, das heute geboren wird, dürfte im Schnitt seinen 100. Geburtstag feiern. Heute beträgt das Durchschnittsalter etwa 80 Jahre. Haben Sie gewusst, dass Sie pro Tag im Schnitt 6 Stunden, pro Jahr 3 Monate, pro Jahrzehnt 2,5 Jahre länger leben? Die Lebenserwartung steigt ungebremst.

Nettorentenniveau

2005:	52,7%
2010:	50,0%
2014:	48,0%
2020:	46,7%
2028:	44,4%
2030:	43,8%

Erwartete Senkung bis 2030 um 15 bis 20%

Dass es für eine vernünftige Investition, für Vermögensaufbau und Altersvorsorge nie zu früh, aber letztlich auch nur selten viel zu spät ist, zeigt ebenfalls die demografische Entwicklung. Sind Sie heute 20 Jahre alt, liegt Ihre durchschnittliche Lebenserwartung bei weiteren 60 Jahren, 30-jährig bei 50, 40-jährig bei 40, 50-jährig bei 30, 60-jährig bei 22, 70-jährig bei 15 und 80-jährig noch bei über acht Jahren. 1990 lebten in Deutschland 15 Mio. Rentner; jetzt sind es mehr als 25 Mio. Ruheständler.

Die Tendenz zum längeren Leben bleibt ungebrochen wegen des Fortschritts in Medizin, Medizintechnik und Biotechnologie, besseren Wohnverhältnissen, mehr Hygiene, höherem Lebensstandard, kürzerer Arbeitszeit und geringerer körperlicher Belastung. Jedoch gefährdet die niedrige Geburtenrate mit unter 1,4 Kindern pro Frau das gesamtwirtschaftliche Gleichgewicht. Der Bundesbürger spürt dies auch, verdrängt aber gern negative Folgen oder sucht nach Sündenböcken. Mit Protesten gegen die Erhöhung des Renteneintrittsalters auf 67 Jahre und ein künftig niedrigeres Rentenniveau ist es nicht getan. Geld, das fehlt, kann der Bundesfinanzminister nicht verteilen. Die Frühverrentung mit 63 Jahren bei 45 Beitragsjahren ist ein Schlag ins Gesicht der jungen Generation und stellt Arbeitgeber vor Probleme, mangelt es doch an erfahrenen Kräften. Ein Kind soll sich möglichst wirtschaftlich rechnen. Früher stellten sich solche Fragen beim Kinderwunsch kaum.

Durchschnittliche Rentenbezugsdauer

Frauen	
1960:	10,6 Jahre
1980:	13,8 Jahre
2006:	19,6 Jahre
2008:	19,9 Jahre
2012:	21,3 Jahre
Männer	
1960:	9,6 Jahre
1980:	11,0 Jahre
2006:	14,8 Jahre
2008:	15,9 Jahre
2012:	16,7 Jahre

Sterbetafelberechnungen Dt. Rentenversicherung

Methusalem-Republik 2010

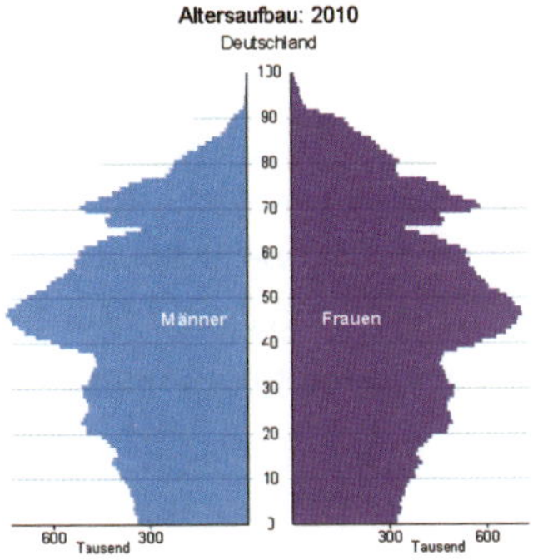

Quelle: Statistisches Bundesamt

Methusalem-Republik 2050

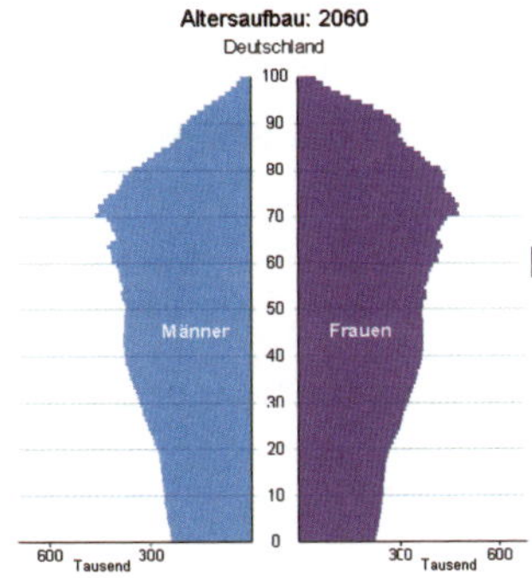

Quelle: Statistisches Bundesamt

Waren vor gut 50 Jahren 20% der Bevölkerung 60 Jahre und älter, sind es derzeit 25% und 2030 vermutlich sogar 35%. 1960 betrug die Rentenbezugsdauer bei Männern nicht einmal ein Jahrzehnt. Heute sind es 17 Jahre. 1960 waren es bei Frauen bereits 10,6 Jahre und heute mehr als zwei Dekaden, Tendenz steigend.

Für das Rentensystem bedeutet das: Die Beitragszahler müssen zusehends länger für immer mehr Ruheständler aufkommen

Letztlich hilft kein Wehklagen, sondern nur der eigenverantwortliche Aufbau einer soliden Altersvorsorge schon in jungen Jahren. In der ersten Lebenshälfte ist ein hoher Aktienanteil wegen der langfristig attraktiven Rendite günstig. Dennoch sind Pauschalrezepte unbrauchbar. Jeder muss sich über seine Vermögenslage, Beweggründe, Ziele, Persönlichkeitsstruktur usw. klar sein, um richtig entscheiden zu können. Problematisch ist es, dass man in jungen Jahren gern an der Börse aktiv sein will, aber den Wunsch oft nicht umsetzen kann. Große Anschaffungen, Familien- und Firmengründung, der Kauf einer eigenen Immobilie (Eigentumswohnung, Hausbau) lassen keinen finanziellen Spielraum für die Aktienanlage offen.

Langzeit-Aktienanlage ist Trumpf

Wer vor gut 50 Jahren 10.000 US-Dollar in den DOW-JONES-Aktienindex investierte, erzielte über 400.000 Dollar Gewinn – genug für ein finanziell sorgenfreies Alter auch bei langer Lebensdauer. Überzeugender kann sich ein langfristiges Aktieninvestment nicht präsentieren, mögen auch kurzfristig hohe Verluste drohen und Traumrenditen wegen verfrühter Gewinnmitnahmen seltener sein. Wer 14 Jahre lang in Aktien anlegt, erzielt im Schnitt Erträge.

Veränderte Einschätzungen aufgrund der Fortschritte von Medizin, Medizintechnik, Biotechnologie und Nanotechnologie

Die Profiteure des demografischen Wandels

- Pharma- und Biotechsektor
- Medizintechnik (wie Zahnprothetik, Hörgeräte und Sehhilfen, künstliche Bandscheiben und Hüftgelenke, Rollstühle, moderne Verabreichungsformen für Arzneimittel etc.)
- Robotic (Dienstleistungen in der Industrie und Medizin, Hilfen im Lebensalltag)
- Sektor Gesundheit, Wohlbefinden, Wellness, Touristik, altersgerechte Freizeitangebote
- Gediegene Kleidung, Körperpflege und Ernährung
- Private Kliniken, Rehabilitationszentren, Betreutes Wohnen, Altenheim- und Altenpflegeheimbetreiber
- Eine auf wohlhabende Senioren abgestimmte Gebrauchs- und Verbrauchsgüterindustrie
- Auf Senioren zugeschnittene Dienstleistungsbranche

Die Lebenserwartung steigt weiter. Eine Obergrenze ist nicht in Sicht. Mehr als ein Zehntel japanischer Frauen werden über 100 Jahre alt. Einige Wissenschaftler halten schon bald ein Lebensalter von 90 Jahren im Schnitt für denkbar. Versuche mit Mäusen und Fadenwürmern beweisen, dass eine solche Sichtweise kein bloßer Wunschtraum ist. Das Ziel heißt, gesund und fit zu altern – mit viel Lebensqualität, finanziell abgesichert, wirtschaftlich unabhängig. Dies stellt das Gesundheitswesen, das Rentensystem, die Volkswirtschaft, die Arbeitsmarkt-, Sozial- und Bildungspolitik, den Nachfrage- und Angebotsmarkt vor große Herausforderungen.

Das längere Leben geht nicht zwangsläufig einher mit mehr Qualität. Im Schnitt leben Männer acht Jahre und Frauen sechs Jahre lang mit deutlicher Beeinträchtigung, was an den explodierenden Pflegekosten erkennbar ist – verursacht insbesondere durch die sich häufende Demenz. Zwei Drittel aller Demenzpatienten leiden an Alzheimer. Mit 95 Jahren leiden daran über 35%. Alle vier Sekunden wird weltweit einem Menschen Demenz bescheinigt. Bis 2050 dürften es weltweit über 135 Millionen Patienten sein. Die Kosten rund um den Globus belaufen sich schon jetzt alljährlich auf ca. 450 Mrd. €.

Mit zunehmendem Alter häufen sich Gebrechen und vor allem Herz-Kreislauf- und Krebserkrankungen. Viele Hochbetagte entwickeln sich zu einem Ersatzteillager von den Haarwurzeln bis zu den Fußsohlen. Ältere Patienten belasten die Kostenrechnung im Gesundheitswesen wesentlich stärker als junge Menschen. Die Märkte müssen auf die alternde Gesellschaft und sich verändernde Bedürfnisse reagieren. Ein Schritt nach vorn ist die stufenweise Heraufsetzung des Rentenalters von 65 auf 67 Jahre, ein Schritt zurück die Frühverrentung mit 63 Jahren. Eigentlich gibt es künftig nur zwei Möglichkeiten: länger arbeiten oder die Rente kürzen!

Als Sieger gelten der Biotechnologie-, Medizintechnik- und Pharmasektor, nachdem sich im hohen Lebensalter schwere chronische Krankheiten häufen, private Kliniken, Betreutes Wohnen, Alten- und Pflegeheimbetreiber, Tourismus, Freizeitindustrie, Sportartikel- und Wellnessanbieter.

Heute leben Senioren nicht nur länger. Sie sind auch geistig und körperlich länger fit, häufig recht gut situiert, sodass entsprechend konsumiert wird – oft auf gediegenem Qualitätsniveau. Ältere Menschen entwickeln andere Freizeitgewohnheiten als junge Leute. Statt Fußball und anderer Mannschaftssportarten sind vielmehr Radfahren, Golf, Schwimmen, Walking, Rückenschule, Tischtennis, Tennis und Tanzen angesagt. Mode und Körperpflege, schmackhafte, leicht zuzubereitende Nahrung, eventuell auch Haustierhaltung sind bei älteren Herrschaften gefragt. Das Einkommen der Rentner- und Pensionärshaushalte ist leicht überdurchschnittlich. Viele Ältere wollen nicht nur sparen und Geld für die Enkel beiseitelegen, sondern den Lebensabend genießen und ausgeben, was sie sich erarbeitet haben. Hochsee-Kreuzfahrten boomen – sowohl bei Senioren als auch bei jüngeren Leuten.

Wer sind die Verlierer bei den gesellschaftlichen Umbrüchen?

Die Verlierer dürften die Auto-, Zigaretten- und Spielzeugindustrie, der Immobilienmarkt sowie die Möbel- und Elektrogerätehersteller sein. Viele ältere Menschen sind mit den langlebigen Gebrauchsgütern längst eingedeckt. Das gilt auch für die beliebten Fernsehgeräte, die selbst in keinem Altenheimzimmer fehlen. Dagegen liegen Immobilienrenovierungen bei wirtschaftlich besser gestellten Senioren im Trend. Es gilt, die eigenen vier Wände aufzurüsten und altersgerecht umzugestalten, um bis zum Ableben im gewohnten Umfeld verbleiben zu können. Der Autoindustrie sollte es mit innovativen Neuerungen gelingen, die mobilen 80- und 90-Jährigen bei der Stange zu halten, z. B. durch elektronische Eingriffe zur Unfallvermeidung, Hilfen beim Einparken und selbstständiges Fahren.

Wie wirkt sich der demografische Faktor auf die Börse aus?

Die meisten Bundesbürger investieren bevorzugt im eigenen Land. Soweit es sich um Aktien handelt, wird der DAX klar favorisiert. Auch in den Medien dreht sich alles um den DAX, selbst wenn in der zweiten und dritten Liga höhere Kursgewinne locken. Es belastet den Aktienmarkt, dass ältere Menschen, die nicht zur Gruppe der Wohlhabenden zählen, im Ruhestand ihr erspartes Vermögen eher verzehren, statt es weiter in Wertpapiere zu stecken. Außerdem schichten ältere Menschen zumindest einen Teil ihres Aktienportfolios gern in sichere Anlageformen um. Wer will schon im Ruhestand bei starker Aktiengewichtung einen Crash erleben und damit die Altersvorsorge mit dem so wichtigen Ziel der finanziellen Freiheit und Unabhängigkeit gefährden? Umgekehrt: Das größte Risiko ist es, überhaupt kein Risiko eingehen zu wollen bei der jetzigen Null-Prozent-Zinspolitik.

2.4 Sich nicht im Netz der Börsenpsychologie verfangen

Vielleicht verbinden Sie mit Börsenpsychologie Herdentrieb und Verdrängung, Gier, die bei Verlust der Selbstkontrolle die Verstandeskräfte raubt, und Panik, bei der die Unvernunft Pate steht. Ich denke da an meinen Börsenspruch: „Meide die gefährlichen Vier – Euphorie, Panik, Angst und Gier."

Glücklicherweise sind Sie den Fallstricken der Börsenpsychologie nicht hilflos ausgeliefert. Freuen Sie sich, dass **Prof. Daniel Kahneman** von der Princeton Universität 2002 mit dem Nobelpreis für Wirtschaft ausgezeichnet wurde. Kahneman beobachtete jahrelang, dass das tatsächliche Anlegerverhalten von rationalen Überlegungen bzw. vernunftbetonten Handlungen vor allem dann abweicht, wenn die Kurse übertrieben nach oben katapultieren oder umgekehrt in den Keller stürzen. Sein Buch *Schnelles Denken – langsames Denken* zeigt, dass die meisten Menschen Verluste weitaus mehr hassen, als dass sie Gewinne lieben. Sie vertrauen zu sehr ihrer eigenen Urteilskraft, statt das Wissen und den Erfahrungsschatz der Experten zu nutzen, Trends richtig zu deuten und zu erkennen, wann Aktienkurse überbewertet sind bzw. es sich lohnt, in der Bodenbildungsphase zuzugreifen.

- **Denken Sie an den NIKKEI,** der nach seinem Allzeithoch 1989 mit über 39.000 Punkten um 80% in die Tiefe rauschte und aktuell trotz beeindruckender Erholung erst bei 17.000 Punkten notiert. Zwischen Januar 1987 und Ende 1988 sprang der japanische Leitindex um mehr als 10.000 Punkte in luftige Höhen.
- **Nicht viel anders sah es um die Jahrtausendwende im Neuen Markt aus.** Es herrschte der Irrglaube, die New Economy mit dem nicht zu stoppenden Siegeszug des Internets würde zu dauerhaftem Wohlstand, zu lange anhaltender Hochkonjunktur führen. Die Wirklichkeit sah grausam aus: ein Kursabsturz von über 95% bis zur „Beerdigung" und Neusegmentierung der Deutschen Börse AG im Jahr 2013. Auch im Herbst 2008 und Frühjahr 2009 stürzten die Kurse in den Keller. Und gemütlich ging es auch im Oktober 2014 nicht zu.

Ein Crash zeigt seine hässlichste Fratze, wenn Unternehmen in wenigen Tagen oder Wochen ein Viertel, ein Drittel, ja die Hälfte und darüber von ihrem Börsenwert verlieren, obgleich sich die fundamentalen Daten weitaus weniger dramatisch verschlechtern. Wird nun im großen Stil verkauft, um in panischer Angst zu retten, was noch zu retten ist? Unterstützen die automatisch ausgelösten Computerverkaufsprogramme dieses Szenario der Unvernunft? Treiben gesetzte Stopp-Los-Orders in einer Art Kettenreaktion die Kurse weiter nach unten? Bremst der Herdentrieb die Vernunft und Klugheit aus? Und wer profitiert von diesem Wahnwitz?

Der hochbetagte Starinvestor **Warren Buffett** klagt darüber, dass die Leute Aktien verschmähen, wenn sie zum Schnäppchenpreis zu haben sind, und sich umgekehrt wie Geier darauf stürzen, wenn sie ganz oben notieren. Und warum fragt sich wohl Altmeister **André Kostolany,** ob es mehr Aktien oder Dummköpfe an der Börse gibt? Der Umkehrtrend, ein rasant fahrender Börsenexpress mit überbewerteten Aktien, wird als Warnsignal kaum wahrgenommen, sondern heizt die von den Medien angefachte Gier und Euphorie weiter an. Das Psychologiedrama beginnt von Neuem. Eine sich aufblähende Spekulationsblase lässt, sobald sie platzt, ein Tal der Tränen zurück.

Sie, liebe Leserinnen und Leser, können einen Crash ebenso wenig verhindern wie eine boomende Börse, gern von der Boulevardpresse mit großen, farbigen Schlagzeilen werbewirksam ausgeschlachtet. Aber Sie müssen nicht als Spielball der Börsenpsychologie herhalten. Es gilt, gründlich und aufrichtig zu hinterfragen: Was habe ich in solchen Zeiten wirklich falsch und was erfreulicherweise richtig gemacht? Eine kritische Selbstanalyse ohne Wenn und Aber hilft weiter.

Mithilfe der **Behavioral Finance** – dem Bindeglied zwischen Ökonomie und Psychologie – können Sie psychologisch beeinflusste Verhaltensweisen an der Börse erkennen und strategisch nutzen. Schließlich wird der Markt in schwierigen Zeiten von verzerrter Wahrnehmung und Verdrängung geprägt. In ruhigen Phasen sind dies etwa 30 bis 40%, in Krisen 80 bis 90%. Berühmte Ökonomen wie **Schumpeter** oder **Keynes** erkannten schon vor über einem halben Jahrhundert, dass irrationale Verhaltensweisen das Börsengeschehen beeinflussen.

Ein Lehrsatz der Behavioral Finance lautet, dass Sie verlieren, wenn Sie sich einbilden, klüger und erfolgreicher zu sein als der Markt. Wer sich irrationaler Verhaltensweisen bewusst ist und weiß, dass Aktienkurse auch dem Zufall gehorchen, von Glück wie von Pech beeinflusst werden, hat eine Chance, die richtigen Lehren aus menschlichen Schwächen zu ziehen. Zu den großen Schwachpunkten zählt die Selbstüberschätzung, an der Männer häufiger als Frauen leiden. Die Börse selbst ist nicht rational. Und noch weniger sind es gestresste, genervte, verängstigte oder von Gier getriebene Investoren mit ihren wiederkehrenden Fehlern.

Lesen Sie zunächst einige Zitate führender Experten und Autoren im Bereich Börsenpsychologie. Anschließend wollen wir gemeinsam daran arbeiten, die auf dem Fundament Börsenpsychologie gründenden Strategietipps bezüglich gemachter Fehler und Neuorientierung zu analysieren. Gelingt dies, bleiben Sie von den großen Fehlern verschont. Kleine Fehleinschätzungen sind hinnehmbar und unterlaufen mir auch. Dies als Trost, da es Unfehlbarkeit im Börsensektor nicht gibt. Sie sind auf gutem Weg, wenn Ihre wichtigsten Entscheidungen richtig sind und Sie sich eine Strategie erarbeiten, die Ihrem Naturell entspricht.

Franz-Josef Buskamp stellt in seinem im FinanzBuch Verlag erschienenen Buch *Mentale Börsenkompetenz* die Fragen: „Was braucht man, um an der Börse überdurchschnittlich gut abzuschneiden, um auf Dauer zu den Gewinnern zu zählen? Eine fundierte Strategie und ein individuelles Handelskonzept gehören sicherlich dazu. Aber warum scheitern viele Anleger trotz ausgefeilter Analysen oder einer ausgeklügelten Handelsmethode? Die meisten Anleger stehen sich selbst im Weg. Zwischen den wenigen Anlegern, die überwiegend gewinnen, und der Mehrheit der Akteure, die meistens verliert, existieren gravierende Unterschiede in der Persönlichkeitsstruktur. Diejenigen, die zu den Gewinnern zählen, sind nicht nur gut über sich selbst informiert, sondern können ihre persönlichen Stärken und Schwächen richtig einschätzen. Die eigene Psyche hat einen maßgeblichen Einfluss auf Börsengewinne, wenn nicht sogar den bedeutendsten Anteil daran."

In einem Interview äußert sich der Marktanalyst Buskamp zum Anlegerverhalten: „Die wenigsten Investmententscheidungen werden aus strategischen Gesichtspunkten getroffen. Oftmals entscheiden Anleger aus dem Bauch heraus, worin sie investieren – ohne die Folgen zu bedenken. Die Psyche beeinflusst den größten Teil des Anlageverhaltens. Ängste, Wünsche, Hoffnungen, Sorgen usw. sind nahezu immer die emotionalen Begleiter. Dies kann so weit führen, dass die Emotionen börsenbezogene Investments fast zu 100% beeinflussen. Nehmen wir als Beispiel die antizyklische Anlage. Dazu ist die Mehrheit der Anleger nicht wirklich fähig. Antizyklisch investieren bedeutet streng genommen, gegen einen bestehenden Trend zu investieren. Eine Masse initiiert keinen neuen Trend. Längerfristige Trends gehen in ihrem Ursprung nur auf wenige Marktakteure zurück.

Die meisten Anleger nehmen sich keine Zeit. Alle wollen möglichst schnell gewinnen. Steigt eine Aktie nicht gleich nach einer Empfehlung und dann innerhalb weniger Wochen um möglichst 100%, werden die ersten Anleger bereits nervös. So funktioniert das nicht; denn Ungeduld ist an den Märkten ein schlechter Partner. Aus Ungeduld werden auch Gewinne zu früh mitgenommen. Welche Aktie kann mir ganz schnell den Supergewinn bescheren? Wer so an den Markt herangeht, befindet sich auf dem Weg des Verlierers."

Joachim Goldberg und **Rüdiger von Nitzsch** befassen sich in ihrem im FinanzBuch Verlag erschienenen Bestseller *Behavioral Finance – Gewinnen mit Kompetenz* mit den Fallstricken der Börsenpsychologie. Sie stellen mit Behavioral Finance einen jungen Zweig der Kapitalmarkteinschätzung vor und schlagen eine Brücke zwischen Ökonomie und Psychologie. Die Autoren begründen, dass Kauf- und Verkaufsentscheidungen oft nicht cool, gelassen und überlegt gefällt, sondern durch Unvernunft beeinflusst werden. Das unlogische Verhalten hat System und neigt selbst bei erkennbarem Misserfolg dazu, sich zu wiederholen. Emotionale Stimmungen erlangen oft ein Übergewicht und gefährden den Anlageerfolg.

Dabei spielt der geheime Wunsch, in die Zukunft zu blicken, die Geschehnisse von morgen richtig zu deuten, eine große Rolle. Um mit einer falschen Prognose nicht ins Hintertreffen zu geraten, stimmen selbst anerkannte Analysten ihre Vorhersagen aufeinander ab. Bei einer Fehleinschätzung fällt der Einzelne nicht in Ungnade. Eher noch kann sich ein bislang unbekannter Experte einen Outsider-Tipp leisten. Behält er recht, erregt er Aufsehen. Irrt er sich, ist dies für ihn leichter verzeihbar.

Goldberg/Nitzsch schreiben: „Teilnehmer an den Finanzmärkten verhalten sich unterschiedlich. Ihre Motive, Mentalität und Denkungsart, ihre Risikobereitschaft und ihre Handelshorizonte können vollkommen verschieden sein. Obgleich man meinen sollte, die Akteure würden zumindest bei ihren Operationen an den Märkten rational agieren, zeigt die Wirklichkeit ein anderes Bild: Menschen handeln beileibe nicht immer vernünftig. Das Motiv, überhaupt an Märkten teilzunehmen, ist nicht nur die Maximierung von Gewinnen. Es sind oftmals ganz banale Beweggründe wie die Suche nach Spannung und Unterhaltung. Oder der Wunsch nach Kommunikation. Motive verzerren jedoch die Sichtweise der Menschen. Trotz der Absicht vieler Marktteilnehmer, sich rational verhalten zu wollen, bleiben die Ergebnisse häufig hinter dem zurück, was man als optimal betrachten würde.

Behavioral Finance befasst sich einerseits mit der Aufnahme, Auswahl und Verarbeitung von Informationen und konsequenterweise mit den daraus resultierenden Entscheidungen. Auf der anderen Seite beschäftigt sie sich mit den Anomalien im menschlichen Verhalten. Diese Abweichungen vom rationalen Handeln sind jedoch nicht auf Einzelfälle wie Masseneuphorien oder Paniken beschränkt, sondern Bestandteil des täglichen Lebens. Diese oft nicht von Vernunft gekennzeichneten Handlungsweisen beeinflussen auch andere Menschen, sodass auch die Interaktion der Marktteilnehmer untersucht werden muss. So zeigt sich: Auch wenn mehrere Akteure an der Meinungsbildung beteiligt sind, können Fehleinschätzungen auftreten. Denn nicht immer wirken das Team oder die Kollegen als Korrektiv.

Behavioral Finance soll nicht nur das eigene Entscheidungsverhalten verbessern helfen, sondern zu einem umfassenderen Verständnis des tatsächlichen Verhaltens von Marktteilnehmern beitragen. Wer über die menschliche Psyche Bescheid weiß, dürfte gegenüber den anderen Akteuren einen deutlichen Vorsprung erlangen, weil er absehen kann, wie das Gros in bestimmten Situationen reagieren wird. Da bestimmte Verhaltensmuster immer wiederkehren, werden sie für Dritte auch prognostizierbar. Wer sich dieser Mechanismen bewusst ist, dem müsste es mit etwas Disziplin gelingen, den eigenen Erfolg deutlich zu steigern. Schon das Orakel zu Delphi lehrte, dass der Schlüssel zur Weisheit nicht in der Vorhersage der Zukunft liegt oder – in der Sprache des Marktes – der Erfolg eines Engagements nicht allein klugen Prognosen zu verdanken ist. Vielmehr gilt für den modernen Marktteilnehmer wie für den Menschen der Antike: ‚Erkenne dich selbst'!"

Gefühlsüberschwang und Herdentrieb als Einflussfaktoren

➢ **Die wohl schlimmsten Fehler sind der viel zu frühe komplette statt nur teilweise Verkauf aussichtsreicher Aktien und das zu lange Aussitzen und Mitschleppen der Verlierer ohne nennenswertes Erholungspotenzial.**

Nachteilig ist die Scheu, Qualitätsaktien zu kaufen, wenn der Kurs schon eine Weile bergauf gerichtet ist. Die Abwehrhaltung: „Viel zu teuer! Zum Höchstkurs steige ich nicht ein!" hält davon ab, trotz hohen Kurspotenzials und einer angemessenen Bewertung, dabei zu sein. Erinnert sei an die Börsenweisheit: „Der Trend ist dein Freund!"

> *Die Wirtschaft ist die einzige Wissenschaft, in der jedes Jahr auf die gleichen Fragen andere Antworten möglich sind.*
>
> **Ingrid Lorenzen**

Was sagt die Statistik zu Gewinnmitnahmen? Die mit Kursgewinn verkauften Aktien werfen meist auch künftig höhere Renditen ab als die dafür neu ins Depot aufgenommenen Titel. Die Fortführung eines bestehenden Trends ist wahrscheinlicher als eine Trendumkehr. Für die Verliereraktien gilt Gleiches. Sie binden zudem Kapital und dürften sich kaum erholen, wenn der Kursrutsch fundamental begründet ist und die Charttechnik Verkaufssignale aussendet. **Ausnahme:** Es kommt Fantasie auf, weil das Geschäftsmodell neu strukturiert wird, die Gewinnzone erreichbar erscheint und renommierte Analysten den Titel empfehlen.

> *Es ist nicht wichtig, wie oft ich richtig oder falsch liege. Es zählt nur, wie viel ich gewinne, wenn ich richtig liege.*
>
> **George Soros**

Die Psychofalle schnappt zu, wenn ein Anleger die Fehlspekulation als persönliche Niederlage empfindet und sich rechtfertigen will. Jetzt wird der Misserfolg verdrängt, jede Information, die sich nicht mit der eigenen Sichtweise deckt, ignoriert. Selbstüberschätzung, verbunden mit dem Anspruch, den Markt schlagen zu können, ist hinderlich. Meist wird nach Ausflüchten und Sündenböcken gesucht. Dies erschwert das Aufarbeiten eigener Fehler. Schlecht ist es, nach Verlusten erst dann zu investieren, wenn sich die Märkte längst erholt haben.

> **Die Zauberformel der Aktienbörse**
>
> *Ich kann schlimmstenfalls meinen Einsatz verlieren. Nach oben aber gibt es keine Grenze.*

„Aktien – Hoffnungen begraben" von Frank Wiebe, *Handelsblatt*

„Was tun? Wer schnell agiert oder sein Geld bald verbrauchen will, kann wahrscheinlich auch jetzt noch aussteigen. Wer à la Kostolany seine Aktien kauft und bis zum Eintritt des Rentenalters liegen lässt, muss aber nicht den Weltuntergang fürchten und hektisch umschichten.

Falsch wären nur zwei Strategien: jetzt noch aussteigen und zu spät wieder einsteigen. Das passiert leicht. Der ideale Einstiegszeitpunkt kommt oft schon dann, wenn alle noch ihre Wunden lecken. Die zweite falsche Strategie: jetzt cool drinbleiben – und nahe den Tiefstkursen die Nerven verlieren und doch noch aussteigen. Die Erfahrung zeigt, dass es schwierig ist, mit häufigem Ein- und Aussteigen das Ergebnis zu verbessern."

2.4.1 Eine psychologisch untermauerte Fehleranalyse

- **Seien Sie sich über Ihre Ziel- und Handelsbeweggründe im Klaren**

Börsenerfolg setzt eine kritische Selbstanalyse voraus. Wie hoch sind Ihre Renditeansprüche? Was können Sie sich leisten, wenn Sie sich Ihre Vermögensdecke, Ihren monatlichen Aufwand, Ihre Verpflichtungen und Ziele vor Augen halten? Wo haben Sie in der Vergangenheit Fehler gemacht? Einmal (verständlich) oder mehrmals (darf nicht wieder vorkommen)? Denken Sie an einen ungesicherten Abgrund in einer bergigen Landschaft, von dem Sie sich besser fernhalten.

- **Schreiben Sie hohe Gewinne nicht nur Ihrer Cleverness und Verluste nicht allein dem Pech zu**

Haben Sie auf Kursgewinne leichtfertig reagiert, alles auf eine Karte gesetzt, mit Ihren Erfolgen geprahlt? Käufe in zwei oder drei Tranchen und Teilverkäufe bei hohem Kursgewinn sind die richtige Antwort. Nicht jede Aktie entwickelt sich zu einer Kursrakete. Selbst in einem Fußball-Spitzenteam wie dem FC Bayern München bringt nicht jeder Spieler immer seine Höchstleistung. Geht Ihre Strategie daneben, suchen Sie nicht nach Sündenböcken. Fühlen Sie sich verantwortlich. Wo haben Sie Chancen ausgelassen? Was war der Grund für Ihr Zögern und Zaudern? Ein einmaliger Fehler sollte Denkanstoß sein, damit er sich nicht wiederholt.

- **Glauben Sie nicht alles, was Gurus und Börsenbriefe anpreisen. Fallen Sie nicht auf Werbeversprechen herein**

Falls Sie sich ein- oder mehrmals von aggressiver Werbung beeinflussen ließen, ist es höchste Zeit, Werbesprüche als emotionalen Kaufanreiz zu bewerten: gut für Ihre Gefühlswelt, schlecht als Grundlage für Ihre Entscheidungen an der Börse. Werbung ist nur selten seriös und verschafft Ihnen keine dauerhaften Glücksgefühle.

- **Investieren Sie nicht bei innerer Abwehr, sondern nur bei einem attraktiven Geschäftsmodell, das Ihnen gefällt**

Wählen Sie unter Tausenden jene Aktien aus, die Sie bezüglich Nachhaltigkeit, Umweltschutz, Ethik, Kommunikation, Erzeugnissen und Finanzzahlen mögen. Sind Ihnen die Produkte lästig, verkaufen Sie bei kleinen Krisen eventuell übereilt.

- **Haben Sie kein schlechtes Gewissen bei mehr als 20 Titeln**

Sofern es nicht an Zeit, Geld, Mut und Lust mangelt, spricht nichts dagegen, in Ihr Depot mehr Einzelaktien aufzunehmen. Sie erhöhen mit breiter Streuung Ihre Chancen, einige der besten Aktien zu besitzen und langfristig zu halten – die Voraussetzung für eine erfolgreiche Hoch/Tief-Mutstrategie. Pro Titel sollte der Einsatz zumindest 1000 bis 2000 € betragen, damit Teilverkäufe möglich sind und sich Gewinnmitnahmen rechnen. Wann haben Sie in letzter Zeit Fehler gemacht? Welche eigenen Erfahrungen bewerten Sie als positive Aufforderung zum Weitermachen? Wo liegen Ihre Schwächen? Was erscheint verbesserungsbedürftig?

- **Koppeln Sie sich vom Herdentrieb ab; bewegen Sie sich nicht in ausgetretenen Pfaden**

Kriminelle Gurus und Stammtischgeschwätz gefährden Ihren Börsenerfolg. Schwimmen Sie zumindest gelegentlich gegen den Strom. Tote Fische und Mitläufer treiben mit dem Strom. Denken Sie darüber nach, wann Sie selbst Opfer des Massenphänomens Herdentrieb wurden. Wieso geschah dies? Was haben Sie daraus gelernt? Welche Konsequenzen ziehen Sie konkret aus Ihren Erfahrungen?

- **Überschätzen Sie sich nicht; Sie können den Markt nicht steuern**

In Anlehnung an die Investor-Legende Warren Buffett, einem der weltweit reichsten Menschen, sollten Sie bevorzugen, was Sie kennen, verstehen und mögen. Decken Sie Sektoren, in denen Ihr Wissen begrenzt ist, am besten mit einem ETF, also Indexfonds, ab, der passiv gemanagt ist und das Börsenbarometer exakt abbildet. Wann ließen Sie sich hinreißen, Einzelwerte zu kaufen, ohne fundamentale Daten und charttechnische Signale zu beachten? Das größte Risiko ist allerdings, in den Zeiten der Null-Zins-Politik überhaupt kein Risiko eingehen zu wollen.

- **Bestimmen Sie Ihren Anlagezeitraum; vermeiden Sie Hektik, aber reagieren Sie auf Trend und Marktlage**

Wer das schnelle Rein und Raus liebt, für den gilt: „Wer zu spät kommt, den bestraft der Markt.“ Bei Langzeitorientierung ist der Kaufzeitpunkt weniger entscheidend. Erinnern Sie sich, wann Sie bei starker Korrektur und Crash die Bodenbildungsphase für den Zukauf genutzt haben. Wann und warum ließen Sie dagegen solche Chancen verstreichen? Wie sieht Ihre Neuorientierung aus?

- **Pflegen Sie nicht nur das DAX-Heimatliebe-Depot; sondern senken Sie Ihr Risiko durch „Breit gestreut – nie bereut!“**

Hand aufs Herz! Haben Sie sich bislang ganz auf den DAX konzentriert, die Nebenwerteindizes MDAX, TecDAX, SDAX sowie ausländische Aktien weitgehend verschmäht? Höchste Zeit, eine Kehrtwendung einzuleiten!

Schon um das Währungsrisiko zu senken, sind substanzstarke Aktien aus DOW JONES, S&P und NASDAQ interessant. Ostasien, Afrika und Lateinamerika, bei Risikofreude auch Russland, sollten als ETFs in Ihr Depot einziehen. Dies gilt ebenso für den STOXX 50 (Gesamteuropa) und den EURO STOXX 50 (EU). Der fallende Ölpreis, der Rubelabsturz und die Schweizer Aufwertung verlangen ein Umdenken.

- **Vermeiden Sie Informationsüberflutung; mitunter ist weniger mehr**

Verzetteln Sie sich nicht, indem Sie zu viele Internetmeldungen studieren. Belasten Sie sich nicht mit Nebensächlichkeiten. Das gilt umso mehr, wenn Sie berufstätig sind und eine Familie haben. Als Ruheständler kann dies anders aussehen. Da dürfte die gründliche Suche auch eine Art Zeitvertreib sein. Konzentrieren Sie sich auf solche Nachrichten, die inhaltlich und sprachlich überzeugen und bei Ausdruck gut lesbar sind. Ein Übermaß an Print kostet Geld und beansprucht Ihre Zeit. Prüfen Sie genau. Was ist wirklich nützlich? Welche Online-Anbieter verdienen Ihr Vertrauen? Schieben Sie Kündigungen nicht unnötig auf die lange Bank!

- **Gehen Sie beharrlich Ihren eigenen Weg; aber denken Sie daran, dass Sie nicht der Erste sind, dem Nachrichten zuteil werden**

Sie können es mit dem Sekundenhandel nie aufnehmen. Hart gesottene Profis verfügen früher über wichtige Infos. Hohe Kursgewinne sind dennoch erzielbar. Hier kann meine Hoch/Tief-Mutstrategie im umfassenden Kapitel 7 einen Weg weisen.

- **Betrachten Sie den Trend als guten Freund; aber seien Sie nicht stur und koppeln Sie sich vom Herdentrieb ab**

Setzen Sie den kleineren Teil Ihrer Aktienauswahl für zyklisches Handeln ein. Das bedeutet nicht, gegen den vorherrschenden Trend zu handeln, sondern frühzeitig auf eine mögliche Trendumkehr zu reagieren und neben Value- zu günstigen Kursen auch bei konjunkturabhängigen Growth-Titeln beherzt zuzugreifen.

- **Schauen Sie nicht nur auf Wachstum, stabilen Umsatz und Ertrag, sondern auf eine attraktive Dividende**

In den Zeiten des Neuen Marktes stand das Wachstum an erster Stelle; Gewinn und Dividende spielten eher eine Nebenrolle. Diese Einstellung hat sich grundlegend gewandelt. Wer Qualitätsaktien jahrelang hält, bei dem steigt die beim Einstandspreis errechnete Ausschüttungsrendite möglicherweise sogar zweistellig an. Ein Blick in die Kurslisten meiner Hoch/Tief-Mutstrategie zeigt etliche Dividendenstars. Trotz Übergewichtung von Dividenden-Favoriten sollten Sie auch Aktien aus Sektoren erwerben, in denen gar nichts oder spärlich ausgeschüttet wird. Dies gilt vor allem für die Biotechnologie-, Hightech- und Internetbranche. Machen Sie sich ein genaues Bild von Ihrem Depot.

Wie hoch ist über den Daumen gepeilt der prozentuale Anteil an Dividendentiteln? Und grob geschätzt: Wie hoch ist der Anteil mit einer Dividende von mehr als 4%? Sofern Sie genau Buch führen: Wie sieht es mit steuerfreien Ertragsgutschriften aus? Meine Aufstellung in Kapitel 6.2 füttert Sie mit den notwendigen Informationen. Bei dem historisch niedrigen Zinssatz nahe 0% kann allein schon die Dividende eine schleichende Kapitalvernichtung stoppen. Fühlen Sie sich nicht länger enteignet, sondern handeln Sie.

- **Versuchen Sie nie, Verluste mit spekulativen Titeln auszugleichen**

Trennen Sie sich von der gängigen Ansicht, ein Minus bei Aktien sei gleichbedeutend mit Gesichtsverlust, dem Eingeständnis persönlichen Versagens. In der Fußballbundesliga geht es darum, die drei Siegpunkte einzufahren. Kleinere Fehler werden toleriert. Nicht jede Aktie kann ein Kurstreiber sein. Wichtig ist ein positives Ergebnis insgesamt. Als schlimmster Patzer gilt, Verluste mit hochspekulativen Anlagen ausgleichen zu wollen. Das funktioniert nur selten. Ihr angeschlagenes Nervenkostüm könnte Spielverderber sein. Wann haben Sie einen solchen Fehler gemacht? Was tun Sie konkret, damit sich dies nicht wiederholt?

- **Vergessen Sie über allen schönen Träumen nicht die Wirklichkeit**

Wünsche erhöhen nicht die Wahrscheinlichkeit, dass Ihre eigene Prognose eintritt. Auch Verdrängung, Herdentrieb und Sündenbocksuche helfen nicht weiter. Wann und warum haben Sie ein- oder mehrmals überteuerte Aktien gekauft bzw. große Chancen durch Tiefpreisorder ungenutzt verstreichen lassen?

- **Arbeiten Sie das Erlebte auf; ein Crash brennt sich in die Seele ein**

Die meisten Privatanleger verharren weiterhin passiv am Rand des Börsenspielfelds, weil die Crashwunden nicht verheilen. Hier helfen nur die kritische Selbstanalyse und die Erkenntnis, dass Sie mit dem beliebten Sparbuch bei einer Verzinsung nahe 0% Ihr Kapital schleichend vernichten. Aktuell ist das größte Risiko, überhaupt kein Risiko eingehen zu wollen.

- **Runde Zahlen bergen Risiken; limitieren Sie großzügig**

Ob Limit oder Stoppkurse: Meiden Sie runde Zahlen. Bei schlechten Nachrichten fällt der Kurs oft darunter; bei positiven Meldungen dürfte er die glatte Zahl überspringen. Welche Erfahrungen haben Sie gemacht? Sie müssen sich dann künftig nicht mehr ärgern, wenn sich die runde Zahl als Bumerang erweist.

- **Ein Crash ist gut für Leute mit Mut**

Militärisch klingt dies so: Kaufen Sie, wenn die Kanonen donnern. Abseits von Kriegsgeschrei lautet der von mir umgesetzte Ratschlag: Greifen Sie bei Panik zu, wenn Angsthasen all ihre Papiere zu Tiefstkursen auf den Markt werfen.

Nehmen Sie hier und da mit Teilverkäufen Gewinne mit, wenn gierige Aktionäre überteuert ordern. Sie leiden im Crash weniger, wenn Sie nicht jammern, sondern überlegt handeln. Auf der Suche nach günstigen Zukaufmöglichkeiten erkennen Sie plötzlich, dass der Crash viel von seinem Schrecken verliert.

➢ **Unwissenheit ist der größte Feind einer vernünftigen Aktienanlage**

Wissen lässt sich durch gute Literatur und Seminare aufbauen. Schon bald werden Sie erkennen, dass an dem bekannten Börsenspruch „100 minus Lebensalter = Aktienanteil“ wenig Wahres dran ist. Junge Leute wollen, aber können oft nicht: geringes Einkommen, Wohnung, Familie, Auto, Karriere, Anschaffungen, Immobilie, Firmengründung usw. Ebenso kritisch ist der Ratschlag zu beäugen: „Sell in May and go away“, frei übersetzt: „Verkaufe deine Aktien im Mai und halte dich dann zunächst fern von der Börse!“ Die Landesbank Baden-Württemberg hat die DAX-Entwicklung über einen Zeitraum von 42 Jahren untersucht. Der September war mit einem Durchschnittsminus von 2,1% der mit Abstand schlechteste DAX-Monat. Ähnliches galt von 1956 bis 1982 auch für den DOW JONES. Das Niveau des US-Leitindex von Anfang Mai wurde erst 7 Monate später wieder erreicht. Von 1983 bis 2010 aber kehrte sich das Bild völlig um. Der technische Analyst Dimitri Speck berichtet: „Man erkennt deutlich, dass der Mai kein schlechter, sondern nunmehr ein guter Börsenmonat war und dass der beste saisonale Verkaufszeitpunkt jetzt im Juli lag – also zwei Monate später.“ In den letzten dreieinhalb Jahrzehnten fiel der DAX im Schnitt nur im August und im September ins Kursminus. Es ist sicherlich vernünftiger, den August und September zu meiden als den Mai, Juni und Juli, zumal im Frühsommer viele deutsche Unternehmen üppige Dividenden ausschütten. Reflektieren Sie Ihr eigenes Anlageverhalten im Mai, August und September.

2.4.2 Kapital braucht Verstand und Disziplin

> *Der Tag, an dem der sonst hartnäckige Optimist zum Pessimisten wird, ist höchstwahrscheinlich der Wendepunkt in der Kurstendenz. Und natürlich auch umgekehrt. Wenn der eingefleischte Pessimist zum Optimisten wird, muss man so schnell wie möglich aus der Börse aussteigen.*
>
> **André Kostolany**

Heute wird von „Pferdeflüsterern“ und „Börsenzauberern“ gesprochen – beides Teile einer Werbekampagne. Sei es für ein einfühlsames Trainingsprogramm bei gestörten Pferden, sei es als Kaufanreiz für ein neues Börsenbuch oder ein Finanzseminar. Seriöse Börsenzauberer kenne ich nicht und ebenso wenig „Exklusiv-Geheimnisse“, die nur gegen viel Geld zu erfahren sind. Meist ist dies fauler Zauber. Die folgende Auflistung fasst zusammen, worauf Sie achten sollten, um sich vor unvernünftigen, von der Psychologie beeinflussten Verhaltensweisen wie dem Herdentrieb zu schützen.

Vernünftiges Verhalten an der Börse – der Schlüssel zum Erfolg	
❶	**Es gibt mehrere Erfolgswege.** Erarbeiten Sie Ihre eigene Philosophie. Sind Sie risikoscheu, meiden Sie Hebelprodukte. Sind Sie risikobewusst, ordern Sie neben DAX-Aktien Nebenwerte, Auslandstitel, Themenfonds und evtl. auch Derivate. Das Depot streuen, Gewinne laufen lassen und Verluste begrenzen!
❷	**Ohne Disziplin und Selbstkontrolle geht es nicht.** Werfen Sie nicht bei den ersten Misserfolgen Ihre Strategie und alle guten Vorsätze über Bord.
❸	**Sie brauchen Zeit und Durchstehvermögen.** Den Markt exakt beobachten und vernünftige Schlüsse ziehen bedeutet konzentrierte Arbeit. Das kann Spaß machen und spannend, aber auch anstrengend sein.
❹	**Haben Sie Selbstvertrauen, nutzen Sie Ihre Stärken.** Nehmen Sie Ihre Chancen entschlossen wahr und fühlen Sie sich verantwortlich. Mit Zögern und Zaudern verpassen Sie günstige Einstiegs- und Ausstiegskurse.
❺	**Risikokontrolle ist der Schlüssel zum Erfolg.** Begrenzen Sie – abhängig von Ihrer Vermögensdecke – die einzelne Position auf 2 bis 8% Ihres Gesamtvermögens, um sich vor extremen Verlusten zu schützen. Die einzelne Order sollte jedoch mindestens 1000 € betragen. Bei hochspekulativen Titeln setzen Sie nur Spielgeld ein und begrenzen Ihren Einsatz auf 500 €.
❻	**Seien Sie geduldig, wenn Sie den besten Einstiegskurs verpassten.** Oft kommt ein empfohlener Titel preislich zurück. Ansonsten trösten Sie sich, dass es noch andere chancenreiche Aktien gibt. Sie müssen nicht immer voll investiert sein. Bei unsicherem Börsenklima ist es oft besser, abzuwarten und genügend verfügbares Geld anzusammeln.
❼	**Steuern Sie Ihre Emotionen.** Lassen Sie sich nicht vom Bauchgefühl zu unüberlegten Handlungen verleiten. Verdrängen Sie keine unerwünschten Informationen. Folgen Sie nie einer einzigen Empfehlung, sondern nutzen Sie mehrere Informationsquellen. Sind Sie erfolgreich, so prahlen Sie nicht damit.

2.4.3 Was uns mit Affen verbindet und von ihnen trennt

Warum viele Anleger nach einem Crash und einer längst gestarteten Aufholjagd weiterhin passiv an der Seitenlinie des Börsenspielfelds verharren, statt beherzt in unterbewertete Qualitätstitel zum Tiefkurs einzusteigen, scheint teilweise genetisch bedingt. Eine 2005 veröffentlichte Studie von der US-Elite-Universität Yale zeigt solche Zusammenhänge und Wechselwirkungen auf. Hier wurde das Verhalten von Menschen und Kapuzineräffchen bezüglich zu treffender Entscheidungen untersucht.

Wird die Einstellung zu Gewinnchancen und Verlustrisiken bei der Geldanlage mehr von Erziehung und Bildung oder den Erbanlagen bestimmt? Es ging um das überbewertete Verlustrisiko gegenüber Gewinnchancen und um die Erkenntnis, dass sich Menschen oft vom Bauchgefühl leiten lassen. Um die Kapuzineräffchen experimentiertauglich zu machen, lernten sie zunächst, kleine Metallscheiben gegen Leckerbissen einzutauschen. Die Tiere konnten wählen, ob sie lieber mit Experimentator A oder B handeln wollten. Im ersten Versuch präsentierte die Person A einen Apfel und lieferte ihn. Person B zeigte zwei Äpfel, händigte aber zu 50% nur einen aus. Die Affen erkannten, dass B dennoch den besseren Deal anbot und gaben ihm mehrheitlich ihre Metallscheibe. Im zweiten Versuch präsentierte A erneut einen Apfel, teilte jedoch zu 50% zwei Stück aus. B verhielt sich wie zuvor, bot zwei Äpfel an, händigte in jedem zweiten Fall aber nur einen aus. Die meisten Affen entschieden sich für A, ein Anzeichen für die Verlustabneigung und den Wunsch, mehr zu erhalten als versprochen. Dieses Verhalten wurde auch im dritten Versuch bestätigt. Der bevorzugte Händler A zeigte einen Apfel und teilte diesen verlässlich aus. B präsentierte wie gewohnt zwei Äpfel, lieferte aber stets nur einen.

Die Verlustabneigung ist gleichermaßen ausgeprägt. Menschen gewichten Verluste 2,5-mal so hoch wie Gewinne. Bei Affen beträgt die Quote 2,7 zu 1.

2.4.4 Studie zum menschlichen Trendverhalten

Das Magazin *New Scientist* brachte vor einigen Jahren einen Bericht über die Arbeit der französischen Wissenschaftler Quentin Michard und Jean-Philippe Bouchaud. Es geht um das auch für die Börse interessante Trendverhalten. Daraus ein Zitat: „Das menschliche Trendverhalten folgt den Gesetzen des Magnetismus. Egal, ob es um eine einfache Modeerscheinung oder eine komplexere Veränderung der öffentlichen Meinung geht – das Muster, mit dem sich soziale Tendenzen entwickeln, ähnelt dem von magnetisierbaren Teilchen in einem Magnetfeld ... Die drei untersuchten Szenarien (rückläufige Geburtenrate, Handyboom, Konzertapplaus) entsprachen dem physikalischen. Auch eine allgemeine Meinungsänderung folgt einem mathematisch vorhersagbaren Muster: Die Rate der Menschen, die ihre Ansicht wechseln, steigt stetig an bis zu dem Punkt, an dem die Mehrheit ihre Meinung geändert hat. Dabei spielt eine Rolle, dass jeder nicht nur seine eigene Meinung hat, sondern auch dazu tendiert, andere zu imitieren. Nachahmung als Überlebensstrategie ist tief in der Biologie verwurzelt. Besonders häufig würden Menschen andere kopieren, wenn sie glauben, dass diese etwas wissen, das sie selbst nicht wissen."

- **Diese Studie lässt sich auf die Börsenpsychologie, das Herdentriebverhalten der Aktionäre in Verbindung mit begrenzter Sichtweise, übertragen.**

2.4.5 Ein-Wert-Strategie: schlecht für Nerven und Depot

Börsianer, die ihr Depot breit streuen nach Indizes, Branchen und vom Zeitpunkt her, sind weniger gefährdet, bei einem Kurssturz unter Stress zu leiden, die Nerven zu verlieren, in Hektik und Panik zu geraten. Es ist psychologisch viel leichter zu verkraften, wenn einer von 15 oder 25 Werten einbricht, als der einzige mit hohem Einsatz georderte Titel. Es kommt zu Frust und Wutausbrüchen. Vernunft und Selbstkontrolle bleiben auf der Strecke.

Die Angst vor finanziellem Ruin ist so groß, dass selbst im Bullenmarkt bei guten fundamentalen Daten und charttechnisch intaktem Aufwärtstrend schon bei geringem Verlust verkauft und eine Erholungschance kaum genutzt wird. Umgekehrt wird bereits ein kleiner Gewinn mitgenommen und die richtig große Rallye verpasst. Die Ein-Wert-Strategie verhindert Ausgleichschancen, wie sie eine breite Streuung bietet. **Beispiel:** Ein steigender Ölpreis belastet die Luftfahrt- und Autoindustrie, kommt aber den Ölwerten und den regenerativen Energietiteln zugute.

Das *Handelsblatt* schreibt in seiner Ausgabe Nr. 08 vom 13. Januar 2014 unter der Rubrik: Zehn typische Irrtümer: „Niemals auf eine Aktie spekulieren. Auf den DAX mit Fonds oder ETFs zu setzen lohnt sich dagegen. Allerdings nicht als Einmalanlage, sondern möglichst in Etappen, beispielsweise mit monatlichen Sparplänen. Das vermeidet das Risiko, Aktien ausgerechnet dann zu kaufen, wenn sie am teuersten sind. – Im Durchschnitt der vergangenen Jahrhunderte ließ sich in einem Zeitraum von 15 Jahren ein Wertzuwachs von 8 € erzielen – und das jährlich. Wer aber nur eine einzelne Aktie kauft, muss auch nach 15 und mehr Jahren Verluste befürchten. Das lehrt die DEUTSCHE TELEKOM. Sie wird ihren Kurs von 104 € aus dem Jahr 2000 wohl nie mehr erreichen. Auch nach dem Anstieg von immerhin 37% im vergangenen Jahr sind es bis zum alten Hoch noch weitere 750%."

Es gibt aber nicht nur Argumente, um über die alte „Volksaktie Telekom" den Stab zu brechen. Wer wie ich diesen Titel mehrmals für rund 8 € geordert und bislang nie verkauft hat, freut sich über eine extrem hohe Dividendenrendite von fast 9% (bei Ausschüttung von 70 Cent) und immer noch von fast 5% (bei Ausschüttung von 50 Cent) – und dies als Ertragsgutschrift sogar steuerfrei. Hinzu kommt der Kursgewinn von mittlerweile rund 70% auf diesen Einstiegspreis bezogen. Immerhin zählte die weiterhin beschimpfte Aktie DEUTSCHE TELEKOM im Jahr 2013 zu den erfolgreichsten DAX-Titeln: Ranglistenplatz IV mit einem Jahresplus von 45% hinter CONTINENTAL (+82%), DEUTSCHE POST (+59%) und DAIMLER (+52%). Auch 2014 schlug sich der Titel DEUTSCHE TELEKOM wacker. Zum Jahresschluss 2014 notierte die Aktie mit einem Kurs von 13,25 € auf Jahreshochniveau.

2.5 Gewinne lass laufen, im Verlust nicht ersaufen

Wer behauptet, für Aktienkäufe und -verkäufe gewöhnlich den besten Zeitpunkt zu finden, dürfte aufschneiden. Der Wunsch, zum Tiefkurs ein- und zum Höchstkurs auszusteigen, bleibt meist unerfüllbar, ist aber auch nicht entscheidend bei langem Anlagehorizont. Wer seine Aktien mehr als 14 Jahre hielt, schnitt immer positiv ab; denn Time schlägt Timing. Wer 1950 in Aktien 100.000 € investierte, bei dem wuchs der Betrag bei einer jährlichen Rendite von 11,1% bis 2013 auf stolze 827.000 €. Wer Anleihen vorzog, erzielte laut boerse.ard.de 327.000 € bei einer Jahresrendite von 6,1%. Der Rat, Gewinne laufen zu lassen, erwies sich bis Ende 2008 als Goldgrube. Es bleiben ja nur die Kursgewinne des Altbestands steuerfrei. Jetzt wird jeder Kapitalertrag mit der 25-prozentigen Abgeltungsteuer belastet. Die Wirtschaftskrise löste 2008/09 ein neues Crashszenario aus. Seitdem haben viele Aktien das frühere Allzeithoch geknackt.

Wie viel Gewinn, um Verlust auszugleichen?

10% Verlust:	11% Gewinn
20% Verlust:	25% Gewinn
30% Verlust:	43% Gewinn
50% Verlust:	100% Gewinn
70% Verlust:	233% Gewinn
90% Verlust:	900% Gewinn

Theoretisch erweist sich der Rat, Gewinne laufen zu lassen und Verluste zu begrenzen, als einfach. Die praktische Umsetzung ist aber ungemein schwierig. Dabei eröffnet sich neben „Breit gestreut – nie bereut“ wohl die wichtigste Formel für den Börsenerfolg. Verkaufen Sie ja nicht automatisch, sobald ein bestimmtes Kursziel erreicht wird. Teilverkauf bei Spitzenaktien mit hohem Kursgewinn: ja, Komplettverkauf außer in Notlagen: nein. Laut Statistik wird eine gute Aktie mit dreimal höherer Wahrscheinlichkeit verkauft als ein schlechter Titel. Bei zu begrenzenden Verlusten wirkt die Psychologie oft als Bremsklotz. Viele Börsianer verschieben den überfälligen Verkauf. Warum? Mancher Aktionär empfindet den Verkauf unterhalb des Einstandspreises als persönliche Niederlage – verbunden mit Gesichtsverlust. Das ist peinlich. Er verdrängt das Problem, spricht sich selbst Mut zu und wartet, bis es sich nicht mehr lohnt und kaum etwas übrig bleibt.

- **Erst wenn es an der Börse so richtig kracht, werfen zittrige Hände in panischer Angst alle Aktien viel zu spät und zu Tiefstkursen aus dem Depot.** Ein hoher, dauerhafter Verlust ist vorprogrammiert, wenn die Erholungsphase ungenutzt bleibt und der erneute Einstieg erst in der Börsenhausse erfolgt.
- **Umgekehrt werden die Glanzlichter zu früh veräußert.** Etliche Anleger nehmen schon Gewinne mit, wenn die Aktie 5 bis 10% zulegt. Selbst bei großen Orders wird die Chance vertan, richtig viel Geld zu verdienen. Bei der riskanten Ein-Wert-Strategie geschieht dies aus psychologischen Gründen besonders oft.

➢ **Verfrühte Gewinnmitnahmen sind im Bullenmarkt ein grober Strategiefehler.** In der Hausse neigen zumindest die Qualitätsaktien dazu, weiter zu steigen. Wäre es umgekehrt, würden die Bären die Bullen vertreiben.

Bedenken Sie, dass eine Aktie bis zum Nullpunkt sinken kann, nie darunter. Nach oben besteht keine Grenze. Die besten Titel können binnen weniger Jahre drei- und vierstellig steigen. Bei anderen Finanzprodukten, z. B. den beliebten Discountzertifikaten, begrenzt dagegen der obere Deckel, Cap genannt, als Ausgleich für den gewährten Rabatt den Kursgewinn ab einer bestimmten Höhe. Verstoßen Sie selbst ständig gegen den Rat: „Gewinne laufen lassen – Verluste begrenzen!", bleibt Ihnen der große Börsenerfolg versagt. Daran ist nicht zu rütteln.

Der richtige Umgang mit Gewinnen und Verlusten

❶ Strategie der Sieger: Gewinne lass laufen, im Verlust nicht ersaufen. **Ideal, bei viel Disziplin und Selbstkontrolle umsetzbar.**

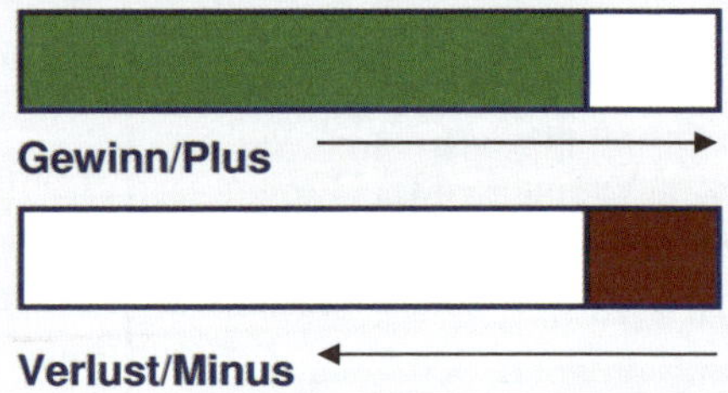

Strategie ❶: Im Bullenmarkt bietet es sich bei den weniger risikoreichen Aktien an, die Gewinne nach oben laufen zu lassen. Wer beste Aktien ein Jahrzehnt und länger im Depot hält, freut sich nicht nur über drei-, vielleicht sogar vierstellige Kursgewinne. Da oft auch die Ausschüttung steigt, ist im steuerfreien Altbestand eine zweistellige Dividendenrendite möglich.

Beispiele: Wie lukrativ es sein kann, beste Aktien jahrzehntelang zu halten und sich mit Teilverkäufen zu begnügen, zeigen Originalauszüge aus meinem Depot. Sobald der Kursgewinn möglichst dreistellig war, verkaufte ich so viele Aktien, dass der Gesamtbestand, die Kosten, die anfallende Steuer, die nur im Altbestand entfiel, bezahlt waren und ein Gewinn übrig blieb. Geschah dies und hatte ich weitere günstige Zukäufe getätigt, gab es bei einem erstklassigen Titel vielleicht nochmals einen Teilverkauf. Deshalb befinden sich meine **SAMSUNG**-Aktien, die ich kurz nach dem großen Terrorakt auf das World Trade Center für 33 € kaufte, und die alten **EUROFINS-Titel**, geordert zu 9,50 €, jetzt nicht mehr im Depot. Gleiches gilt für den zu 10 € gekauften Altbestand **BERTRANDT**. Der berühmte über 80-jährige Investor Warren Buffett kauft seine Aktien mit dem Ziel, sie immer zu behalten, sofern nicht schlechte Nachrichten und negative fundamentale Daten zum Verkauf drängen. So handle ich auch. Der steuerfreie Altbestand ist meine Zauberformel an der Börse. Ich hüte ihn wie einen Schatz und verkaufe Gewinne bevorzugt aus dem Neudepot. Da bin ich mit geringeren Erträgen zufrieden. Bei hohen unerwarteten Ausgaben muss ich auch dann verkaufen, wenn ich es sonst nicht täte.

Blick in mein Depot: Gewinne laufen lassen! Nur Teilverkäufe!					
Aktien-auswahl	**WKN**	**Kauftag und Kaufpreis €**	**Kurs am 26.08.14**	**Buch-gewinn**	**Dividende u. Rendite 2014**
BASF	BAS F11	13.11.02/**18,60**	79,50 €	350%	2,80 €/15%
BAYER	BAY 001	07.03.03/**11,90**	106,60 €	900%	2,30 €/19%
Bertrandt	523 280	22.06.09/**14,70**	96,90 €	700%	2,40 €/16%
Eurofins	910 251	05.11.01/**15,90**	228,50 €	1.300%	rund 7%
Euwax	566 010	30.04.03/**12,50**	68,60 €	450%	3,26 €/26%
DÜRR	556 520	16.09.08/**10,30**	59,85 €	500%	1,50 €/15%
FUCHS P.	579 043	03.10.01/**3,98**	31,35 €	700%	0,75 €/19%
LPKF Laser	645 000	11.11.03/**2,20**	13,25 €	500%	0,30 €/15%
Pfeiffer V.	691 660	29.05.03/**23,30**	69,50 €	200%	3,70 €/16%
Rational	701 080	08.05.03/**33,80**	245,60 €	650%	7,00 €/21%

Anmerkung: Für hohe Buchgewinne sorgen auch ausländische Titel aus meinem steuerfreien Altbestand wie BIOGEN, GILEAD, SAMSUNG, NOVO NORDISK und ALTRIA. Mit Ausnahme von BIOGEN und GILEAD sind die Dividendenrenditen zweistellig. **Die Formel lautet:** Dividende multipliziert mit 100 dividiert durch den Kurs.

Ob Sie zur Gewinnabsicherung Stoppkurse setzen oder besser dynamisch bzw. spontan verkaufen, wenn eine Trendumkehr ansteht, hängt von Ihrer Disziplin und vom Zeitfaktor ab. Äußere Umstände wie längere Abwesenheit spielen mit. Automatisch gesetzte Stoppkurse zur Gewinnabsicherung sind mitunter nachteilig. Vielleicht werden Sie um die in Kürze fällige attraktive Dividende gebracht. Ärgerlich ist es, wenn der Kurssturz wegen haltloser Gerüchte erfolgt, ein Leerverkauf kommentiert wird oder enttäuschte Erwartungen übertriebene Reaktionen auslösen. Patzt der Marktführer, wird die Branche in „Sippenhaft" abgestraft. Ausgelöste Stop-Loss-Orders beschleunigen den Absturz. Vielleicht müssen Sie weit unter Ihrer Marke verkaufen; denn Stoppkurse garantieren keinen Ausführungspreis. Welch Frust, wenn sich der Titel kurz danach erholt! Bei volatilen Nebenwerten sind Kurssprünge auch ohne neue Nachrichten zu beobachten.

Bei angespannter Marktlage, fundamental schlechten Nachrichten und charttechnischen Verkaufssignalen sollten Sie Ihre Verluste konsequent begrenzen. Ob dies bei einem Minus von 10% oder erst ab 15 bis 25% geschieht, hängt ab vom Orderumfang, von der Volatilität, der Branche, Ihrer Risikoneigung, Disziplin und Nervenstärke. Day-Trader handeln sekundenschnell und stellen ihre Position am gleichen Tag glatt. Sie tolerieren bei hohem Einsatz nur ein geringes Minus.

Es ist zu überlegen, bei Nebenwerten Stoppkurse zu setzen, bei Standardaktien und Blue-Chip-Indizes aber darauf zu verzichten und Verluste spontan diszipliniert zu begrenzen. Wie meine eigenen Recherchen ergaben, sind Stop-Loss-Orders im Bärenmarkt meist vorteilhaft, im Aufwärtstrend wegen der Erholungstendenz eher ungünstig. Der Bullenmarkt ist gekennzeichnet durch steigende Kurse.

Sollten Sie wegen psychologischer Barrieren Probleme mit der Verlustbegrenzung haben und diese hinauszögern mit der Ausrede: „Diese Aktien erholen sich schon wieder!", ist es besser, Stop-Loss-Orders einzugeben. Erfahrungsgemäß sind viele Anleger beim Absichern der Gewinne vorsichtiger als beim Begrenzen der Verluste. Dies rührt daher, dass ein realisierter Verlust unter Einstandspreis als eigenes Versagen empfunden wird und eine ausgeführte Verkaufsorder unumkehrbar ist. Mit Buchverlusten lässt es sich, nachdem die Hoffnung zuletzt stirbt, besser leben als mit dem Eingeständnis, eine Fehlentscheidung getroffen zu haben.

❷ Neutrale Strategie: Crashverluste aussitzen, Gewinne weiterlaufen lassen. Für Anleger vertretbar; Bank erzielt weniger Umsatz

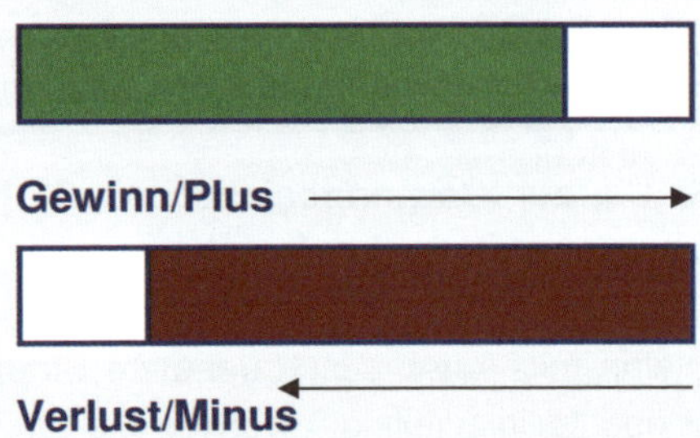

Strategie ❷: Aktionäre, die großteils ihre Gewinne laufen lassen und bereits einige Aktien besitzen, die dreistellig zulegen konnten, sind auf dem richtigen Weg. Wer bei fundamental schlechten Nachrichten und berechtigter Angst vor dem Platzen einer sich auftürmenden Spekulationsblase Verluste frühzeitig begrenzt, kann sich hier und dort das Aussitzen leisten. Dies gilt für Blue Chips mit Erholungspotenzial. Ebenso ist das Abwarten berechtigt, wenn ein Crash nicht durch Spekulationsblasen oder den drohenden Zusammenbruch des weltweiten Finanzsystems, sondern durch äußere Störfaktoren ausgelöst wird. Erinnert sei an brutale Terrorakte, Naturkatastrophen und akute Kriegsgefahr. Es stellt sich die Frage nach irrationaler Übertreibung. Grundsätzlich aber führt kein Weg an der Verlustbegrenzung vorbei. Eine Verrechnung mit Erträgen ist möglich.

Strategie ❸: Sicherlich zählen Sie nicht zu jener Anlegergruppe, die schon Minigewinne mitnimmt aus der Angst und Befürchtung: *Wie gewonnen, so zerronnen!* Wer dies tut, bringt sich um die Möglichkeit, mit chancenreichen Titeln richtig viel Geld zu verdienen, wirft er doch seine besten Aktien verfrüht auf den Markt. Es ging und geht nicht nur um den entgangenen Kursgewinn, sondern um die Chance, sich ein Langzeitdepot mit hohen Kapitalerträgen und steigender Dividendenrendite aufzubauen – auch für die Altersvorsorge.

Bezüglich Verlustbegrenzung machen die Anhänger der „**Minimalstrategie**" alles richtig. Somit bleibt bei dieser **Strategie ❸** die Chance auf einen gewissen Börsenerfolg erhalten. Die ganz großen Erträge sind aber nicht zu erzielen: Die Überflieger verschwinden frühzeitig. Üppige Gewinne gibt es nicht. Es sinkt die Chance auf ein erfreuliches Gesamtergebnis. Durch das frühe Rein und Raus, typisch für Kurzzeitanleger, summieren sich die Transaktionskosten. Auch die Aussicht auf eine steigende Dividendenrendite bleibt ungenutzt.

❸ Vorsichtsstrategie: kleine Gewinne mitnehmen, Verluste begrenzen. **Gebühren belasten den Anleger, erfreuen aber die Bank**

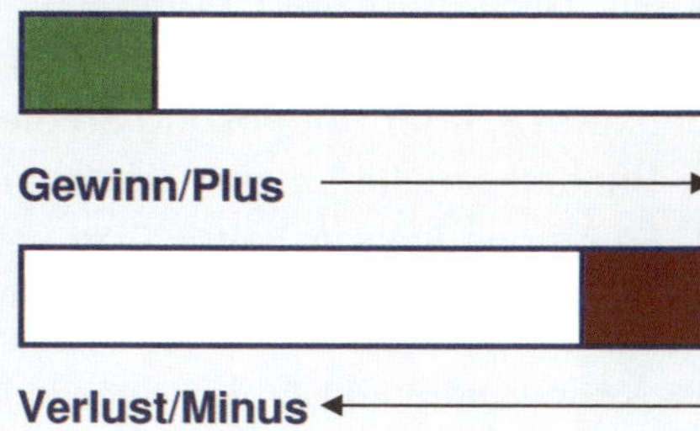

Strategie ❹: Für Anleger, die bislang diese Strategie einsetzten, gibt es zwei Möglichkeiten: Am besten ist es, diese Vorgehensweise ab sofort zu ändern in Richtung Strategie ❶, Gewinne laufen zu lassen und Verluste zu begrenzen. Ansonsten ist es vernünftiger, sich von der Aktienbörse zu verabschieden. Ein Misserfolg bei der Verliererstrategie ist unausweichlich. Der Name trifft den Kern. Die Börsenpsychologie erweist sich als Fallstrick. Einerseits herrscht die Sorge, die kleinen Gewinne einzubüßen. Andererseits wird der anwachsende Buchverlust verdrängt durch die Hoffnung: „Meine Aktien erholen sich wieder." Höchste Zeit, das Problem aufzuarbeiten!

❹ Strategie der Verlierer: Minigewinne mitnehmen – Verluste aussitzen. **Entweder Abschied von der Börse oder Strategie 1 oder 2**

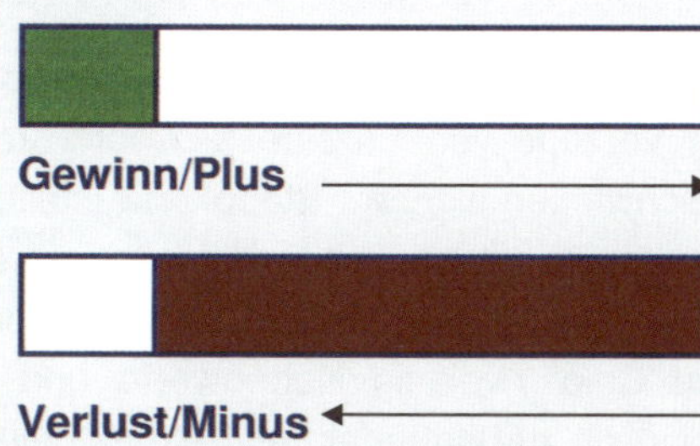

Freilich ist braves Aussitzen nicht immer verkehrt. Dies gilt für ein nicht vorhersehbares plötzliches Crashszenario, eine irrational übertriebene Abstrafung einzelner Titel wegen widersprüchlicher Nachrichten und erst recht bei Gerüchten oder einem Kurseinbruch wegen Sippenhaft, weil der Marktführer enttäuscht hat.

Das in Strategie ❹ gezeigte Verhalten verwehrt die Chance, mit üppigen Kursgewinnen den einen oder anderen hohen Verlust wettzumachen. Mit einer Aktie, die drei- oder gar vierstellig zulegt, lässt sich manche Scharte auswetzen. Als tröstlich empfinde ich, dass Sie, liebe Leserinnen und Leser, diesem Typus wohl kaum angehören. Sonst würden Sie mein Buch nicht lesen.

2.6 Mit Stoppkursen marktbezogen arbeiten

In früheren Jahren wurde heftig über den Sinn und die Abwegigkeit von Stop-Loss-Orders gestritten. Heute ist es um das Thema Stoppkurse still geworden. Die Befürworter dominieren den Markt. Das verwundert nicht. Die vier großen B – Börse, Broker, Banken, Börsenjournalisten – verdienen mit Stoppkursen, ihrer Anpassung an die aktuellen Kurse, die daraus abzuleitenden Handelsaktivitäten und die damit verbundene Berichterstattung kräftig mit. Es gingen viele Arbeitsplätze verloren und das Handelsvolumen an den Börsen würde schmelzen, wären Stop-Loss-Orders verpönt.

Viele Marktexperten halten Stoppkurse für jeden rational handelnden Börsianer als unverzichtbar. Sie sind es bei Unschlüssigkeit, unzureichender Marktbeobachtung und längerer Abwesenheit. Diese positive Einschätzung hat sich durchgesetzt und wird kaum kritisch hinterfragt. Und wenn, dann eher verhalten, im persönlichen Gespräch. Wäre ich, die Autorin, in leitender Funktion bei der Börse oder in einem Bankhaus tätig, bestände die Gefahr, wegen geschäftsschädigender Nestbeschmutzung meinen Arbeitsplatz zu verlieren. Was den Derivate- und Optionsscheinsektor betrifft, herrscht Einmütigkeit. Zu Recht gibt es wohl keinen einzigen Experten, der bei Hebelprodukten von Stop-Loss-Orders abrät.

Dennoch sei bei einer offenen Diskussion die Frage erlaubt, warum die unbestrittenen Vorzüge von Stop-Loss-Orders stets genannt, die Nachteile dagegen meist verschwiegen werden. Stoppkurse stellen oft, aber nicht immer die beste Möglichkeit dar. Es gilt, stärker zu differenzieren, abhängig von Marktlage, Index, Branche, Risikoneigung, Fachkompetenz, Disziplin und Intensität der Marktbeobachtung. Blue Chips, volatile Nebenwerte und konjunktursensible Branchen sind unterschiedlich zu behandeln und ein aktueller Bullen- oder Bärenmarkt in die Strategie einzubeziehen. Dies führt dazu, dass zwar Stoppkurse eingesetzt werden, aber nicht bei allen Titeln und schon gar nicht mit gleichen Prozentsätzen. Zudem wirkt ein Lob glaubwürdiger, wenn die Kritik nicht ausgeklammert wird.

> Stop-Loss-Orders sind vergleichbar mit einer Versicherung gegen einen Schadensfall. Sie haben ihren Preis – in diesem Fall die Transaktionskosten.

Pro: Die Abwärtsbewegung vollzieht sich oft schleichend. Zu den häufigsten Anlegerfehlern gehört, sich die erzielten Buchgewinne wieder abknöpfen zu lassen. Statt den Gewinn zu sichern oder den Verlust frühzeitig zu begrenzen, bevor es richtig weh tut, verlassen sich viele Börsianer auf das Prinzip des Hoffens und Bangens. Sie halten ihrem Wertpapier die Treue, vor allem wenn es bisher ein Glanzlicht war. Dies kann im Einzelfall richtig, aber auch falsch sein.

Aus psychologischen bzw. emotionalen Gründen tolerieren Anleger bei ihren Lieblingsaktien einen Kursrückgang in dem Glauben: „Dies ist nur eine Korrekturphase, ein Atemholen, um erneut durchzustarten!"

Ein Beispiel: Wohl niemandem blieb ein solch abrupter Kursabsturz aller Indizes verborgen wie derjenige im Oktober 2008 und März 2009. Begleitet von Pleiten etlicher Hedgefonds, Hypotheken- und Investmentbanken wurde das ganze Ausmaß der weltweiten Finanzkrise mit Dominoeffekten, Rezessionsängsten, Gewinnwarnungen, Rohstoffpreis- und Währungsturbulenzen, Vertrauensverlust und Kreditklemmen offenkundig. Mit der Insolvenz der amerikanischen Großbank LEHMAN BROTHERS, die aus purer Verzweiflung sogar ihre Bilanzen fälschte, stand das gesamte globale Finanzsystem am Abgrund, vorerst gerettet durch Staat und Notenbanken. Wer hier Stoppkurse enger setzte, dessen Aktiendepot wurde komplett ausgeräumt – allerdings nicht zu den gewünschten Preisen. Bei einem Crashszenario stürzen die Kurse schnell unter die Stoppkursmarke ab. Der Stoppkurs garantiert **keinen Ausführungspreis,** sondern bedeutet den Verkauf an und unterhalb dieser Marke bei der nächsten Kursfeststellung.

Jeder Anleger sollte seine Stoppkurse wie eine Versicherung betrachten, die eben ihren Preis hat, in diesem Fall die Transaktionskosten. Was viele Trader kaum wahrnehmen, ist außerhalb von starker Korrektur und Crash die beständige, schleichende Talfahrt ihrer ehemaligen Glanzlichter. Und irgendwann, wenn sich die anfänglich eher sanfte Abwärtsbewegung in ein regelrechtes Absturzszenario auswächst, mag es zu spät sein, noch zu verkaufen. Das brave, aber riskante Aussitzen, die Treue zur Aktie, wird nur selten belohnt.

> Außerhalb vom Crash vollzieht sich die Abwärtsbewegung oft schleichend und weitgehend unbemerkt. Die ersten Verluste sind die geringsten und schmerzen am wenigsten!

> Stoppkurse dürfen nicht zu eng gesetzt werden, z. B. 15 bis 25% unter dem aktuellen Kurs und unterhalb einer wichtigen charttechnischen Unterstützungslinie. Nahe einer runden Zahl ist es besser, den Stoppkurs direkt darüber zu setzen. Wird die Zahl getestet, bricht der Kurs oft weiter ein.

Platzieren Sie Stop-Loss-Orders nicht zu eng. Bei schwankungsfreudigen Aktien aus den Nebenwerteindizes sind Kurssprünge um 10% und mehr an einem Tag nicht selten. Ansonsten bestände das Problem, dass der Titel zu früh aus dem Depot verschwindet, obgleich er noch Kurspotenzial hat. Abhängig von der Volatilität sollten Sie Ihre Stop-Loss-Marken um 15 bis 25% unterhalb des aktuellen Kurses setzen und dabei charttechnische Unterstützungslinien im Auge behalten.

Bei einem kräftigen Aufwärtstrend sollten Sie Ihre Stoppkurse nachziehen. Einige Discountbroker berechnen nichts für die regelmäßige Anpassung. Andere Banken bitten pro Stop-Loss-Order monatlich bis zu 5 € zur Kasse. Gehören Sie zu den Stoppkursanhängern, sollten Sie auch unter diesem Aspekt Ihre Depotbank auswählen. Keine Bank ist in jedem Teilbereich am günstigsten. Klären Sie die wichtigsten Modalitäten vor Ihrer Entscheidung ab.

> Bei plötzlichem Absturz mit einer Flut von Verkaufsaufträgen dauert die Kursfeststellung bei Börseneröffnung oft länger. Ein Stoppkurs ist keine limitierte Verkaufsorder. Der Anleger veräußert seine Aktien ohne Preisgarantie „bestens“.

So praktisch Stoppkurse sein mögen, es kommt vor, dass eine Stop-Loss-Order nicht genau an der gesetzten Marke erfolgt. Brechen die Kurse in den USA am späten Abend wegen Gewinnwarnungen, Insolvenzgerüchten und anderer schlechter Nachrichten drastisch ein, so kann es bei Börseneröffnung in Europa eine Weile dauern, um den ersten Kurs festzulegen und die zahlreichen Orders abzuarbeiten. Der Kursabsturz selbst löst weitere Verkaufsaufträge aus, sodass – gleich einer Kettenreaktion – die Verluste dramatisch wachsen.

> **Im Bärenmarkt,** gekennzeichnet durch sinkende Kurse, sowie in stagnierenden Märkten ist die Erholungschance geringer als in einer Hausse. In einer solchen Marktlage sind Stoppkurse meist hilfreich.
>
> **Im Bullenmarkt,** gekennzeichnet durch steigende Aktienkurse nach Korrektur oder Crash, bleiben bei ausgestoppten Aktien das Aufwärtspotenzial und die Erholungschance ungenutzt.

Stoppkurse bewähren sich im Bärenmarkt, bei Korrektur und Crash durch Platzen von Spekulationsblasen. Ist das Börsenklima schlecht, geprägt von Konjunkturabschwung und Gewinnwarnungen, bewahren Stoppkurse unschlüssige Aktionäre vor hohen Verlusten. Automatisch gesetzte und nachgezogene Stoppkurse haben sich bestens bewährt in der Phase des tückischen „Salamicrashs“, wie er 2000 bis Frühjahr 2003 vorherrschte. Ebenso bestätigt das zweitschlechteste Börsenjahr 2008 in der damals 20-jährigen DAX-Geschichte mit einem Kurseinbruch um 40% und fast 50% beim TecDAX den Nutzen von Stoppkursen. Sie halfen, Gewinne zu sichern und Verluste zu begrenzen, bevor das Minus den Börsianer vielleicht finanziell in den Ruin trieb. Die aus dieser Zeit stammenden Untersuchungen unterstreichen den Wert der Stoppkursstrategie. Erinnert sei an die jüngsten Börsenverwerfungen infolge der globalen Finanzkrise mit Kurstiefständen im März 2009. Der DAX sank auf 3600 Punkte. Auch im Herbst 2014 ging es turbulent zu. Der DAX notierte Mitte Oktober nur noch bei 8400 Punkten – gegenüber dem Allzeithoch von mehr als 10.150 Punkten im Juni ein Rückgang von 20%.

Noch schlimmer sah es bei den Nebenwerteindizes aus. Bei angespannter Marktlage kommt kein Zweifel an der Berechtigung von Stoppkursen auf. Es ist beruhigend, bei längerer Abwesenheit, sei es eine Reise oder ein Krankenhausaufenthalt, sein Aktiendepot gegen hohe Verluste abgesichert zu wissen. Neben dem Geldbeutel schonen Stop-Loss-Orders die Nerven, vorausgesetzt, der Kapitalrückfluss dient nicht dazu, erneut einzusteigen, danach wiederum ausgestoppt zu werden.

Was spricht für automatische Stop-Loss-Orders?

- Rasche Verlustbegrenzung bei starker Korrektur und Crash; denn im Bärenmarkt neigen die Aktienkurse dazu, weiter zu sinken, anstatt sich zu erholen. Der bestehende Trend setzt sich fort.
- Die ersten Verluste sind die geringsten. Auch reduzierte Gewinnmitnahmen sind zu verkraften.
- Der Anleger muss sein Depot nicht börsentäglich beobachten. Bei längerer Abwesenheit ist es beruhigend, sich mit Stoppkursen abzusichern.
- Notwendige Entscheidungen werden nicht aus Unentschlossenheit hinausgezögert.
- Schlechte Aktien belasten nicht länger das Depot. Mithilfe des Kapitalrückflusses lässt sich das Depot preiswert mit Qualitätstiteln aufstocken.
- Bei veränderter Markteinschätzung bietet sich trotz emotionaler Barrieren auch ein Rückkauf des zuvor ausgestoppten Titels an.

Kontra: In der Baisse verschwinden nahezu alle Titel aus dem Depot. Solange die Spekulationsfrist noch galt, wurde kaum eine Aktie länger als ein Jahr gehalten. Damit blieb die große Chance ungenutzt, bis Ende 2008 einen steuerfreien Altbestand aufzubauen. Das Ausstoppen des Altbestands zerstörte die wichtigste Erfolgsformel für die Zukunft. Besonders ärgerlich ist, wenn die Aktie kurz vor einer attraktiven Gewinnausschüttung weg ist. Zu beachten ist auch die Volatilität der Nebenwerte. Manch kleiner Titel verliert binnen weniger Tage 10 bis 20% vom Börsenwert, weil der Marktführer patzte oder ein böswilliges Gerücht die Runde macht. Oft setzt hernach schnell die Erholung ein. Im Aufwärtstrend sind Stoppkurse eher ungünstig. Ausgestoppte Aktien, die nicht fundamental oder charttechnisch bedingt abstürzen, sondern das Opfer von Nervosität, Angst, Sippenhaft, haltlosen Gerüchten oder irrationaler Übertreibung sind, erholen sich wieder. Das Dilemma wird offenkundig, wenn ein Börsenkommentar verkündet: „Leider wurde trotz unserer positiven Einschätzung der Titel ausgestoppt. Wir nutzen die Kursschwäche zum Rückkauf."

Was spricht gegen automatische Stop-Loss-Orders?

- Sie geben Ihre Entscheidungskompetenz aus der Hand und übertragen diese auf das elektronische Verkaufssystem. Dies ist fatal, wenn durch Eingabefehler Aktienkurse blitzschnell und übertrieben stark in die Tiefe sausen.
- Insbesondere die marktengen Titel aus dem Nebenwertesektor geraten oft kurzfristig unter die Räder. Mal sind es schlechte Nachrichten, mal Insiderverkäufe, Gerüchte oder Abstrafung, weil der Marktführer enttäuschte. Auf Kapitalerhöhungen reagieren Aktionäre oft extrem negativ.
- Wer alle Aktien mit Stop-Loss-Orders versieht, besitzt als belastende Hypothek höchstens einen kleinen Altbestand mit steuerfreien Kursgewinnen.
- Bei einem größeren Depot summieren sich die Transaktionskosten.
- Der Frust ist groß, wenn sich ein Titel rasch erholt. „Billig erneut einsteigen" ist ein schwacher Trost. Der Verlust wirkt als psychologische Bremse.
- Wer im Bärenmarkt den Kapitalrückfluss für den Einstieg nutzt, läuft Gefahr, erneut ausgestoppt zu werden. Der Verlust weitet sich dramatisch aus.
- Da Stoppkurse an markanten Tiefpunkten gesetzt werden, stürzen die Aktien in einer Art Kettenreaktion immer tiefer ab. Leerverkäufer nutzen dies rigoros aus. Sie verstärken zunächst den Abwärtstrend, später wegen der bestehenden Kaufverpflichtung die Kurserholung.
- Ärgerlich ist es, wenn die Aktie kurz vor der Hauptversammlung ausgestoppt wird und dadurch eine attraktive Gewinnausschüttung entfällt.
- Stoppkurse garantieren keinen bestimmten Ausführungskurs. Der Verkaufspreis kann weit unterhalb der gesetzten Marke liegen.
- Verheerend wirken sich Stoppkurse aus wie am 6. Mai 2010, als nachmittags binnen weniger Minuten der DOW JONES um 1000 Punkte in den Keller rauschte und zu einer Kapitalvernichtung in Billionenhöhe führte.

PROCTER & GAMBLE war binnen fünf Minuten 60 Mrd. US-Dollar weniger wert. Die Aktie von ACCENTURE soll von 42 US-Dollar auf einen Cent abgestürzt sein. Weltweit verloren die Indizes 5 bis 15% – dies alles vermutlich durch einen Eingabe- oder Computerfehler. Komplette Aktiendepots wurden leergefegt und die Gebühren aufgesattelt. So etwas kommt selten vor; aber es geschieht.

Beispiele aus dem Börsengeschehen: Der Kurs der Photovoltaik-Aktie **SOLARWORLD** stieg nach ihrer Aufnahme in den TecDAX splittbereinigt von 4,35 € bis auf 49 € im Jahr 2007. Firmenchef Asbeck sah sein Unternehmen im DAX. Ab Januar 2008 gab es keinen Platz mehr für solche Träume. Im rauen Börsenklima stürzte der Kurs auf 22 € und danach wegen drohender Zahlungsunfähigkeit bis auf unter 0,50 € Ende 2013. Zuvor wechselten scharfe Korrekturphasen mit deutlicher Erholungstendenz. Hatte jemand bei SOLARWORLD zwischen 2005 bis 2010 Stoppkurse gesetzt und preiswert nachgekauft, verschwand der Titel irgendwann aus dem Depot. Der gepriesene günstige Nachkauf mutierte zur Gebührenfalle und es summierten sich die Transaktionskosten selbst beim preisgünstigen Discountbroker. Besser kam jemand davon, wenn sich die psychologischen Barrieren zum Schutzwall auftürmten und davon abhielten, weiter in dieses Unternehmen zu investieren. Sobald der Pleitegeier über einer AG kreist, heißt es: Hände weg!

Dies galt für etliche einst erfolgreiche Unternehmen aus dem Solarbereich. Erinnern Sie sich an **CONERGY** und **Q-CELLS?** Einst schmückten sie den TecDAX, „Sonnen-DAX" genannt. Mittlerweile sind sie von der Börsenlandschaft verschwunden. Nicht besser erging es **SOLAR MILLENNIUM, SOLON, SUNWAYS** und im Windkraftsektor **WINDREICH.** Ziemlich schlecht sieht es in der TV-Branche aus. **LOEWE,** früher die wertgeschätzte Premiummarke, kämpft seit geraumer Zeit mit der Zahlungsunfähigkeit – vom kraftvollen Löwen zum Bettvorleger mutiert.

Wie werden Stoppkurse gesetzt? Der Anleger erteilt seiner Bank die Stop-Loss-Order zum gewünschten Kurs und unterrichtet sie über nachzuziehende Stoppkurse zur Gewinnabsicherung. Bei Blue Chips empfiehlt sich ein Stoppkurs ab 10 bis 20% unterhalb der aktuellen Notierung, bei Hightechtiteln eher erst ab 20 bis 30%. Wer als spekulativer Kurzzeitanleger große Summen einsetzt oder als Day-Trader handelt, platziert seine Stoppmarken niedrig im einstelligen Prozentbereich.

Wo gibt es Hilfen? Wer Anleitungen braucht, um Stoppkursmarken vernünftig zu setzen bzw. bei Bedarf nachzuziehen, findet im Wochenmagazin BÖRSE ONLINE, *Euro am Sonntag* und in anderen Finanzpublikationen nützliche Hinweise. Auch Börsenbriefe bieten einen solchen Service an.

Was heißt dynamische Verlustbegrenzung? Ein nervenstarker, disziplinierter Anleger mit viel Fachwissen und genug Zeit zieht die Reißleine zunächst nur „mental". Er beobachtet sein Depot börsentäglich und entscheidet mithilfe fundamentaler und charttechnischer Daten selbst, ob ein Verkauf ratsam erscheint. Wenn ja, handelt er ohne Zaudern und Zögern rasch und konsequent.

Fazit: Vorausgesetzt, Sie haben Zeit und Lust, die Börse regelmäßig zu beobachten, verfahren Sie dynamisch. Sie handeln abhängig von der Marktlage eigenständig, setzen Ihre „mentalen" Verkaufsvorhaben bei Bedarf zügig um.

Entscheidend ist auch die Persönlichkeitsstruktur. Dies betrifft insbesondere Risikoneigung, Disziplin, Wissbegier und Fähigkeit zur Selbstkontrolle. Wer empfindliche Verluste nicht aushält, sollte Stoppkurse enger setzen als ein nervenstarker, souverän handelnder Investor, der auch ohne dieses Instrumentarium gut schläft und keine Magenschmerzen bekommt. Bei längerer Abwesenheit – Urlaub, Geschäftsreisen, Klinikaufenthalt usw. – wirken Stoppkurse beruhigend. Sie sichern das Depot gegen extreme Kurseinbrüche ab. Stoppkurse sind unverzichtbar, wenn jemand seine Verkaufsabsichten nicht zügig umsetzt und seine Verluste entgegen guten Vorsätzen aussitzt.

Wann Stoppkurse? Wann dynamische Verlustbegrenzung?

Situation, Marktlage, Anlegertyp, Börsenklima usw.	Stop-Loss-Orders	Dynam. Verlustbegrenzung
Bullenmarkt, Hausse, Aufwärtstrend		X
Bärenmarkt, Baisse, Abwärtstrend	X	
Sägezahnmarkt, stagnierender Markt	X	X
Langzeitanlage mit Altbestand		X
Langzeitanlage mit Neubestand	X	X
Kurzzeittrading, schnelles Rein/Raus	X	
Kompetenter, disziplinierter Anleger		X
Unerfahrener Anleger, Einsteiger	X	
Blue Chips, Qualitäts-Standardaktien	X, ab 10%*	X
Klassische Nebenwerte	X, ab 15%*	X
Hightech, neue Energie, Biotech usw.	X, ab 20%*	X
Längere Abwesenheit	X	
Zögerliches Verhalten	X	
Ständige Marktbeobachtung		X
Ausgeprägtes Risikobewusstsein		X
Ausgeprägte Sicherheitsneigung	X	
Schlechtes Nervenkostüm, Angst	X	
*Preis unterhalb des aktuellen Kurses; Stoppkurse regelmäßig nachziehen!		

2.7 Die passende Depotbank finden

Die ideale Direktbank für jedermann gibt es nicht. Gebührenstruktur, Orderumfang und Orderhöhe, Produkte, Beratung, sonstige Leistungen und Verzinsung sind wichtig für die Wahl. Hier sind Ansprüche und Bedarf unterschiedlich. Bei der Leserumfrage von BÖRSE ONLINE *Onlinebroker 2013* lag **ING-DiBa** zum vierten Mal in Folge in der Gunst der Teilnehmer mit einer Eins vor dem Komma (1,54) nach dem Schulnotensystem erneut vorn. Es folgten **FLATEX** (1,59), **CORTAL CONSORS** (1,60) und **COMDIRECT** (1,62). Niedrige Ordergebühr und kostenlose Depotführung erhöhen die Rendite.

Order- und Depot-Infos

Orderanzahl/Quartal:	4 bis 5
Online-Aufträge:	80%
Telefonorders:	20%
Orderumfang/Schnitt:	3000 €
Orders mit Limit:	60%
Änderung/Löschung:	20%
Depotumfang/Schnitt:	40.000 €

Der erste Schritt, um an der Börse erfolgreich agieren zu können, ist die Depoteröffnung bei der Haus- oder einer Direktbank. Schnell und preiswert sind das Telefon- und insbesondere das Online-Banking. Bei der Geldanlage selbst stehen – wie eine Umfrage des im SDAX gelisteten Marktforschungsinstituts GfK zeigt – eine qualifizierte Beratung und Risikostreuung oben auf der Wunschliste. Die meisten Privatanleger stufen eine kundenorientierte Beratungsqualität höher ein als Preisunterschiede bei Order, Depotgebühren und Vermögensverwaltung. Bezüglich Depoteröffnung sind Formalitäten zu beachten, wie die Einstufung der Risikoneigung, Fragen nach den Anlagezielen, dem Anlagezeitraum und den Vermögensverhältnissen. Sofern Sie sich an Termingeschäften beteiligen und mit Derivaten handeln wollen (Optionsscheine, Hebelzertifikate, Futures), müssen Sie die **Finanztermingeschäftsfähigkeit** nachweisen.

Vorteil Online- und Telefon-Banking

- Niedrige Ordergebühren
- Unabhängig von Banköffnungszeiten
- Bequem und schnell
- Rasches Reagieren auf aktuelle Trends
- Transaktionen auch im abendlichen und außerbörslichen Handel

Es empfiehlt sich, Börsengeschäfte über das Internet abzuwickeln, um Kosten zu sparen, unabhängig von den Öffnungszeiten der Bank zu sein und blitzschnell reagieren zu können. Dazu benötigen Sie einen Computer mit schnellem Internetzugang. Zudem müssen Sie Ihr Konto für das **Online-Banking** freischalten lassen. Sie können nun auch die sonstigen Bankgeschäfte von zu Hause aus erledigen wie Überweisungen schreiben, Kontoauszüge einsehen. Neben dem Online-Handel sollten Sie auch **Telefon-Banking** beantragen. So sind Sie von Internetstörungen unabhängig. Wo Sie sich auch gerade aufhalten: Telefonhandel geht überall.

Internet-Kriminalität

Computerbetrüger nutzen gern Phishing-Mails (phishing = Passwort fischen), um an geheime Daten wie PIN und TAN zu gelangen. Die Adressaten werden mit täuschend echt aussehenden Meldungen in die Irre geleitet und aufgefordert, fehlende Daten nachzureichen.

Vorsicht: Es gibt keine Bank, die per E-Mail individuelle Kundendaten abruft.

Jede Bank und Sparkasse ermöglicht es, das Online-Banking zu nutzen und eigenständig Wertpapiere zu handeln.

Viele Bundesbürger sind bezüglich Internetsicherheit zu sorglos, wie das Bundesamt für Sicherheit in der Informationstechnik (BSI) berichtet. Von je 100 Nutzern wurden Opfer von Trojanern (35%), gefälschten E-Mails (25%), Dialern (25%), Phishing (8%), gefälschten Webseiten (6%). Unsichere Computer gefährden die IT-Infrastruktur. Viren, Würmer und Trojaner spionieren sensible Daten aus. Vorsicht auch vor Rechnungen und Mahnungen, ohne etwas bestellt zu haben! Fehlt der Firmenname, ist die Rechtschreibung fehlerhaft und der Betreff beschränkt sich auf eine Floskel: **sofort löschen!**

Beispiel für persönliche Aktiendepot-Buchführung am PC

Anzahl, Aktie, WKN	Kauftag/ Preis	Verkauf/ Kurs	Bemerkungen	Gesamtbestand
K 100 Amadeus Fire **509 310, Neudepot** **V 40 Amadeus Fire** **K 60 Amadeus Fire** **509 310, Neudepot**	24.09.2009 12,35 € 26.08.2010 21,90 €	27.05.2013 48,90 €	Teilverkauf mit rund 300% Kursgewinn	**120 Stück Neubestand**
K 22 Amgen (USA) **867 900 Altbestand**	05.01.2000 57,50 €		Steuerfreie Kursgewinne	**22 Stück Altbestand**
K 100 BASF (DAX) **515 100 Altbestand** **K 50 BASF** **515 100 Altbestand**	13.11.2002 18,60 € 13.10.2008 27,05 €		splittbereinigt	**150 Stück Altbestand**
K 120 BAYER (DAX) **575 200 Altbestand** **K 35 BAYER** **575 100 Neubestand**	07.03.2003 11,90 € 15.08.2011 46,20		+12 abgespaltete Lanxess-Aktien kostenfrei	**120 Stück Altbestand** **+35 neu** **Insg. 155**
K 120 Bertrandt **523 280 Neubestand** **V 30 Bertrandt**	22.06.2009 14,70 €	26.01.2013 101,80 €	Teilverkauf mit über 700% Gewinn vor Steuer; hohe Dividende	**Neubestand** **insg. 90 Stück**

Beispiel für persönliche Aktiendepot-Buchführung (Forts.)

Anzahl, Aktie, WKN	Kauftag/ Preis	Verkauf/ Kurs	Bemerkungen	Gesamtbestand
K 60 Biogen (USA) **789 617 Altbestand** **V 20 Biogen** **K 10 Biogen** **789 617 Neudepot**	28.02.2005 27,70 € 20.06.2013 154,90 €	26.06.2012 114,25 €	Teilverkauf mit fast 400% Kursgewinn steuerfrei	**40 Stück Altbestand** **+10 neu** **Insg. 50 Stück**
K 150 Dürr (MDAX) **867 900 Altbestand** **K 120 Dürr** **867 900 Neubestand**	16.09.2008 10,30 € 08.08.1011 13,10 €		Zweistellige Dividende im Altbestand	**150 Stück Altbestand** **+120 neu** **insg. 270**
K 100 Eurofins (FR) **910 251 Altbestand** **V 25 Eurofins** **K 10 Eurofins** **910 251 Neudepot**	05.11.2001 15,90 € 03.07.2013 155,00 €	27.06.2012 99,10 €	Teilverkauf, über 500% Kursgewinn steuerfrei	**75 Stück Altbestand** **+10 neu** **Insg. 85 Stück**
K 200 Freenet (Tec) **A0Z 2ZZ Neudepot**	12.08.2011 8,10 €		Zweistellige Dividendenrendite	**200 Neubestand**
K 400 Fuchs (MDAX) **579 043 Altbestand** **V 200 Fuchs VZ** **K 60 Fuchs VZ** **579 043 Neubestand**	03.10.2001 4,00 € 08.08.2011 29,90 €	Mai 2013 65,00 €	Teilverkauf mit über 1.500% Gewinn steuerfrei; Splitts; hohe Dividende	**200 Stück Altbestand** **+60 neu** **Insg. 260 Stück**

Anmerkung: Dies ist ein Depotauszug aus dem vorderen Teil. Verkaufte ich den gesamten Posten wegen Finanzbedarf, Gewinnmitnahmen oder Verlustbegrenzung, streiche ich die Zeile. Es wird nur der aktuelle Stand mit stichwortartiger Entwicklung aufgezeigt. Alt-und Neubestand werden farbig unterschieden und in zwei Ordnern alphabetisch abgeheftet. Der Altbestand ist eine Art Zauberformel. Er bildet die Basis für eine zwei- bis dreistellige Rendite in diesem Jahrtausend. Strategisch ist eine solche Entwicklung auch künftig möglich. Nur fällt die Steuerfreiheit weg.

Die Wertpapierhäuser für Online- und Telefon-Banking buhlen um die Gunst der fachkundigen Privatanleger. Das Angebot umfasst Aktien, Investmentfonds, Staats- und Unternehmensanleihen, Zertifikate und Sparpläne. Jeder Broker hat Stärken und Schwächen. Die ideale Bank für jedermann gibt es nicht. Bevor Sie sich endgültig entscheiden, sollten Sie nicht nur die Gebührenstrukturen miteinander vergleichen. Beim Vieltrader sieht die „beste Online-Bank“ anders aus als beim Sparplanfan bzw. einem Kapitalanleger mit oder ohne Beratungsbedarf.

Stellen Sie sich vor der Wahl Ihrer Depotbank folgende Fragen:

- Wie viele Kauf- und Verkaufsorders erteilen Sie im Schnitt täglich, monatlich, vierteljährlich bzw. jährlich? Gibt es einen Vielbucherrabatt?
- Wie hoch ist Ihr übliches Transaktionsvolumen? Hängen die Gebühren vom Umfang der jeweiligen Order ab oder wird auf eine Preisstaffelung verzichtet?
- Bevorzugen Sie Blue Chips oder Mid und Small Caps, deutsche oder ausländische Titel? Wie sieht das einzelne Angebot aus?
- Bestehen Sonderkonditionen für bestimmte Börsenplätze und für weitere Zusatzleistungen wie den außerbörslichen Handel und den Leerverkauf?
- Sind Sie ein Zertifikateliebhaber? Wie hoch ist der Spread, also die Preisspanne zwischen Kauf- und Verkaufspreis? Wie groß ist die Produktpalette?
- Lieben Sie Aktienfonds, sind die Fondsanzahl und der Ausgabeaufschlag interessant. Allgemein sind bis zu 5% üblich. Die führenden Online-Broker bieten Rabatte zwischen 50% und Verzicht auf den Ausgabeaufschlag an.
- Wie groß ist die Palette bei Sparplänen und sonstigen Produkten? Bestehen Mindestraten?
- Wünschen Sie eine persönliche Finanzplanung? Zu welchen Konditionen wird beraten?
- Wie werden Limits behandelt? Wird ein Zuschlag bei Teilausführung berechnet? Wie werden Stop-Loss-Orders abgewickelt? Wie hoch ist der Zins auf dem Depotkonto? Entstehen Kosten, wenn keine Zuteilung bei einer Neuemission erfolgt?

Entscheidungshilfe

Am besten, Sie klicken auf die Webseiten der führenden Online-Broker, prüfen und vergleichen die für Sie interessanten Angebote.

Tipp: Vergeben Sie jeweils 1 bis 3 Pluspunkte und 1 bis 3 Minuspunkte für die einzelnen Bereiche, die für Sie wichtig sind. Der Punktesieger ist Ihr Favorit!

- Sind Sie ein Liebhaber von Börsengängen? Die großen Geldinstitute aus dem DAX, Deutsche Bank und Commerzbank, sind häufig die Partner beim IPO. In diesem Fall steigt die Zuteilungschance bei begehrten Neuemissionen beträchtlich. Allerdings hat das Interesse von Privatanlegern hier deutlich nachgelassen. Das Desaster am Neuen Markt hinterlässt noch heute deutliche Spuren. Und Deutschland präsentiert sich als Angsthasenvolk.
- Welche Handelszeiten und Konditionen bestehen für eine Telefonorder? Ist Telefon-Banking generell oder zumindest als ebenfalls preiswerte Alternative möglich, wenn Störungen im Netz einen Internethandel beeinträchtigen?

2.8 Das Steuerrecht in die Strategie einbeziehen

Die recht anlegerfreundliche Besteuerung von Wertpapieren war mit Jahresbeginn 2009 beendet. Die Verkaufserlöse beim Aktienaltbestand bleiben steuerfrei, wenn Sie bis Jahresende 2008 investiert haben. Für jedes Neuinvestment ab 2009 schnappt die Steuerfalle zu. Zwar geht es jetzt gerechter zu. Doch ist es ein billiger Trost, dass mit dem Zugriff des Fiskus auf Zinsen, Dividenden und Veräußerungsgewinne an der Quelle durch Einführung der 25-prozentigen Abgeltungsteuer plus Solidaritätszuschlag und Kirchensteuer das Kontenabrufverfahren ausgespielt hat. Die baldige Einführung einer Transaktionssteuer droht.

Die Abgeltungsteuer wird automatisch von Ihren Kapitalerträgen nach Aufbrauchen des Pauschalbetrags von 801 Euro für Ledige und 1602 Euro für Verheiratete abgebucht. Niemand kann hier mehr etwas vergessen. Ihre Marschroute als Langzeitanleger lautet: Hüten Sie den Altbestand an Qualitätsaktien, Indexfonds (ETFs) und Aktienfonds wie einen Schatz. Bei Verkäufen greifen Sie bevorzugt auf Neuinvestments zu, was seit 2009 ein zweites Aktiendepot voraussetzt. **Wichtig:** Lassen Sie Ihren Altbestand nicht ausstoppen.

Seit 2009 hat das Halbeinkünfteverfahren ausgedient. Mit dem niedrigen Pauschalbetrag sind sämtliche Kosten der Kapitalanlage abgegolten, z. B. HV-Besuche, Schuldzinsen, Seminarteilnahmen und Fachliteratur, Depot- und Beratungsgebühren. Als Rettungsanker für wenig betuchte Anleger mit einem Steuersatz von unter 25% bleibt als Ausgleich nur die Einkommensteuererklärung bzw. eine Nichtveranlagungsbescheinigung. Der Preis für mehr Steuerehrlichkeit und der Verzicht auf das Kontenabrufverfahren bedeuten einen schmerzhaften Rückschritt bei Vermögensaufbau und Altersvorsorge.

Steuerhinterziehung – kein Kavaliersdelikt

Wer seiner gesetzlichen Mitwirkungspflicht nicht nachkommt, also in seiner Steuererklärung unwahre Angaben macht oder Einkünfte nicht einträgt, begeht eine Steuerstraftat. Er „verkürzt" die Steuern, macht sich also der Steuerhinterziehung schuldig. Je nach Schwere der Tat winken Geld- oder/und Freiheitsstrafen bis zu fünf Jahren. Die Steuern zuzüglich Schuldzinsen sind an das Finanzamt nachzuzahlen. Das Strafrecht wurde 2014 verschärft, die Verjährungsfrist verlängert.

Die Kunst der Besteuerung liegt darin, die Gans so zu rupfen, dass sie unter möglichst wenig Geschrei so viele Federn wie möglich lässt!

Jean Baptiste Colbert,
französischer Staatsmann

Fazit: Die Kleinverdiener kommen schlechter, die Großverdiener besser weg.

2.9 Ein Crash ist gut – für Leute mit Mut

- **In der Ruhe liegt die Kraft, entscheidende Fehler zu vermeiden.**
- **Die richtige Balance hilft, das eigene Risiko zu verringern.**
- **Es ist lohnend, die sich bietenden Chancen mutig zu nutzen.**
- **Das A und O für den Erfolg ist, sich vom Herdentrieb abzukoppeln.**

Wer glaubt, dass sich mit dem Siegeszug der Digitalisierung, der weltweiten Vernetzung auf stetig höherem Niveau, den Fortschritten und neuen Erkenntnissen in den Natur- und Wirtschaftswissenschaften ein Börsencrash künftig vermeiden lässt, irrt gewaltig.

Der Mensch neigt als „Gewohnheitstier" zu wiederkehrenden Verhaltensweisen – ein Glücksfall für die davon profitierende Charttechnik. Gelernt wird aus gemachten Fehlern erfahrungsgemäß höchst selten. Wäre es anders, hätten Unternehmer, die nach der Gründung scheitern, bessere Comeback-Chancen. So beobachten wir Verdrängung statt Aufarbeitung, Herdentrieb statt eigenverantwortlicher Entscheidung. Spekulationsblasen gehören auch künftig zum Börsengeschehen. Den jüngsten Crash erlebten wir 2008/2009, eine dramatische Korrektur im Oktober 2014.

Ich erinnere an den Ausspruch von **Arthur Schopenhauer:** „Kein Geld ist vorteilhafter angewandt als das, um welches wir uns haben prellen lassen. Denn wir haben dafür unmittelbar Klugheit eingehandelt." Hinterfragen Sie sich bitte kritisch: Spendet dieses Zitat wirklich Trost? Handeln wir uns nach Reinfall am Grauen Kapitalmarkt oder falschen Entscheidungen an der Börse tatsächlich mehr Klugheit ein? Wo können Sie selbst dies bestätigen? Wann, wo und warum dagegen nicht? Was wollen Sie künftig ändern? Für mich war der Kurssturz am Neuen Markt um rund 95% eine heilsame Lehre. Der damalige Fehler bewirkte, dass ich 2008/2009 in der großen Linie alles richtig machte. Mein Altbestand und meine Hoch/Tief-Mutstrategie entwickelten sich zum sprudelnden Kursgewinnquell.

In den weltweiten Finanzbeben wird das Börsengeschehen weniger durch Klugheit geprägt, sondern von Angst und Panik dominiert. Gut, wer da die Ruhe bewahrt und vernünftig reagiert. „Kaufen bei Angst, wenn die Kanonen donnern – Verkaufen bei Hoffnung, wenn Gier und Euphorie den Verstand benebeln" bewährt sich in schwierigen Börsenzeiten als Erfolgsrezept für Mutige. Die Wissenschaft kann Blasenbildung und Crash nicht aus der Welt schaffen; denn die Börse ist ein Spiegelbild menschlichen Verhaltens, angereichert durch Emotionalität und Irrationalität. Sie sind diesem Geschehen nicht hilflos ausgeliefert. Koppeln Sie sich vom Herdentrieb ab. Entscheiden Sie selbst, was zu tun und zu unterlassen ist. Der Rückblick hilft, Crashszenarien zu verstehen, zu verarbeiten und daraus zu lernen.

Meilensteine der Börsengeschichte dargestellt am DAX	
Oktober 1997	Die Asienkrise löst bei den Tigerstaaten eine Rezession aus. Die Länderwährungen stürzen ab. Der DAX notiert bei 4000 Punkten.
Oktober 1998	Der Hedgefonds LTCM stürzt ein. Das Finanzsystem wankt. Die Notenbanken senken den Zinssatz. Der DAX stagniert bei rund 4000 Punkten.
März 2000	Die Interneteuphorie erstürmt den Gipfel mit DAX, Neuer Markt und NASDAQ auf Allzeithoch. Der DAX schafft 8064, der NEMAX 9631 Punkte.
November 2001	Das Terrornetzwerk Al Kaida zerstört mit gekaperten Flugzeugen das World Trade Center (3000 Tote) in den USA. Der DAX stürzt auf 5000 Punkte ab.
Gesamtjahr 2002	Das zweite „Salami"-Crashjahr ist geprägt von Rezessionsangst, Bilanzfälschungen um die amerikanischen Unternehmen ENRON und WORLDCOM. Der DAX fällt unter die 5000er-Marke.
März 2003	Beim weltweiten Crashfinale bricht der DAX auf 2188 und der NEMAX 50 auf 309 Punkte ein. Die USA greifen den Irak an und entmachten Saddam Hussein.
Gesamtjahr 2005	Deutsche Firmen sind Nutznießer des investitionsgetriebenen globalen Aufschwungs. Der DAX erholt sich auf 4000 Punkte.
Gesamtjahr 2007	Die Subprimekrise löst anfangs eher wenig Besorgnis aus. Der DAX steht bei 7000 Punkten. Die Börsenwelt scheint noch heil wie die trügerische Ruhe vor einem heftigen Sturm.
Gesamtjahr 2008	Die Immobilienkrise verschärft sich. Zuvor schafft der DAX noch 8150 Punkte. Mit der Pleite der Großbank Lehman Brothers steht das Finanzsystem am Abgrund. Die Indizes brechen weltweit ein.
Gesamtjahr 2009	Es kommt zur schwersten Wirtschaftskrise der Nachkriegszeit. Der DAX stürzt im März auf 3600 Punkte ab. In Erwartung eines starken Aufschwungs erholt sich der DAX und packt die 6000-Marke.
Gesamtjahr 2010	2010 beginnt turbulent. Zum Jahresende notiert der DAX bei 7000 Punkten. Frühindikatoren deuten darauf hin, dass die Talsohle überschritten ist und es im industriellen Bereich aufwärts geht.
Gesamtjahr 2011	Es zeigen sich erste Anzeichen einer schweren Überschuldungskrise im südeuropäischen Raum. Während der DAX 2010 noch ein Kursplus von 16% erzielt, sinkt er nun auf unter 6000 Punkte.

Gesamtjahr 2012	Die US-Notenbank Fed und die Europäische Zentralbank EZB versuchen mit historisch niedrigen Leitzinssätzen, die Märkte zu beleben. Der DAX steigt auf über 7600 Punkte, ein Plus von 29%.
Gesamtjahr 2013	Die Überschuldungskrise ist längst nicht überwunden. Nachdem die Notenbanken unermüdlich Geld drucken, Anleihen von Krisenstaaten aufkaufen und den Markt mit Liquidität überschwemmen, erklimmt der DAX mit +25,5% ein Allzeithoch von 9600 Punkten.
Vorausschau 2014/2015	Wo geht es hin? Scharfe Korrektur nach Knacken der 10.150-Marke Ende Juni 2014? Wie lange noch ein Zinssatz nahe 0%? Sinkt der deutsche Leitindex bis zum Jahresende 2015 auf unter 9500, oder überspringt er die Marke von 12.000 Punkten?

Der Crash vom Herbst 2008 bis Frühjahr 2009 wurde eingeleitet durch die Subprimekrise in den USA, mutierte zur Weltwirtschaftskrise, weitete sich aus zum Überschuldungsszenario im südeuropäischen Raum und in Amerika. Das Schuldendesaster ist keineswegs bereinigt. Nur weil die Notenbanken ständig neues Geld in die Märkte pumpen, fortlaufend Anleihen von krisengeschüttelten Ländern aufkaufen und mit einem Zinssatz nahe 0% die Märkte beleben, blicken etliche Experten trotz höherer Bewertungen noch zuversichtlich nach vorn. Allerdings droht ein empfindlicher Kursrutsch, wenn sich die Ukrainekrise weiter verschärft. Die gegen Russland verhängten EU-Sanktionen lähmen unsere Wirtschaftskraft beträchtlich.

Ein Handelsblatt-Zitat Nr. 16/2008: „Das Gute am bösen Crash"

„Hätte der DAX seinen im März 2003 begonnenen Kursanstieg im Börsenjahr 2008 unverändert fortgesetzt, wäre der 31. Dezember 2008 als großer Stichtag der Abgeltungsteuer an den meisten Aktienanlegern vorbeigerauscht. Keine noch so plausible Berechnung von Vor- und Nachsteuerrenditen oder noch so glaubhafte Beteuerung, langfristig spiele der Einstiegszeitpunkt keine Rolle, hätte die mehrheitlich noch immer skeptischen deutschen Anleger davon überzeugen können, zu einem DAX von 8500 oder gar 9000 Punkten ein Engagement in Aktien zu wagen. Die erdrutschartigen Verluste geben nun auch den Skeptikern an den Seitenlinien die Gelegenheit, Pläne für einen sehr langfristig orientierten Einstieg in den Aktienmarkt zu schmieden." **Meine Frage:** Haben Sie diese Großchance genutzt?

Ein Crash wird meist durch sich auftürmende Spekulationsblasen ausgelöst. Starke Kursverluste sind auch wegen äußerer Störfaktoren denkbar wie ein Kriegsausbruch, schwere Terroranschläge, Wirtschafts- und Finanzkrisen, starker Zinsanstieg, Ölpreisexplosion, Ungleichgewicht im Rohstoffsektor, Epidemien und Naturkatastrophen. All dies entmutigt und führt zu Ängsten, die eine Kettenreaktion von Stop-Loss-Orders auslösen und das Absturzszenario verstärken.

Peter L. Bernstein berichtet in seinem Buch *„Against The Gods" („Wider die Götter")*, wie sich die „Muster der Unvernunft, Inkonsequenz und Inkompetenz wiederholen, wenn Menschen Entscheidungen bei Ungewissheit treffen".

Buchverluste verwandeln sich in tatsächliche Einbußen, wenn Sie sich erst im Tiefpunkt von Ihren Aktien trennen. Bei Standardtiteln ist nach verpasstem schnellen Ausstieg das Aussitzen und der günstige Nachkauf oft die bessere Alternative. Das Problem ist, dass Unangenehmes verdrängt wird – ein Hauptgrund, warum viele Börsianer mit Aktien Schiffbruch erleiden.

Crashsplitter 1929

Im Vorfeld: Anfang Oktober 1929 geben Börsenmakler Kredite für 7 Mrd. Dollar aus. Mehr als 10% vom Börsenwert an der Wall Street basieren auf Pump.

Am Montag ab Crashbeginn: Stützungskäufe bleiben aus. Es finden sich kaum noch Abnehmer für die überteuerten Aktien. Anleger, die zuvor überbewertete Aktien zu jedem Preis orderten, trennen sich von ihren Papieren zu Tiefkursen und bleiben im Schnitt drei Jahre der Börse fern.

Nachwehen: Der DOW verliert von 1929 bis 1932 insg. 86%. Er stieg dennoch an 365 Tagen. Zusammengerechnet herrschte ein ganzes Jahr die vergebliche Hoffnung, der Schrecken sei vorbei. Nicht anders sah es von 2000 bis 2003 aus. Der DAX büßte 70% ein, der NEMAX 50 vom Neuen Markt 97%.

Ein Blick in die spannende Crashgeschichte

Laut Überlieferung gab es den ersten Crash in der über 400-jährigen Börsengeschichte im Februar 1637. Getrieben von unersättlicher Gier und fernab jeglicher Vernunft erwerben zahlreiche niederländische Spekulanten unverdrossen seltene Tulpenzwiebeln zu horrenden Preisen. Eine Pferdekutsche oder eine Immobilie für ein paar Tulpenzwiebeln – und dies auch noch ohne Gedeihgarantie? Und dann geschieht genau dies, was passieren musste. Bei der Jahresauktion in Alkmaar bleiben plötzlich die Handelspartner aus. Die Spekulationsblase platzt mit lautem Knall und hinterlässt eine Spur von Verzweiflung und finanziellem Ruin. Der Tulpenzwiebelpreis sinkt rasch um durchschnittlich 95% – eine Parallele zum Neuen Markt, dem Absturzszenario mehr als 375 Jahre später.

1700: Nach Scheitern des Projekts kann die Darién-Gesellschaft ihre Anteile nicht mehr einlösen.

1720: Mit der Südsee-Blase Englands und der Mississippi-Blase Frankreichs von 1917 bis 1929 entwickeln sich ernste Krisen, die bis zum Ausbruch der amerikanischen und französischen Revolution noch nicht überwunden sind.

Am 9. Mai 1873 fallen die Aktienkurse wegen des Gründerkrachs an der Wiener Börse ins Bodenlose. Auch in Deutschland und den USA brechen die Kurse ein.

Am 5. Mai 1893 löst eine Wirtschaftskrise in den USA hohe Kursverluste an der New York Stock Exchange aus. Besonders die Eisenbahnaktien sind die Opfer.

Als Schwarzer Donnerstag in Amerika und Schwarzer Freitag in Europa gehen der 24. und 25. Oktober 1929 als bislang schlimmste Crash-Heimsuchung in die Geschichte ein. Es kommt zur Weltwirtschaftskrise – der Hauptgrund, dass der DOW JONES binnen drei Jahren um 86% in den Abwärtsstrudel gerät.

Fast 60 Jahre später, am 19. Oktober 1987, erleben wir erneut einen weltweiten Crash. Viele Börsianer verbinden ihre Crashfurcht mit dem Monat Oktober und scheuen sich, selbst bei extremer Kursschwäche zuzugreifen. Vielleicht haben Sie ähnliche Erfahrungen und Beobachtungen bei der scharfen Korrektur im Oktober 2014 gemacht. Wurden Sie von Ängsten geplagt? Gab es Panikverkäufe? Oder haben Sie mutig die niedrigen Kurse für den Zukauf von Spitzenwerten genutzt?

1998: Die Russlandkrise zieht die Aktienmärkte Osteuropas in die Tiefe.

2000: Maßlos überhitzte Kurse, insbesondere von Internetaktien, führen zum Platzen der Dotcom-Blase und danach zur Pleite vieler Start-up-Firmen. Der Neue Markt wird 2003 vom TecDAX abgelöst. Rund um den Globus brechen die Aktienindizes ein. Die Jahrtausendwende ist die Geburtsstunde für den tückischen, sich über drei Jahre scheibchenweise hinziehenden Salami-Crash.

> *Aus eigenen Erfahrungen weiß ich, dass vorzeitige Gewinnmitnahmen im Nachhinein äußerst schmerzhaft sein können. Aber gar nichts zu tun und die viel zitierte Schlaftablette des André Kostolany zu nehmen, halte ich auch für gefährlich. So richtig es ist, sich aufgrund eigener Kenntnisse oder mithilfe Sachkundiger eine Meinung zu bilden und danach sein Depot aufzubauen, so falsch kann es sein, aus Schlafmützigkeit oder Sturheit bei dieser Meinung zu bleiben, selbst wenn sich die wirtschaftlichen oder auch gesellschaftspolitischen Voraussetzungen entscheidend geändert haben.*
>
> **Friedhelm Busch**

Was den Crash 1929 von 2000 bis 2003 unterscheidet

Was geschah überhaupt am 24./25. Oktober 1929? Am Schwarzen Donnerstag kommt es zum schwersten Börsencrash in der amerikanischen Geschichte. Er dehnt sich wegen hausgemachter Probleme zur globalen Wirtschafts- und Finanzkatastrophe aus. Die Nachrichten schwappen in den Abendstunden nach Europa über und führen zum massiven Kursabsturz. Die absolute Veränderung beim DOW JONES fällt zunächst noch erträglich aus. Aber der fortlaufende Niedergang des US-Börsenbarometers bis 1933 mit über vier Fünftel Verlust ist überaus heftig. Zwischen 1929 und 1933 sinkt die Industrieproduktion rund um den Globus um die Hälfte und der Börsencrash wächst sich weltweit zur Bankenkrise aus.

Im Nachhinein sieht es so aus, als ob eine falsche Geld- und Finanzpolitik, das Abschotten der eigenen Märkte und der Versailler Vertrag aus einem sonst vielleicht beherrschbaren Börsencrash eine globale Katastrophe machten. Und darin liegt der wesentliche Unterschied zum Crashszenario von 2000 bis 2003. Die Notenbanken reagierten angemessen und senkten den Leitzinssatz in schneller Folge. Die befürchtete Deflation blieb aus. Die Wirtschaft erholte sich weltweit – gestützt vom konjunkturellen Aufschwung, der auch die Nachfrage hierzulande erfasste.

Ein Widerspruch? Couragiert bei Bodenbildung kaufen – aber nicht in ein fallendes Messer greifen!

Mein Börsenspruch: „Ein Crash ist gut – für Leute mit Mut" bedeutet, geduldig den Markt zu beobachten und in der Bodenbildungsphase Schritt für Schritt zuzukaufen. Dies kann durchaus in zwei oder drei Tranchen geschehen, vorausgesetzt, Sie investieren pro Order mindestens 1000 €. Sie nutzen den Cost-Average-Effekt, erwerben Ihre Aktien zu einem günstigen Durchschnittskurs. Wenn Sie so handeln, wächst Ihre Chance, im Tiefkursbereich zuzugreifen. Das Risiko, dass dies etwas zu früh oder zu spät geschieht, ist bei langem Anlagezeitraum hinnehmbar. Ein großer Verlust ist vorprogrammiert, wenn Sie kurz vor Platzen der Spekulationsblase überteuerte Aktien erwerben und nahe dem Allzeittief verkaufen. Danach wird oft nur noch in Sicherheitsprodukte investiert und die Aktienanlage so lange hinausgezögert, bis der Einstandspreis erreicht ist und die Angst neuer Hoffnung weicht.

Greenspan: „Blasen lassen sich nicht verhindern!"

Alan Greenspan, der ehemalige Chef der US-Notenbank Fed, hat stets argumentiert, dass eine Zentralbank besser nach dem Platzen einer Blase aufwische, als zu versuchen, eine sich bildende Blase aufzustechen.

Jede Blase kann gesprengt werden. Aber der Wohlstand wird unvermeidlich das Opfer sein. Solange wir nicht dynamische Märkte aufgeben und eine Art von Planwirtschaft einführen, fürchte ich, dass sich Blasen letztlich nicht verhindern lassen.

Fazit: Seit Aufstieg und Zusammenbruch der Vereinigten Ostindischen Compagnie (VOC) im 17. Jahrhundert registrierten die Historiker über 40 Börsenkrisen. Dem Kurssturz ging eine Phase voraus, in der Anleger die Börsenregeln außer Kraft setzten, dem Massentrieb folgten und sich an das ihn begleitende irrationale Gesetz hielten: Je teurer die Aktien, desto mehr wurden sie gekauft. Nach dem Absturz dominierte die umgekehrte Variante: Je billiger die Aktien, desto häufiger verschmähten die Investoren sie. Betrachten Sie die folgende Übersicht: „**Was wurde aus 10.000 € Einsatz im Jahr 2013?**" bemerken Sie schnell: Crash und Korrektur eröffnen Chancen, die Sie mit geschicktem Stock Picking und meiner Hoch/Tief-Mutstrategie nutzen sollten.

Was wurde aus einer Anlage von 10.000 € im Jahr 2013? Wie sieht es mit der Sparbereitschaft 2014 aus?			
❶ Deutsche DAX-Aktien:	12.100 €	❹ Spareinlagen 3 Monate:	10.030 €
❷ Sparbriefe 4 Jahre:	10.140 €	❺ Bundesobligationen 5 Jahre:	9.950 €
❸ Termineinlagen 1 Jahr:	10.090 €	❻ Gold:	7.000 €
Quellen: SWP Grafik, Bankenverband, Bundesbank, Deutsches Aktieninstitut			
Was Anleger am meisten schätzen: sichere Anlage, Werterhalt, einfach und leicht verständlich, niedrige Kosten, jederzeitig verfügbar, fairer Zinssatz			
Mehrere Kapitalanlagen führen: Sparkonto, private Rente/Lebensversicherung, Tagesgeldkonto, Bausparvertrag, Fondsanteile, Sparvertrag, Festgeld, Aktien			
Bei Zusammenfassung aller Einkommensklassen könnten es sich 41% der Nichtsparer leisten, Geld zurückzulegen. Sie sehen aber keinen Sinn mehr im Geldzurücklegen – auch eine Folge der Niedrigstzinsen. Bei den Berufstätigen zwischen 30 und 60 Jahren sorgen immerhin über zwei Drittel aktiv vor. Während 2013 noch drei von vier jungen Leuten in der Altersgruppe 14 bis 29 Jahre zumindest ihre finanzielle Zukunft absichern wollten, plante dies 2014 lediglich jeder Zweite.			
Was hält vom Sparen ab? Viele junge Leute haben ihr Leben hier und jetzt im Blick und treffen lieber Konsumentscheidungen auch mit hohen Folgekosten. Besonders abschreckend wirkt, dass selbst bei Großeinlagen von 0,5 Mio. € einige Banken bereits Strafzinsen von 0,25% erheben.			

Was empfehlen die vom Fachmagazin *Elite Report* Ende November 2014 ausgezeichneten Top-Vermögensverwalter?

Jörg Laser, Vorstand der mit der Höchstpunktzahl von 550 Punkten ausgezeichneten Bank Donner & Reuschel, meint: „Wir müssen eine Antwort darauf haben, wie man mit dem Risiko umgeht – eine Antwort auf die Ängste der Anleger finden. Kunden fangen ganz langsam an zu realisieren, dass sie mehr Risiken eingehen müssen, um ihr Vermögen real zu erhalten. Ohne Aktien geht nichts, sind sie doch die einzige nachhaltig renditeträchtige Anlageklasse."

***Elite Report* zeichnete acht Geldprofis für herausragende Leistungen bei einem betreuten Kundenvermögen von insgesamt 800 Mrd. € aus.** Dazu meint der Gründer des Magazins **Hans-Kaspar Schönfels:** „Wer dem Kunden nach dem Mund geredet hat und ihn nicht von Aktien überzeugen kann, hat schlecht gearbeitet. Nur Anleger, die sich breit global aufstellen, finden noch Ertrag." Mit systematischer Risikokontrolle waren im krisenreichen Börsenjahr 2014 zweistellige Spitzenrenditen drin. Im Mittel erwirtschafteten gute Geldmanager 3 bis 4% Rendite.

2.10 Übernahmen als Kurstreiber für Zielfirmen

Firmenzusammenschlüsse und –übernahmen sind eine Art Königsweg, um strategische Vorhaben zu verwirklichen. Hauptziele sind mehr Wachstum, höhere Rentabilität, größerer Unternehmenswert, Zugriff auf neue Märkte, Kompetenzgewinn, gemeinsame Forschung, Entwicklung neuer Produktlinien. Das Kaufinteresse gilt vor allem mittelständischen Unternehmen und ist keineswegs auf die Weltkonzerne beschränkt. Im Fadenkreuz stehen gut geführte Unternehmen mit Aufwärtspotenzial. Ebenso ist es möglich, sich mit dem Opfer der Begierde einen Mitbewerber vom Hals zu schaffen und Synergieeffekte zu nutzen. Auch Nachfolgeprobleme können der Grund für eine Übernahme sein.

- Für Privatanleger gilt es, die Chancen für das Bieter- und Zielunternehmen abzuschätzen. Meist sinkt bei einem Übernahmeangebot der Aktienkurs der Bietergesellschaft, während der Kurs der Zielfirma nach oben strebt. Oft liegt die kurstreibende Kaufofferte im deutlich zweistelligen Prozentbereich.

Vielleicht erinnern Sie sich noch an die anfangs hochgelobte Fusion von **DAIMLER-BENZ mit CHRYSLER** zur „Welt-AG“. Die Folge? Hochzeit im Himmel, Scheidung auf Erden, Milliardengrab. Die italienische Großbank **UNICREDIT** berappte für die **HYPOVEREINSBANK** mehr als 22 Mrd. USD. Danach griff der DAX-Pharmakonzern **MERCK** nach **SCHERING, LINDE** nach dem englischen Gashersteller **BOC** und **E.ON** nach dem spanischen Stromerzeuger **ENDESA.** Der MDAX-Baukonzern **HOCHTIEF** wehrte sich vehement, aber vergebens gegen die Übernahme durch den verschuldeten spanischen Konzern **ACS.** Kürzlich war im Immobiliensektor die Einverleibung von **GSW IMMOBILIEN** durch den MDAX-Aufsteiger **DEUTSCHE WOHNEN** zu vermelden. Die Tage des Pharmahändlers **CELESIO** im MDAX dürften durch die Akquisition seitens des US-Konzerns **McKesson** für 23,50 Mrd. € gezählt sein.

Was blieb von solchen mit großem Getöse durchgeführten Fusionen, freundlichen und feindlichen Übernahmen übrig? Die spektakuläre von Oktober 1999 bis Februar 2000 andauernde Übernahmeschlacht zwischen VODAFONE und MANNESMANN endete mit der umstrittenen Abfindung des damaligen CEO Klaus Esser von über 15 Mio. €. Bei Akquisitionen kann es gewaltig brodeln. Übernahmen und Fusionen – Mergers & Acquisitions, M&A genannt – sorgen für Spannung, Unruhe und Kurssprünge. Die Stahlfusion von **MITTAL STEEL** und **ARCELOR** schlug mit 35 Mrd. € zu Buche. Übernahmefantasien heizen das Börsenklima an. Nach einem Schlagabtausch zwischen **MERCK** und **BAYER** entschied die größere Finanzkraft des DAX-Chemieriesen das Bietergefecht um den Berliner Pharmahersteller **SCHERING.** 16,7 Mrd. € blätterten die Leverkusener für den Zukauf hin.

Der Kampf der Kulturen gefährdet Synergieeffekte

Mitte Oktober 2014 platzte die Kaufofferte von **AbbVie** über 51 Mrd. US-Dollar für **SHIRE**, weil der amerikanische Fiskus einer Verlegung ins Ausland den Riegel vorschiebt. Die bisher gängige Praxis, dadurch der Steuerlast in den USA zu entfliehen, ist nun nicht mehr möglich. Vermutlich muss AbbVie, eine Abspaltung von Abbott Lab, an SHIRE eine Entschädigung von 1,6 Mrd. Dollar hinblättern. Nach dieser Meldung brach der SHIRE-Kurs um über 40% ein.

> **Motive für Übernahmen**
>
> - Mehr Marktmacht durch Größe
> - Erweiterung der Absatzmärkte
> - Zugang zu neuen Märkten durch die EU-Erweiterung
> - Synergiepotenziale durch Kostensenkung
> - Befreiung von hartnäckigen Mitbewerbern
>
> **Squeeze-out**
>
> Das Übernahmegesetz von 2002 erleichtert es dem Aufkäufer bei einer feindlichen Übernahme, Minderheitsaktionäre, die sich bislang dem Abfindungsangebot widersetzten, aus dem Unternehmen zu drängen. Sofern der Bieter 95% der Anteile kontrolliert, kann er sich im Squeeze-out-Verfahren („herausquetschen") von den unliebsamen Aktionären trennen. Die Zwangsabfindung muss dem tatsächlichen Wert entsprechen.
>
> **Delisting**
>
> Um den Rückzug von der Börse mit einer halbjährigen Frist beantragen zu können, bedurfte es eines HV-Beschlusses. Jetzt reicht bereits eine Vorstandsentscheidung. Schlecht informierte Aktionäre bemerken plötzlich im Depotauszug: *„Meine Aktie ist weg!"*

Erinnern Sie sich noch an den Zusammenschluss von **DaimlerChrysler**: „Hochzeit im Himmel – Scheidung auf Erden – Milliarden-Grab"? Die angepeilten Synergieeffekte bleiben Wunschtraum, wenn die Einverleibung nicht planmäßig verläuft. Oft liegt dies am Kampf der Kulturen. Bei Übernahmen ausländischer Firmen harmonieren Führungsstil, Mentalität, Betriebsklima, Werbung sowie Darstellung von Unternehmen und Marke nicht wie eingeschätzt.

Wann winken freundliche, wann feindliche Übernahmen?

Zu der angestrebten freundlichen Übernahme kommt es am ehesten, wenn die Zielfirma gut zum Bieterunternehmen passt, beide Partner gleichermaßen daran interessiert sind und Analysten den Zusammenschluss begrüßen. Dabei sind kleine Häppchen bekömmlicher als große Brocken. **SCHÄFFLER** verhob sich bei der Einverleibung von **CONTINENTAL**. Dem Sportwagenbauer **PORSCHE** gelang es nicht, den mächtigen DAX-Konzern **VW** zu schlucken, und wurde selbst zum Übernahmeopfer. Heute zählt Porsche zu den VW-Töchtern unter Wahrung gewisser Eigenständigkeit, was auch für die Premium-Marke **AUDI** gilt.

Feindliche Übernahmen drohen, wenn ein Großaktionär fehlt und der Streubesitz hoch ist. Auf der Wunschliste stehen fair bewertete Unternehmen mit chancenreichem Geschäftsmodell und attraktiver Vermögensdecke, führender Marke und überzeugenden Alleinstellungsmerkmalen. Im Mittelstand hapert es oft an einer erfolgreichen Abwehrschlacht. Möglicherweise hofft die bedrohte Firma auf einen **„weißen Ritter"**, ein die Kaufofferte überbietendes befreundetes Unternehmen. Freie Aktionäre erwarten einen deutlich zweistelligen Kursaufschlag.

Der aktuelle Übernahme- und Beteiligungsboom führt zum Preisanstieg und möglicherweise zur Blasenbildung. Allein im ersten Halbjahr 2014 steckten Finanzinvestoren 2,8 Mrd. € in deutsche Firmen, um Mehr- oder Minderheitsbeteiligungen zu erwerben. Weltweit verfügen passende Fonds über eine Billion Dollar.

Orientierungshilfen pro und kontra Übernahmeangebote

- **Ist bereits ein aktiver Aufkäufer, ein Finanzinvestor, auch „Heuschrecke" genannt, am Werk?** Darauf deuten steigende Aktienkurse im Vorfeld.
- **Harmonieren die Firmenkulturen miteinander?** Es ist eine Gratwanderung zwischen dem Wunsch nach Eigenständigkeit beim Zielunternehmen sowie der Kontrolle und Vormachtstellung seitens der Bietergesellschaft.
- **Besitzen Sie bereits diese Aktien?** Ein Einstieg beim **Zielunternehmen** dürfte sich kaum lohnen, wenn der Kurs bereits um 20% bis 40% nach oben geschnellt ist. Wurde die **Bieterfirma** übertrieben abgestraft, wäre hier ein Kauf zu überlegen. Platzt die Übernahme, hätten Sie bei Stillhalten das Nachsehen. Dies ergab sich auch bei den Akquisitionsangeboten für **R. STAHL** und **SHIRE.** Der Explosionsspezialist STAHL widersetzte sich dem Übernahmekampf erfolgreich. Bei SHIRE verlor die Bieterfirma ABBVIE das Interesse, da neue Gesetze den erhofften Steuervorteil durch Auslandsverlagerung ausbremsen.
- **Handelt es sich offenbar um eine Art Glücksspiel?** Ein von Gurus bzw. Börsenbriefredakteuren in Umlauf gebrachtes Gerücht, oder ein seriös erscheinendes Angebot? Sitzen Sie ein als niedrig empfundenes Abfindungsangebot aus, kann es ein kluger Schachzug sein, aber auch das Schachmatt bedeuten.

Was ist bei drohendem Delisting und Squeeze-out zu tun?

Will die Bieterfirma Ihre Aktien übernehmen, so sollten Sie bei einer generösen Offerte das Angebot annehmen. Schließlich kann eine AG nach sechs Monaten den Abzug von der Börse beantragen. Das Übernahmegesetz erlaubt es, Altaktionäre „rauszuquetschen", sofern der Großaktionär über 95% aller Anteilscheine besitzt. Die Kleinaktionäre haben Anspruch auf eine angemessene Barabfindung wie bei WMF.

2.11 Rückkaufprogramme richtig einschätzen

Anleger lieben Rückkaufprogramme, sei es, dass die Aktien eingezogen werden und jeder Anteilschein an Wert gewinnt, sei es, dass die AG eigene Aktien als Akquisitionswährung einsetzt. Dagegen stößt es auf Missbehagen, wenn der Rückkauf dazu dient, die Führungskräfte mit Aktienoptionen bei Laune zu halten. Erfreulicherweise kommen Optionsprogramme aus der Mode und werden nur noch selten aufgelegt.

Was macht Aktienrückkäufe attraktiv?

Es entsteht zusätzliche Nachfrage. Die Aktienmenge verringert sich, sofern das Unternehmen sie nach dem Rückkauf einzieht. Bei gleichbleibendem Ergebnis steigt der Gewinn je Aktie. Gemessen am KGV wird die Aktie preiswerter. Dies verbessert die Kurschancen. Eine solche Nachricht wirkt als Treibsatz für die Kursentwicklung. Häufig werden Aktien aber auch für geplante Übernahmen und gelegentlich für Optionsprogramme zurückgekauft. Laut Untersuchungen der US-Investmentbank MORGAN STANLEY laufen die Aktien von Firmen, die Anteilscheine zurückkaufen, im ersten Jahr nach Ankündigung im Schnitt um 13% besser als der Gesamtmarkt. „Bei der Auswahl von Aktien sind Rückkäufe also ein gutes Kriterium", urteilt der Analyst Ben Funnell von MORGAN STANLEY.

Während für Dividenden die 25-prozentige Abgeltungsteuer zugreift, bleiben Aktienkursgewinne beim Altbestand steuerfrei

Dividenden werden am nächsten Werktag nach der Hauptversammlung ausgezahlt, während sich der Aktienrückkauf über einen längeren Zeitraum nach Bedarf erstreckt und den Kurs zusätzlich absichert. Etliche Analysten halten den Aktienrückkauf für den besten Weg, um die Aktionäre am Firmenerfolg zu beteiligen, sofern die Anteilscheine danach eingezogen werden.

Hermann Köster, INVESCO Fonds, meint dazu: „Aktienrückkäufe bewahren ein Unternehmen davor, in überflüssige Repräsentationsbauten zu investieren oder Firmen viel zu teuer zu übernehmen."

Aktienrückkaufprogramm

Der Aktionär profitiert nicht, wenn die eingezogenen Aktien in umstrittene **Optionsprogramme** fließen.

Ein Treibsatz für die Kursentwicklung ist nur zu erwarten, wenn die eingesammelten Aktien **vernichtet** werden. Der Gewinn je Aktie steigt, das KGV sinkt.

Ein Rückkauf mit dem Ziel, die Aktien als **Akquisitionswährung** einzusetzen, weckt Visionen und kann vernünftig sein.

Mitunter werden eigene Aktien eingesammelt, um sie als Akquisitionswährung zu verwenden. Dies geschieht bevorzugt bei fairer Bewertung. Ein Aktientausch bietet sich an, wenn eine Gesellschaft durch eine Übernahme weiterwachsen, neue Märkte erschließen, lästige Mitbewerber abschütteln und Synergieeffekte erzielen will. Allerdings verläuft nicht jede Übernahme erfolgreich. Marktmacht und Größe sind nicht das Maß aller Dinge. Die Firmenkultur muss passen.

Trotz eindeutiger Vorteile fehlt es nicht an kritischen Stimmen

Analysten kritisieren, es sei eine vorrangige Aufgabe der Führungsspitze, neue Wachstumsfelder zu erschließen. Habe der Vorstand keine bessere Idee, als eigene Anteilscheine zurückzukaufen, sei dies eher ein Armutszeugnis. Eine verlässlich steigende Dividende wäre oft die bessere und von den Anlegern geschätzte Alternative. „Da weiß man, was man hat!" Zu denken gibt, dass der Rückkaufumfang der Firmen aus dem S&P 500 im zweiten Quartal 2014 überraschend um ein Viertel auf 120 Mrd. Dollar eingeknickt ist. Damit droht der Bruch des jahrelangen Aufwärtstrends beim S&P 500, der sich seit seinem Tief 2009 fast verdreifacht hat.

Kommentar von U. Hocker, DSW: Aktienrückkauf ausdehnen

„Aktienrückkaufprogramme sind in Mode. Kaum eine der im DAX notierten Gesellschaften verzichtet darauf, eigene Anteilscheine zurückzukaufen oder zumindest auf der HV einen entsprechenden Vorratsbeschluss zu fassen. Nun lässt sich trefflich darüber streiten, ob es nicht bessere Möglichkeiten gibt, das im Unternehmen gehortete Geld zu verwenden. Aus Aktionärs- und Unternehmenssicht wäre eine gewinnträchtige Investition die sinnvollere Alternative. Ist jedoch eine solche Möglichkeit nicht gegeben, sollte das Kapital an die Aktionäre ausgeschüttet werden. Entweder über die steuerpflichtige Dividende oder mittels eines Aktienrückkaufprogramms. Klar ist: Es kann fatal sein, Geld unnötig im Unternehmen zu bunkern, statt es an die Aktionäre auszuzahlen!" (Eine erfreuliche Neuerung: Der entsprechende HV-Beschluss gilt seit 2010 nicht mehr nur 18 Monate, sondern fünf Jahre.)

Wie sollten Sie auf Aktienrückkaufprogramme reagieren?

Sie, liebe Leserinnen und Leser, sollten AGs bevorzugen, die sich beim Rückkauf verpflichten, die eingezogenen Papiere zu vernichten. Gute Zahlen, eine steigende Dividende, eine positive Prognose und ein Rückkaufprogramm mit klarer Zielsetzung sind der Treibsatz für höhere Kurse. Das Management sollte jedoch erst dann an ein Rückkaufprogramm denken, wenn bei geringer Verschuldung die Bilanzstruktur gesund ist und kräftige Gewinne eingefahren werden. In unsicheren Zeiten, bei angespannter Marktlage, gibt es wichtigere Herausforderungen, als ein Aktienrückkaufprogramm zu starten.

2.12 Den Handel der Führungsspitze beobachten

Wer kennt seine Firma besser als die Chefs, als Vorstand und Aufsichtsrat? Das *Handelsblatt* informiert deshalb seine Leser an jedem zweiten Montag über die größten zulässigen Insidergeschäfte aus DAX, MDAX, TecDAX und SDAX. Im Internet können Sie bei Finanzdienstleistern und Online-Providern die gewünschten Informationen fortlaufend abrufen – ergänzt durch die Transaktionen kleinerer Unternehmen außerhalb der Börsenbarometer.

➢ Die Aktivitäten der Führungsspitze eignen sich als Orientierungshilfe für Ihre Entscheidungen. Niemand hat einen so tiefen Einblick in das Geschäftsmodell, kennt die Wachstums- und Ertragschancen, den Auftragseingang, geplante Zu- und Verkäufe, ins Auge gefasste Übernahmen, Neuausrichtung, Finanzstruktur und Ausblick wie die Firmenchefs.

Bei positiver Einschätzung trennen sich die Unternehmenslenker kaum im großen Stil von ihren Aktien. Sie nutzen eher die Schwächephasen an der Börse für den eigenen Zukauf. Freilich dürfen die Aktivitäten nie im direkten Zusammenhang mit einer darauf folgenden Ad-hoc-Meldung stehen. Wer sein Insiderwissen unfair zum eigenen Vorteil nutzt und gegen das Gesetz verstößt, dem drohen harte Geld- und sogar Haftstrafen. Insiderhandel ab 5000 € ist bei der **BaFin** immer meldepflichtig.

Die **Commerzbank** berechnet gemeinsam mit **Fifam**, dem Forschungsinstitut für das Asset Management, bereits seit über einem Jahrzehnt für das ***Handelsblatt*** das Insiderbarometer. Die Aktivitäten der Führungsspitze börsennotierter Unternehmen gelten als verlässlicher und aussagekräftiger Indikator für eigene Entscheidungen. Im Rahmen der Selbstanalyse denken Sie bitte darüber nach, wann diese Orientierungshilfe für Sie erfolgreich war, wann und warum gelegentlich auch nicht. Gab es interne und externe Gründe für die Fehleinschätzung? Dass Irren menschlich ist und auch Vorstände und Aufsichtsräte nicht verschont, zeigt die folgende Aufstellung. Sie ist also nicht nur ein Loblied bezüglich der Kompetenz von Entscheidungsträgern.

Grundsätzlich gilt: Während bei einer sich abzeichnenden scharfen Korrektur bzw. drohendem Crash vorsichtige Bankberater, Vermögensverwalter und andere Experten zum Ausstieg blasen, handelt die Unternehmensspitze oft antizyklisch: Kaufen, wenn andere verkaufen und die Kurse niedrig sind! Diese Strategie gilt auch für mich. Bevor Sie aktiv werden, werfen Sie einen Blick auf die Insideraktivitäten. Es darf nicht das einzige Entscheidungskriterium sein, ist aber ein wichtiger Mosaikstein für eine erfolgversprechende Strategie.

Treffsichere Topmanager: Wichtige Transaktionen 2013			
TOP 3 Insiderkauf: höchster absoluter Gewinn Jahresende 2013			
Unternehmen, Index	QSC, TecDAX	Daimler, DAX	Springer, MDAX
Kaufbetrag in €	7.087.500 €	1.145.760 €	485.670 €
Gewinn nach Kauf	7.300.446 €	234.966 €	218.816 €
TOP 3 Insiderkauf: höchster prozentualer Gewinn Jahresende 2013			
Unternehmen, Index	LPKF, TecDAX	QSC, TecDAX	METRO, MDAX
Kaufbetrag in €	9.200 €	7.087.500 €	222.870 €
Veränderg. nach Kauf	**+110,5%**	**+103,0%**	**+62,7%**
TOP 3 Insiderverkauf: höchster absoluter Verlust Jahresende 2013			
Unternehmen, Index	Delticom, SDAX	KUKA, MDAX	Dt. Bank, DAX
Verkaufserlös in €	20.000.000 €	3.850.000 €	3.626.976 €
Vermiedener Verlust	**-5.051.445 €**	**-392.137 €**	**-221.577 €**
TOP 3 Insiderverkauf: höchster Verlust in Prozent Jahresende 2013			
Unternehmen, Index	Südzucker, MDAX	Delticom, SDAX	Aixtron, TecDAX
Verkaufserlös in €	6.558 €	20.000.000 €	754.056 €
Ergebnis nach Verkauf	**-37,5%**	**-25,3%**	**-23,7%**
Anmerkung: 2013 kauften Vorstand und Aufsichtsrat für 137 Mio. € eigene Aktien. 2012 lag das Kaufvolumen bei 457 Mio. €. Die Verkäufe sanken von 764 Mio. auf 542 Mio. €. Aber nicht alle Insider hatten ein glückliches Händchen. Im Februar 2013 verkaufte Aufsichtsrat Schroeter für 31.000 € C.A.T. Oil-Aktien. Hätte er bis zum Jahresende gewartet, wären 50.000 € Gewinn hinzugekommen.			
Quellen: *Handelsblatt* 5/08.01.14, Forschungsinstitut für Asset Management Fifam			

Topmanager nutzten ab September 2014 Einstiegschancen

Anfang September 2014 stieg das Insiderbarometer nach den Kurseinbrüchen im August auf den höchsten Stand seit 2,5 Jahren und lieferte damit Kaufsignale für die Aktienmärkte. Gekauft wurden zu sechs-, sieben- und achtstelligen Eurosummen vor allem HEIDELBERG CEMENT, HENKEL, METRO, EVONIK und OSRAM.

Die größten Käufe der Topmanager Ende Okt., Anfang Nov. 2014

Der Vorstand des DAX-Chemieriesen BASF kaufte für über 1 Mio. € eigene Aktien. Aus dem MDAX sticht GERRY WEBER mit dem Erwerb eigener Aktien über knapp 542.000 € hervor, gefolgt von LUFTHANSA aus dem DAX mit über 470.000 €.

2.13 Ethisch-sozial-ökologische Faktoren beachten

Sein Geld mit gutem Gewissen und nachhaltig anlegen! Dies ist vielen Sparern wichtig. Ob nachwachsende Rohstoffe, Wasser als „blaues Gold“ oder Gesundheitswesen mit Biotech, Medtech und Pharma. All dies liegt im Trend und im Interesse künftiger Generationen. 2011 stieg hierzulande der Markt für nachhaltige Geldanlagen um 11% auf 63 Mrd. €. Für 2013 bewegten sich die Schätzungen auf gut 8 Billionen €. In 195 Studien wurden Nachhaltigkeitsaktien zu 21% positiv, 20% neutral, 13% gemischt und 1% negativ beurteilt.

- **Nachhaltigkeit bezeichnet Zielsetzungen, die auf die Bedürfnisse der heutigen Generation zugeschnitten sind, ohne die Entwicklungschancen und Lebensqualität nachrückender Generationen zu gefährden.** In Europa geht es vor allem um Umweltschutz und ethisch-soziale Fragen. In den Entwicklungs- und Schwellenländern ist die Sicherung der elementaren Lebensgrundlagen vorrangig.

Nicht alles ist nachhaltig, was unter diesem Begriff angeboten wird. Hier tummeln sich auch dubiose Firmen mit fragwürdigen Geschäftsmodellen, um unerfahrene Anleger mit solch verheißungsvollen Inhalten über den Tisch zu ziehen und ihnen ihr Geld abzuknöpfen – oft genug auf Nimmerwiedersehen. Seien Sie hellhörig und misstrauisch, wenn jemand Ihnen unerfüllbare Renditewunschträume um die 10% vorgaukelt. Solche Kapitalrenditen lassen sich mit Windkraft, Kakaobohnen und Baumbeständen aus Pappeln und schnell wachsenden Weiden nie erzielen – alles leere, betrügerische Versprechen. Niemand wird Sie daran erinnern, dass Schädlinge Pflanzen befallen, Wälder abbrennen und junge Bäume wegen des Klimawandels längst nicht so gut gedeihen wie erwartet.

- **Freuen Sie sich dagegen, wenn Sie erfahren, dass die DAX-Unternehmen ADIDAS, BMW, HENKEL, SAP und SIEMENS laut einer Untersuchung vom Frühjahr 2013 für Nachhaltigkeit ausgezeichnet wurden.** Ein Unternehmen, das ethisch-ökologisch-soziale Standards im Alltag vorlebt, ist oft erfolgreicher, als wenn es die 2003 festgelegten Rahmenbedingungen missachtet.

- **Jedoch erfüllen nur 40 der knapp 290 in Deutschland angebotenen Nachhaltigkeitsfonds voll die Kriterien und Wünsche von umweltbewussten Anlegern.** Aktien von Rüstungs- und Kernkraftunternehmen gehören hier nicht hinein. Im Interesse des Umweltschutzes ist es fragwürdig, in Tiefseebohrungen, Ölsandförderung und neuartige Verfahren bei der Gewinnung von Gas aus Schiefergestein zu investieren. Laut Greenpeace verdienen eher die kleineren, auf Nachhaltigkeit ausgerichteten Banken Ihr Vertrauen.

Der Corporate-Governance-Kodex beeinflusst die Performance

Beim Corporate-Governance-Kodex geht es um die ethischen Standards einer verantwortungsvollen Unternehmensführung. Gerade in Zeiten, in denen so mancher Vorstand kein Vorbild ist, hinterfragen kritische Aktionäre die sozial-ethisch-ökologischen Standards und reagieren empfindlich auf Unredlichkeit, Raffgier und Machtmissbrauch.

Der deutsche Verhaltenskodex schafft mehr Transparenz, erhöht den Anlegerschutz und will Unternehmensskandale wie geschönte Bilanzierung und Umsatzbetrug verhindern. In Deutschland wacht eine Regierungskommission darüber, dass die gesetzlichen Rahmenbedingungen von 2003 eingehalten werden. Mittlerweile bildet die Qualität der Unternehmensführung für Anleger ein wichtiges Kriterium – auch erkennbar an der Kommunikationspolitik und an Diskussionsbeiträgen auf der jährlichen Hauptversammlung. Es geht um die Zusammensetzung und Unabhängigkeit der Aufsichtsräte, die differenzierte Offenlegung der Managergehälter, etwaige Aktienoptionspläne, die Bilanzprüfungsverfahren und Abwehrmaßnahmen gegen Übernahmen. Namhafte Experten sehen eine direkte Verbindung zwischen der Qualität des Managements und der Aktienkursentwicklung. Eine Analyse der Deutschen Bank bestätigt den Zusammenhang zwischen den Standards der Unternehmensführung und den erzielten Gewinnen. Wichtig ist der Vertrauensaufbau in Richtung: „Mit gutem Gewissen anlegen!“

Warum „Corporate Social Responsibility“

> **G. Cromme, Corporate Governance Kommission:**
>
> *Die Anforderungen an den Aufsichtsrat sind stark gestiegen. In Zukunft werden Aktionäre und Öffentlichkeit noch stärker beobachten, ob die Aufsichtsräte den Anforderungen entsprechen. Ich gehe davon aus, dass die Effizienz des Aufsichtsrats künftig ein zentrales Thema auf den Hauptversammlungen sein wird.*

Geht es um Anstand und Moral, tut sich hier und da eine nicht zu tolerierende Kluft auf. So gerieten vor einigen Jahren der VW-Konzern („Lustreisen der Betriebsräte“), DAIMLER („Hochzeit im Himmel – Scheidung auf Erden – Milliardengrab“ und Bereicherung durch üppige Aktienoptionen), SIEMENS (Korruptionsskandal), PORSCHE (hochriskante Spekulationsgeschäfte) in die Kritik. Wenn Mitarbeitern große Opfer abverlangt werden, stößt es übel auf, dass selbst solche Vorstände riesige Bezüge einschieben, die ihr Unternehmen an die Wand fahren.

Neuere Studien zeigen: Unternehmen, die sich gegenüber ihren Mitarbeitern, Kunden und der Region sozial verantwortlich fühlen und deren Firmenkultur von gegenseitiger Wertschätzung getragen wird, sind oft besonders erfolgreich.

Dies gilt vor allem für eigentümergeführte Mittelständler, die sich ihrer Familie, den Mitarbeitern und künftigen Generationen verpflichtet und mit ihrem regionalen Umfeld verbunden fühlen. Viele Familienfirmen handeln verantwortungsbewusst, planen langfristig, wirtschaften nachhaltig und bauen Substanzkraft auf. Wegen des enormen Erfolgsdrucks sind Fremdmanager eher auf schnellen Erfolg, Macht, Seilschaften, Prestige und Größe ausgerichtet. Sie sitzen jedoch auf Feuerstühlen und werden vom Aufsichtsrat öfters gefeuert als die Trainer der Fußballbundesliga.

Beurteilungskriterien für Ethik und Nachhaltigkeit	
Verantwortung der AG	**Umweltverträglichkeit**
➢ Für die Umwelt ➢ Für den Klimaschutz ➢ Für den Menschen ➢ Für die Region ➢ Für die Gesellschaft	➢ Schadstoffvermeidung und Energieersparnis ➢ Ausbau erneuerbarer Energien ➢ Schutz für das Klima, die bedrohte Tier- und Pflanzenwelt
Ethisch-ökologisches Rating	**Sozial- und Kulturverträglichkeit**
➢ Umweltverträglichkeit ➢ Sozialverträglichkeit ➢ Kulturverträglichkeit ➢ Vorbildwirkung ➢ Beachtung Kodex Corporate Governance	➢ Keine Niedrigstlöhne, keine Kinderarbeit und sonstige Ausbeutung ➢ Keine Menschenrechtsverstöße ➢ Keine Gewinnmaximierung auf Kosten der Mitarbeiter und Kunden ➢ Keine gesundheitsschädigenden Produkte und Verfahren

Ein Zitat zum Thema: „Kontrolle ist gut, Vertrauen besser!“

Ann-Kristin Achleitner, Professorin an der Technischen Universität München und eine gefragte Aufsichtsrätin für deutsche Großkonzerne, schreibt im *Handelsblatt* Nr. 236/6. Dez. 2013: „Mit nie gekanntem Aufwand richten Unternehmen Überwachungsinstanzen gegen Fehlverhalten ein. Das lässt allenfalls die Bürokratie, nicht aber das Wertebewusstsein der Mitarbeiter wachsen. Statt Kontrolle brauchen wir eine Kultur des Vertrauens. – Die in einem vernünftigen Ausmaß wichtige Kontrolle ist mittlerweile allgegenwärtig. Nicht nur, aber gerade die Wirtschafts- und Finanzkrise der letzten Jahre hat geradezu einen Kontroll- und Compliance-Rausch ausgelöst. Es ist fraglich, ob wir mit diesem Ausmaß an Kontrolle tatsächlich eine stabilere, zukunftsfähigere und gerechtere Wirtschaft und Gesellschaft schaffen. Oder ob wir bei hohen Kosten eher verpuffende oder nicht gar konterkarierende Effekte sowie nicht beabsichtigte Nebenwirkungen erzeugen.“

2.14 Gewinn erzielen: billig kaufen/teuer verkaufen

Den richtigen Kauftermin zu erwischen ist nicht einfach. Dies setzt rasches Handeln, geduldiges Abwarten und kontrolliertes Verhalten fernab vom Herdentrieb voraus. Den günstigsten Verkaufszeitpunkt zu finden ist noch schwieriger. Es kommt höchst selten vor, dass es einem Anleger tatsächlich gelingt, zum Tiefpunkt einzusteigen und zum Hochkurs zu verkaufen. Wer damit prahlt, dies öfters zu können, macht sich unglaubwürdig. Mit Disziplin, Selbstkontrolle und Marktbeobachtung ist es immerhin möglich, in der Bodenbildungsphase nahe am Tiefkurs zu ordern und bei Allzeithochs Teilverkäufe zu tätigen.

Bei Angst diszipliniert kaufen

- Eventuell in zwei oder drei Tranchen kaufen, um einen günstigeren Durchschnittspreis zu erzielen; pro Order möglichst nicht unter 1000 Euro einsetzen
- Auf breite Streuung achten, um das Risiko zu senken
- Sich nicht auf eine einzige Branche stützen, selbst wenn diese boomt
- Vor der Orderaufgabe Fundamentaldaten und Charttechnik auswerten
- Sich keineswegs mit dem „Heimatliebedepot DAX“ begnügen
- Mit überlegtem Stock Picking die Renditechancen erhöhen
- Im Biotechnologiebereich die lange Entwicklungsphase miteinbeziehen
- Keine Aktienorder auf Kredit, mag die Versuchung bisweilen auch groß sein

Bei Hoffnung kontrolliert verkaufen

- Gewinne ordentlich laufen lassen – Verluste beizeiten begrenzen
- Bei dreistelligem Kursanstieg am besten nur einen Teil verkaufen
- Aktien aus dem Neudepot ab 2009 zuerst verkaufen; den steuerfreien Altbestand im ersten Depot möglichst schonen
- Vor einem zu erwartenden Aufstieg in den DAX, MDAX, TecDAX oder SDAX frühzeitig kaufen, vor dem vermeintlichen Abstieg beizeiten verkaufen

Hoch/Tief-Mutstrategie auch mit Teilverkäufen finanzieren

Insbesondere die Kurse von Aktien beobachten, die übertrieben abgestraft wurden durch Sippenhaft (der Marktführer hat gepatzt) und fadenscheinige Gerüchte. Den Kapitalbedarf mit Teilverkäufen von solchen Werten finanzieren, die nahe dem Höchststand notieren. Teilverkäufe widersprechen nicht der Trendfolgestrategie. Geht es weiter aufwärts, bleiben Sie im Boot und ärgern sich nicht so sehr. Stürzt der Kurs danach ab, geraten Sie mit dieser Position insgesamt nicht ins Minus.

Fishers Zwischenruf

Einer der weisesten Kommentare, der je über die Märkte gemacht wurde, ist: Sie sollten ängstlich sein, wenn die Leute gierig sind, und gierig sein, wenn sie ängstlich sind!

Ken Fisher

Es gibt Marktphasen, die signalisieren, jetzt besser auszusteigen bzw. einen Teilverkauf zu tätigen, als abzuwarten, bis eine sich auftürmende Spekulationsblase zusammenfällt. Misstrauen ist angezeigt bei allzu euphorischen Meldungen und übertriebenem Optimismus. Beides wirkt als Contraindikator. Die Bullen dürften sich eingedeckt haben, sodass Gewinnmitnahmen überwiegen. Vorsicht ist geboten, wenn die Boulevardpresse in großen Lettern Börsenmeldungen bringt. Der Markt dürfte überhitzt sein und eine größere Korrektur anstehen. Genaue Marktbeobachtung, Geschick, Geduld und Mut sind wichtig, wenn Sie bei einer attraktiven Neuemission keine Zuteilung bekommen.

Cash bereithalten und schrittweise **kaufen,** wenn andere Börsianer skeptisch sind und ihre Papiere voller Angst auf den Markt werfen.

Verkaufen, wenn der Optimismus um sich greift, die Boulevardpresse das Thema Börse aufgreift, an Stammtischen über Aktienkurse diskutiert und über Garantieprodukte gelästert wird.

Aussitzen ist nur vernünftig, wenn es sich um einen steuerfreien Altbestand vor 2009 handelt und gute Zukunftschancen bestehen.

Beispiel LANXESS: Das Spezialchemieunternehmen LANXESS, vom Pharma-Riesen BAYER aus dem DAX abgespaltet, kam im Frühjahr 2005 zu knapp 16 € auf den Markt. Wenige Tage später war der Chemietitel für etwas unter 12 € zu haben. Ab dann stieg der Kurs gemächlich nach oben und es war höchste Zeit, zuzugreifen. Infolge Finanzkrise und Börsencrash ging es 2008/09 richtig nach unten – zeitweilig bis auf unter 11 €. Anschließend setzte ein massiver Aufwärtstrend ein – unterfüttert durch den DAX-Aufstieg. Das Allzeithoch von 2013 mit rund 69 € hielt nicht lange an. Mitte Januar 2015 notierte die Spezialchemie-Aktie bei 35 €.

Beispiel HOMAG: Der Holzverarbeitungsmaschinenbauer HOMAG GROUP ging im Juli 2007 in einer günstigen Marktphase an die Börse, also bevor die Kapitalmärkte weltweit durch die Finanzkrise erschüttert wurden. Die schon im Herbst 2007 in den SDAX aufgestiegene Maschinenbauaktie war zum Emissionspreis von 31 € stark überzeichnet. Zum Jahresende 2007, als eine massive Nebenwerteflucht einsetzte und die Maschinenbauer in Sippenhaft genommen wurden, kostete sie ein Drittel weniger. Zum knallharten Absturz kam es beim Börsencrash im Frühjahr 2009. Die HOMAG-Aktie war für 6 € zu haben; doch kaum jemand griff damals zu. Im August 2014 bot die Bieterfirma DÜRR für den HOMAG-Titel 26,35 €. Mitte Januar 2015 notiert die Aktie bei 33 €. Ein Beherrschungsvertrag bietet Chancen.

Was zeichnet erfolgreiche Kauf- und Verkaufsstrategien aus?

Vielversprechend ist die Strategie, in zwei oder drei Tranchen zu kaufen und wieder zu veräußern. Dies empfiehlt Fondsmanager Heiko Thieme, der allerdings wegen seiner optimistischen Börseneinschätzung noch kurz vor dem großen Crash von 2000 bis 2003 in Verruf geriet. Wer eine Aktie unbedingt haben will, befriedigt mit dem Erstkauf seine Ungeduld und mögliche Gier und ist mit im Boot. Wurde der Titel zu früh erworben, lässt sich dies beim Nachkauf ausgleichen. Steigt die Aktie fortan, darf dies kein Hindernis sein, aufzustocken. Das Risiko ist nicht so groß, wenn der Buchwert über oder nahe dem Kurs liegt, das KGV im Branchenvergleich niedrig ist und eine üppige Dividende winkt. Sie nutzen zudem den **Cost-Average-Effekt,** der nicht nur für Sparpläne gilt. Entwickeln sich einige Ihrer Aktien zu Überfliegern, bietet sich bei einem Kursgewinn im dreistelligen Bereich hier und da eine Gewinnmitnahme mittels Teilverkauf an.

Ein seltenes Beispiel: Für das zum Online-Reisebüro umgewandelte US-Unternehmen **PRICELINE,** nach einem Reversesplitt 6:1 ins tiefste Kellerloch gefallen, sprengte die anschließende Kurserholung alle Maßstäbe. Der Kurs hat sich seit 2006 von 12,40 € bis August 2014 auf 980 € vervielfacht.

Einflussfaktoren auf Kauf und Verkauf

Bei einer angekündigten **Kapitalerhöhung** sinkt im Allgemeinen der Aktienkurs – bei guten fundamentalen Daten ein Signal für mutige Anleger, zuzugreifen. Dies hat sich bei Geduld oft ausgezahlt z. B. FUCHS PETROLUB, DÜRR, LEONI, VIB Vermögen.

Besteht **Übernahmefantasie,** steigt der Kurs des Zielunternehmens oft im zweistelligen Prozentbereich. Was tun? Bereits im Vorfeld kaufen bzw. weiter halten.

Aktiensplitts sind willkommen, obwohl der Gesamtwert gleich bleibt und die Aktie nur optisch billiger wird. Die erste Ankündigung von Gratisaktien ist als Kaufsignal zu werten.

Die Reduzierung der Aktienanzahl durch einen **Reversesplitt** ist eher als Verkaufssignal zu deuten. Der Kapitalschnitt wird sichtbar am Zusammenlegen der Aktien im Umtauschverhältnis z. B. 10:1.

Aktienrückkaufprogramme werden gern gesehen. Zieht das Unternehmen die Aktien ein, steigt die Rendite je Aktie und das KGV sinkt.

Es spricht einiges dafür, bei anhaltendem Aufwärtstrend nur einen Teil des hohen Kursgewinnes zu realisieren. So bleiben Sie bei weiterem Kursanstieg im Boot. Stürzt Ihre Top-Aktie später ab – wie dies brutal bei Solarstrom- und Windkraftaktien geschah – und Sie verpassen den besten Verkaufszeitpunkt, so haben Sie zumindest Ihren Einsatz erwirtschaftet und können insgesamt nicht mehr in die Verlustzone abdriften. Trösten Sie sich, dass man erst hinterher weiß, was richtig gewesen wäre, nie aber im Voraus.

Kauf in mehreren Tranchen und steuerfreie Teilverkäufe

- **Möglichst die Schonung steuerfreier Altbestände im Erstdepot.** Jeder Kauf seit 2009 mit steuerpflichtigen Kursgewinnen im Zweitdepot.
- **Augenmerk auf eine hohe Dividende.** (Bei meinen im April 2003 gekauften EUWAX-Aktien für 12,50 € bringt die bislang garantierte Ausschüttung von jährlich 3,26 € eine Rendite von 26%. Alle vier Jahre macht sich der Einsatz allein mit der Dividende bezahlt. Beim Kurs von 69 € im Januar 2015 beträgt die Dividendenrendite fast 5%. Trotz des 450-prozentigen Kursgewinns wäre es unklug, den steuerfreien Altbestand zu veräußern.)
- **Finanzierung neuer Zukäufe durch Mittelzufluss aus Teilverkäufen.** Trost bzw. Freude, bei weiterem Kursanstieg noch im Boot zu sein.
- **Umwandlung von Buchgewinnen in echten Börsenertrag** durch Realisierung hoher Kursgewinne bevorzugt beim steuerpflichtigen Neubestand.
- **Im Allgemeinen kein Kauf und Verkauf unter 1000 Euro**, damit sich die Transaktionskosten rechnen.

Indexänderungen, Kapitalerhöhungen, Aktiensplitt und Aktienzusammenlegung in die Strategie miteinbeziehen

Sobald sich im Vorfeld der regulären Indexanpassungen die Aufstiegsaspiranten für den DAX (jährlich), MDAX (halbjährlich), TecDAX (halbjährlich) sowie SDAX (vierteljährlich) abzeichnen, empfiehlt es sich, bei fairer Bewertung beherzt zuzugreifen. Meist steigt der Kurs, nachdem zahlreiche Fondsmanager den Titel in ihr Portfolio aufnehmen. Sei es, dass sie den Index abbilden, sei es, dass die Medien den Wert stärker beachten. Ist umgekehrt mit einem Abstieg zu rechnen, sollten Sie sich frühzeitig von dem Verlierertitel trennen. Dies gilt vor allem beim Rauswurf aus dem TecDAX oder SDAX, weil hier jeweils ein Auffangbecken im Prime Standard fehlt. Aktuell wird **C.A.T. Oil** den SDAX verlassen, dafür der Börsenneuling Autozulieferer **HELLA** nachrücken.

Kapitalerhöhungen unter Ausschluss des Bezugsrechts werden nicht gern gesehen und drücken wegen Verwässerung den Aktienkurs meist ins Minus. Kapitalerhöhungen mit Bezugsrechten für Altaktionäre sind bei einem kräftigen Kursabschlag gefragt. So hat es sich gelohnt, die Kapitalerhöhung beim MDAX-Titel **DMG MORI SEIKI**, vormals Gildemeister, 2004 zu 4,15 € und 2013 zu 14,50 € (Kurs Mitte Januar 2015 ca. 25 €) mitzumachen.

Steht ein Aktiensplitt an, greifen die Anleger die Botschaft freudig auf. Der Kurs steigt meist schon im Vorfeld, obgleich sich der Wert selbst, der prozentuale Anteil am Grundkapital, dadurch nicht ändert. Hier bietet sich der Vergleich mit einer Torte an. Einerlei, in wie viele Stücke ich sie aufteile, die Menge bleibt gleich, solange sie nicht verspeist wird. Der Aktienkurs sinkt, wirkt optisch also billiger.

Aber nicht jeder Aktionär durchschaut das Verfahren. Er denkt an ein Geschenk und freut sich, dass er „gratis" junge Aktien bekommt. Eine Aktie wird meist nur dann gestückelt, wenn der Kurs zuvor stark stieg, es dem Unternehmen gut geht, das Management nachhaltig wirtschaftet und weitere Kurssteigerungen erwartet. Anfang 2008 stückelte der Sportwagenbauer PORSCHE seine Aktien im Verhältnis 1:10, nachdem es zuvor Deutschlands einzige Aktie war, die über 1000 € kostete. Im Januar 2014 stückelte der dänische Pharmakonzern **NOVO NORDISK**, Insulinspezialist für die Behandlung von Diabetes (Zuckerkrankheit), seine Aktien im Verhältnis 1:5. Die Börse reagierte daraufhin mit einem kräftigen Kursanstieg, der bis heute anhält.

Unerfreulich: ein Reversesplitt, die Aktienzusammenlegung

Kreist der Pleitegeier über einer Firma, erübrigt sich jede Stückelung. Der Kurs halbiert oder drittelt sich von allein. Doch jetzt ist damit ein Wertverlust verbunden. Ein Kapitalschnitt ist im Regelfall sehr negativ und als Verkaufssignal zu deuten. Die Aktienanzahl verringert sich z. B. im Verhältnis von 5:1 oder gar 10:1 wie bei INTERSHOP oder NORDEX und kürzlich bei der kleinen Beteiligungsgesellschaft U.C.A. geschehen. Einzig allein die Windkraftaktie **NORDEX** hat sich wieder hochgerappelt und den Aufstieg in den TecDAX geschafft. Der Kurs schnellte allein bis September 2014 binnen drei Jahren um rund 240% nach oben und notierte im September bei rund 14,50 €, korrigierte aber Mitte Oktober 2014 um 3 € auf 11,50 €. Aktuell, Mitte Januar 2015, ist die Aktie mit einem Kurs von knapp 16 € wieder auf gutem Weg.

Wie bereits erwähnt, kletterte auch der Kurs der US-Aktie **PRICELINE.com** nach dem Reversesplitt unentwegt nach oben in luftige Höhen. Man lese und staune: Gegenüber meinem Kaufpreis von 12,50 € im Jahr 2006 und dem Kursanstieg auf zeitweilig 980 € im August 2014 kostet die Aktie mehr als 70-mal so viel, ein Kursplus von annähernd 8000%. Aufgeschreckt von der Aktienzusammenlegung verlor ich damals das Vertrauen und verkaufte die Aktie entgegen meiner sonstigen Gewohnheit komplett, als sich der Kurs verdreifacht hatte. Ein verhängnisvoller Fehler, wie sich seit einigen Jahren herausstellt.

2.15 Nicht alles auf eine Karte setzen

Mein Börsenspruch lautet: „Breit gestreut – nie bereut!" Eine Diversifikation nach Indizes, Branchen, Ländern und vom Zeitpunkt her ist ebenso wichtig wie der Orderumfang. Ein zu kleiner Einsatz macht durch die Gebühren jeden mäßigen Gewinn zunichte. Wenige Werte mit hohem Einsatz treiben das Risiko nach oben. Deutsche Privatanleger setzen im Schnitt 3000 bis 5000 € pro Order ein. Bei hochspekulativen Aktien dürften in einem mittelgroßen Depot 500 bis 1000 € pro Titel bzw. 1 bis 2% Anteil pro Wert reichen.

Zwei Extreme sind es, die den Erfolg an der Börse gefährden. Auf der einen Seite gibt es die kleine Gruppe, die sich jeweils auf einen einzigen Titel konzentriert, eine große Order mit fünf- oder sechsstelligen Summen tätigt und in Day-Trader-Manier prozentual schon kleine Gewinne realisiert. Mit Glück sind binnen kurzer Zeit üppige Gewinne möglich, ebenso horrende Verluste, insbesondere im Bärenmarkt bzw. bei unerwartet schlechten Nachrichten. Eine solche Strategie erinnert an das russische Roulette. **Also:** Hände weg von einer nervenaufreibenden Ein-Wert- oder Wenig-Werte-Strategie! Fehlende Streuung wird meist bestraft, zumal die Nerven in kritischen Phasen oft nicht mitspielen. Andererseits wird gern in mehreren Tranchen gekauft und verkauft. Vielleicht landen zu viele Titel im Depot, um eine bestmögliche Streuung zu erreichen und das Risiko zu verringern. Dies ist vernünftig, solange der Überblick gewahrt bleibt und jede Order groß genug ist, um nach Abzug der Gebühren eine ansehnliche Rendite zu erzielen.

> **Wovon hängt das Transaktionsvolumen ab?**
>
> **Vom Anlageziel und Anlagezeitraum,** von der Risikoneigung und dem vorhandenen Kapital.
>
> **Von der Art der Aktie:** In konjunkturunabhängige Blue Chips höhere Beträge investieren als in spekulative Nebenwerte.
>
> **Vom aktuellen Markttrend:** In der Talsohle vermehrt kaufen, auf einem vermeintlichen Hochpunkt eher verkaufen.
>
> **Vom Branchenanteil:** Wurde ein chancenreicher Sektor nicht ausreichend abgedeckt, ist ein Zukauf angesagt. Bei Übergewichtung einer Sparte sollte zur Risikoverringerung der Depotanteil prozentual abgebaut werden.

> *Für den Börsianer ist Geld wie Meerwasser für den Durstigen. Je mehr er trinkt, umso durstiger wird er.*
>
> **Arthur Schopenhauer**

Ein Beispiel zur Verdeutlichung

Im März 2009 ordert ein Anleger 20 TecDAX-Aktien CARL-ZEISS MEDITEC für rund 10 €. Dazu kommen Transaktionskosten von 20 €. Verkauft er, fallen erneut ähnlich hohe Ordergebühren an.

Die Gebühren für Kauf und Verkauf betragen rund 40 €, beim Discountbroker zumindest halb so viel. Die Carl-Zeiss Meditec-Aktie muss um 3 € steigen, um den Medizintechnikwert nach Abzug der Abgeltungsteuer verlustfrei veräußern zu können. Der ansehnliche Kursgewinn von einem Drittel verpufft wegen der geringen Menge. Erst ein Kursgewinn von 50%, d. h., die Aktie wird zu 15 € verkauft, bringt nach Abzug der Kosten und Steuer einen Ertrag von 40 bis 50 €, beim Einsatz von nur 240 € nicht schlecht, aber auch nicht überwältigend. Statt des üppigen Kursgewinns von 50% verbleibt zunächst eine Rendite von 30%, für die noch eine 25-prozentige Abgeltungsteuer (plus Solidarzuschlag und Kirchensteuer) anfällt. Bei einem solch geringen Einsatz mag dies zufriedenstellen. Aber das Risiko ist hoch. Nicht jede Aktie steigt um 50% – und nur selten binnen weniger Monate. Es fragt sich auch, wie jemand auf diese Weise Verluste steuerrechtlich ausgleichen will.

Wer etwa glaubt, dieses Beispiel wäre praxisfern, braucht bei www.boerse.ard.de nur die eine oder andere WKN/ISIN aus dem Nebenwertebereich anzuklicken. Er wird erstaunt sein, wie oft an den Regionalbörsen neben großen Transaktionen auch Miniorders erteilt werden. Gar nicht so selten geht es den Anlegern, vornehmlich Ruheständlern, darum, als willkommene Abwechslung zum HV-Besuch mit Infos, Kommunikation sowie Speis' und Trank eingeladen zu werden.

Bis zur Änderung im Aktienrecht 2010 waren es außerdem die Berufskläger, auch räuberische Aktionäre genannt, die von fast jedem Titel nur ein oder zwei Aktien kauften. Sie wollten sich mit Anfechtungsklagen und Widersprüchen über den angestrebten Vergleich aus bloßem Eigennutz die eigenen Taschen füllen. Wer als Kläger nach der Gesetzesänderung nicht über einen anteiligen Betrag von mindestens 1000 € am Grundkapital verfügt, kann HV-Beschlüsse kaum mehr blockieren.

Ein anderer Anleger ordert 200 statt nur 20 CARL-ZEISS MEDITEC-Aktien zu 10 €. Verkauft er bei einem Kursgewinn von 30%, nämlich zu 13 €, beträgt das Plus 600 €. Zieht er die Gebühren ab, verbleiben ihm rund 560 € Gewinn – als Altbestand steuerfrei, ansonsten steuerpflichtig. Richtig interessant wird es, wenn der Kurs um 50%, also auf 15 €, steigt. Verkauft er komplett, erzielt er einen Kursgewinn von 1000 €. Nach Gebührenabzug beträgt die Rendite rund 960 €.

Diesmal gehen wir davon aus, dass der Anleger 5000 € für seine CARL-ZEISS-Aktien einsetzt. Bei einem üppigen Kursgewinn von 50% und deutlich darüber ist zu überlegen, nur einen Teil der Anteilscheine, nämlich ein Viertel, ein Drittel oder die Hälfte, zu verkaufen. Damit sind der Einsatz, die Gebühren und die Steuer bereits abgegolten. Mit dem Restbestand profitiert der Anleger bei weiterem Aufwärtstrend und ärgert sich nicht. Stürzt die Aktie ab, gerät er durch die Gewinnmitnahme mit diesem Titel insgesamt kaum oder gar nicht mehr in die Verlustzone.

2.16 Kauf- und Verkaufstipps richtig deuten

Die Sprachvielfalt der Analysten wirkt verwirrend. Warum mehr als 30 Begriffe verwenden, wenn drei bis sechs Zuordnungen ausreichen müssten, um die drei wichtigen Einstufungen „kaufen – halten – verkaufen“ voneinander abzugrenzen und eine eindeutige Empfehlung zu formulieren? Sicherlich geschieht dies vor allem, um noch stärker unterscheiden zu können, ähnlich wie bei Schulnoten mit Zusätzen wie 2+, 2, 2-, 2–3, 3+, 3, 3-, 3–4, 4+, 4, 4- usw.
Unabhängig von dieser Begriffsvielfalt gibt es zwei große Fehler, die Sie als Privatanleger im Umgang mit den Analystenbewertungen vermeiden müssen: Ihre Entscheidungsfindung stützt sich auf eine einzige Beurteilung. Und fast noch schlimmer: Sie verdrängen gegenteilige Informationen aus Ihrem Bewusstsein und nehmen nur wahr, was Ihrer Sichtweise, Ihrem Wunschdenken entspricht. Experten nennen dies: „dominante Sichtweise“ bzw. „Scheuklappensyndrom“.

Kaufen **Gilt bei guten Nachrichten und Kennzahlen**	**Halten** **Oft versteckte Verkaufsempfehlungen**	**Verkaufen** **Absteigende Tendenz**
Strong Buy – Aggressiver Kauf – Starker Kauf – Upgrades – Buy – Langfristiger Kauf – Spekulativer Kauf – Trading Buy – Outperformer – Übergewichten – Akkumulieren – Accumulate – Overweight	Gleichgewichten – Marketperformer (dem Marktverlauf entsprechend) – Sector Perform – Peer Perform – Inline – Hold – Neutral – Marktneutral – Untergewichten	Downgrades – Underperformer (schlechter als der Markt) – Reduzieren – Reduce – Trading Sell – Aktie meiden – „Unwert“ (z. B. Betrug, Pleite) – Kursziel null

Es fällt auf, dass – einerlei, ob Hausse oder Baisse – die Kaufempfehlungen überwiegen. Gewisse Abhängigkeitsverhältnisse gegenüber Auftraggebern und Großkunden dürften mitbestimmend sein. Was den Nebenwertesektor angeht, beobachten Analysten nur attraktive Papiere. Selbst im SDAX gibt es Titel, die kaum beurteilt werden. Meine eigene Recherche über Analystenempfehlungen im Prime Standard zeigt, dass für die meisten großen Titel alle Einstufungen vergeben werden, jedoch mit prozentual unterschiedlichem Anteil. Das erleichtert die Entscheidung. Nutzen Sie mehrere Informationsquellen. Bilden Sie sich ein eigenes Urteil.

Sind Analystentipps überhaupt nützlich, wenn sie sich so oft widersprechen?
Durchaus! Wird ein MDAX-Titel wie DÜRR oder FUCHS klar zum Kauf empfohlen, ist dies ebenso aussagekräftig wie eine Negativbewertung mit mehrheitlicher Verkaufseinstufung. Die führenden Tageszeitungen, die Wirtschafts- und Börsenpresse versorgen Sie reichlich mit Empfehlungen für Kaufen, Halten, Verkaufen.

2.17 Über alle Transaktionen genau Buch führen

Es ist praktisch, je einen Ordner für das Neudepot (steuerpflichtig seit 2009) und das Altdepot (steuerfrei vor 2009) mit zwei alphabetischen Verzeichnissen einzurichten und hier alle Kauf- und Verkaufsmitteilungen Ihrer Depotbank fortlaufend abzulegen.

Je größer Ihr Depot, umso wichtiger ist eine ordentliche Verwaltung. Sie schafft Klarheit und liefert Argumentationshilfen bei Differenzen mit dem Finanzamt. Denken Sie daran, dass stets das FiFo-System gilt: „First in – First out!" Die zuerst gekauften, also ältesten Aktien in Ihrem Depot gelten auch immer als zuerst verkauft. Deshalb brauchen Sie ein zweites Depot für alle Neukäufe seit 2009.

Zusätzlich führen Sie Ihr eigenes Depot elektronisch an Ihrem Computer, wie in Kapitel 2.7 mit einem ausgefüllten Muster beschrieben. Sie ergänzen Ihre fortlaufenden Eintragungen mit wichtigen Angaben zu Kapitalerhöhungen, Aktiensplitts, Sonderausschüttungen, Dividendenrendite, steuerfrei gewährten Ertragsgutschriften, Übernahmen usw. Dieses Dokument, sofern sorgfältig geführt, erweist sich als überaus hilfreich, wenn Sie z. B. die Hoch/Tief-Mutstrategie anwenden bzw. zum richtigen Zeitpunkt Teilverkäufe vornehmen wollen. Teilweise, aber nie vollständig nimmt Ihnen Ihr Discountbroker die Arbeit ab, sofern Sie online ordern.

Beispiel für persönliche Aktiendepot-Buchführung am PC

Anzahl, Aktie, WKN bzw.	Kauftag/ Preis	Verkauf/ Kurs	Bemerkungen	Gesamtbestand

- **Fazit: Chaos im selbst verwalteten Depot erschwert, Ordnung dagegen fördert eine erfolgreiche Aktienstrategie und erleichtert Ihr eigenverantwortliches Handeln und die spätere Auswertung**.

- **Zum Jahresende hilft eine sorgfältige Depotführung beim Steuerausgleich von Verlustaktien aus dem Neubestand mit erzielten Gewinnen im laufenden Jahr.** Die Trennung der Verlustbringer ist weniger schmerzhaft, wenn ein Steuerausgleich das Minus verringert. Zudem wird das Depot von „Schrott" befreit und Geld eingenommen für attraktive Neukäufe. Das Anlegermagazin **BÖRSE ONLINE** ermittelte im November 2014 als die beliebtesten Titel mit sich deckenden Kaufempfehlungen: APPLE, ADIDAS, DT. TELEKOM und ALLIANZ.

2.18 Die Struktur der WKN und ISIN erkennen

Die praktische Regelung, dass der Kern der zwölfstelligen ISIN der alten, weiter gültigen sechsstelligen WKN entspricht, gilt wohl nur in Deutschland.

Früher oder später ist vielleicht Abschied zu nehmen von der bei den Anlegern beliebten sechsstelligen Wertpapierkennnummer. Sie wurde im April 2003 offiziell durch die zwölfstellige ISIN ersetzt, wird aber von Banken, Brokern, Internetportalen, Börsenmagazinen usw. weiterhin akzeptiert. Die alte WKN ist kürzer, lässt sich besser einprägen, führt zu weniger Lesefehlern und wird daher bevorzugt.

Die Abkürzung ISIN heißt: **I**nternational **S**ecurities **I**dentification **N**umber. Vorsorglich empfiehlt es sich, eine ältere Printausgabe mit den wichtigsten Aktienkursen aufzubewahren, um bei Bedarf auf die alte WKN zurückgreifen zu können. Dies gilt nur für die ausländischen Titel. Bei deutschen Aktien bleibt der sechsstellige Kern unverändert, der sich an DE (Deutschland) und 000 (drei Nullen für etwaige Erweiterungen) anschließt. Bei der letzten Stelle handelt es sich um eine Prüfziffer.

Sie dürfen hier nie ein großes O, sondern müssen immer eine Null eingeben. Akute WKN-Verwechslungsgefahren bestehen bei dem Buchstaben **G** und der Ziffer **6,** dem großen **D** und der **Null,** den Buchstaben **I, J, L** sowie **Z** und **7** sowie **6, 8** und **9** bei kleiner Schrift. Bei der großen Auswahl von Buchstaben und Ziffern hätte sich diese zu häufigen Fehlern und Korrekturen führende Schwäche leicht vermeiden lassen. Jetzt helfen nur eine vernünftige Schriftgröße und eine gut lesbare Schriftart. Als unerlässliche Sicherheitskontrolle gilt zudem der **Aktienname** – unverzichtbar bei jeder telefonischen Order.

Von der sechsstelligen WKN zur zwölfstelligen ISIN

D	E	0	0	0	B	A	S	F	1	1	1

Land gemäß ISO	Den sechsstelligen Kern bildet bei deutschen Wertpapieren die alte WKN. Bei *BASF z. B.: BASF11.*	Einstellige Prüfziffer

Dt. Post	D	E	0	0	0	5	5	5	2	0	0	4

2.19 Jede Order richtig vorbereiten

Orderblatt zur Vorbereitung und für Telefon-Banking einsetzbar

☎ Direktbank
(vor Kopie einsetzen)

FAX Direktbank
(vor Kopie einsetzen)

☎ Eigene Telefon-Nr.
(evtl. auch Name, Anschrift)

Eigene Depot-Nr.
(vor Kopie einsetzen)

PIN (verschlüsselt aufheben, auswendig lernen)

1. Wertpapierorder
(nach Kopie einsetzen)

K | V | Zahl | Limit | Stopp

Aktienname

Börsenplatz

Auftrags-Nr.

WKN | **Gültig bis:**

ISIN

2. Wertpapierorder
(nach Kopie einsetzen)

K | V | Zahl | Limit | Stopp

Aktienname

Börsenplatz

Auftrags-Nr.

WKN | **Gültig bis:**

ISIN

3. Wertpapierorder
(nach Kopie einsetzen)

K | V | Zahl | Limit | Stopp

Aktienname

Börsenplatz

Auftrags-Nr.

WKN | **Gültig bis:**

ISIN

Bemerkungen

....

....

2.20 Wissen, was die Börsenkürzel bedeuten

Die folgende Tabelle mit den erläuternden Angaben sorgt für mehr Klarheit in dem Gestrüpp von Kurszusätzen und Kurshinweisen.

Kurszusatz	Bezeichnung	Kurze Erläuterung
G (vergl. **Bid:** Angebot Verkaufspreis)	**Geld: aus Anlegersicht der niedrigere Verkaufspreis**	Zu diesem Preis bestand **nur eine Nachfrage.**
B (vergl. **Ask:** Angebot höherer Kaufpreis)	**Brief: aus Anlegersicht der höhere Kaufpreis**	Zu diesem Preis notierten **nur Angebote.**
exD	**ohne Dividende**	Erste Notiz unter **Abschlag der Dividende**
exBR	**ohne Bezugsrecht**	Erste Notiz: **Abschlag des Bezugsrechts**
exBA	**ohne Berichtigungsaktien**	Erste Notierung nach Umstellung des Kurses auf das **berichtigte (neue) Aktienkapital**
ausg	**ausgesetzt**	Die Kursnotierung ist ausgesetzt worden.

Anmerkung: Bei Kurszusätzen mit **b** („bezahlt") müssen alle *über* dem festgelegten Kurs limitierten Kaufaufträge und alle *unter* dem festgestellten Kurs limitierten Verkaufsaufträge ausgeführt worden sein. **Plus- und Minusankündigungen** erfolgen, wenn ein Skontroführer feststellt, dass der Kurs stark von der letzten Notierung abweicht.

2.21 Day-Trading – nur etwas für Könner

1999: **Sekundenschnell handeln: „kaufen – verkaufen – kaufen – verkaufen – kaufen – verkaufen". Abends vor Börsenschluss alles glattstellen, mit dem richtigen Gespür und dem glücklichen Händchen binnen kürzester Zeit reich sein, die Champagnerkorken knallen lassen, den Erfolg euphorisch feiern und genießen!**

So schön konnte Day-Trading sein – zumindest im Börsenboom mit den volatilen Kursraketen am Neuen Markt sowie in der Fantasie und im Werbespot. 1999 schossen in den Großstädten Day-Trading-Häuser und -Plattformen wie Pilze aus dem Boden. Doch die schlechte Performance während des Börsencrashs bei den schwankungsfreudigen Wachstumswerten verhagelte die Stimmung. Wer positiv eingestellt war und auf eine frühe Trendwende hoffte, verlor. Wer dagegen als kompetenter, nervenstarker und disziplinierter Day-Trader den Markt richtig einschätzte und von Frühjahr 2000 bis März 2003 überwiegend auf fallende Kurse setzte, konnte ordentlich Geld verdienen.

Generell ist festzuhalten: Untersuchungen in den USA (Johnson-Studie von der NASA mit 4339 Trades) ergaben, dass knapp zwei Drittel aller Day-Trader scheiterten und im schlimmsten Fall ihren gesamten Einsatz verloren.

Ab 2000: Der Börsenboom mit der Neigung zahlreicher Anleger zu spekulativen Investments wich nach dem Platzen der Spekulationsblase im März 2000 einem umso stärker ausgeprägten Sicherheitsstreben – ja einer regelrechten Risikoabneigung. Damit ging auch das Interesse der meisten Privatanleger am Abenteuer Day-Trading zurück. Heute überfluten nicht mehr ständig neue Publikationen über Day-Trading den Markt. Dennoch hat diese Anlagestrategie ihre Anhänger, insbesondere disziplinierte Könner mit exzellenter Marktkenntnis und bestens ausgestatteter Computerhard- und spezieller Börsensoftware. Die anfangs zu beobachtende ungebremste Gier und Euphorie werden in diesem Sektor zunehmend von vernünftigen Verhaltensweisen abgelöst.

> **Howard Abell: „Schnelle Gewinne an schnellen Märkten"**
>
> *Der Schlüssel zum erfolgreichen Trading liegt darin, seine eigenen persönlichen Charakterzüge weiterzuentwickeln und zu erfüllen: Geduld, Urteilskraft, Mut, Intellekt und Selbstsicherheit.*
>
> *Fügen Sie dieser Kombination noch Disziplin, Konzentration, Optimismus und das Vertrauen hinzu, dass Sie optimal darauf vorbereitet sind, im Gewittersturm der Börsenpsychologie erfolgreich zu handeln. Negative Gedanken und ungesteuerte Emotionen sind die wirklichen Feinde beim Trading.*

Börsenregeln für Day-Trader: Disziplin als oberstes Gebot

- Rechnen Sie nicht mit hohen Gewinnen. Auch Verluste sind möglich.
- Day-Trading verlangt viel Wissen über Wertpapiermärkte, Strategien und Handelstechniken. Informieren Sie sich genau über das Marktgeschehen.
- Sie sind im Wettbewerb mit den Profis großer Handelshäuser. Ohne hochwertige Computerhard- und -software stehen Sie auf verlorenem Posten.
- Arbeiten Sie sich gründlich in Ihr Handelssystem ein. Sie müssen Ihre Software beherrschen, um nicht an Pannen zu scheitern.
- Streuen Sie Ihr Risiko. Legen Sie für jede Position einen maximalen Verlust fest. Setzen Sie Stoppkurse und behalten Sie Ihr Gewinnziel im Auge.
- Entwickeln Sie eine zu Ihnen passende Tradingstrategie. Bleiben Sie flexibel, und halten Sie bei Misserfolg nicht stur an Ihrer bisherigen Meinung fest.
- Analysieren Sie Ihre Orders und lernen Sie aus Ihren gemachten Fehlern.
- Day-Trading verursacht Kosten. Vergleichen Sie die Gebühren und kalkulieren Sie pro Tag nicht zu viele Trades ein – anfangs ungefähr 10 Transaktionen.
- Day-Trading auf Derivate und Short Selling eignet sich nur für Könner. Hier sind strenge Verlustbegrenzungen und eine hohe Disziplin notwendig.
- Greifen Sie auf volatile, liquide, umsatzstarke Handelsinstrumente zu. Stellen Sie zur Verlustbegrenzung vor Börsenschluss Ihre Position glatt.
- Finger weg, wenn Sie nicht diszipliniert und sekundenschnell handeln können und sich von Emotionen bzw. dem Bauchgefühl leiten lassen.
- Setzen Sie nur nicht benötigte finanzielle Mittel ein. Lassen Sie sich niemals zum Trading auf Kredit verleiten!
- Vertrauen Sie nicht allein auf Day-Trading. Führen Sie daneben ein Langzeitdepot mit geringeren Risiken. Wie wäre es als Ausgleich mit substanzstarken Dividenden-Spitzenreitern oder einer Marktabdeckung mit Indexfonds (ETFs)?

Erfreulicherweise stürzen sich kaum noch Einsteiger in diese riskante, viel Fachkompetenz, blitzschnelles Entscheiden und Disziplin verlangende Anlageform. Mit veralteter Software kommt der Day-Trader ebenso rasch in Verzug wie mit zögerlichem Verhalten. Zu bevorzugen sind volatile, umsatzstarke und liquide Aktien, die oft binnen Kürze Kurssprünge vollziehen. Day-Trading hat seinen Ursprung in den Handelsabteilungen großer Banken und Investmenthäuser. Wer als Broker ein solches Geschäft anbietet, muss vor der Annahme des ersten Auftrags einen vom Kunden auszufüllenden Vordruck auswerten und besondere Kriterien beachten.

2.22 Grauer Kapitalmarkt: Betrüger auf Beutefang

Ich hoffe, Sie zählen nicht zu den geprellten Anlegern, die durch die windigen Geschäfte der Betrüger am Grauen Kapitalmarkt empfindliche Vermögensverluste erlitten. Aufgrund Ihres Aktieninteresses dürften Sie keines der Opfer sein, die alljährlich 20 bis 40 Mrd. € in die weit aufgerissenen Mäuler der gierigen Finanzhaie stopfen. Die Dunkelziffer ist hoch, genährt von Verdrängung und Scham, die üblen Tricks nicht durchschaut zu haben. Dies kratzt gewaltig am Selbstwertgefühl. Im Schnitt liegt der Schaden bei 35.000 €.

- **Die Anlage in geschlossene Schiffsfonds erwies sich als Milliardengrab. 450 dieser Fonds gingen pleite. Das einstige Prestigemodell des Grauen Kapitalmarkts ist tot – ein Schaden von 30 Mrd. € für deutsche Anleger.**

Die Erstkontakte laufen häufig über Cold Calls, Online-Klicks und Bargeldabhebung am Bankautomaten ab. Die Einfangmethoden werden immer brutaler. Versprochene Traumrenditen enden im Totalverlust. Ein Dorado für den Anlagebetrug am Grauen Kapitalmarkt sind Schneeballsysteme. Sie werden anfangs kaum als kriminelle Masche wahrgenommen, gibt es doch zunächst mehr Sieger als Verlierer. Mit dem Geld der Nachrücker werden die Prämien an die Startinvestoren ausgezahlt.

2008 schockte der milliardenschwere Betrug der Wall-Street-Ikone Bernard Madoff. Zu den Tausenden von Geschädigten zählen Banken, Fonds, Stiftungen und Prominente rund um den Globus. Die Betrüger prellten binnen drei Monaten 120.000 Menschen um über 20 Mrd. US-Dollar. In jüngster Zeit gerieten der Stromanbieter TELDAFAX, der Börsenneuling HESS, der Windkraftentwickler WINDREICH und S&K, ein Anbieter von Immobilienfonds, wegen Betrugsverdacht in die Fänge der Staatsanwälte. Aktuell tappten viele Anleger in die PROKON-Falle, aufgebaut als eine Art Schneeballsystem. Erfahrungsgemäß bewahrt nur der ganz frühe Einstieg vor hohen Vermögenseinbußen oder gar einem Totalverlust. Deutschland gilt als Dorado für Finanzjongleure, die Privatanlegern das Geld aus der Tasche ziehen.

Wer heute noch eine Bank überfällt, scheint nicht begriffen zu haben, dass es viel leichter ist, sich auf andere kriminelle Weise Fremdmittel anzueignen. Schneeballsystem-Betrüger treten nicht als die im Verborgenen arbeitenden Leisetreter auf. Viele der mit raffinierten Fälschungen hantierenden Betrüger propagieren so lange offensiv und aggressiv ihre Produkte, bis mangels nachrückender Anlegergruppen ihr Finanzsystem zusammenbricht und riesige Summen verschwinden. Die Finanzinstrumente werden in allen möglichen Verpackungen angeboten, als steuerbegünstigte Formen der Altersvorsorge, Beteiligungen in Zukunftsmärkte, Termingeschäfte und Aktien, deren Börsengang angeblich kurz bevorsteht.

Der Betrugsnachweis ist bei Schneeballsystemen schwer zu erbringen. Die hohen Lockvogel-Renditen werden vom frischen Kapitalzufluss neuer Anlegergruppen bezahlt. Die Strategie scheint die von den Kritikern angeprangerten dubiosen Geschäftspraktiken zu widerlegen. Verbraucherschützer warnten bereits Ende der 1990er-Jahre vor PHOENIX. Doch ging bis 2002 Kapital bei der obskuren Firma ein. Der Betrug flog erst auf, als klar wurde, dass die registrierten Termingeschäfte nicht stattfanden und das Kapital gutgläubiger Investoren in dunkle Kanäle floss.

Ihre Selbstanalyse als Schutz vor gefräßigen Anlagebetrügern

- **Ruft Sie jemand ungebeten an,** obwohl dies im Anlagesektor verboten ist, so legen Sie sofort auf. Lassen Sie es gar nicht erst zu einer Gesprächsterminvereinbarung kommen. Sie werden sonst leicht über den Tisch gezogen.
- **Verspricht Ihnen der Finanzberater nach geglücktem Einschleichmanöver eine Traumrendite?** An dieser Erkenntnis führt kein Weg vorbei: Je höher die Chance, umso größer ist auch das Spekulationsrisiko.
- **Wird Ihnen ein „Exklusivgeschäft“ vorgegaukelt und gleichzeitig Terminzeitdruck aufgebaut?** Jetzt sollten alle Warnlampen dunkelrot aufleuchten.
- **Verzichtet der Anbieter auf eine Vermögensanalyse?** Seriöse Finanzberater nehmen diese Verpflichtung ernst.
- **Weicht Ihr Geschäftspartner mit geschickten Manövern aus,** wenn er sein Produkt genau erklären und Referenzen von anerkannten Instituten bzw. Organisationen vorlegen soll? Selbst bei viel Geduld müssen Sie dieses hinterhältige Taktieren durchschauen und merken, dass hier etwas nicht stimmt.
- **Versucht der Finanzberater offensichtlich, Sie zu einem Testgeschäft mit schnellem Abschluss zu ködern?** Das kleine Probegeschäft mit der versprochenen hohen Rendite läuft redlich ab, um Vertrauen aufzubauen und den großen Deal einzuleiten, der Sie in den finanziellen Ruin treiben wird.
- **Vorsicht und Hände weg, wenn sich der Firmensitz in einem exotischen Land befindet.** Dies herauszufinden, ist mühsam. Ganz schlecht ist es, wenn Sie ins Ausland überweisen sollen. Spätere Überprüfungen und Recherchen sind kaum möglich. Leicht verliert sich bei „Briefkastenfirmen“ die Spur.
- **Als Hinweis für betrügerische Manipulationen gelten leere Seiten in einem unübersichtlichen, schwer verständlichen Vertragswerk.** Hier wird gern nachträglich kopiert. Hüten Sie sich vor Fallstricken im Kleingedruckten.

Der beste Tipp: Sie sparen sich eine mühsame Selbstanalyse, wenn Sie den ersten Kontaktversuch konsequent abbrechen: Hörer auflegen, jede E-Mail mit Pauschalbetreff und unbekanntem Absender sofort löschen.

Noch ein Hinweis: Der Graue Kapitalmarkt deckt alle Formen ab, die nicht von der Bundesanstalt für Finanzdienstleistungsaufsicht (BaFin) kontrolliert werden. Derzeit wird an einem Regelwerk gearbeitet, um Finanzhaie daran zu hindern, unerfahrenen Anlegern das Fell über die Ohren zu ziehen. Auch hier gilt: Wissen ist Macht.

Comeback der Betrüger in unsicheren Zeiten

Die Trennlinie zwischen dem seriösen Kapitalmarkt und dem weitgehend unkontrollierten Grauen Markt ist unscharf, weil die Banken ähnliche Finanzprodukte anbieten. Die betrügerischen Geschäftsmodelle reichen von Immobilienbeteiligungen über Währungsspekulationen und geschlossene Spezialfonds bis hin zu Termingeschäften. Da ist der verbotene unaufgeforderte Telefonanruf mit dem Angebot „Hochinteressante Anlagemöglichkeiten mit Spitzenrendite" ein Warnsignal.

Mit besonderer Finesse bearbeiten dubiose Finanzjongleure besser verdienende Freiberufler und Akademiker, eine Klientel, die selbst glaubt, nie in die Fänge von Abzockern zu geraten. Mit gewandtem Auftritt, gepflegten Umgangsformen und Statussymbolen wie teuren Uhren und großen Limousinen werden angepeilte Opfer hofiert. Die auf wohlhabende Klientel angesetzten Finanzhaie pflegen Eitelkeiten, streuen Komplimente ein, tun alles, damit sich die Kundschaft wohlfühlt und davon absieht, das dubiose Angebot genau zu prüfen. Beißt das Opfer an, wird Druck aufgebaut: „Eine einmalige Chance. Wir können diese günstigen Konditionen bei der großen Nachfrage nur diese Woche garantieren!" Liegt bereits ein Vermögensschaden vor, empfiehlt es sich, Rat bei einem auf das Kapitalmarktrecht spezialisierten Juristen zu suchen und bei Gericht zu klagen.

Der Psychologieprofessor Hermann Liebel erstellte für das Bundeskriminalamt eine Studie zum Thema Anlagebetrug. Er erklärt, dass nur wenige Opfer aus Schaden klug würden. Die Geprellten würden ihren Misserfolg lieber verdrängen und verschweigen. Sie glauben, nicht nochmals hereinfallen zu können. Prof. Liebel meint: „Der Anleger ist das einzige Lebewesen, dem man das Fell mehrfach über die Ohren ziehen kann." In jedem zweiten Fall führe ein heißer Tipp aus dem Freundes- und Bekanntenkreis zur Kontaktaufnahme mit einem unseriösen Geschäftemacher. In jedem dritten Fall diene ein verbotener ungebetener Telefonanruf als Einstiegspforte. Der Präsident des Deutschen Anlegerschutzbundes (DASB) warnt nachdrücklich: „Legen Sie den Hörer auf; das ist der sicherste Schutz!"

Raffinierte Finanzhaie bauen Misstrauen ab, indem sie sich anfangs mit bescheidenem Einsatz begnügen und die hohe Rendite unverzüglich auszahlen. Dieser Köder befeuert die Geldgier und bereitet den Boden für den angepeilten Großabschluss. Geschieht dies, dürfte der gutgläubige Anleger vergebens auf Kapitalerträge warten. Jetzt ist der Totalverlust vorprogrammiert.

Warnung vor riskanten Produkten und besserer Anlegerschutz

Fallbeispiel: Auszug aus dem *Handelsblatt* Nr. 22/2014: DIE GIERIGEN: „Am Grauen Kapitalmarkt geht es zu wie im rechtsfreien Raum. So ist eine zweigeteilte Finanzwelt entstanden: Hier bieten Banken, die jeden Kundenkontakt penibel dokumentieren müssen, Sparprodukte mit Null-Renditen. Dort offerieren unbehelligt von Kontrollpflichten Finanzvertriebe Produkte mit Renditeversprechen von bis zu 8%. Da ist der **Windparkbetreiber PROKON**, der auf dem Grauen Markt über eine Mrd. € einsammelte und in der vergangenen Woche Insolvenz anmeldete, als Kunden ihre Einlagen zurückverlangten. Da ist die Frankfurter **Immobiliengruppe S&K**, deren Chefs Stephan Schäfer und Jonas Köller mit einem Teil des Anlegergeldes Protz-Partys finanziert haben sollen, statt in Immobilien zu investieren. Da ist das Hamburger **Emissionshaus WÖLBERN INVEST**, dessen Chef Heinrich Maria Schulte laut Staatsanwaltschaft mehrere Immobilienfonds um 137 Mio. € erleichtert haben soll. Schulte war für eine Stellungnahme nicht zu erreichen.

Zwischen 20 und 30 Mrd. € verlieren Anleger Jahr für Jahr auf dem Grauen Kapitalmarkt, schätzt Klaus Nieding von der Deutschen Schutzvereinigung für Wertpapierbesitz: ‚Der Gesetzgeber hat die Regulierung hier komplett verschlafen.' Die Produkte werden an keiner Börse gehandelt. Auch die **Finanzaufsicht BaFin** hat kaum eine Handhabe. So prallen im Schattenreich der Geldanlage windige Anbieter und renditehungrige Anleger ungebremst aufeinander. Genussrechte für Palmöl, Goldsparpläne oder Ölfonds – kein Produkt ist zu schillernd, um nicht Anleger zu finden. Der Graue Markt präsentiert eine Geschichte der doppelten Gier: der Gier findiger Einzelpersonen, die sich mit Verkaufsgeschick den Zinshunger der Anleger zunutze machen; aber auch die Gier derjenigen, die für ein Renditeversprechen von 8% jedes Risiko ausblenden. Wer aber trägt die Schuld: zwielichtige Finanzvertriebler? Naive Anleger? Oder die Politik, die diese Missstände ignoriert? Zweifelhaften Erfolg können auch die Anbieter von **Termingeschäften** für sich verbuchen. Die mit allen Wassern gewaschenen Verkäufer bieten Warenterminkontrakte auf Schweinebäuche, Zucker oder Edelmetall an. Kein Argument ist so abwegig, als dass man nicht Kunden damit an die Terminbörsen locken könnte."

- **PROKON sammelte rund 1,4 Mrd. € bei etwa 74.000 Anlegern ein, obwohl es schon frühzeitig Warnungen seitens einiger Verbraucherschützer gab.**
- **Bei INFINUS bangen etwa 40.000 Anleger um ihre Ersparnisse. Sie investierten in Schuldverschreibungen, die der Finanzdienstleister vertrieb.**
- **Die S&K-Immobiliengruppe wurde im Februar 2013 zahlungsunfähig. Die Staatsanwaltschaft in Frankfurt schätzt den Schaden auf rund 200 Mio. €.**

2.23 Steckbrief: große deutsche Unternehmen

Bei der Aktienanlage geht es darum, mit Kursgewinn und attraktiver Dividende Vermögen aufzubauen und die Weichen zu stellen für finanzielle Unabhängigkeit und Freiheit im Ruhestand. An unternehmerisches Denken und Handeln, sich als Aktionär zumindest in geringem Umfang mit der AG verbunden zu fühlen, wird kaum gedacht. Vielleicht helfen die Sieger im ECON-Award mit, bezüglich Kommunikation einiges zu verbessern. OSRAM, ThyssenKrupp, AUDI, DT. TELEKOM, BMW und ALLIANZ sind Preisträger.

Bei regionalen Investments kann dies durch Besuch der Hauptversammlung und Kontakte mit dem Management eine Rolle spielen und eine Langzeitanlage in Krisenzeiten nach dem Motto „Gemeinsam durch dick und dünn" fördern. Hauptversammlungen werden zwar von Störenfrieden wie Berufsklägern und räuberischen Aktionären geprägt. Aber die treuen, verlässlichen Anteilseigner, oft auch Mitarbeiter, sind nicht zu vergessen. Sie müssen die Wertschätzung spüren und sich willkommen fühlen. Da passt das Konzept mancher Mittelständler „HV als reine Pflichtveranstaltung – nicht mehr tun als unbedingt nötig!" gar nicht. Unabhängig von den sich unterscheidenden persönlichen Beweggründen dürfte es interessant sein, über die wichtigsten deutschen börsennotierten Unternehmen aus DAX, MDAX, TecDAX und SDAX in Form von Ranglisten einiges zu erfahren.

Höchste Umsatzerlöse 2013 mit positiver Veränderung

Aktie, Firma	Index	WKN	Umsatz in%	Umsatz in €
1. BayWa	SDAX	519 406	+51,5%	15,96 Mrd. €
2. United Internet	TecDAX	508 903	+10,8%	2,66 Mrd. €
3. MTU Aero	MDAX	A0D 9PT	+10,7%	3,74 Mrd. €
4. ProSiebenSat.1	MDAX	PSM 777	+10,6%	2,61 Mrd. €
5. STADA	MDAX	725 180	+9,6%	2,01 Mrd. €

Umsatz-Nettorendite 2013 und Div.-Rendite für 2015(e)

Aktie, Firma	Index	WKN	Nettorendite	Div.-Rendite
1. Deutsche Börse	DAX	581 005	22,9%	1,81 €/3,8%
2. SAP	DAX	716 460	19,8%	3,40 €/1,8%
3. EVONIK	MDAX	EVN K01	15,6%	1,00 €/3,7%
4. Hugo Boss	MDAX	A1P HFF	13,7%	4,20 €/3,5%
5. ProSiebenSat.1	MDAX	PSM 777	12,2%	1,80 €/4,6%
6. MERCK KGaA	DAX	659 990	10,9%	1,10 €/1,3%

DAX-Jahresüberschuss 2013, Kursplus 1 Jahr, Div. 2015

Aktie, Firma	WKN	Überschuss	Kursplus 1 Jahr	Divid. 2015(e)
1. VW	766 403	9,145 Mrd. €	20%	**6,06 €/2,8%**
2. DAIMLER	710 000	8,720 Mrd. €	44%	**2,60 €/3,6%**
3. ALLIANZ	840 400	6,344 Mrd. €	11%	**6,80 €/5,0%**
4. BMW	519 000	5,340 Mrd. €	41%	**3,00 €/3,1%**
5. BASF	BAS F11	5,173 Mrd. €	26%	**3,00 €/3,7%**
6. SIEMENS	723 610	4,409 Mrd. €	28%	**3,40 €/3,5%**

Größte deutsche Familienfirmen nach Umsatzerlös 2013

Aktie, Firma	Index	WKN	Branche	Divid. 2015(e)
1. Volkswagen VZ	DAX	766 403	Automobilbauer	**6,06 €/2,8%**
2. BMW	DAX	519 000	Automobilbauer	**3,00 €/3,1%**
3. METRO	MDAX	725 750	Handel/Kaufhaus	**1,00 €/2,9%**
4. Fresenius SE	DAX	578 560	Gesundheit	**0,48 €/1,0%**
5. HENKEL	DAX	604 843	Konsumgüter	**1,37 €/1,5%**
6. MERCK KGaA	DAX	659 990	Pharma	**1,10 €/1,3%**
7. Beiersdorf	DAX	520 000	Kosmetik	**0,80 €/1,1%**
8. Wacker Chemie	MDAX	WCH 888	Spezialchemie	**0,90 €/0,7%**
9. KRONES	MDAX	633 500	Abfüllanlagen	**1,40 €/1,6%**
10. Axel Springer	MDAX	550 135	Medien	**2,00 €/4,0%**
11. United Internet	TecDAX	508 903	Telekommunikat.	**0,70 €/1,5%**
12. DÜRR	MDAX	556 520	Lackieranlagen	**1,55 €/2,2%**
13. Drägerwerk	TecDAX	555 064	Medizintechnik	**1,38 €/1,3%**
14. Jungheinrich	MDAX	621 993	Gabelstapler	**1,06 €/2,0%**

DAX: Spitzen-Börsenwert u. Performance Mitte Okt. 2014

Aktie, Firma	WKN	Börsenwert	Hoch/Tief 2014	Entw. 2014
1. Volkswagen VZ	766 403	92,1 Mrd. €	204,2 €/157,0 €	-23%
2. SIEMENS	723 610	86,9 Mrd. €	101,35 €/87,95 €	-11%
3. BAYER	BAY 001	85,3 Mrd. €	112,70 €/84,10 €	+4%
4. BASF	BAS F11	79,7 Mrd. €	87,35 €/69,80 €	-11%
5. DAIMLER	710 000	74,0 Mrd. €	71,15 €/57,35 €	-7%

Div.-Stars deutsche Indizes HV 2015(e) - Kurse 25.11.14				
Aktie, Firma	**Index**	**WKN**	**Hoch/Tief 2014**	**Dividende**
1. RATIONAL	SDAX	701 080	267,75 €/217,60 €	**8,00 €**
2. Munich Re	DAX	843 002	169,95 €/143,00 €	**7,75 €**
3. ALLIANZ	DAX	840 400	138,45 €/117,20 €	**6,80 €**
4. Volkswagen VZ	DAX	766 403	204,15 €/150,25 €	**6,06 €**
5 BB Biotech	TecDAX	A0N FNW	183,40 €/107,40 €	**5,74 €**
6. RTL Group	MDAX	861 149	99,35 €/65,60 €	**4,50 €**
7. Hugo Boss	MDAX	A1P HFF	113,55 €/90,80 €	**3,75 €**
8. LINDE	DAX	648 300	157,30 €/139,15 €	**3,50 €**
9. KWS Saat	SDAX	707 400	283,30 €/244,45 €	**3,40 €**
10. SIEMENS	DAX	723 610	101,35 €/82,35 €	**3,40 €**
11. Hannover Rück	MDAX	840 221	71,20 €/58,90 €	**3,20 €**
12. Amadeus Fire	SDAX	509 310	67,35 €/48,80 €	**3,20 €**

Höchste Dividendenrendite: Deutsche Indizes HV 2015(e)				
Aktie, Firma	**Index**	**WKN**	**Branche**	**Rendite**
1. FREENET	TecDAX	A0Z 2ZZ	Telekommunikation	**6,4%**
2. Telefónica D.	TecDAX	A1J 5RX	Telekommunikation	**5,8%**
3. DRILLISCH	TecDAX	554 550	Telekommunikation	**5,6%**
4. TAG Immobilien	MDAX	830 350	Immobilien	**5,6%**
5. Alstria office	SDAX	A0L D20	Immobilien	**5,5%**
6. ALLIANZ	DAX	840 400	Versicherungen	**5,0%**
7. DIC Asset	SDAX	A1X 3XX	Beteiligungen	**5,0%**
8. TALANX	MDAX	TLX 100	Versicherungen	**5,0%**
9. Amadeus Fire	SDAX	509 310	Zeitarbeit	**4,9%**
10. Hamborner Reit	SDAX	601 300	Immobilien	**4,8%**
11. ProSiebenSat.1	MDAX	PSM 777	Medien	**4,6%**
12. Munich Re	DAX	843 002	Versicherungen	**4,6%**
13. Hannover Rück	MDAX	840 221	Versicherungen	**4,2%**
14. Deutsche Börse	DAX	581 005	Wertpapierhandel	**3,8%**
15. Dt. Telekom	DAX	555 750	Telekommunikation	**3,7%**
16. BASF	DAX	BAS F11	Chemie	**3,7%**

Deutsche Indizes: geringes KGV 2015 + Eigenkapitalquote				
Aktie, Firma	**Index**	**WKN**	**Branche**	**KGV/EK-Q.**
1. Lufthansa	DAX	823 212	Luftfahrt	**6,0/21%**
2. Deutsche Bank	DAX	514 000	Geldinstitut	**7,0/3,4%**
3. Volkswagen VZ	DAX	766 403	Automobilbauer	**7,9/28%**
4. TALANX	MDAX	TLX 100	Versicherungen	**8,1/8,4%**
5. ALLIANZ	DAX	840 400	Versicherungen	**8,9/7,4%**
6. MUNICH RE	DAX	843 002	Versicherungen	**9,2/10%**
7. Hannover Rück	MDAX	840 221	Versicherungen	**9,2/12%**
8. Dt. Beteiligung	SDAX	A1T NUT	Beteiligungen	**9,3/90%**
9. Hornbach Bau	SDAX	608 440	Baumarkt	**9,5/52%**
10. BAUER	SDAX	516 810	Tiefbau, Geräte	**9,6/27%**
11. Rheinmetall	MDAX	703 000	Rüstung	**9,8/28%**
12. BILFINGER	MDAX	590 900	Bauen, Sanieren	**9,9/33%**
13. DAIMLER	DAX	710 000	Automobilbauer	**10,0/26%**
14. BMW	DAX	519 000	Automobilbauer	**10,2/51%**
15. LEONI	MDAX	540 888	Verkabelungen	**10,5/35%**
16. STADA	MDAX	725 180	Pharma, Generika	**10,5/30%**
17. SAF Holland	SDAX	701 879	Zulieferer LKW	**10,7/41%**

Die Erfolge der DAX-Firmen lassen deutsche Privatanleger kalt

Der DAX befindet sich fest in Ausländerhand. Die deutschen Aktienmuffel sind kaum investiert, obgleich binnen zehn Jahren Deutschlands nach Börsenwert wertvollstes Unternehmen BAYER einen Kursgewinn von 450%, BASF mehr als 230%, HENKEL gut 300%, LINDE 245% und VW über 670% zulegten. Zwischen 65% und 84% beträgt laut *Handelsblatt* der Ausländeranteil bei DEUTSCHE BÖRSE (84%), ADIDAS (74%), BAYER (72%), ALLIANZ (71%), MUNICH RE (68%), DAIMLER (67%), LANXESS (66%) und LINDE (65%). Bezüglich **Kurs-Gewinn-Verhältnis (KGV)** sind im Herbst 2014 ALLIANZ, BMW, DAIMLER, LUFTHANSA, MÜNCHNER RÜCK und VW besonders preiswert. Mit Blick auf **eine hohe Dividendenrendite** von deutlich über 4% bieten sich ALLIANZ, BASF, DT. TELEKOM und MUNICH RE an. Die Chefin vom Deutschen Aktieninstitut (DAI) **Dr. Bortenlänger** meint: „Es müssen die Rahmenbedingungen für die Aktienanlage verbessert werden, indem die steuerliche Diskriminierung der Aktienanlage beendet wird.“

2.24 Was können Unternehmen und Sie vom Fußballweltmeister Deutschland lernen?

Im Rhythmus von rund 20 Jahren vollzieht sich in der deutschen Fußballnationalmannschaft ein erfolgreicher Generationswechsel. Deutschland wird bei härtesten Anforderungen erneut Weltmeister und darf sich endlich den herbeigesehnten vierten Stern an die Nationaltrikots heften: 1954, 1974, 1990, 2014. Deutschlands Fußballelf unter Chef- und „Welt-Trainer“ Joachim (Jogi) Löw, vergleichbar im Hinblick auf Führungsstärke, Kompetenz und Strategie mit einem DAX-CEO, wurde als bestes Team nach sieben Spielen mit sechs Siegen und einem Unentschieden verdient Weltmeister.

Verständlich, dass nicht nur Brillanz dominierte wie gegen Portugal und Brasilien. Auch schwierige Phasen waren zu meistern wie gegen Ghana, Algerien und Frankreich. Dramatik pur gab es im Endspiel mit Verlängerung gegen Argentinien durch ein Tor von Mario Götze sieben Minuten vor Schluss.

- Die Fundamente des die Wirtschaft ankurbelnden und das Ansehen steigernden Erfolgs liegen im Teamgeist, in der vorbildlichen Einbindung der Ergänzungsspieler, in Fairness, gezeigter Wertschätzung gegenüber dem unterlegenen Gegner, in Kampfgeist, Disziplin, Durchhaltevermögen, unbedingtem Siegeswillen und der Bereitschaft, Verantwortung und Anstand zu zeigen.

- Vieles von dem, was diese Weltmeisterschaft zu einem unvergesslichen Erlebnis werden ließ, sind auch die wesentlichen Erfolgsfaktoren für Unternehmen und für Sie als Anleger. So bietet es sich an, aus dem Begriff „Weltmeisterschaft“ beim Buchstabieren Worte abzuleiten, die für ein Management, aber auch für Sie Wegweiser zum Unternehmens- bzw. Börsenerfolg sein können. Auch für den Wirtschaftsunterricht in Schulen und die Azubi-Förderung in Betrieben lässt sich daraus ein spannendes Lernspiel entwickeln, das Spaß macht.

- Im Fußball spielen Emotionalität und Unterhaltungswert eine entscheidende Rolle, die durch zu viel Einsatz von Technologie nicht zerstört werden soll. Im Unternehmens- wie im Börsenalltag kommt es darauf an, ein gewisses Maß an Emotionalität mit Rationalität zu verknüpfen und kritisch zu hinterfragen, inwieweit Unterhaltungswert z. B. bei der Werbung zum Geschäftsmodell passt und Diskriminierung vermeidet. Bei der jährlichen Hauptversammlung geht es um Information, Redebeiträge, Beschlussfassungen und Kontakte. Aber auch gute Bewirtung und ein gewisser Unterhaltungswert sorgen für rege Teilnahme.

„Fußballweltmeisterschaft“ buchstabiert für Anleger und Firmen

F Führungsstärke, Fairplay, Fitness, Flexibilität
U Umbruch, Umstrukturierung
S Stabilität, Standhaftigkeit, Standfestigkeit
S Strahlkraft, Schlagkraft, Sympathieträger
B Bodenhaftung, Breitenwirkung, Begeisterung
A Authentizität, Attraktivität, Ausdauer, Aufmerksamkeit
L Leitrichtlinien, Leitbilder
L Leistungsbereitschaft, Leidenschaft

W Wertschätzung, Werteorientierung, Willenskraft, Weiterentwicklung
E Effizienz, Ertragskraft, Entscheidungsfreude
L Lernfähigkeit, Lagebesprechung
T Teamgeist, Toleranz
M Marke, Markenaufbau, Marktführerschaft, Motivation, Meilensteine
E Erfolgsstreben, Ergebnisorientierung, Einsatzbereitschaft
I Innovation, Ideenreichtum, Inspiration, Internationalisierung
S Strategiekonzept, Sicherheitsstreben
T Tatendrang, Technikkompetenz
E Engagement, Emotionalität
R Respekt, Risikomanagement, Reifeprozess, Rationalität
S Stärkendominanz, Selbstverwirklichung, Selbstbewusstsein
C Chancennutzung, Charisma
H Handlungsfähigkeit, Hartnäckigkeit, Harmonie
A Antriebskraft, Alleinstellungsmerkmale, Aufbauarbeit
F Finanzkraft, Freiraum, Fingerspitzengefühl
T Transparenz, Taktik

❸ Mit der richtigen Strategie zum Börsenerfolg

3.1 Konjunktur und Markttrend im Auge behalten

Die Börse spiegelt weniger die Gegenwart wider, sondern setzt auf die Zukunft. Konjunktur, Währungen, Zinsen, Politik, die Kapitalmarkt- und Weltwirtschaftslage sowie die Psychologie prägen das Börsengeschehen und beeinflussen die Anlagestrategie. Der Werbeslogan „Jeder Tag ist ein Kauftag" gilt nur für marktkundige Anleger und verlangt ein gutes Timing.

André Kostolany meinte einst sinngemäß: „Kaufen Sie Aktien, holen Sie sich in der Apotheke Schlaftabletten, legen Sie sich ruhig hin, und siehe da, wenn Sie nach einigen Jahren aufwachen, sind Sie reich!" Aus dem Zusammenhang gerissen wird nicht klar, ob dieser Rat ernst oder provokativ gemeint war. Der Börsenaltmeister fragte sich auch, ob es an der Börse mehr Aktien oder Dummköpfe gäbe. **Fest steht:** Aktien kaufen und dauerhaft halten funktioniert selbst bei Qualitätstiteln nicht immer. Das im Trend liegende schnelle Rein und Raus macht zwar Banken und Broker reich, aber nur selten den Anleger. Er tappt in die Gebührenfalle und bringt sich um die Chance, mit seinen Spitzentiteln auf lange Sicht richtig viel Geld zu verdienen.

Was klug oder unüberlegt erscheint, wird von der Marktlage und den konjunkturellen Erwartungen mitbestimmt. Die frühere Empfehlung eines großen Aktienclubs: „Jeder Tag ist ein Kauftag" stimmt außerhalb einer Bodenbildungsphase nur begrenzt und verlangt ein gekonntes Stock Picking. An der Börse wird die Zukunft gespielt. Die Entwicklung der Weltkonjunktur und die Wachstumserwartungen in wichtigen Volkswirtschaften sind zu hinterfragen. Die Überschuldung südeuropäischer Staaten rückt ins Visier der Anleger. Der Blick ist nicht nur auf den DAX, die USA und Euroland zu richten, sondern ebenso auf Zukunftsmärkte wie die Konjunkturlokomotive China, auf Ostasien, Osteuropa, Afrika und Südamerika.

Konjunktur bezeichnet die Gesamtlage der Wirtschaft

Es geht um technologischen Fortschritt, EU-Erweiterung, demografischen Wandel, Gesundheitswesen, Klimawandel, neue Trends, Arbeitsmarkt, Verbraucherverhalten, Investitionsbereitschaft, Forschung und Entwicklung, Auftragseingänge, Vorratshaltung, Leitzinssätze, Steuerrecht, Finanzierungsformen, Verschuldung usw.

Daraus lassen sich wirtschaftliche Voraussagen ableiten wie Aufschwung (Hausse) oder Abschwung (Baisse). Gesellschaftlicher Umbruch und umwälzender technologischer Fortschritt, ausgelöst durch bahnbrechende Erfindungen, führen in Abständen von einigen Jahrzehnten zum konjunkturellen Aufschwung. Er verläuft wellenförmig und hält oft längere Zeit an. Innerhalb der großen Weltkonjunkturwellen entwickeln sich kürzere Zyklen. Sie teilen sich in vier Phasen auf: Aufschwung, Hochkonjunktur, Abschwung und Talsohle. Danach folgt ein neuer Wachstumstrend. Je nachdem, in welcher Phase sich die Konjunktur befindet, wie stark oder schwach sie sich ausprägt, ist der Einfluss auf die Börse unterschiedlich.

Der mehrere Jahre umfassende Konjunkturzyklus

1 Aufschwung (Expansion)

Konjunkturanstieg verknüpft mit realem Wachstum, steigenden Preisen und geringerer Arbeitslosenquote, höheren Steuereinnahmen des Staates, mehr Investitionsbereitschaft. Eventuell jetzt erste Zinsschritte nach oben.

2 Hochkonjunktur (Boom)

Volle Auslastung der Produktionskapazitäten, niedrige Lagerbestände, höhere Preise, geringe Arbeitslosenquote, wachsende Investitions- und Kaufbereitschaft, hohes Steueraufkommen. Zinserhöhungen bei Inflationsgefahr deutlich über 2%.

3 Abschwung (Rezession)

Abnehmendes Wirtschaftswachstum, volle Vorratslager, Preissenkungen, zunächst Kurzarbeit, danach Entlassungen, Kostensenkungspläne, geringere Steuereinnahmen. Erste Zinsschritte nach unten zur Ankurbelung der Wirtschaft.

4 Talsohle (Depression/Deflation)

Stagnierendes oder sinkendes Bruttoinlandsprodukt (BIP), Umsatz- und Gewinnrückgang, Unternehmensinsolvenzen, hohe Arbeitslosenquote, geringe Steuereinnahmen, Gefahr wachsender Staatsverschuldung durch hohe Soziallasten. Weitere Leitzinssenkungen, um die schwache Konjunktur anzuregen.

Die Konjunktur hängt von Angebot und Nachfrage ab und beeinflusst das gesamte Wirtschaftsleben: Binnen- und Außenhandel, Import und Export, Währungen, Arbeitsmarkt, Investitionen, Umsatz und Ertrag der Firmen, Konsum- und Sparverhalten der Verbraucher, Sozial- und Steuerpolitik, Staatshaushalt, Staatsverschuldung und Handelsbilanz, Zinspolitik der Notenbanken, Entwicklung der Aktien- und Anleihemärkte usw. Bei schwacher Konjunktur nimmt der Staat weniger Steuern ein, weil die Arbeitslosenquote steigt und die Unternehmenserträge zurückgehen. Umgekehrt wachsen die Staatsausgaben wegen höherer Sozialleistungen.

Die öffentliche Hand schiebt Investitionen hinaus, worunter auch die Bauwirtschaft leidet – ein Teufelskreis. Die Europäische Zentralbank (EZB), die sich im Gegensatz zur US-Notenbank Fed mehr der Geldstabilität als der Konjunktur verpflichtet fühlt, senkt den Leitzinssatz, wenn statt Inflationsgefahr ein Rezessionsrisiko besteht. Die EZB erhöht stufenweise den Leitzinssatz, wenn die Inflationsrate steigt. Aktuell befinden sich die Leitzinssätze in den USA und der EU auf historisch niedrigstem Niveau nahe null. Sparer leiden unter schleichender Kapitalvernichtung und fühlen sich enteignet. Höchste Zeit, langfristig in gute Aktien anzulegen!

Die Preise stiegen bis 2008 als Begleiterscheinung zum konjunkturellen Aufschwung und wegen explodierender Ölpreise und Währungsturbulenzen zwischen Euro und Dollar. Im Mai 2008 kostete ein Barrel Öl bis zu 147 US-Dollar, um im Zuge der Weltwirtschaftskrise bis Dezember 2008 auf unter 40 Dollar abzustürzen. Aktuell kostet ein Barrel Öl unter 50 Dollar (Stand: Mitte Januar 2015). Massive Zinserhöhungen – hier genügt schon eine entsprechende Erwartung – sind der größte Aktienfeind, werden doch Staats- und Unternehmensanleihen attraktiver. Niedrige Leitzinsen bringen schon deshalb eher die Bullen aufs Börsenparkett, weil Rentenpapiere nur eine geringe Rendite abwerfen und die Dividenden substanzstarker Firmen höher sind als der Zinssatz bei vielen Schuldverschreibungen und Spareinlagen. Die konjunkturelle Lage beeinflusst die Standort-, Fusions-, Übernahme-, Produktions- und Personalplanungen sowie Art und Umfang von Investitionen. Die Bereitschaft, einen Börsengang zu wagen, hängt vom Börsenklima ab.

Die lange Welle reiten – VI. Kondratjew „Gesundheitsschutz“

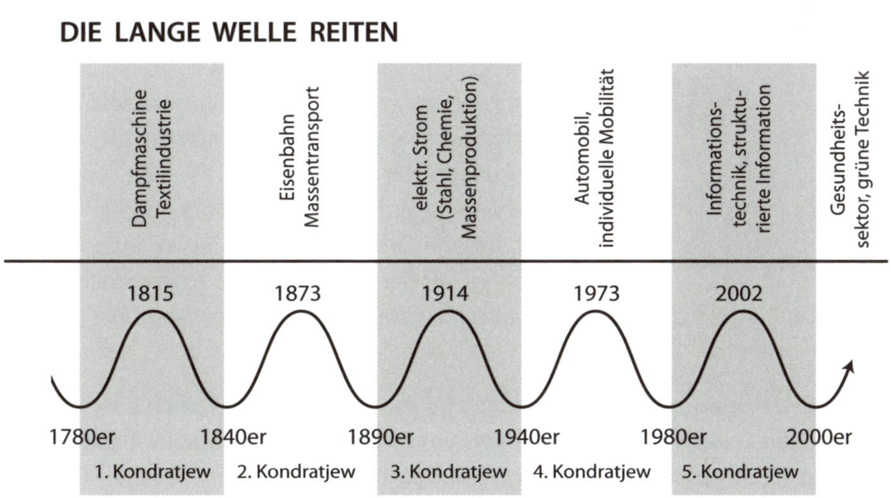

Die großen Konjunkturzyklen und der VI. Kondratjew

Fünf lange Konjunkturzyklen haben seit Ende des 18. Jahrhunderts für Produktivitäts- und Wachstumsschübe gesorgt. Entscheidend waren bahnbrechende Innovationen wie Dampfmaschine, Auto, Computer, Internet. Laut Zukunftsforscher Leo Nefiodow begann der VI. Kondratjew „Gesundheitswesen – grüne Technologie“ erst um die Jahrtausendwende. Dieser neue Zyklus wird das Geschehen an der Börse beeinflussen. Leo Nefiodow erklärt: „Was wir Umweltschutz nennen, ist in Wirklichkeit Gesundheitsschutz.“ Dass dies stimmt, sehen wir an den boomenden Spitzenaktien in der Biotechnologie schon seit Jahren.

❶ Der beginnende Konjunkturaufschwung nach der Talsohle

Nach Durchschreiten der Talsohle verbessern sich die Gewinnaussichten der Unternehmen. Eingeleitete Kostensenkungsprogramme greifen, wie Schließung von Fabriken, Zusammenlegung von Filialen, Verlagerung von Produktionsteilen in Niedriglohnländer, Kurzarbeit, Stellenabbau, Abstriche bei freiwilligen Sozialleistungen. Staatliche Konjunkturprogramme und die von den Notenbanken eingeleitete Niedrigzinspolitik tragen Früchte. Fremdkapital für Investitionen und neue Produktlinien lässt sich günstiger beschaffen. Wenn da nicht die Kreditklemme wäre!

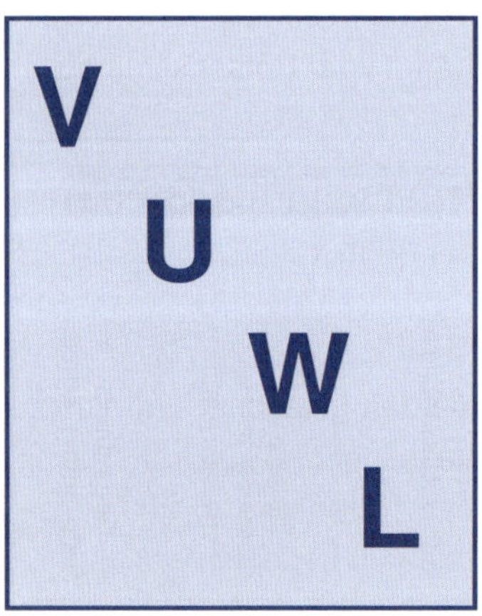

Konjunkturzyklen werden oft mit den Formen von Buchstaben veranschaulicht. Das **V** steht für den günstigsten charttechnischen Verlauf, die schnelle Erholung. Das **U,** unterschiedlich breit gezogen, zeigt an, dass die Talsohle nur langsam durchschritten wird. Das **W** markiert die enttäuschende **Doppelboden-** bzw. **Double-Dip-Lage:** Nach einem kurzen Strohfeuer werden Rezessionstendenzen sichtbar. Erst später, oft von Zinssenkungen der Notenbanken flankiert, beginnt die nachhaltige Erholung. Besonders negativ ist der **L**-Verlauf, die Deflation, lange Zeit in Japan vorherrschend. Weder eine Null-Zins-Politik noch Steuersenkungen bringen die Wirtschaft auf Trab. Die Staatsverschuldung und Arbeitslosenquote steigen.

Ängstliche Anleger, sogenannte zittrige Hände, werfen in der Talsohle ihre Papiere auf den Markt und verabschieden sich vom Aktienmarkt. Sie schwenken um auf den als sicher empfundenen Hafen Gold, Sparbuch, Festgeld, Garantie-, Discount- und Bonuszertifikate. Mutige Käufer, die auf dem Gipfel Teilverkäufe tätigen, verstärken ihre Börsenaktivitäten und nutzen günstige Kurse zum Zukauf.

Wer zu Beginn eines konjunkturellen Aufschwungs mit glücklichem Händchen in substanzstarke Value- und zyklische Growth-Werte investiert, dem winkt eine attraktive Rendite. Der Wormser Wirtschaftsprofessor **Max Otte**, Bestseller-Autor von *Der Crash kommt,* kaufte ebenso wie ich selbst im Herbst 2008 und Frühjahr 2009, als der Crash seinen Tiefpunkt erreichte, kräftig Aktien ein. Professor Otte flieht in Krisenzeiten nicht aus dem Aktienmarkt. Er nutzt hellwach sich bietende Chancen im Zuge weltwirtschaftlicher Verwerfungen und Turbulenzen.

❷ Der stabile Aufschwung als Vorbote einer boomenden Konjunktur

Abhängig davon, wie stark und nachhaltig die konjunkturelle Erholung in den wichtigsten Industrienationen verläuft, reflektiert der Aktienmarkt die positive Entwicklung. Maßgeblich ist, wie in Amerika die Wirtschaft läuft, wie der DOW JONES und die Technologiebörse NASDAQ reagieren und was sich in den Zukunftsmärkten Ostasien und Osteuropa, aber auch Afrika und Südamerika abspielt. Zuversichtlich für Deutschland stimmt, dass viele Unternehmen ihre Hausaufgaben gemacht haben und mit Kostensenkung, Neuausrichtung und Konzentration auf das Kerngeschäft gut dastehen. Inwieweit fallende Rohstoffpreise, Währungsturbulenzen, Überschuldungsszenarien und erschwerte Kreditvergaben belasten, hängt davon ab, in welchen Märkten die Firma aktiv ist. Bei nachhaltigem Aufschwung reagiert die Börse freundlich. Bei Inflationsgefahr droht Zinsanstieg. Nun wird es für die Börse ungemütlich. Es bietet sich an, mittels Teilverkauf ordentliche Gewinne mitzunehmen und Cash einzusammeln für den späteren Zukauf bei Kursschwäche. Schwere exogene Störfaktoren machen jede Hoffnung zunichte. Erinnert sei an heftige Terrorakte, Kriegswirren, Naturkatastrophen, akute Seuchengefahr und aktuell im afrikanischen Markt die Ebola-Epidemie mit über 8500 Toten.

❸ Der einsetzende Abschwung mit Rezessionsgefahr

In der Spätphase des konjunkturellen Aufschwungs werden Inflations- und Zinserhöhungsangst abgelöst von der Sorge um ein nachlassendes Wirtschaftswachstum. Stagniert oder schrumpft die Wirtschaft, versuchen Notenbanken und Regierungen, der drohenden Baisse mit Konjunkturprogrammen zu begegnen.

❹ Die konjunkturelle Talsohle mit Rezession und Deflationsgefahr

Die Notenbanken senken den Zinssatz. Die Politik startet Konjunkturprogramme, wozu Steuerentlastungen für Firmen und Privathaushalte zählen. Die Wirtschaft begegnet der Durststrecke mit Sparprogrammen. Dazu gehören Investitionsstopp, Fabrikschließungen, Verlagerung in Niedriglohnländer, Kurzarbeit, Stellenstreichungen und Einfrieren von Sozialleistungen. Das Steueraufkommen ist gering. Die hohe Arbeitslosenquote hinterlässt Bremsspuren im Sozialbereich. Allerorts wird gespart, weniger investiert, verhalten konsumiert – ein Teufelskreis.

Von außen einströmende Störfaktoren wie verheerende Terroranschläge, die außer Kontrolle geratene Ebola-Epidemie oder das zur schwersten Weltwirtschaftskrise seit Bestehen der Bundesrepublik mutierte Finanzdesaster bilden die Crashrezeptur. Der Kursabsturz wird angeheizt, wenn sich wie bei der von Amerika ausgehenden Subprimekrise eine riesige Spekulationsblase aufbläht.

Ein guter Tipp: Wer in schwierigen Zeiten Cash übrig hat und mutig ist, sollte jetzt schrittweise Aktien kaufen. Setzen Sie vor allem auf Qualitätstitel, bei denen der materielle Buchwert den Aktienkurs übersteigt oder sich in Kursnähe befindet. Dies traf in der Weltwirtschaftskrise 2008/09 bei etlichen Finanz-, Bau-, Immobilien-, Auto-, Technologie- und Industrietiteln zu. Längerfristig geht da wenig schief. Da niemand genau den Tiefpunkt kennt, verschießen Sie Ihr Pulver nicht auf einmal.

Das Problem der „Angstkonjunktur" in Deutschland

Friedrich **L. Sell**, Volkswirtschaftsprofessor in München, stellte in seiner Studie fest, dass viele Deutsche unter Angstzuständen leiden. Die Skala beginnt oben mit Arbeitslosigkeit und der Sorge, im Alter und bei Krankheit schlecht versorgt zu sein. Die neueste Studie der Versicherung R+V im Sommer 2014 sieht anders aus: **Geld** (Eurokrise), **Umwelt** und **Gesundheit** (Angst, ein Pflegefall zu werden) führen die Furchtrangliste an. Insgesamt ist die Zuversicht größer als früher, weil die Sorge um den Arbeitsplatzverlust nachlässt. Angst beschleunigt das Eintreten erahnter Verläufe, wirkt emotional ansteckend, macht passiv, führt zu Risikoaversion gegenüber Aktien und zur Investitionsblockade. Geld vom Sparkonto wandert in physisches Gold wie Barren und Anlagemünzen. Die beste Therapie bildet der „spezifische Antikörper Mut": Mut zum Ärmelhochkrempeln, zum Handeln, zur Initiative, zur Innovation. Das Verbreiten von Weltuntergangsstimmung hilft nicht weiter.

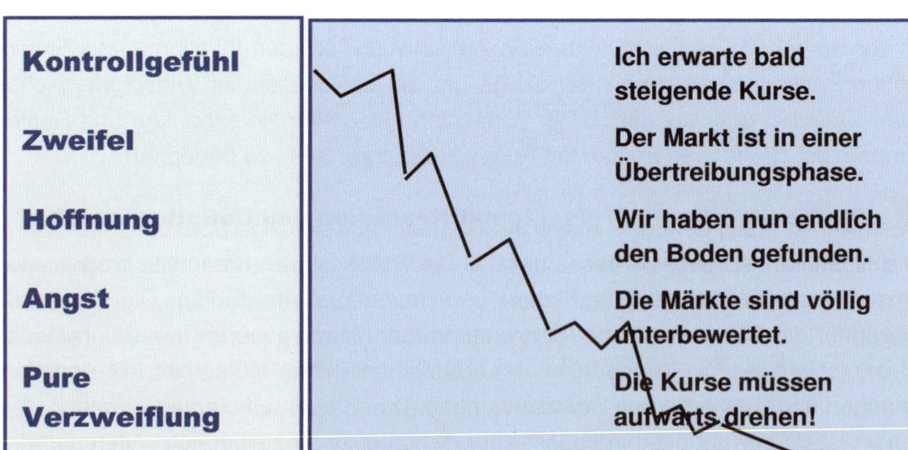

3.2 Der DAX: Schoßhündchen vom DOW JONES?

Gelegentlich bestand Hoffnung, dass sich der DAX vom großen Bruder DOW JONES ablösen könnte. Legen wir die Langzeitcharts von DOW, NIKKEI und DAX übereinander, wird offenkundig, dass sich die Börse in Tokio deutlicher, der deutsche Leitindex dagegen kaum von den Vorgaben aus den USA abzukoppeln vermag. Der DAX geht in Herdentiermanier nur kurze Strecken allein. Er vollzieht übertrieben nach, was der DOW im Abendhandel vorgibt.

Was hat dies zu bedeuten? Ist die Nachrichtenlage in den USA schlecht, startet der DAX nicht zu neuen Höhenflügen, auch wenn es in Deutschland und Euroland positive Meldungen gibt. Seit Langem wünsche ich mir mehr Eigenständigkeit beim DAX – bislang vergeblich. Momentan ist der deutsche Leitindex etwas niedriger bewertet als der DOW JONES. Erinnert sei an die Börsenweisheit: „Hustet der Dow, so leidet der DAX an einer Lungenentzündung." Aktien sind weder billig noch extrem hoch bewertet. Zum Leitzinssatz nahe 0% gibt es kaum Alternativen.

KGV 2009/11/13 u. Nov. 2014

DAX:	11,8	11,3	14,2	13,8
MDAX:	13,1	12,7	20,9	18,2
TecDAX:	20,9	14,9	25,6	26,3
SDAX:	12,9	11,8	22,7	19,9
Dow Jones:	11,3	12,1	15,6	15,7
NASDAQ:	16,5	15,3	19,0	20,0
STOXX 50:	8,7	9,9	14,0	14,6
NIKKEI:	13,3	17,1	21,0	19,2
Hongkong:	9,3	12,1	11,1	11,7
Russland:	4,3	5,4	5,1	5,2

Quelle: Aus den Datenbanken von BÖRSE ONLINE bis Ende 2014

Die Warnsignale mehren sich. Höhere Aktienkurse sind gerechtfertigt bei steigendem Umsatz und Ertrag der Konzerne. Noch bläht sich keine Spekulationsblase auf. Aber Vorsicht ist angezeigt und Gier ist zu bremsen. Letztlich gleicht sich der Markt dem historischen Durchschnitt an. Die Korrektur Mitte Oktober 2014 führte beim DAX gegenüber dem Juni-Hoch zum zeitweiligen Abschlag von 20%.

Auffällig ist die niedrige Bewertung mit einem KGV von 5 in Russland (RTX). Doch wer ist mutig genug, in russische Öl-, Gas- und sonstige Rohstoffaktien sowie in den Banken- und Telekomsektor zu investieren? Das Gebaren von Putin in der Ukrainekrise schreckt ab. Was Sorgen bereitet, ist die Verschuldung von südeuropäischen Ländern, Japan und Amerika. Die Notenbanken werfen weiter ihre Gelddruckpressen an. Schlittern wir in eine Deflations- oder Inflationsfalle? Deflation bedeutet Hilflosigkeit. Eine wirksame Gegenwehr fehlt. Ein erstarkender Dollar macht US-Aktien attraktiv, ist günstig für den deutschen Export, aber verteuert die Einfuhren aus Amerika.

3.3 Sich über fundamentale Daten informieren

„Die größte aller Begabungen ist die Kraft, den wahren Wert der Dinge zu erkennen." Die fundamentale Analyse will den Wert eines Unternehmens und seiner Aktien möglichst genau ermitteln. Sie hilft dem Investor, vernunftbetont zu entscheiden. Die Charttechnik untersucht dagegen die Verhaltensmuster der Vergangenheit und leitet daraus künftige Entwicklungen ab.

Seit dem Desaster am Neuen Markt gibt sich der mündige Privatanleger nicht mehr mit Luftschlössern und Schaumschlägerei zufrieden. Für die „**Theorie der begründeten Annahmen**" wird handfestes Expertenwissen eingefordert. Um den fairen Wert einer Aktie verlässlich bestimmen zu können, untersuchen die Analysten das bisherige Geschehen, die derzeitige Lage und die Zukunftsaussichten des Unternehmens. Die Erfolgsrechnung beleuchtet positive wie negative Faktoren. Das Bild wird abgerundet durch Vergleiche mit marktführenden Mitbewerbern. Wichtige Kennziffern, zu denen das Kurs-Gewinn-Verhältnis (KGV), Buchwert, Eigenkapitalquote, Cashflow (Finanzkraft), Kostenstruktur, Ertragskraft und Wachstumschancen zählen, erleichtern die Einschätzung. Die Fundamentalanalyse wird aufgegliedert in die **Einzel-, Branchen- und Globalanalyse.**

Insbesondere die **Branchenanalyse** und die Wettbewerbsfähigkeit interessieren. Im Zuge der Globalisierung wirken sich die Einflussfaktoren auf vergleichbare Unternehmen ähnlich aus. Dies sind der Wechselkurs Dollar/Euro/Yen, der Rohölpreis, das Wirtschaftswachstum, die Exportquote, Arbeitsmarktdaten, Auftragseingänge, Vorratshaltung, verhängte Wirtschaftssanktionen wie aktuell gegen Russland usw. Favorisiert werden Unternehmen, die weltweit den Ton angeben.

Die **Globalanalyse** untersucht die Wirtschaftsentwicklung im Heimatland, ebenso die Abhängigkeit von der Konjunktur in anderen Ländern. So sind die Zins- und Konjunkturentwicklung sowie die Handelsbilanzen in führenden Nationen wie Amerika ausschlaggebend für das weltweite Börsengeschehen.

Analyse	Merkmalbeschreibung
Einzel-analyse	**Überprüfung des Unternehmens auf Herz und Nieren unter besonderer Beachtung der folgenden Kennziffern:** **Kurs-Gewinn-Verhältnis.** Das KGV bildet die wichtigste Kennziffer und erleichtert die Einschätzung einer Aktie in der Branche. Es zeigt auf, mit welchem Vielfachen des Jahresgewinns eine Aktie gehandelt wird.

Einzel-analyse (Forts.)	**Anders ausgedrückt:** Das KGV errechnet sich aus dem aktuellen Börsenkurs geteilt durch den geschätzten Gewinn pro Aktie für das nächste Geschäftsjahr. Je niedriger das KGV im Branchenvergleich ist, desto preiswerter erscheint unter reinen Ertragsgesichtspunkten die Aktie. **Ermittlung von Substanzwert bzw. Kurs-Buchwert-Verhältnis.** Mit Substanzwert sind Immobilien, Grundstücke, Fahrzeugpark, Anlagen, Maschinen, Patente, Markenrechte usw. gemeint. Beim **KBV** interessiert der Buchwert. Dies sind die Vermögensgegenstände abzüglich immaterieller Vermögenswerte und Schulden. Sind Kurs- und Buchwert etwa gleich hoch, erscheint die Aktie angemessen bewertet. Liegt der Aktienkurs unter dem Buchwert, spricht dies für Unterbewertung. **Cashflow, Finanz- und Ertragskraft.** Der Cashflow auf Basis des aktuellen Geschäftsberichts besteht aus Jahresüberschuss, Abschreibungen, Veränderung langfristiger Rückstellungen und Steuern auf Einkommen und Ertrag. Als Vertrauensgrundlage dient eine korrekte Bilanzierung nach internationalem Standard ohne Versteckspiel. **Die Dividendenrendite errechnet sich aus:** Ausschüttung multipliziert mit 100 dividiert durch den Kurs. Wichtige Fragen: Steigt die Dividende stetig? Sichert eine hohe Ausschüttung den Kurs ab? **EBIT** (Gewinn vor Zinsen und Steuern), **EBITDA** (Gewinn vor Zinsen, Steuern und Abschreibungen), Art der Rechnungslegung. **Blick auf die Historie** (lange Börsengeschichte oder Newcomer?), **Überprüfung der jetzigen Lage und der Geschäftstätigkeit** (Einschätzung von Management, Marketing und Unternehmenspolitik). **Beurteilung der Chancen und künftigen Umsatz- und Gewinnentwicklung.** Werden rote oder schwarze Zahlen geschrieben?
Branchen-analyse	**Folgen der konjunkturellen Entwicklung auf die Branche, zu der das Unternehmen gehört** Auswirkungen von steigenden oder fallenden Rohstoffpreisen, insbesondere Rohöl, von Zinssenkungen oder Zinserhöhungen in Europa und den USA, einem starken oder schwachen Euro gegenüber dem Dollar, Folgen veränderter Gesetze auf die Wettbewerbsfähigkeit.
Global-analyse	**Konjunkturelle Beurteilung im eigenen Land und weltweit** 2009 sank der deutsche Export um 18%. Die anschließende Erholung wurde durch das Überschuldungsszenario in Südeuropa ausgebremst. Im Export war Deutschland 2013 Spitzenreiter, was Neid auslöste. Für 2014/15 wird ein geringeres Umsatz- und Ertragswachstum erwartet.

Global-analyse (Forts.)	**Untersuchung der Wirtschafts-, Sozial- und Steuerpolitik,** der Lage auf dem Arbeitsmarkt, des Verbrauchervertrauens usw. **Währungseinflüsse, Wechselkurse,** insbesondere das Verhältnis von Euro, Dollar und Yen. **Wichtige politische und sonstige Ereignisse** (Wahlen, Krisen, Kriege, Terror, Epidemien wie Ebola, Naturkatastrophen usw.). **Zinspolitik** (sinkender Zins führt zu Kursgewinn, steigender Leitzinssatz zum Abschlag, weil Anleihen attraktiver werden). Seit 2012/13/14 befindet sich der Leitzinssatz in den USA und der EU auf dem historisch niedrigsten Stand nahe 0%. Kredite sollen für Firmen billiger werden; aber viele Banken setzen die Mittel lieber anderweitig an.

Die Anhänger der Fundmentalanalyse vertrauen darauf, dass der Markt den tatsächlichen Wert einer Aktie widerspiegelt. Sie lassen sich auch von heftigen Störfeuern nicht irritieren. Nachdem volks- und betriebswirtschaftliche Daten zeitlich verzögert vorliegen, dient die Fundamentalanalyse der mittel- und langfristigen Trendeinschätzung. Die für den Prime Standard verpflichtenden Bilanz-Presse- und Analystenkonferenzen dienen der Bekanntgabe fundamentaler Daten – oft veranschaulicht durch vergleichende Charts. Wirtschaftspresse, Börsenmagazine und Börsenbriefe stellen einzelne Aktien in den Mittelpunkt ihrer Berichterstattung. Dabei werden Online-Finanzinformationen wegen ihrer Aktualität immer wichtiger.

Fazit: Sie sollten sich nicht einseitig orientieren, also über der Fundamentalanalyse nicht die Charttechnik vernachlässigen, sich umgekehrt aber auch nie allein auf die technische Analyse stützen. Eine Ausnahme bildet das Day-Trading.

Der **Geschäftsbericht**, den Sie per Post anfordern oder online abrufen können, vermittelt weitere Details, vor allem über die Gewinn- und Verlustrechnung mit Eigenkapitalquote und Schulden, Bezüge von Vorstand und Aufsichtsrat, Geschäftsfelder und Produkte, Marktstellung, Forschung und Entwicklung, Ziele, Visionen und Ausblick. Die Aktionäre erfahren Einzelheiten über Akquisitionen, Ausbau der Marke, Entwicklung der Aktie und Dividendenpolitik, geplante Aktienrückkaufprogramme, Kapital- und Kostensenkungsmaßnahmen. Informationen zur Firmenkultur, zu Mitarbeitern, Kunden und zum Umweltschutz sind wünschenswert.

Hüten Sie sich vor diesem Fehler: Die meisten Anleger greifen nicht zu, wenn Aktien zum Schnäppchenpreis angeboten werden, sondern erst dann, wenn sie teuer sind. Dies ist der Hauptgrund, warum es so viele Börsenverlierer gibt. Orientieren Sie sich lieber an **Gottfried Heller,** dem Chef der FIDUKA Depotverwaltung in München. Er ermunterte im Crash seine Anleger mit folgendem Ausspruch: „Die niedrigen Aktienkurse sind für deutsche Anleger ein Geschenk des Himmels."

Was ist mit dem inneren Wert einer Aktie gemeint? Ein Titel gilt als kaufenswert, dessen innerer Wert nahe dem aktuellen Aktienkurs liegt. Der innere Wert wird meist als Ertrags- oder Substanzwert errechnet. Dazu werden das bilanzierte Nettovermögen, Buchwert genannt, sowie die geschätzten stillen Reserven herangezogen. Die so ermittelten Werte, wozu auch Markenrechte und Patente zählen, werden durch die Anzahl der vorhandenen Aktien dividiert.

Was besagt ein Vorstandswechsel? In den Topetagen der Global Player, aber auch bei den börsennotierten Mittelständlern gibt es als Nachwehen der weltweiten Finanzkrise und des aktuellen Überschuldungsdesasters ein heftigeres Stühlerücken als bei den Fußballbundesligaclubs. Deren Cheftrainer sitzen ebenfalls auf Feuerstühlen. Wird ein Vorstand vom Aufsichtsrat gefeuert, sind die Auswirkungen auf die Aktienkurse unterschiedlich, abhängig vom Ansehen des bisherigen Firmenchefs oder des Finanzvorstandes in der Öffentlichkeit, bei Großaktionären und Analysten. Veränderungen in den Vorstandsetagen werden mit Kursaufschlägen honoriert, wenn von den Nachfolgern frischer Wind und ein Strategiewechsel bei schleppendem Geschäft erwartet werden. Scheidet ein verdienter Vorstand wegen Erkrankung, Altersgrenze oder auf Druck von Großaktionären aus, sind Kursabschläge denkbar. Erscheint die Lage undurchsichtig, gilt eher „Finger weg von der Aktie". Erinnert sei an die abrupte Kündigung des nur einige Monate seines Amtes waltenden CEO Utz Claassen von SOLAR MILLENNIUM AG, vor der Pleite ein führender Parabolrinnen-Kraftwerkbauer. Wie der Rücktritt des Vorstandschefs Roland Koch, früherer hessischer Ministerpräsident, im September 2014 einzuordnen ist, bleibt abzuwarten. Der CEO verließ die Baustelle seines die Aktionäre mit Gewinnwarnungen erschreckenden MDAX-Baukonzerns BILFINGER.

Ihre Meinung ist gefragt! Der provokative Kontra-Indikator

Der Autor **McCellan** schreibt in seinem Buch ***Im Zweifelsfall: Kaufen!:*** „Letztlich gibt es nur eine sinnvolle Möglichkeit für Kleinanleger, aus den Empfehlungen der Analysten Kapital zu schlagen: Nehmen wir an, bekannte Branchenexperten haben eine hohe Meinung von der Firma XY. 19 von 20 Analysten, die das Unternehmen zuletzt unter die Lupe genommen haben, sagen ‚Kaufen', einer sagt ‚Halten'. Mit großer Wahrscheinlichkeit ist der Abweichler derjenige, auf den sich Anleger verlassen sollten. Die anderen 19 haben vermutlich voneinander abgeschrieben. Wenn die Mehrheit irrt, ist es nicht so wild, wie allein im Regen zu stehen. Es ist davon auszugehen, dass bei der XY-Aktie nicht mehr allzu viel zu holen ist. Die vermeintlich guten Noten der Analysten sind eher ein Indikator dafür, dass es schon bald nach unten geht mit dem Kurs. Anleger sollten daher nicht (nur) auf Aktien schauen, die alle Analysten toll finden, sondern (bei guten Zukunftschancen und Unterbewertung auch) auf die verschmähten."

3.4 Blick auf Sparformen, Kennzahlen, G+V, Bilanz

Das Sparbuch: eine garantierte schleichende Kapitalvernichtung

Das Sparbuch bleibt mit 55% Anteil die beliebteste Anlageform bei den Bundesbürgern. Zwar weiß jeder, dass die Zinsen denkbar niedrig sind und die Inflationsrate nicht abdecken. Aber dass nach Ausschöpfen des Pauschalbetrags von 801 € für Singles und 1602 € für Verheiratete eine Kapitalertragsteuer von 25%, außerdem anteilig Kirchensteuer und Solidaritätszuschlag anfallen, zusammen rund 28%, daran denkt kaum jemand. Von den gut 5 Billionen €, die auf der hohen Kante liegen, lagern 2 Billionen auf Girokonten oder Sparbüchern. So werden alljährlich 30 Mrd. € vernichtet. Manch einer entgegnet: „Mit Aktien kann ich noch viel mehr Geld verlieren." Das stimmt. Aber ich kann viel gewinnen, während ich mit dem Sparbuch schleichend Kapital vernichte und meine Altersvorsorge gefährde.

Deutschland: ein Volk von Aktienmuffeln und Angsthasen

Nur 4,2 Mio. Bundesbürger legen direkt in Aktien an. Werden Aktienfonds dazugerechnet, steigt die Zahl auf über 8 Mio. Dies sind nicht einmal 14% der erwachsenen Bevölkerung – Ausdruck übergroßer Vorsicht. In anderen Ländern sieht dies ganz anders aus. Bei Spitzenreiter Schweden halten 38% der Erwachsenen Aktien. In Großbritannien sind 31% und in der Schweiz 24% Aktionäre. Japan lässt sich viel einfallen, um die Aktienanlage voranzutreiben. Die Großbank Nomura bietet Einheimischen jetzt an, auf einem Sonderkonto bis 2024 steuerfrei bis zu einer Million Yen (rund 7800 €) in Aktien und Indexfonds zu investieren. Die Regierung will für die Sonderkonten die 20-prozentige Steuer auf Dividenden und Kapitalerträge vorerst erlassen. Was geschieht in Deutschland, dem Volk der Aktienmuffel? Eine Kapitaltransaktionssteuer steht kurz vor der Einführung.

<table>
<tr><th colspan="3">Die beliebtesten Geldanlagen der Deutschen</th></tr>
<tr><th>Geldanlagen-Rangliste 2013</th><th>Anteil</th><th>Langzeitprognose</th></tr>
<tr><td>Sparbuch/Sparkonto</td><td>55%</td><td rowspan="6">Für die Aktien von Industrieländern erwarten über 200 im Herbst 2014 befragte internationale Investoren bis 2030 einen Kursgewinn von 260%, für Aktien aus Schwellenländern sogar 755%.</td></tr>
<tr><td>Girokonto</td><td>42%</td></tr>
<tr><td>Bausparen</td><td>37%</td></tr>
<tr><td>Lebensversicherung</td><td>36%</td></tr>
<tr><td>Aktienfonds</td><td>21%</td></tr>
<tr><td>Einzelaktien</td><td>15%</td></tr>
<tr><td colspan="3">Quellen: Handelsblatt und Deutsches Institut für Portfoliostrategien</td></tr>
</table>

Männlich/weiblich? Jung/alt? Stadt/Land? Norden/Süden?

Die Direktbank ING Diba wollte herausfinden, welche Anlegergruppen die höchste Rendite erzielen, und untersuchte über eine halbe Million Kundendepots. Die Ergebnisse für 2013 dürften überraschen. Beim **weiblichen Geschlecht** war die Rendite um ein Drittel höher als bei Männern. Frauen liegen vorn, weil sie Wertpapiere länger halten, das schnelle Rein und Raus nicht mögen und Gebühren sparen. Banken verdienen daran, wenn Kunden aktiv umschichten getreu dem Motto: „An Gewinnmitnahmen ist noch niemand verarmt." Jedoch verbrennt hektisches Handeln und Ungeduld viel Anlegerkapital.

Aber warum sind Senioren erfolgreicher als junge Leute? Die Altersgruppe ab 66 Jahren liegt vorn – sicherlich, weil im Ruhestand genug Zeit bleibt, sich mit Aktien zu befassen, es Spaß macht, für Abwechslung und Kontakte sorgt, angesammeltes Wissen, Erfahrung und Geduld Früchte tragen. Die Älteren besitzen mit gut 80% des Vermögens den größten Aktienanteil. Das gilt selbst für über 80-Jährige. Der Anlegertipp: „100 minus Lebensalter = prozentualer Anteil an Aktien" ist wirklichkeitsfremd. Junge Leute haben oft weder Geld noch Zeit. Hohe finanzielle Lasten sind zu stemmen beim Aufbau der eigenen Existenz und Karriereplanung: Studium – Familiengründung – Immobilienerwerb – Firmengründung usw.

Interessant ist die regionale Zusammensetzung. Unter den Großstädtern waren die Anleger aus Sachsen mit 5% Rendite 2013 am erfolgreichsten. Die Bewohner der Ruhrmetropole Essen trugen mit einer Rendite von 1,2% die rote Laterne. Im Städte-Ranking siegte Dresden klar mit einem Buchgewinn von 5%. In den Depots fällt der hohe Aktienanteil von 80% auf. Die Hansestadt Hamburg landete in der Städte-Rangliste auf dem vorletzten Platz. Bestraft wurden Übervorsichtige, die auf beste Staatsanleihen setzten – eine Rendite auf Sparbuchniveau.

Auf welche Kennzahlen im Zusammenspiel kommt es an?

Kurs-Gewinn-Verhältnis (KGV). Ein im Branchenvergleich niedriges KGV spricht für eine faire bzw. niedrige Bewertung. Aber Vorsicht! Premium-Aktien haben ihren Preis. Da bietet sich der Vergleich an: 5-Sterne-Hotel, einfaches 2-Sterne-Haus. Sich bei der Aktienauswahl allein am KGV zu orientieren ist strategisch unklug. Die wichtigsten Kennzahlen sind nie losgelöst zu sehen. Interessant ist ein Vergleich innerhalb der Branche. In den kritischen Jahren 1929, 1999 und 2007 lagen die Bewertungen für den US-Aktienindex S&P 500 bei 33, 44 und 27. Anfang September 2014 waren es 17 – zweifellos ein stolzer, aber kein bedrohlicher Wert. Die großen Kurssprünge Anfang der 1920er-, 1930er- und 1980er-Jahre starteten bei einstelligem KGV, was es beim russischen RTX noch gibt. Solange die Niedrigst-Zins-Politik andauert, können Langfristanleger mit geschicktem Stock Picking weiter kaufen. Vorsicht ist geboten bei schnellem Rein und Raus.

Buchwert bzw. Kurs-Buchwert-Verhältnis. Es ist ein positives Signal, wenn der Buchwert über dem Kurs liegt oder nahe darunter. Ebenso erfreulich ist es, wenn das KBV eine Null oder Eins vor dem Komma zeigt. Aber auch diese beiden Kennzahlen sind für sich allein wenig aussagekräftig. Der Buchwert gibt Aufschluss über das ausgewiesene Eigenkapital dividiert durch die Aktienanzahl. Im Bankensektor liegt der Buchwert meist deutlich über dem Aktienkurs. Aber ist dies ein Grund, deshalb die Commerzbank-Aktie zu kaufen oder die DAX-Pharmatitel BAYER, FRESENIUS und MERCK zu meiden, nachdem der Kurs weit über dem Buchwert liegt? Da müssen auch die anderen Kennzahlen überzeugen, das Geschäftsmodell, die Dividende, das Ergebnis pro Aktie, die Eigenkapitalquote.

Ergebnis je Aktie im Zeitraum von drei bis fünf Jahren. Steigt das Ergebnis seit der Weltwirtschaftskrise 2008/2009 stetig an, zeigt dies, dass die AG auf gutem Weg ist und Einbrüche in schwierigen Zeiten erfolgreich wegsteckt.

Ausschüttung und Dividendenrendite. Bei einem Unternehmen mit aktionärsfreundlicher Ausschüttungspolitik und gesunder Geschäftsentwicklung steigt die Dividende stetig und verbleibt in einer Krise zumindest auf gleichem Niveau. Aktionärsschützer wünschen 40 bis 50% Ausschüttung vom Reingewinn. Für junge Wachstumsunternehmen ist es vernünftig, zunächst verstärkt in Forschung und Entwicklung, in neue Märkte und ein erweitertes Produkt- oder Dienstleistungsportfolio zu investieren. Es ist fragwürdig, nahezu den gesamten Gewinn auszuschütten, nur um die Anteilseigner bei Laune zu halten. Erinnert sei an die DEUTSCHE TELEKOM, aber auch die durch den urplötzlichen Kernkraftausstieg gebeutelten DAX-Konzerne E.ON und RWE. Erklimmt der Aktienkurs ein Allzeithoch nach dem anderen, bleibt die Dividendenrendite selbst dann niedrig, wenn die Ausschüttung stetig erhöht wird. Dies gilt für die DAX-Titel LINDE, BAYER, FRESENIUS und MERCK. Wer solche Aktien hält und zudem einen steuerfreien Altbestand pflegt, dem winkt eine üppige und steigende Dividendenrendite. Die Formel lautet: Dividende multipliziert mit 100 dividiert durch den aktuellen Kurs bzw. Einstandspreis.

Blick auf die Eigenkapitalquote. Liegt diese deutlich über 50%, so zeigt dies, dass das Fremdkapital, also die Schulden, darunter liegen. Das beruhigt. Beträgt die Eigenkapitalquote rund 90%, stellt sich die Frage: Warum setzt die AG nicht ihr Kapital sinnvoll ein, um zu wachsen und ihre Marktstellung zu verbessern? Dies gilt insbesondere in Zeiten extrem niedriger Leitzinssätze wie gegenwärtig.

Marktkapitalisierung in Milliardenhöhe oder nur ein Börsenwert von wenigen Millionen Euro? Der Börsenwert entscheidet neben den Umsätzen über die Aufnahme in die Indizes. In Deutschland sind dies DAX, MDAX, TecDAX und SDAX – vergleichbar mit der 1., 2. und 3. Fußballbundesliga. Kundige Anleger können anhand dieser Kennzahl darauf spekulieren, wer das nächste Mal auf- und absteigt.

Die börsentäglichen Handelsaktivitäten hängen mit davon ab, ob es ein Schwer- oder Leichtgewicht ist. Bei hohem Börsenwert ist die Manipulationsgefahr niedrig, bei nur wenigen Millionen groß. Kein Guru kann so viele DAX-Aktien kaufen und verkaufen, um in Betrugsabsicht mit Schönfärberei und Zugriff auf die Gerüchteküche Kurse erheblich zu beeinflussen. Bei kleinen Werten lassen sich schon mit kleinen Orders die Kurse stark nach oben oder unten treiben. Was bedeutet das für Sie? Bei geringem Börsenwert ist ein Limit unverzichtbar. Damit Sie von lästigen Teilausführungen und damit verbundenen Gebühren verschont bleiben, sollten Sie die Gültigkeit auf mehrere Monate ansetzen. Bei Teilausführungen belastet Sie Ihre Bank üblicherweise nur einmal mit den Transaktionskosten.

Vor der Order die G+V und Bilanz anschauen

Die ARD-Börse bietet online die G+V und Bilanz im 5-Jahres-Vergleich an, soweit nach Aufruf der WKN der Hinweis „Firmendaten" nicht fehlt. Ein Klick genügt und Sie werden über diese Finanzzahlen informiert. Keine Angst! Sie müssen kein Seminar über Bilanzierung besuchen, keine Fachbücher wälzen, um die G+V und die Bilanz zu verstehen. Für Ihre Entscheidung, Aktien zu kaufen oder zu verkaufen, reichen grundlegende Angaben – ganz einfach, wie Sie gleich merken.

Für Einsteiger: Die Gewinn- und Verlustrechnung

G+V-Posten	Erläuterung
Umsatzerlöse	Alljährlich steigende Umsätze sind ein gutes Wachstumsbarometer.
Betrieblicher Aufwand	Der betriebliche Aufwand zeigt, ob und wie viel Gewinn nach Abzug der Kosten vom Umsatz übrig bleibt.
Operatives Ergebnis, gewöhnliche Geschäftstätigkeit	Ein Jahr für Jahr stetig steigendes operatives Ergebnis bezeugt, dass es dem Unternehmen gut geht, an Ertragskraft zulegt und nachhaltig wirtschaftet.
Ergebnis vor Steuern (EBT), vor Steuern und Zinsen (EBIT)	Interessant ist der Vergleich, wie hoch das Ergebnis vor und nach Steuern (bzw. Zinsen) ist und ob die Firma überhaupt Steuern zahlt.
Gewinn vor Steuern, Zinsen und Abschreibungen (EBITDA)	Diese Kennzahl beurteilt die Ertragskraft und besteht aus Jahresüberschuss vor Steuern, Zinsen und Abschreibungen. Das EBITDA erlaubt aussagekräftige Vergleiche bezüglich der operativen Ertragsstärke von Unternehmen.
Jahresüberschuss bzw. Jahresfehlbetrag	Übertrifft der Gewinn den Aufwand, ergibt sich ein Jahresüberschuss. Ein Jahresfehlbetrag entsteht, wenn die Kosten den Ertrag übersteigen. Es droht Zahlungsunfähigkeit.

Für Einsteiger: Die wichtigsten Bilanzposten

Allgemeines: Die Bilanz erinnert in ihrer Struktur an eine Waage: Die **Aktivseite** gibt Aufschluss über die Verwendung des Vermögens. Die **Passivseite** informiert über die Beschaffung bzw. Finanzierung, also das Fremdkapital bzw. die Schulden. Die Differenz zwischen Aktiva und Passiva ergibt das **Eigenkapital.** Je deutlicher die **Eigenkapitalquote** über dem Fremdkapital liegt, umso höher ist die **Bonität** und umso gesünder ist die Finanzstruktur. Die Gliederung in bestimmte Posten ist gesetzlich vorgeschrieben. **Bilanzbetrug** ist eine Straftat.

Bilanzposten	Erläuterung
Aktiva: Umlaufvermögen	Das Umlaufvermögen umfasst das kurzfristig im Unternehmen verweilende Kapital wie Vorräte, Forderungen aus Lieferung und Leistung, Kassenbestand, Bankguthaben und Wertpapiere wie Aktien, Pfandbriefe, Genussscheine und Anleihen.
Aktiva: Anlagevermögen	Das Anlagevermögen bezieht sich auf alle Positionen, die für das Unternehmen dauerhaft Nutzen bringen. Dies sind technische Anlagen und Maschinen, Fuhrpark, Grundstücke und Gebäude, Betriebs- und Geschäftsausstattung, Firmen- und Markenwert sowie Beteiligungen.
Passiva: kurz-, mittel- und langfristige Verbindlichkeiten, also Fremdkapital	In der Bilanz sind die genau bekannten Verbindlichkeiten, z. B. gegenüber Lieferanten, Banken, Versicherungen und Finanzamt, abzugrenzen von ungewissen Rückstellungen wie Schadensersatzklagen. Schulden sind Verpflichtungen, die als Fremdkapital auf der Passivseite stehen.
Passiva: Eigenkapital	Umlauf- und Anlagevermögen abzüglich aller Verbindlichkeiten und Rückstellungen ergeben das Eigenkapital. Es sollte deutlich höher als das Fremdkapital sein, um in Krisen nicht zahlungsunfähig zu werden. Ein Teufelskreis, wenn das Geld für Mitarbeiter, Forschung und Entwicklung fehlt, nicht mehr investiert wird, sondern nur noch der Rotstift regiert.
Bilanzsumme identisch bei Aktiva und Passiva	Die Bilanzsumme ergibt sich, indem alle Positionen auf der Aktiv- und der Passivseite zusammengezählt werden. Die Bilanzsumme auf der Aktiv- und Passivseite muss, wie es sich für eine Waage gehört, exakt übereinstimmen.

Dieses Grundwissen ist unverzichtbar, um sich einen raschen Überblick über die Qualität einer AG und die Chancen auf Kursgewinn der Aktie, das Wachstum, die Ertragskraft und den Grad der Verschuldung zu verschaffen.

Zum Selbstbild: Wer bin ich? Was will ich? Was passt zu mir?

Zum Nachdenken: Was sagt Ihnen der folgende Ausspruch? „**Ein Seemann, der nicht weiß, welches Ufer er ansteuern soll, für den ist kein Wind der richtige!**" Sie müssen wissen, welche Renditeerwartungen Sie haben, welche Strategie Sie bevorzugen und zu Ihnen passt, was Sie nervlich wegstecken und verkraften, wo Ihre Stärken und Schwächen liegen. Sind Sie ein **Value**-Anhänger, scheiden z. B. Biotechnologie, Software und Internet aus, während Medizintechnik- und Pharmaaktien Ihre Lieblinge sein können. Oder mögen Sie **Growth?** Dann fühlen Sie sich auch in der boomenden Biotechsparte zu Hause. Konzentrieren Sie sich auf das „Heimatliebe-Depot DAX"? Oder sind Sie weltweit ausgerichtet? Dann steht Ihnen die ganze Welt offen. Es bieten sich auch interessante ETFs an, die unterschiedliche Indizes abbilden: Euroland, Gesamteuropa, USA, ganze Welt.

Was Sie auch tun und wie Sie sich entscheiden: Bleiben Sie sich selbst treu, fühlen Sie sich für Ihr Handeln verantwortlich und kommen Sie ohne Sündenböcke aus! Bilden Sie sich Ihr eigenes Urteil. Lassen Sie sich von Börsengurus nicht über den Tisch ziehen. Woran Sie immer denken sollten: „**Breit gestreut – nie bereut!**" – „**Meide die gefährlichen Vier: Euphorie, Panik, Angst und Gier!**"

Vorsicht vor Informationsüberflutung: Was nützt wirklich?

Dazu ein Beispiel: Am 2. September 2013 hatte ich Zeit, das am 02. November 2012 gestartete **spekulative Musterdepot im Handelsblatt** unter männlicher Herrschaft kurz unter die Lupe zu nehmen. In genau zehn Monaten wuchs das Anlagekapital von 100.000 € auf gerade einmal 100.476 €. Dort werden fast nur Zertifikate abgebildet und ein zügiges Rein und Raus gepflegt. Wenn ich mir vorstelle, ich muss aus über 1,6 Mio. Anlage- und Hebelzertifikaten eine kluge bzw. richtige Auswahl treffen, so stellt sich die Frage nach dem Zeitaufwand, zumal täglich an der Performance gearbeitet wird und die Fachkompetenz ungewöhnlich hoch ist. Beträgt das Ergebnis nur 0,5%, kommt der Gedanke an Mindestlöhne auf.

> **Oft besser für Banker als für Privatanleger:**
>
> *An die Börse muss man gehen wie in ein kaltes Brausebad: schnell hinein und schnell wieder heraus.*
>
> **Solomon von Rothschild**

Wer an der Börse erfolgreich handeln will, muss Zeit und Lust mitbringen. Jedoch ist der Aufwand zu begrenzen, wenn Berufs- und Familienpflichten warten. Für einen Ruheständler gelten andere Kriterien. Er kann sich meist täglich und bei Lust und Laune auch stundenlang mit seiner Anlagestrategie und seinem Depot befassen. Ohne seriöse Print- und Online-Information geht nichts; aber Informationsüberflutung darf auch nicht sein. Die folgende Aufstellung hat lediglich Vorschlagscharakter.

Börseninfos: Auswahl abhängig von Zeit, Lust, Geldbeutel	
Informationsart	**Ausführung, Erläuterung**
Print täglich	Tagespresse mit großem Wirtschafts- und Börsenteil, *Handelsblatt* als börsentägliche Wirtschafts- und Finanzzeitung
Print wöchentlich	Seriöse Wirtschafts- und Finanzpresse wie *Wirtschaftswoche, Euro am Sonntag, BÖRSE ONLINE*
Börsenliteratur	Gute Fachbücher mit unterschiedlichen Schwerpunktthemen für Einsteiger, Fortgeschrittene und Profis
Börsen-TV	Konzentriert im Nachrichtensender n-tv mit Video-Tafeln sowie N24
Online-Infos	Reizüberflutung vermeiden, sich auf wenige Favoriten konzentrieren und sich hier wirklich gut auskennen
Börsenplätze	XETRA, Deutsche Börse Frankfurt bzw. Ihre bevorzugte Regionalbörse
Börseninfos	www.boerse.ard.de, www.onvista.de, www.finanzen.net.de; Zertifikate: www.boerse-stuttgart.de
Antwort auf viele Fragen	Google als umfassende Suchmaschine und Informationsquelle, möglichst auch die Firmen-Homepage nutzen und Wissenswertes herunterladen, evtl. auch ausdrucken, sofern die Schrift gut lesbar ist
Lexikon	WIKIPEDIA ist im Internet führend und wird fortlaufend aktualisiert.
Seminare	Volkshochschul-Börsenkurse; Veranstaltungen Deutsche Börse, Regionalbörsen, Finanzdienstleister, Aktienclubs
Hauptversammlungen	Ein unverbrüchliches Aktionärsrecht, die jährliche HV zu besuchen und Fragen zu stellen (Wortmeldungen)
Börsenbriefe	Vorsicht vor unseriösen Produkten und Anpreisungen
Börsenspiele	„Schnupperkurs“ mit virtuellem Geld; die Wirklichkeit sieht meist anders aus.
Empfehlungen Kauf/Verkauf	Sich wegen möglicherweise massiver Abweichungen nicht auf eine einzige Analyse stützen

3.5 Acht Strategien als Grundinformation

❶ Breit gestreut – nie bereut

Ihre Aktien unbedingt nach Indizes, Kontinenten, Ländern, Branchen und zeitlich streuen und sich keineswegs auf das „DAX-Heimatliebe-Depot“ beschränken.

❷ Gegen den Strom schwimmen und antizyklisch handeln

Kaufen, wenn eine starke Korrekturphase oder ein Crash die Kurse in den Keller treibt. Bei hohen Kursgewinnen bzw. zwecks Verlustbegrenzung auch verkaufen.

❸ Hier und da Teilverkäufe wagen und schrittweise kaufen

Im Aufwärtstrend bei dreistelligen Kursgewinnen möglichst so viel verkaufen, dass der Einsatz komplett bezahlt ist und einschließlich Transaktionskosten und Abgeltungsteuer zumindest noch ein kleiner Reingewinn übrig bleibt.

❹ Im Boom bei Aktienfonds und ETFs für Blue Chips abwarten

Springen die Kurse und die Bewertungen in luftige Höhen, sich eher auf kleinere Indizes und Nebenwerte mit niedrigem KGV orientieren, also ein aktives Stock Picking betreiben, im Übrigen geduldig sein und Kursschwäche abwarten.

❺ Sich selbst treu bleiben und die Verantwortung übernehmen

Auf Sündenbocksuche verzichten; eine Strategie wählen, die Sie nicht wie ein Hemd ständig wechseln, die Ihrem Anlageprofil und Ihrer Renditeerwartung entspricht. Daran denken, dass sich ein Einsatz von unter 1000 € oft nicht rentiert.

❻ Keine Panikverkäufe im Crash

Bei Kursabsturz nicht alle Aktien panikartig verkaufen, sondern überlegt zu niedrigen Kursen bei erstklassigen Titeln schrittweise einsteigen oder zukaufen.

❼ Unterbewertete Aktien mit hoher Dividende bevorzugen

Fair bewertete substanz- und dividendenstarke Qualitätstitel sichern im Abwärtssog den Kurs nach unten ab, vermindern durch üppige Ausschüttungen das Verlustrisiko und eignen sich bei langfristigem Anlagehorizont auch für das „Aussitzen“.

❽ Sich strategisch an Warren Buffett orientieren, dem 83-jährigen „Orakel von Omaha“, einem der reichsten Männer der Welt

Niedrig bewertete Aktien von Unternehmen bevorzugen, deren Geschäftsmodell und Produkte Sie kennen, verstehen und bejahen. Biotech, Medtech und Hightech erfordern viel Börsenwissen und regelmäßige Marktbeobachtung.

3.6 Mit Charttechnik ein schneller Überblick

Die technische Analyse mit Trendkanal, Unterstützungs-, Widerstandslinien und verschiedenartigen Formationen leitet aus den Verhaltensmustern der Vergangenheit künftige Trends ab. Die Charttechnik verschafft einen raschen, anschaulichen Überblick über die bisherige Entwicklung von Indizes, Aktien und anderen Finanzinstrumenten. Viele interessante Vergleichsstudien basieren auf der Grundlage der technischen Analyse.

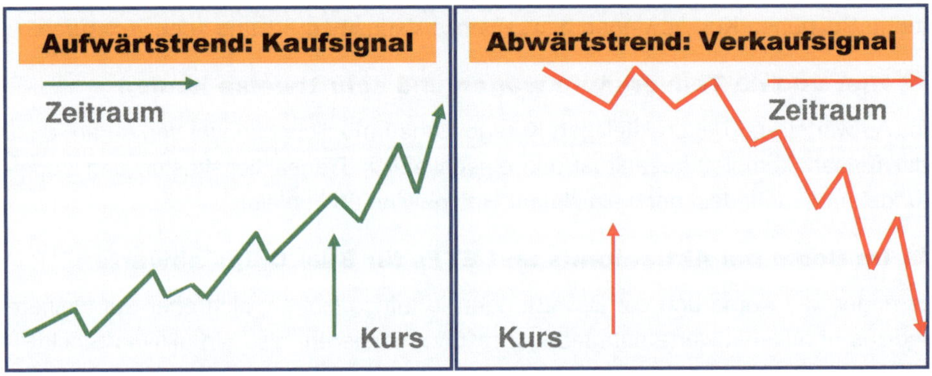

Im Börsenfernsehen zaubern die Spezialisten der technischen Analyse aus ihrem Notebook gern farbenfrohe Kursgrafiken mit Unterstützungs- und Widerstandslinien, Wimpel, Dreieck, Flagge, Ober- und Untertasse, M- und W-Formation, Bären- und Bullenfalle, Doppeltop, Keil- oder Schulter-Kopf-Schulter-Formation, Diamant, Rosshaken usw. hervor. Das nötigt den interessierten Zuschauern nicht zwangsläufig respektvolles Staunen ab. Die Charttechnik hat sich längst als wichtige Orientierungshilfe für Kauf- und Verkaufsentscheidungen durchgesetzt.

Die technische Analyse, auch Charttechnik genannt, dokumentiert Kurs- und Indexverläufe aus der Vergangenheit über bestimmte Zeiträume. Angefangen vom Tageschart gibt es je nach Bedarf Wochen-, Monats-, 80-Tage-, 200-Tage-, Jahres-, Mehr-Jahres- und vergleichende Charts. Auf der Horizontalen zeichnet der Charttechniker die Zeitspanne, auf der Vertikalen den Aktienkurs ein. Er arbeitet mit Linien, Wellen, Strichen, Kurven, Kerzen, Pfeilen usw.

- **Die Charttechnik schätzt den Aktienmarkt als Resultat von Angebot und Nachfrage ein. Aus den Kursentwicklungen der Vergangenheit, verursacht durch sich wiederholende Verhaltensmuster und Regelabläufe als typisch menschliches Phänomen, werden Trends für die Zukunft abgeleitet.**

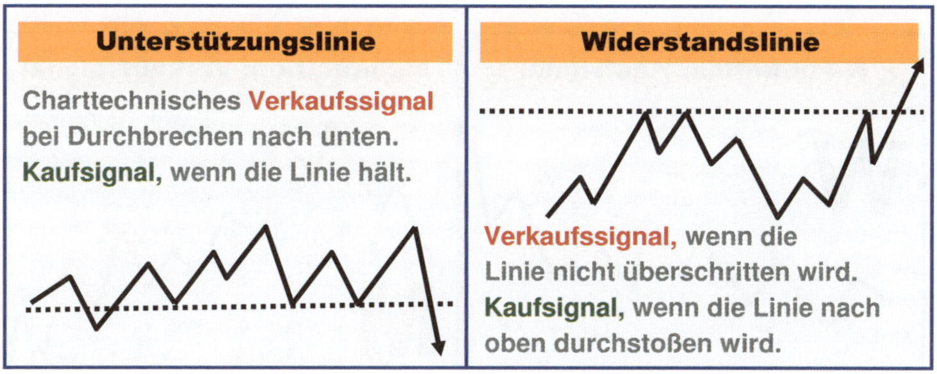

Das menschliche Verhalten unterliegt gewissen Regelabläufen. Mithilfe der Charttechnik lassen sich psychologische Einflussfaktoren aufspüren und bei Anlageentscheidungen nutzbringend umsetzen. Die Charttechnik signalisiert günstige Kaufgelegenheiten. Ebenso kann die technische Analyse durch frühzeitige Verkaufssignale vor hohem Verlust bewahren. Allerdings dürfen Sie bei aller Aussagekraft der Charts nicht die entscheidenden fundamentalen Daten vernachlässigen. Bitte vergessen Sie nicht, dass die Charts die Vergangenheit widerspiegeln und nur deshalb auch für die Gegenwart und Zukunft bedeutsam sind, weil der Mensch als „Gewohnheitstier" gilt und zu wiederkehrenden Verhaltensmustern neigt.

Für die Kritiker der technischen Analyse stellt sich die Frage nach Ursache und Wirkung bzw. das Problem einer sich selbst erfüllenden Prophezeiung. Damit ist gemeint, dass die Charttechnik nur deshalb stimmt, weil so viele Anleger darauf vertrauen und ihr Verhalten entsprechend ausrichten. Sie orientieren sich am Trendkanal, kaufen, wenn die untere Unterstützungslinie hält, verkaufen, wenn sie nach unten durchbrochen wird. Sie steigen aus, wenn der Kurs wiederholt an der gedachten oberen Widerstandslinie abprallt. Sie steigen ein, wenn die Widerstandslinie durchstoßen wird und der Weg nach oben frei ist. Der Chart bestätigt das gezeigte Anlegerverhalten. Die Börse, die ansonsten ihrer Zeit vorauseilt, schätzt die genaue, einen schnellen Überblick vermittelnde anschauliche Charttechnik als unverzichtbares Instrumentarium für anstehende Entscheidungen.

Der US-Börsenpsychologe **Alexander Elder** glaubt, dass die Markteinschätzung und das daraus abzuleitende Anlegerverhalten zu jeweils einem Drittel aus Psychologie, Kapitalmanagement und Erkenntnissen der technischen Analyse bestehen. In extrem hektischen und aufregenden Phasen steigt der psychologische Einfluss sogar auf 80 bis über 90%.

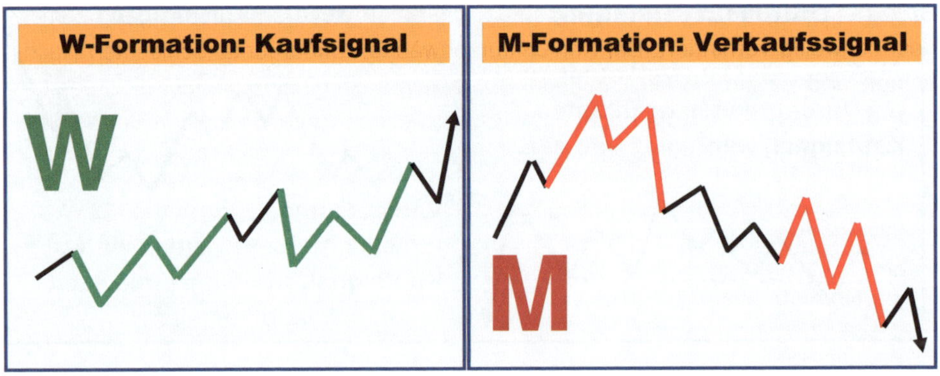

Wer glaubt, dass Aktiencharts nur deshalb stimmen, weil sich so viele Börsianer daran orientieren und danach handeln, sollte über folgende Tatsache nachdenken. Der bekannte Chartexperte Professor Schulz erstellte von dem 1998 gebildeten EURO STOXX 50 im Nachhinein einen Mehr-Jahres-Chart. Ebenso wurde der 2005 von der Deutschen Börse AG gegründete GEX, ein Index für eigentümerorientierte Familienunternehmen, zurückgerechnet und mit einem Mehr-Jahres-Chart versehen. Diese nachträglich erstellten Charts zeigen, dass die Börsianer zu wiederkehrenden Verhaltensmustern neigen, und bestätigen die Bedeutung der Charttechnik als brauchbare Orientierungshilfe für Kauf- und Verkaufsentscheidungen.

Eine gute und einfache Orientierung bietet der Trendkanal

Es ist viel wahrscheinlicher, dass eine einmal eingeschlagene Bewegungsrichtung **„the trend is your friend"** weiter anhält, als dass ein abrupter Richtungswechsel eintritt. Handlungsbedarf besteht meist erst dann, wenn der längerfristige Trendkanal einen klaren Ausbruch um mehr als 5% erfährt. Eine deutliche Tendenz nach oben ist als Signal zu verstehen, dass die Talsohle vermutlich verlassen wird und sich die Bären verabschieden. Im Bereich der Bodenbildung steigen Mutige wieder ein bzw. kaufen zu. Bei einem nachhaltigen Ausbruch nach unten lässt sich bei frühzeitigem Ausstieg der Verlust begrenzen, sei es mithilfe von Stop-Loss-Orders oder durch eine situationsbedingte dynamische Verlustbegrenzung.

Widerstands- und Unterstützungslinien zur Orientierung

Viele Börsianer verkaufen ihre Aktien, sobald diese nach einer Korrektur das alte Niveau bzw. den „Einstandspreis" erreichen. Nun entsteht an der **Widerstandslinie** ein erhöhtes Angebot. Jedoch braucht die Aktie oft mehrere Anläufe, um diese gedachte Linie nach oben zu durchstoßen. Gelingt dieser Ausbruch, ist charttechnisch ein weiterer Kursaufschwung vorgezeichnet. Sinkt der Kurs auf einen alten Tiefpunkt, glauben etliche Anleger, der Boden sei erreicht, und greifen zu.

So bildet sich eine **Unterstützungslinie,** die einen weiteren Kursrückgang zumindest zeitweilig verhindert. Bei Konjunkturschwäche, fundamental schlechten Nachrichten und einem generell miesen Börsenklima hält keine gedachte Unterstützungslinie mehr. Der Kurs bricht ein wie das Messer durch die weiche Butter. Statt eines Kaufsignals liefert die Charttechnik nun einen klaren Verkaufshinweis.

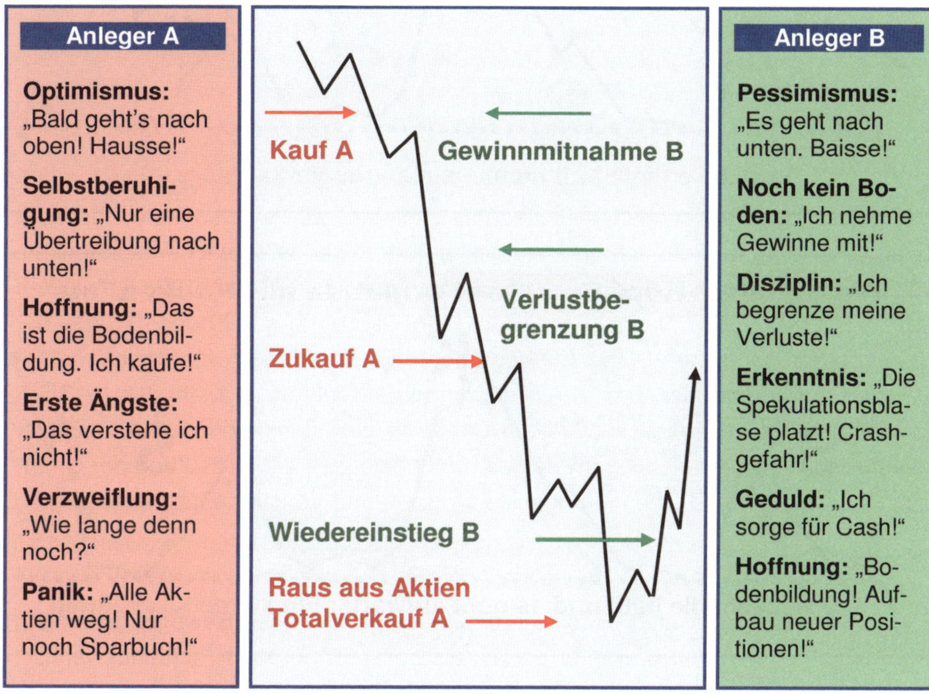

Schulter-Kopf-Schulter-Formation: anschaulich und informativ

Zu den bekanntesten Umkehrformationen zählt die Schulter-Kopf-Schulter-Formation. Der Chart erinnert mit einiger Fantasie an einen Kopf mit seiner linken und rechten Schulter. Die beiden Tiefpunkte zwischen Kopf und Schultern werden durch die gedachte **Nackenlinie** verbunden. Häufig bildet diese Nackenlinie eine stabile Unterstützung. Erst wenn der Kurs nachhaltig nach unten durchbricht wie in Abbildung 1 auf der Folgeseite, besteht ein Verkaufssignal. Ansonsten wird zu früh verkauft und die Chance auf Kurserholung vertan wie in Abbildung 2.

➢ **Laut Statistik ist zu etwa 70% damit zu rechnen, dass nach Absacken unter die Nackenlinie der Kurs weiter abstürzt. Das stimmt auch schon deshalb, weil eine Trendfortsetzung wahrscheinlicher ist als eine Trendumkehr.**

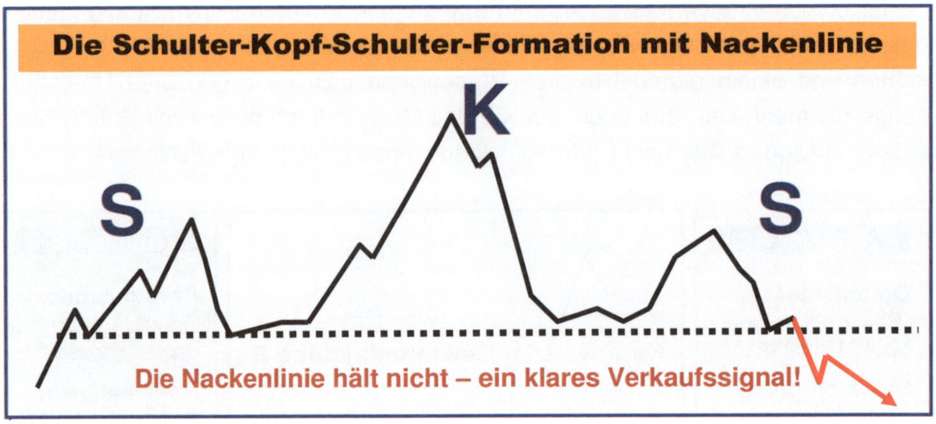

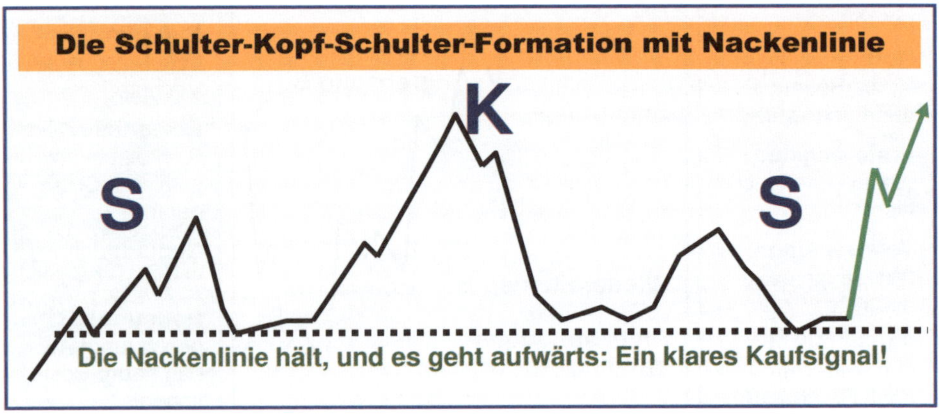

Aussagekräftig: Charts im Branchen- und Indexvergleich

Selbst die treuesten Anhänger der Fundamentalanalyse greifen gern auf Charts zurück, um sich rasch und anschaulich über die Entwicklung bestimmter Titel im Branchenvergleich zu informieren, z. B. im Automobilsektor DAIMLER gegenüber BMW, VW und PORSCHE. Es ist aufschlussreich, zu beobachten, wie eine bestimmte Aktie gegenüber der Benchmark, dem Vergleichsindex, notiert.

Es ist spannend, wichtige Indizes in einem Mehr-Jahres-Chart übereinanderzulegen, um zu sehen, wie sich DAX, DOW JONES, NIKKEI, EURO STOXX 50 usw. entwickelt haben, wo Gemeinsamkeiten oder auch Unterschiede auffällig sind. Informativ ist es, bei den deutschen Indizes DAX, TecDAX, MDAX und SDAX die Charts übereinanderzulegen. Es wird Sie überraschen, dass der GEX, der Index für familiengeführte Firmen, von 2003 bis 2007 die anderen deutschen Börsenbarometer bezüglich Performance klar geschlagen hat, aber der Höhenflug längst vorbei ist.

Beispiel für einen Mehr-Jahres-Vergleichschart

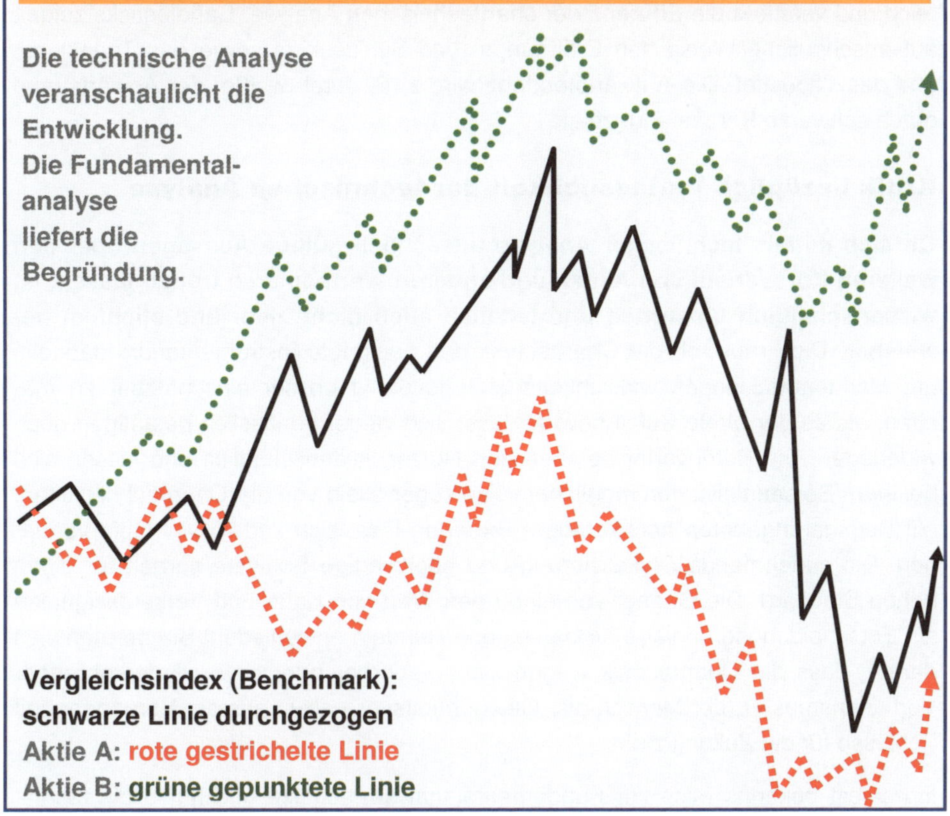

Candlestick-Charts erlauben eine genaue Marktanalyse

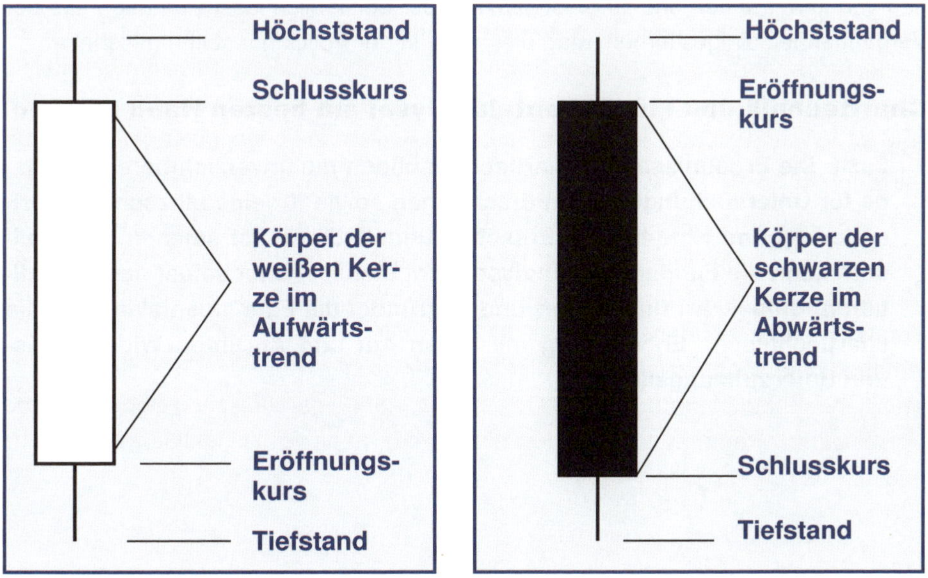

Die japanische Candlestick-Chartanalyse erinnert in ihrem Aussehen an schwarze und weiße Kerzen mit Dochten. Sie ist leicht verständlich, aufschlussreich und verstärkt die Effizienz der charttechnischen Analyse. Candlesticks zeigen auf anschauliche Weise den Eröffnungs- und Schlusskurs sowie das Tageshoch und das Tagestief. Die Aufwärtstendenz wird z. B. durch weiße, der Abwärtstrend durch schwarze Kerzen angezeigt.

Kritik bezüglich Verlässlichkeit der technischen Analyse

Ob sich mittels technischer Analyse tatsächlich gültige Aussagen über den weiteren Kursverlauf von Aktien und anderen Wertpapieren treffen lassen, ist wissenschaftlich umstritten und letztlich auch nicht hieb- und stichfest beweisbar. Die Frage, ob die Charttechnik das geeignete Instrumentarium darstellt, um Marktentwicklungen wirklichkeitsnah und damit besser einschätzbar zu machen, als es der bloße Zufall bewirkt, lässt sich weder verlässlich bestätigen noch widerlegen. Die Befürworter bejahen den Nutzen leidenschaftlich und lassen sich bei ihren Börsenaktivitäten möglicherweise sogar allein von der Charttechnik leiten. Mit Seminarangeboten hochkarätiger Experten lässt sich zudem viel Geld verdienen. Die zunehmende Digitalisierung und hochwertige Software sorgen für einen hohen Standard. Die Gegner verneinen den Wert von Kauf- und Verkaufssignalen als Entscheidungsgrundlage für das eigene Handeln entschieden. Sie berufen sich darauf, dass die Charttechnik wegen sich wiederholender bzw. wiederkehrender Verhaltensmuster (der Mensch als „Gewohnheitstier") allein aus der Vergangenheit Schlüsse für die Zukunft zieht.

Ich selbst bekenne mich zur Fundamentalanalyse, schätze und nutze die technische Analyse aber gern für den anschaulichen Überblick und das schnelle Erkennen von kurz-, mittel- und langfristigen Trends. Schließlich lässt sich auch aus der Vergangenheit einiges lernen, mag dies auch in der Politik nur selten geschehen.

Charttechnik und Fundamentalanalyse: am besten Hand in Hand

- **Fazit: Die Ergebnisse der Charttechnik bilden die unverzichtbare Grundlage für Untersuchungen und Forschungen sowie für eine blitzschnelle Orientierung und Hilfe bei der Entscheidungsfindung. Mit solchen Schaubildern kann die Fundamentalanalyse nicht dienen – aber selbst davon profitieren. Umgekehrt unterfüttert und begründet die Fundamentalanalyse die charttechnische Entwicklung mit ihrem Auf und Ab, ihren Widerstands- und Unterstützungslinien.**

3.7 Gibt es gute und schlechte Börsenmonate?

Der Mai, im Langzeitvergleich an dritt- oder viertletzter Position, gilt als Angstmonat. Nach den im Frühjahr ihr Hoch erreichenden Ausschüttungen stellen sich viele Börsianer auf Urlaub, warme Sommermonate und den gefährlichen Börsenmonat September ein. Bloomberg analysierte, dass der DAX in 21 von 43 Jahren im Mai sogar zulegte, statt zu verlieren. Im Schnitt rutschte der DAX im Wonnemonat Mai in 32 Jahren um weniger als 1% ab.

„Sell in May and go away“: richtig oder falsch?

Die frei übersetzte Empfehlung *„Verkaufe deine Aktien im Mai und halte dich dann zunächst fern von der Börse!“* beruht nicht auf reiner Willkür. Die Landesbank Baden-Württemberg hat die DAX-Entwicklung über einen Zeitraum von 42 Jahren untersucht. Der September war mit einem Durchschnittsminus von 2,1% der mit Abstand schlechteste DAX-Monat. Nach dem August folgte der Mai mit einem Abschlagsmittel von 0,5%. Ähnliches galt von 1956 bis 1982 auch für den DOW JONES. Das Niveau des US-Leitindex von Anfang Mai wurde erst 7 Monate später wieder erreicht. Von 1983 bis 2010 aber kehrte sich das Bild völlig um. Der technische Analyst Dimitri Speck berichtet: „Man erkennt deutlich, dass der Mai kein schlechter, sondern nunmehr ein guter Börsenmonat war und dass der beste saisonale Verkaufszeitpunkt jetzt im Juli lag – also zwei Monate später.“

Aktuell sind die Einbrüche bei DAX, DOW JONES und S&P 500 im Spätsommer und Frühherbst typisch und dramatisch. Oft purzeln die Kurse ab Juli in den Keller und erholen sich erst im Spätherbst. In den letzten dreieinhalb Jahrzehnten fiel der DAX im Schnitt nur im August und im September ins Kursminus. Herausragende Einmalereignisse wie die Asienkrise im Sommer 1997, die Russlandkrise im August 1998, der Börsencrash am 11. September 2001 nach dem Einsturz der Zwillingstürme in New York und die Pleite der Großbank Lehman Brothers im September 2008 haben die Statistik in den letzten 20 Jahren verzerrt.

Fazit: Es ist sicherlich vernünftiger, den August und September zu meiden als den Mai, Juni und Juli, zumal im Frühsommer viele deutsche Unternehmen üppige Dividenden ausschütten. Zu Jahresende und Jahresanfang präsentieren sich die führenden Indizes oft in guter Bullenlaune. Die größte Angst gilt zwar dem Oktober, gab es hier doch 1929 und 1987 die ganz großen Crashszenarien und auch 2008 einen heftigen Einbruch. So zeigt der Oktober oftmals eine kümmerliche Performance, läutet aber, wenn der befürchtete Crash ausbleibt, meist eine dynamische Herbst-Winter-Rallye ein. Dies geschah auch 2013. Dagegen war der Oktober 2014 von heftigen Kursturbulenzen geprägt.

Was ist zu tun? Zumindest einige Gewinne mitnehmen – vielleicht auch Verluste weiter begrenzen! Sich von allen Aktien zu trennen ist unsinnig, zumal bei jeder Order Gebühren anfallen und dies zum Dividendenverzicht führt. Nutznießer sind die drei großen **B: B**örse, **B**roker, **B**anken. Je enger Sie sich an diese Börsenweisheit klammern, umso mehr Geld wandert in deren Taschen. Und noch etwas: Mancher Börsianer hat nur deshalb keinen steuerfreien Altbestand als Zauberformel im Depot, weil dies bei Befolgen des fragwürdigen Tipps unmöglich war.

Ein Blick auf die Statistik schafft etwas mehr Klarheit

Laut financeblog.ch schaffte der Mai als viertschlechtester Monat in **100 Jahren** – gemessen am **DOW JONES** – im Schnitt eine Performance von nur 0,1%. Für die letzten **50 Jahre** ergibt sich ein ähnliches Bild. Der Mai als fünftschlechtester Monat brachte dem **DOW JONES** ein kümmerliches Plus von 0,14%. Nur jeder zweite Mai-Monat verlief positiv. Laut Landesbank Helaba legte der **MSCI World** in den letzten **40 Jahren** von November bis April um 8,9%, von Mai bis Oktober dagegen nur um 1,1% zu. Anders präsentieren sich die letzten **20 Jahre.** Jetzt steht für den Mai eine Rendite von 1,8% zu Buche. Im **DOW JONES** ist er der drittbeste Monat im Jahr. Laut wallstreet-online.de verlief die **DAX**-Entwicklung anders als beim DOW. Wer **20 Jahre** investiert blieb, wurde mit einer Rendite von 440% belohnt.

Eine Auswertung seit den 1970er-Jahren zeigt, dass ein Ausstieg im **Juli** günstiger als im Mai ist. Werden Gebühren und der Dividendenverzicht berücksichtigt, ist bei Qualitätstiteln das „Aussitzen“ eine Alternative. Banken verdienen am intensiven Handel und mögen es, wenn Anleger im Mai oder Juli aus- und im Herbst wieder einsteigen. Den steuerfreien Altbestand zu pflegen zählte nie zu ihrer Strategie.

Was spricht für die Beherzigung: Sell in May and go away?	
❶	Diese Einschätzung erfüllt sich womöglich schon deshalb, weil viele Börsianer ihr Handeln – wie bei der Charttechnik – darauf ausrichten (Herdentrieb).
❷	Es herrscht Urlaubsstimmung. Die Geldanlage interessiert jetzt weniger. Das Kapital fließt in die „schönsten Wochen des Jahres“ statt in Aktien.
❸	Der Rückzug aus dem Aktienmarkt erfolgt auch aus Angst vor einem „Oktober-Crash“. Automatisch ausgelöste Stop-Loss-Orders verstärken den Trend.
❹	Während des Urlaubs fehlt es an Gelegenheit, sein Depot genau zu beobachten. Also werden zusätzliche Risiken durch erneute Investments vermieden.

Dennoch ist es nicht ratsam, sich an die alte Weisheit zu klammern. Jede Transaktion verursacht Kosten, die sich summieren. Zudem widerspricht dies der mutigen antizyklischen Strategie. Da viele Hauptversammlungen im Mai und Juni stattfinden, wird mit dem Ausstieg auch auf Gewinnausschüttungen verzichtet.

Vor 2009 ließ sich mit „Sell in May and go away“ kein steuerfreier Aktienaltbestand aufbauen. In vier Jahrzehnten büßte der DAX im September durchschnittlich 2,6% ein, im Mai nur einen halben Prozentpunkt.

Was spricht gegen: Sell in May and go away?	
❶	Die Prophezeiung erfüllt sich nicht, wenn die jahreszeitlichen Faktoren durch wesentliche fundamentale oder charttechnische Indikatoren überlagert werden.
❷	Sobald viele Börsianer den Rat befolgen, verschiebt sich das jahreszeitlich beeinflusste Anlageverhalten schrittweise nach vorn. Niemand will der Letzte sein.
❸	Den Langzeitanleger interessieren die jahreszeitlich bedingten Kursschwankungen wenig. Nur der Kurzzeitanleger ist von der Volatilität stärker betroffen.
❹	Nachhaltiger als durch die Jahreszeit wird die Kursentwicklung durch Branchentrends bzw. eine sich erneut vollziehende Branchenrotation beeinflusst.
❺	Wer im Mai aus- und im Oktober/November wieder einsteigt, streut seine Investments nicht zeitlich. Das kann sich rächen, denn die Börse spielt durch den starken Einfluss psychologischer Einflussfaktoren selbst bisweilen „verrückt“.
❻	Wer seine Aktien bis 2009 ausnahmslos im Mai verkaufte, besitzt keinen steuerfreien Altbestand. Und wer nicht aufpasst, büßt vielleicht seine Dividende ein.
❼	Das häufige Rein und Raus erweist sich bei einem größeren Depot als echter Gebührenfresser. Erinnert sei an: „Viel hin und her – macht Taschen leer.“
❽	Wer mittels Sparplan sein Geld in Aktienfonds anlegt, für den verlieren jahreszeitlich bedingte Transaktionen wegen des **Cost-Average-Effekts** ihren Sinn. Bei niedrigen Kursen werden mehr Anteile erworben als im Bullenmarkt.

> *Wenn sich alle als Bären verhalten, muss der Markt nach oben gehen, denn es gibt keine Verkäufer mehr.*
> **Börsenkalender 2004 (FBV)**

An den besten Börsentagen dabei sein! Wer beim Ein- und Ausstieg ein schlechtes Timing zeigt, halbiert laut einer Studie im Schnitt seine Gewinnchancen, wenn er an den 10 besten Börsentagen „außen vor“ bleibt. Verpasst er pro Jahr die 20 besten Börsentage, sinkt seine Gewinnchance auf ein Viertel. Ist er an den 30 besten Tagen nicht investiert, schmilzt sein Kursgewinn auf ein Achtel gegenüber Anlegern, die an den 30 besten Tagen im Markt sind. Es bestätigt sich die Regel: „Man kann gewinnen, man kann verlieren, man kann aber nichts zurückgewinnen!“ Beim schnellen Rein und Raus wächst die Gefahr, die guten Börsentage zu verpassen. Wer in Kostolany-Manier seine Qualitätsaktien jahrelang hält, ist an jedem Börsentag dabei. Was Sie außerdem beachten sollten: Vor Feiertagen winken oft Kursgewinne. Die Hälfte vom Zuwachs erzielt der DAX vor arbeitsfreien Tagen.

3.8 Wann am besten Value? Wann Growth?

Was hat es mit dem Anspruch der „Nachhaltigkeit" auf sich, von dem jetzt so viel die Rede ist? In der Fußballwelt scheint manche strategische Entscheidung einfacher zu sein als an der Börse. Liegt die eigene Elf zurück, bringt der Trainer meist neue Stürmer aufs Spielfeld. Torgefährlichkeit und Torinstinkt mit exzellentem Dribbling, Offensivdrang, zielgenauen Flanken und Pässen, geschicktem Stellungsspiel und erfolgreicher Aufholjagd sollen das Blatt wenden. Was in der Theorie logisch ist, erweist sich in der Praxis oft als Trugschluss – teilweise auf das Börsengeschehen übertragbar. Christian Grund und Oliver Gürtler von der Uni Bonn analysierten 1700 Bundesliga-Auswechslungen. Betraten neue Stürmer den Rasen, verbesserte sich in jedem fünften Spiel die Lage. Aber in zwei von fünf Partien baute der Gegner den Vorsprung aus. Behielt der Trainer trotz Rückstand und drohender Niederlage die Nerven und griff nicht ein, holte das hinten liegende Team in jedem dritten Fall auf. Weitere Gegentreffer kassierte die Elf zu 30%.

Fazit: Mehr Stürmer sorgen für Torchancen. Dafür brennt es in der Abwehr oft lichterloh, sodass die angepeilten drei Siegespunkte in weite Ferne rücken. Welche Konsequenzen lassen sich für die Börse ableiten? Mit mehr Risiko lässt sich die Rendite nicht verlässlich steigern. Wer riskant agiert, kann seine Performance zwar deutlich verbessern, aber auch viel schlechter abschneiden.

Vom Fußball ausgehend, ist der Sturm mit wachstumsstarken, konjunkturabhängigen Growth-Titeln, die Abwehr mit stabilen Value-Titeln vergleichbar. Eine Fußballelf mit nur Offensivkräften schießt vermutlich viele Tore, muss aber auch mehr Treffer vom Gegner einstecken. Wer allein auf eine starke Abwehr setzt, verhindert leichter Einschläge ins eigene Tor. Dafür bleibt die Trefferausbeute mager. Das typische Ergebnis lautet 0:0 – ein Punkt statt drei Zähler. So lässt sich kaum der Abstieg verhindern und schon gar nicht die Meisterschaft erkämpfen.

Erkenntnis: Ein ausgewogenes Portfolio mit Growth- und Value-Titeln verspricht dauerhaft den sichersten Zugewinn. Eine starke Übergewichtung in die eine oder andere Richtung erfordert ein schnelles Rein und Raus – abhängig von Konjunktur, Markttrend und Branchenrotation. Übertriebenes Umschichten kostet viel Geld.

Die defensive Value-Strategie: ideal bei Sicherheitsbewusstsein

Ab Ende der 1990er-Jahre bis zum Platzen der Spekulationsblase im Frühjahr 2000 galt die Investor-Ikone Warren Buffett als ein Fossil. Der dicke Wälzer *Von bleibendem Wert* war nicht mehr gefragt. Danach erlebten der Experte und dessen Aktie **BERKSHIRE HATHAWAY** ein Comeback. Buffett investiert nur in niedrig bewertete Aktien von Firmen, deren Geschäftsmodell er kennt und versteht.

Hightech, Biotechnologie, Medizintechnik, Software, Internet und Nanotechnologie sind nicht seine Welt. Im Hochpunkt der Hausse vor dem Platzen der Spekulationsblase 2000 wurde Warren Buffett trotz großen Respekts seiner Lebensleistung mit sanftem Spott bedacht. Die New Economy war „in“, die Old Economy mit ihren langweiligen Industrietiteln „out“. Umsatz, Wachstum und Übernahmen interessierten. Nachhaltige Ertragskraft und ein faires KGV rückten nach hinten. Zu spät wurde erkannt, dass sich manche kleine Garagenfirma bei ihrem grenzenlosen Streben nach Größe verhob.

> *Machen Sie sich auf einen Abschwung der Märkte gefasst, wenn die Werbung von Börsenbrief-Herausgebern damit anfängt, Listen zu veröffentlichen, die die unglaublichen Erfolge ihrer vorhergegangenen Anlageempfehlungen zeigen.*
>
> **Yale Hirsch**

> *Kaufe nur, was du kennst und verstehst!*
>
> **Warren Buffett**

Im Crashverlauf änderten viele Trader ihre Einstellung. Warren Buffetts Aktie **BERKSHIRE HATHAWAY** erlebte einen zweiten Frühling; seine Fangemeinde wuchs. Die Bücher über ihn eroberten sich ihren Logenplatz in den Buchläden zurück. Milliardäre rissen sich auf der jährlichen eBay-Auktion um ein Mittagessen mit dem Börsen-Urgestein. In 13 Jahren kamen 14,6 Mio. Dollar für wohltätige Zwecke zusammen. Der chinesische Hedgefondsmanager Zhao Danyang blätterte 2010 ca. 2,1 Mio. Dollar für das Vergnügen hin. 2014 bekam Andy Chua aus Singapur den Zuschlag für 2,2 Mio. Dollar.

Dämpfer für Warren Buffett: Erstmals vom S&P 500 geschlagen

Sobald Warren Buffett einige Milliarden Dollar in eine Übernahme steckt, richten Anleger rund um den Globus ihr Handeln an ihm aus. Bislang waren fast all seine Investitionen goldrichtig. Nun aber muss sich das „Orakel von Omaha“ erstmals über einen Zeitraum von fünf Jahren durch den Vergleichsindex S&P 500 geschlagen geben. Von 2008 bis 2013 schaffte der S&P 500 einen Ertrag von 128%. Warren Buffetts Aktie BERKSHIRE HATHAWAY erzielte nur ein Plus von 84%. Value allein reicht oft nicht aus. Die Biotechnologie mit neuartigen Wirkstoffen, Internet, soziale Netzwerke, Cloud Computing, Digitalisierung und Software lagen bei der Kursentwicklung 2013 vorn. Zu den wertvollsten Firmen der Welt zählen **APPLE**, **MICROSOFT** und **GOOGLE** – einzureihen unter Growth.

Die defensive Value-Strategie ist für sicherheitsbewusste bis chancenorientierte Anleger ratsam, auch als Sparplan für die Altersvorsorge. Werthaltige, konjunkturunabhängige Value-Aktien gibt es nicht nur unter den Blue Chips. Die Nebenwerteindizes klassischer Ausrichtung MDAX und SDAX sind wahre Fundgruben. Value konzentriert sich auf nachhaltig wirtschaftende Firmen mit einem niedrigen KGV und sonstigen soliden Kennziffern wie Cashflow und Buchwert.

Am Ende eines Konjunkturzyklus, wenn die Hausse in eine Baisse mündet und das Wirtschaftswachstum nachlässt, sind Value-Aktien besonders gefragt. Auch während einer Krise wird gegessen, getrunken, geputzt, geheizt, Wäsche gewaschen, der Körper gepflegt, telefoniert, Strom verbraucht, Arznei eingenommen.

> *Es ist sehr klug, sich stets daran zu erinnern, dass zu viel Erfolg am Markt bereits für sich eine exzellente Warnung ist.*
>
> **Gerald Loeb**

Versorger-, Konsum-, Pharma-, Telekom- und Ölaktien gehören zur Value-Gruppe, bleiben aber von Branchenrotationen nicht verschont. Jede Marktphase hat Börsenlieblinge. Die klassisch ausgerichteten Firmen verwöhnen ihre Aktionäre oft mit einer üppigen, verlässlich steigenden Dividende. Die Kehrseite? Industrietitel sind nicht gerade „sexy" und entwickeln sich eher selten zu Kursraketen. Umgekehrt ist im Crash das Rückschlagpotenzial begrenzt.

Mit der Growth-Strategie mehr Temperament ins Portfolio

> *Es ist oft produktiver, einen Tag lang über sein Geld nachzudenken, als den ganzen Monat für Geld zu arbeiten.*
>
> **Heinz Brestel**

Bis Frühjahr 2000 schien die Börsenwelt intakt. Der DAX übersprang die 8000er-Marke, was danach erst wieder 2007 und 2013 geschah und den Weg ebnete für ein neues Allzeithoch von über 10.000 Punkten. Die markante Marke wurde im Juni 2014 geknackt. Die New Economy sorgte um die Jahrtausendwende im Neuen Markt für wundersame Geldvermehrung in kürzester Zeit. Das KGV interessierte kaum, eine seriöse Bilanzierung ebenso wenig. Allein die Wachstumsfantasie zählte. Volkswirtschaftliche Grundsätze wurden ignoriert, Warnsignale missachtet. Wer damals zum Ausstieg blies oder eine Value-Strategie empfahl, erntete ein mitleidiges Lächeln. Nicht mit soliden Industrietiteln, sondern den dynamischen Werten der New Economy heimsten Trader üppige Gewinne ein. Bei Neuemissionen verdoppelte sich der Kurs oft schon am ersten Tag. Beim bislang größten IPO von ALIBABA aus China am 19.09.2014 gab es an diesem Tag immerhin ein Plus von 36%.

Damals herrschte die Meinung vor, der gewaltige technologische Fortschritt gekoppelt an den Siegeszug des Internets könne eine dauerhafte Hausse auslösen. Welch Irrtum! Für den DOW JONES wurden im ersten Jahrzehnt des neuen Jahrtausends 20.000 Punkte, für den DAX 12.000 Punkte ausgerufen. Mit dem Salamicrash von 2000 bis 2003 zerstoben die Träume wie Staub im Sturm. Mit dem Niedergang des Neuen Marktes schuf die Deutsche Börse AG als Nachfolger den TecDAX mit 30 Titeln aus den Bereichen Hightech, Biotech und Internet. Die Zusammensetzung im TecDAX – zeitweilig „Sonnenindex" genannt – hat sich stark verändert. Von acht Solarstromtiteln entging nur SMA SOLAR dem Abstieg.

> *Geld gleicht dem Dünger, der nur nützt, wenn er flächendeckend ausgestreut wird.*
> **Francis Bacon**

Ein Blick in deutsche Aktiendepots dokumentiert „Heimatliebe" durch Übergewichtung von DAX-Titeln, ebenso die Rückbesinnung auf solide Investments mit begrenztem Rückschlagpotenzial. Risikofreudige Anleger setzen verstärkt auf Growth und bevorzugen bei deutschen Indizes TecDAX-Aktien. Zyklische Werte sind gefragt, wie Biotech, Chemie, Software, Internet, Auto, Maschinenbau. Ob Value, ob Growth – breit gestreut verringert das Risiko.

Exkurs: Wachstum und Nachhaltigkeit schließen sich nicht aus

Es hält sich das Missverständnis, wonach Value-Aktien am niedrigen KGV, KBV und KUV gemessen werden. Wachstumsstarke Substanztitel nachhaltig wirtschaftender Unternehmen gibt es nicht zum Schnäppchenpreis. Dazu erklärt der Börsenexperte und Buchautor Professor **Otte:** „Wachstum und Value schließen sich nicht aus! ‚Billige' Unternehmen können zu Recht billig sein – dann nämlich, wenn sie wenig wachsen, schrumpfen oder vielleicht sogar dauerhaft Verluste produzieren. – Genauso können Unternehmen mit hohem KGV durchaus günstig bzw. preiswert sein, dann nämlich, wenn die Wachstumsaussichten dieses KGV rechtfertigen. Einen Unterschied gibt es allerdings: Während Sie bei ‚billigen' Unternehmen wissen, was Sie haben, müssen Sie bei Wachstumsunternehmen Annahmen über die Zukunft treffen. Und dabei haben sich schon viele die Finger verbrannt. Es kommt also bei ‚teuren' Unternehmen ganz besonders darauf an, die Zukunftsaussichten und die künftigen Wachstums- und Ertragsraten sorgfältig zu analysieren. – Qualität ist und bleibt teuer (kann aber dennoch preiswert sein). Mit der Methode des ‚Inneren Wertes' lassen sich gute Einstiegschancen identifizieren."

Der Anlagestil – eine Mentalitätsfrage

Die Idee, sich nach konkreten Anlagestilen zu richten, hat in Amerika eine lange Tradition. Laut *Handelsblatt* wächst auch bei Anlegern aus Europa das Interesse daran. „Value" mit Schwerpunkt auf den Unternehmenswert und „Growth" mit Augenmerk auf das Wachstum zählen zu den bekanntesten Orientierungen. Bei Value interessiert der Vermögenswert. Der Anleger will die Aktien mit hohem Netto-Buchwert preiswert erwerben und setzt auf eine hohe Dividende. Beim Growth-Ansatz wird als Ziel eine möglichst hohe Rendite angestrebt.

> **Begriffswirrwarr: billig – preiswert – teuer**
>
> **Billig** heißt, dass eine Aktie wenig kostet, **teuer,** dass viel zu bezahlen ist. **Preiswert** bezeichnet ein faires Preis-Leistungs-Verhältnis. Premium verdient einen Aufschlag. Eine teure Aktie ist preiswert bei hohem Umsatz und Ertrag. Ein Penny Stock ist nicht preiswert, kreist der Pleitegeier über der AG.

Growth stark im DAX

Im DAX sind rund 45% Growth-Titel bzw. Zykliker notiert, hauptsächlich AGs mit exzellenter Exportquote. Im EURO STOXX 50 macht Growth kaum 20% aus. Hier dominieren Ölwerte, Nahrungs- und Genussmittel, Telekommunikation und die durch die Schuldenkrise gebeutelten Bank- und Versicherungsaktien.

Wer seit 1980 in Aktien vom MSCI-Value-Index investierte, erzielte eine um 3% höhere Rendite als mit Growth: 12% gegenüber 9%. Aber es gibt auch Perioden mit gegenteiligem Ergebnis. Als Ende der 1990er-Jahre der Start ins Internetzeitalter die Kurse von Aktien der „New Economy" in ungeahnte Höhen trieb, waren Investoren mit einer Growth-Strategie klar im Vorteil. Dagegen lohnte es sich im Crash von 2000 bis 2003 sowie in der Weltwirtschaftskrise von Herbst 2008 bis Frühjahr 2009, Value überzugewichten.

Mit der wachsenden Online-Dominanz, die sämtliche Branchen erfasst, ständig neue Technologien und Kommunikationsformen aus dem Hut zaubert, zu Firmengründungen und Übernahmen führt, verschiebt sich die Gewichtung. Zählten die Telekommunikationsaktien zur Jahrtausendwende noch zu den Wachstumswerten, gelten sie heute eher als Value-Titel. Coca-Cola (Value), lange Zeit bezüglich Börsenwert und Marke als wertvollstes Unternehmen der Welt geführt, muss sich Ende 2013 APPLE und GOOGLE (beide Growth) sowie EXXON MOBIL (Value) beugen und leidet unter den sich ändernden Ernährungsformen.

Auch der demografische Wandel mit der ständig steigenden Lebenserwartung führt zu veränderten Ausrichtungen und Geschäftsmodellen. Das Gesundheitswesen mit Biotechnologie, Medizintechnik und Pharma dürfte sich zu den großen Wachstumstreibern in unserer alternden Gesellschaft entwickeln. Das längere Leben mit einem Durchschnittsalter von 80 Jahren in Deutschland ist kein Quell der Glückseligkeit. In den letzten Lebensjahren mehren sich schwere Krankheiten wie Herz-Kreislauf-Störungen, Krebs und insbesondere Alzheimer-Demenz – verbunden mit einer Kostenexplosion im Gesundheitswesen. Die medizinische Forschung auf der Suche nach neuen Wirkstoffen verschlingt riesige Summen. Es geht darum, tödlich verlaufende Krankheiten zu heilen und nach einer 15 bis 18 Jahre dauernden Entwicklungsphase bei Zulassung milliardenschwere Einnahmen zu erzielen. Die Pharmariesen (Value) haben das Geld. Die jungen Biotechfirmen (Growth) bringen als Übernahmeziele und Partner innovative Ideen ein.

- **Langfristig schlägt der Value-Ansatz das Growth-Wachstumskonzept leicht, vor allem nach einem Crash. Im Börsenboom haben Growth-Aktien die Nase vorn.** Für Langzeitanleger empfiehlt sich eine Mischstrategie. *Euro am Sonntag* hat über einen Zeitraum von 1989 bis 2012 einen reinen Growth-Ansatz und eine Value-Mischstrategie untersucht. Beide Methoden warfen im Mittel eine Jahresrendite von rund 10% ab.

3.9 Dividendenstrategie: langfristig erfolgreich

Dividenden fristen kein Mauerblümchendasein mehr. Hohe Ausschüttungen treiben den Kurs und sichern ihn nach unten ab. Der Index DivDAX bildet die 15 attraktivsten Dividendentitel im DAX ab. Es gibt mehrere Indexfonds (ETFs), die passiv gemanagt und kostengünstig die dividendenstärksten Werte aus dem DAX und STOXX 50 abbilden. Wenn die Kursentwicklung dennoch enttäuscht, liegt dies daran, dass die besten, von einem zum nächsten Höchststand eilenden Titel trotz höherer Ausschüttung prozentual keine Spitzenrendite erzielen können. Insgesamt liegt die Ausschüttungsquote beim DAX bei 2,95%. Nach Erklimmen des Allzeithochs von über 10.000 Punkten und einer sich dem historischen Durchschnitt annähernden Bewertung (KGV: 12,7) ist kaum mehr drin.

Im 10-Jahres-Vergleich seit 2004 schafften **FUCHS PETROLUB** (MDAX: 24%), **BAYWA** (SDAX: 10%) und **FRESENIUS** (DAX: ebenfalls 10%) das im Durchschnitt höchste jährliche Dividendenwachstum. Die folgenden Tabellen zeigen, dass die Ausrichtung auf starke Dividendentitel zu den besten Strategien zählt. 2013 schütteten die deutschen Konzerne über 34,4 Mrd. € aus. Auf den DAX entfielen 28,4 Mrd. € – der Löwenanteil wegen der hohen Marktkapitalisierung. 2014 schütteten die 100 größten börsennotierten AGs aus dem DAX 100 rund 2% mehr aus als ein Jahr zuvor. Die Rendite errechnet sich aus dem Kaufkurs. Beim langfristigen Investment kann sich allein mit der Dividendenrendite in weniger als zehn Jahren der Einsatz für die Aktie wettmachen. Dies trifft in meinem Depot zu bei EUWAX (27%), AMADEUS (22%), FREENET (17%), LEONI (16%), DÜRR und BERTRANDT (je 13%), INIT, SMT SCHARF und VIB VERMÖGEN (je 11%).

Dividenden-Langzeitstrategie: Beispiele für Renditeanstieg

Ausschüttung Aktie X	Kauf Aktie X: 10 € Div.-Rendite	Kauf Aktie X: 25 € Div.-Rendite	Kauf Aktie X: 40 € Div.-Rendite
0,50 €	5,00%	2,00%	1,25%
0,80 €	8,00%	3,20%	2,00%
1,20 €	12,00%	4,80%	3,00%
1,35 €	13,50%	5,40%	3,38%
1,50 €	15,00%	6,00%	3,75%
2,00 €	20,00%	8,00%	5,00%
2,40 €	24,00%	9,60%	6,00%

Formel: Dividende multipliziert mit 100 dividiert durch den Kaufkurs.

So lange ist es noch gar nicht her. Viele Anleger sahen nur auf die Kursgewinne. Die Gewinnausschüttung erschien nebensächlich und galt für junge Unternehmen mit starkem Wachstumsdrive eher als Hemmnis auf dem Weg zur Größe. Heute, da „Angstsparen“ angesagt ist und das Sparkonto trotz schleichender Kapitalvernichtung weiterhin gefüttert wird, hat sich der Stellenwert der Dividende bei den Aktionären gewandelt. Altmeister André Kostolany empfahl einst: „Aktien kaufen – lange schlafen und liegen lassen – aufwachen und reich sein.“ Diese Strategie wird heute belächelt. Der Trend geht mehr in Richtung: „Schnell rein und raus!“ Wie so oft im Leben liegt zwischen beiden Extremen eine ausgewogene Strategie.

Eine üppige Dividende gilt nicht als alleiniges, aber überzeugendes Kaufargument. Bei zahlreichen Versorger-, Industrie-, Auto-, Versicherungs- und Telekommunikationsaktien ist die Gewinnausschüttung üppig. Ich habe für Sie die Dividendenstars aus DAX, TecDAX, MDAX, SDAX und EURO STOXX 50 zusammengestellt. Außerhalb der deutschen Indizes wurden nur jene Werte berücksichtigt, deren KGV auf faire Bewertung hindeutet. Penny Stocks blieben außen vor.

10 Dividenden-Spitzenreiter aus dem DAX ab 3,2%

Aktienname und WKN	Kurs am 16.09.14	KGV 2015	52-Wochen-Hoch/-Tief	Divid. + Rendite für 2015(e)
Munich Re (843 002)	153,30 €	8,9	170,0/142,0 €	7,25 €/**4,7%**
Lufthansa (823 212)	13,25 €	5,8	20,25/12,15 €	0,60 €/**4,5%**
Dt. Telekom (555 750)	11,60 €	17,7	13,10/9,95 €	0,50 €/**4,3%**
Dt. Börse (581 005)	55,25 €	13,7	63,15/51,75 €	2,30 €/**4,2%**
Allianz (840 400)	134,05 €	9,5	134,05/115,6 €	5,50 €/**4,1%**
E.ON (ENA G99)	14,40 €	15,0	15,30/12,95 €	0,55 €/**3,8%**
Daimler (710 000)	63,00 €	9,1	71,15/56,95 €	2,40 €/**3,8%**
BASF (BAS F11)	75,95 €	12,0	87,35/69,00 €	2,80 €/**3,7%**
Siemens (723 610)	97,70 €	13,2	101,35/88,00 €	3,30 €/**3,4%**
Dt. Post (555 200)	25,15 €	13,7	28,45/23,25 €	0,80 €/**3,2%**
Ein marktabdeckendes Alternativ-Investment: ETF Dividenden-DAX (263 527)				

Anmerkung: Bei einem starken Kursplus wie bei BAYER oder MERCK bzw. langfristigem Aufwärtstrend kann selbst eine stetig angehobene Dividende dies nicht ausgleichen. Umgekehrt verhält es sich großteils beim DivDAX. Die Titel mit der höchsten Dividendenrendite überzeugen nicht immer bei der Kursentwicklung. Dies ist der Hauptgrund, dass der DAX öfters besser abschneidet als der DivDAX.

Hightechtiteln eilt der Ruf voraus, dass sie nichts oder nur wenig ausschütten, weil Forschung und Entwicklung, Innovation, Wachstum und eine beherrschende Marktstellung vorrangige Ziele sind. Betrachten wir den TecDAX mit seinen 30 Titeln, so finden wir hier Dividendenperlen, also Unternehmen, die es bezüglich ihrer Ausschüttungspolitik locker mit dem DAX, MDAX und SDAX aufnehmen können bzw. dort ganz oben angesiedelt wären. Diese Firmen halten die Ausschüttung nicht nur stabil, sondern erhöhen sie gewöhnlich Jahr für Jahr.

8 Dividenden-Spitzenreiter aus dem TecDAX ab 2,3%

Aktienname und WKN	Kurs am 16.09.14	KGV 2014	52-Wochen-Hoch/-Tief	Divid. + Rendite für 2015(e)
Telefónica Dt. (A1J 5RX)	4,08 €	negativ	5,05/4,05 €	0,30 €/**7,4%**
Freenet (A0Z 2ZZ)	20,85 €	10,9	25,90/17,65 €	1,50 €/**7,2%**
Drillisch (554 550)	28,55 €	24,3	31,40/17,00 €	1,60 €/**5,6%**
Pfeiffer Vac. (691 660)	66,60 €	13,9	99,45/66,60 €	3,65 €/**5,6%**
QSC (513 700)	2,30 €	34,5	5,10/2,20 €	0,11 €/**4,8%**
BB Biotech (A0N FN3)	143,15 €	11,9	148,3/100,2 €	5,74 €/**4,0%**
Jenoptik (622 910)	9,40 €	10,5	13,85/9,20 €	0,22 €/**2,3%**
Software (330 400)	20,10 €	22,5	29,10/18,45 €	0,46 €/**2,3%**

Der MDAX (2013:+39,1%) rennt dem DAX (2013: +25,5%) bezüglich Kursentwicklung seit Jahren davon. Einen Bewertungsabschlag gibt es schon längst nicht mehr. Das KGV liegt beim DAX bei 12,7, MDAX 16,6, TecDAX 23,2 und SDAX 16,3. Dies beeinflusst die Dividendenrendite. Bei Aktien, deren Börsenwert sich 2013 fast verdoppelte, kann die Ausschüttungsrendite nicht mehr besonders hoch sein. Bei SKY stieg der Aktienkurs um 94%, bei DÜRR um 92%, bei LEONI, MAN und EADS um 90%, bei der AAREAL BANK um 83% und bei Pro7SAT.1 um 80%.

11 Dividenden-Spitzenreiter aus dem MDAX ab 3,7%

Aktienname und WKN	Kurs am 16.09.14	KGV 2014	52-Wochen-Hoch/-Tief	Divid. + Rendite für 2015(e)
RTL Group (146 252)	67,60 €	14,2	99,35/67,55 €	4,00 €/**5,9%**
TAG Immob. (830 350)	8,90 €	11,8	9,65 €/8,40 €	0,50 €/**5,6%**
Bilfinger (590 900)	48,50 €	10,2	92,70/48,25 €	2,40 €/**5,0%**
Pro7SAT.1 (PSM 777)	33,00 €	15,0	36,00/29,60 €	1,60 €/**4,9%**

TALANX (TLX 100)	26,40 €	8,4	27,85/23,50 €	1,25 €/**4,7%**
Hannov. Rück (840 221)	63,20 €	8,9	67,95/53,15 €	2,80 €/**4,4%**
Axel Springer (550 135)	44,15 €	17,8	51,25/39,15 €	1,90 €/**4,3%**
Wincor Nixd. (A0C AYB)	43,10 €	12,3	58,05/37,80 €	1,80 €/**4,2%**
EVONIK (EVN K01)	26,40 €	13,1	30,45/25,70 €	1,00 €/**3,8%**
Dt. Euroshop (748 020)	34,90 €	16,2	37,85/30,70 €	1,30 €/**3,7%**
Hugo Boss (A1P HFF)	100,55 €	16,5	113,55/90,80 €	3,75 €/**3,7%**

Wer die Dividendensieger der letzten Jahre hier vergebens sucht, für den gilt beim **SDAX** eine ähnliche Begründung wie beim MDAX. Es gibt hier einige Unternehmen, deren Aktienkurs sich im Jahr 2013 mehr als verdoppelt hat. Dies sind: C.A.T.OIL (+200%), GRAMMER (+116%), HEIDELBERGER DRUCK (+109%) und SAF HOLLAND (+106%). Springt der Aktienkurs quasi durch die Decke, kann selbst bei angehobener Ausschüttung die Rendite hier nicht mehr mithalten. Spitzenwerte bei der Dividendenrendite sind eher bei verhaltenem Kursanstieg zu erwarten.

12 Dividenden-Spitzenreiter aus dem SDAX ab 3,6%

Aktienname und WKN	Kurs am 16.09.14	KGV 2014	52-Wochen-Hoch/-Tief	Divid. + Rendite für 2015(e)
ZEAL Network (HD6 614)	30,25 €	10,9	59,00/30,25 €	3,00 €/**9,9%**
Delticom (514 680)	19,40 €	16,8	42,80/19,00 €	1,30 €/**6,7%**
MLP (656 990)	4,55 €	11,6	6,00/4,50 €	0,28 €/**6,2%**
Alstria Office (A0L D2U)	9,80 €	15,0	10,25/8,75€	0,55 €/**5,6%**
Amadeus Fire (509 310)	56,25 €	16,4	67,35/45,65 €	3,00 €/**5,3%**
Comdirect B. (542 800)	8,15 €	18,5	8,85/7,35 €	0,42 €/**5,2%**
DIC Asset (A1X 3XX)	6,85 €	17,4	8,15/6,25 €	0,35 €/**5,1%**
Hamborner R. (601 300)	8,15 €	28,3	8,25/6,95 €	0,40 €/**4,9%**
SAF Holland (701 879)	10,10 €	9,2	12,20/8,65 €	0,40 €/**4,0%**
SHW (A1J BPV)	34,35 €	10,0	55,50/31,25 €	1,30 €/**3,8%**
Dt. Beteiligung (A1T NUT)	21,65 €	9,7	22,80/18,50 €	0,80 €/**3,7%**
CTS Eventim (547 030)	22,50 €	22,9	24,10/16,00 €	0,80 €/**3,6%**
Kennzahlen-Quelle: DAX, TecDAX, MDAX, SDAX: BÖRSE ONLINE Datenbank				

Der EURO STOXX 50 ist mit einem für 2014 erwarteten Kurs-Gewinn-Verhältnis von 14,0 angemessen bewertet. Der Kurs kletterte 2013 nur um 17,6% aufwärts, während der DAX ein Plus von 25,5% und der DOW JONES einen Anstieg um 25,8% schaffte. Nachdem der EURO STOXX 50 wegen der Überschuldungskrise südeuropäischer Länder bereits 2012 nicht richtig vorankam und die Geschäftszahlen einiger Finanzdienstleister enttäuschten, ist die Dividendenrendite bei gleichbleibender oder angehobener Ausschüttung überdurchschnittlich hoch. Als Wermutstropfen ist aber festzuhalten, dass durch das Doppelbesteuerungsabkommen von der angekündigten Dividende nur rund die Hälfte übrig bleibt.

10 Dividenden-Spitzenreiter aus EURO STOXX 50 ab 4,6%				
Aktienname und WKN	**Kurs am 16.09.14**	**KGV 2014**	**52-Wochen-Hoch/-Tief**	**Divid. + Rendite für 2015(e)**
B. Santander (858 872)	7,60 €	12,6	7,90/5,65 €	0,60 €/**7,9%**
Telefónica (850 775)	11,95 €	12,9	13,15/10,90 €	0,75 €/**6,3%**
Orange (906 849)	11,25 €	11,7	12,80/8,50 €	0,70 €/**6,2%**
GDF Suez (A0E R6Q)	19,50 €	8,8	21,00/16,20 €	1,17 €/**6,0%**
ENI (897 791)	18,70 €	12,5	20,40/16,30 €	1,12 €/**6,0%**
Repsol (876 845)	18,70 €	12,7	20,95/16,95 €	0,98 €/**5,4%**
Vivendi (591 068)	19,30 €	23,7	21,15/16,85 €	1,00 €/**5,2%**
Iberdrola (A0M 46B)	5,50 €	13,6	5,75/4,20 €	0,27 €/**4,9%**
Total (850 727)	49,65 €	7,5	54,50/41,60 €	2,44 €/**4,9%**
Unibail-Rod. (863 733)	203,85 €	17,7	213,4/175,4 €	9,40 €/4,6%
Marktabdeckend: **ETF DIV Euroland (263 528) oder DIV Europa (263 529)**				

13 deutsche Dividenden-Spitzenreiter außerhalb der Indizes ab 5,2%, Börsenwert ab 25 Mio. €, angemessene Bewertung				
Aktienname und WKN	**Kurs am 16.09.14**	**KGV 2014**	**52-Wochen-Hoch/-Tief**	**Divid. + Rendite für 2015(e)**
Bijou Brigitte (522 950)	55,55 €	18,7	78,50/55,55 €	4,50 €/**8,1%**
MPH Pharma (A0L 1H3)	2,50 €	13,9	3,20/2,10 €	0,20 €/**8,0%**
Haemato (619 070)	4,30 €	10,0	5,35/3,25 €	0,30 €/**7,0%**
PVA Tepla (746 100)	2,20 €	20,0	3,30/2,00 €	0,19 €/**6,8%**

KAP Beteilig. (620 840)	22,00 €	17,6	27,00/19,50 €	1,25 €/**5,7%**
Pironet (691 640)	4,45 €	20,1	5,00/3,75 €	0,25 €/**5,7%**
UMS (549 365)	9,85 €	17,9	12,50/8,75 €	0,55 €/**5,6%**
Sanacorp (716 313)	18,10 €	13,9	20,50/17,05 €	0,99 €/**5,5%**
Viscom (784 686)	11,00 €	15,1	17,65/9,30 €	0,60 €/**5,5%**
Lang &Schwarz (645 450)	13,85 €	10,7	14,40/4,85 €	0,75 €/**5,4%**
Westag VZ (777 523)	19,00 €	14,1	21,10/16,90 €	1,00 €/**5,3%**
i:FAO (622 452)	15,10 €	16,6	16,60/10,90 €	0,80 €/**5,3%**
Adcapital (521 450)	4,80 €	19,2	5,60/4,55 €	0,50 €/**5,2%**
Kennzahlenquelle außerhalb der Indizes: BÖRSE ONLINE Datenbank				

Wissenswertes rund um die Dividende

- Wer am Tag der HV die Aktie hält, bekommt am nächsten Werktag die volle Dividende ausgezahlt.
- Bei intaktem Börsenklima und positiven Fundamentaldaten wird der Dividendenabschlag (ExD) schon binnen weniger Wochen aufgeholt.
- Eine hohe Dividende sichert den Kurs bei Qualitätstiteln nach unten ab.
- Dividendenstarke Titel erzielen längerfristig meist eine höhere Performance.
- Eine üppige Dividende ist dennoch nicht das einzige Kaufargument. Sinken Umsatz und Ertrag, wird die Dividende vielleicht gekürzt oder gestrichen.
- Viele Hightech- und Biotechunternehmen zahlen vor allem in den ersten Jahren überhaupt keine Dividende. Wachstum hat absoluten Vorrang.
- Die Deutsche Börse AG hat 2005 den DivDAX mit den 15 dividendenstärksten DAX-Unternehmen eingerichtet. Die Anpassung erfolgt alljährlich. Hier empfiehlt sich als langfristiges Engagement ein Indexfonds (ETF).

Zum Jahresschluss 2008 lief das Halbeinkünfteverfahren aus. Die 2009 in Kraft getretene Abgeltungsteuer stellt Ausschüttungen, Zinsen und sonstige Kapitalerträge, also auch die Kursgewinne von Aktien, gleich. Wer noch vor 2009 thesaurierende Aktienfonds bzw. Indexfonds (Exchange Traded Funds = ETFs) geordert hat und diese als Altbestand hält, braucht keine Steuer zu bezahlen. **Thesaurierend** bedeutet, dass der Kursgewinn und die Dividende in weitere Anteile fließen: vor 2009 steuerfrei, danach mit der 25-prozentigen Abgeltungsteuer belegt.

Mit geschicktem Timing die Performance steigern! Laut einer Studie der DZ-Bank können Sie den DAX im Schnitt um gut 1% schlagen, wenn Sie dividendenstarke Werte bis zu drei Wochen vor der Hauptversammlung kaufen. Am Tag danach kommt es zu einem Kursabschlag (ExD). Er wird bei intakten Fundamentaldaten jedoch rasch aufgeholt – oft schon in wenigen Tagen oder Wochen. Mitunter lautet der Tipp, am Tag nach der HV auszusteigen. Vergessen werden dabei die Transaktionskosten. Am oft empfohlenen schnellen Rein und Raus verdienen Börse, Broker, Banken – eher selten die mit Gebühren belasteten Privatanleger. Was für den einen Handelspartner gut ist, kann für den anderen richtig schlecht sein.

Dividenden-Spitzenreiter bei Aktionären zunehmend begehrt

Deutsche Firmen haben ihren Aktionären im Jahr 2014 rund 37,3 Mrd. € ausgeschüttet – etwas mehr als ein Jahr zuvor. Aktionärsschützer fordern im Allgemeinen eine Ausschüttungsquote von 50%. Im Schnitt ist eher mit 30% zu rechnen, mitunter auch deutlich darunter. Beim DAX gab es wegen Dividendenkürzungen von E.ON und RWE insgesamt geringere Dividenden. In den anderen deutschen Indizes sorgten dagegen oft höhere Ausschüttungen für Freude.

Die Dividenden der deutschen Indizes im Jahr 2014		
Deutsche Indizes	**Ausschüttung HV 2014**	**Differenz zu 2013**
DAX	27,18 Milliarden Euro	Minus 2,9%
MDAX	5,97 Milliarden Euro	Plus 23,6%
TecDAX	1,13 Milliarden Euro	Plus 7,7%
SDAX	0,93 Milliarden Euro	Plus 44,0%
Anmerkung: Beim MDAX und SDAX trugen zahlreiche Neuemissionen der letzten Jahre entscheidend zu der höheren Ausschüttungsquote 2014 gegenüber 2013 bei.		

Zauberformel: zweistellige Rendite bei langem Anlagezeitraum

Wer die DAX-Gesundheitsaktie FRESENIUS schon 20 Jahre hält, freut sich über einen Kursgewinn von 2200% und eine seit 21 Jahren ununterbrochen steigende Dividende. Dennoch bedeutet die für 2015 erwartete Ausschüttung von 0,50 € bei 40 € nach Splitt keinen Rekord an Rendite, weil der Kurs prozentual der Dividende davonläuft. Ganz anders sieht die Sache aus, wer von seinem steuerfreien Altbestand die Ausschüttungsrendite berechnet. Die folgenden Beispiele sollen diese Strategie verdeutlichen. Alle hier aufgeführten Titel befinden sich – öfters nach Teilverkauf im Rahmen meiner Hoch/Tief-Mutstrategie – weiterhin in meinem Depot und bleiben es auch.

Zauberformel: jahrelanger Kurs- und Dividendenanstieg				
Aktie, Index, WKN (bis 2008 steuerfrei)	**Kauftag und Kurs**	**Kurs 03.06.14**	**Kursgewinn €/%**	**Div. 2014 mit Rendite**
BASF (Altbestand) DAX (BAS F11)	13.11.2002 18,40 €	84,90 €	66,40 € ca. 460%	2,70 € 14,6%
BAYER (Altbestand) DAX (BAY 001)	07.03.2003 14,60 €	105,40 €	80,80 € ca. 700%	2,30 € 15,8%
BECHTLE (Altbestand) TecDAX (515 870)	20.09.2004 13,10 €	64,30 €	51,20 € knapp 500%	1,10 € 8,5%
Bertrandt (Neudepot) SDAX (523 280)	22.06.2009 14,60 €	112,60 €	98,00 € über 750%	2,40 € 16,4%
BOSS (Altbestand) MDAX (524 550	24.02.2003 11,30 €	104,80 €	93,50 € ca. 840%	3,34 € 29,6%
CANCOM (Neudepot) TecDAX (541 910)	22.08.2012 12,20 €	38,80 €	98,00 € über 320%	0,40 € 3,3%
Drillisch (Neudepot) TecDAX (554 550)	15.03.2011 6,60 €	27,30 €	20,70 € fast 420%	1,60 € 24,2%
DÜRR (Altbestand) MDAX (556 520)	16.09.2008 10,20 €	62,20 €	52,00 € über 600%	1,50 € 14,7%
ElringKlinger (Altbest.) MDAX (785 602)	21.03.2004 7,00 €	31,50 €	24,50 € 350%	1,71 € 24,4%
Eurofins (Altbestand) Frankreich (910 251)	05.11.2005 15,90 €	229,70 €	213,80 € 1.450%	1,20 € 7,5%
EUWAX (Altbestand) Börse Stuttg. (566 010)	30.04.2003 12,40 €	68,00 €	55,60 € 550%	3,26 € 26,3%
Freenet (Neudepot) TecDAX (A0Z 2ZZ)	12.08.2011 7,90 €	23,10 €	15,20 € knapp 300%	1,45 € 18,5%
Fuchs Petrolub (Altbestand) MDAX (579 043)	01.10.2003 4,00 €	35,00 €	31,00 € ca. 880%	1,40 € 35,0%
LEONI (Altbestand) MDAX (540 888)	10.11.2008 9,30 €	59,80 €	50,50 € knapp 550%	1,00 € 10,8%
LPK Laser (Altbestand) TecDAX 645 000)	11.11.2003 2,10 €	15,80 €	13,70 € 650%	0,30 € 14,3%
Nemetschek (Altbest.) TecDAX (645 290)	10.06.2005 15,50 €	69,50 €	54,00 € 450%	1,30 € 8,4%

Pfeiffer Vac. (Altbest.) TecDAX (691 660)	29.05.2003 23,20 €	79,30 €	56,10 € über 340%	2,65 € 11,4%
Rational (Altbestand) SDAX (701 080)	08.05.2003 33,00 €	228,00 €	195,00 € knapp 700%	6,00 € 18,2%
Schaltbau (Altbestand) SDAX (717 030)	26.04.2005 7,00 €	54,90 €	47,90 € 780%	0,96 € 13,7%
Softbank (Altbestand) Nikkei (891 624)	17.07.2003 7,70 €	55,70 €	48 € über 700%	0,28 € 3,7%
VIB Vermögen (Altbest.) m:access (245 751)	29.12.2008 3,50 €	14,00 €	11,50 € 400%	0,45 € 12,9%

Der DAX ist kein Kurs-, sondern ein Performanceindex

Beim DAX ist entscheidend, dass er im Gegensatz zu den anderen großen Indizes kein Kurs-, sondern ein Performanceindex ist. Dies bedeutet, dass alle Ausschüttungen mit eingerechnet werden. Wäre dies nicht der Fall, würde der DAX Mitte November 2014 nicht bei rund 9500, sondern nur bei 4850 Punkten stehen. Dann wäre unser Leitindex vom Allzeithoch nicht nur 7%, sondern rund 30% entfernt – also weit weg von einer Spekulationsblase und einem KGV im historischen Mittel. Viele DAX-Titel trauern noch ihrem früheren Allzeithoch nach wie z. B. MUNICH RE, ALLIANZ (über 200%) oder TELEKOM (über 650%).

2015 winkt Dividendenfeuerwerk mit 30 Mrd. € allein beim DAX

17 von 30 DAX-Konzernen wollen 2015 mehr ausschütten. Also dürfte der DAX mit fast 30 Mrd. € Dividende den Rekord mit 28 Mrd. € von 2008 brechen. Erhöhungen planen die Autobauer BMW und VW, der Zulieferer CONTI, die Versicherung ALLIANZ und der Düngemittelspezialist K&S. Beim Blick auf die Dividendenrendite dürfte zum jetzigen Kurs die ALLIANZ führen mit 5,3% vor MUNICH RE mit 4,8%, BASF und DAIMLER mit je 4,1% und DEUTSCHE TELEKOM mit 4,0%.

Bedenken Sie, dass Sie auf Ihrem Sparkonto bei Neuverträgen nicht einmal mehr 1% Zinsen bekommen, wobei sogar Straf- bzw. Negativzinsen für Aufregung und Schrecken sorgen. Selbst ohne Kursgewinne würde sich bei vielen Titeln allein schon die Ausschüttung als Kaufgrund lohnen. Auch bei DEUTSCHE BÖRSE, RWE, SIEMENS, DEUTSCHE POST und E.ON beträgt die Rendite über 3,5%.

- Ist Ihnen bewusst, dass Aktienrückkaufprogramme mit eingezogenen Aktien schon deshalb beliebt sind, weil bei stabiler Dividende die gesamte Ausschüttungssumme sinkt? Weniger Aktien heißt geringere Zahlung seitens der AG.

3.10 Mut zum antizyklischen Handeln

„Nur wer gegen den Strom schwimmt, kann zur Quelle vorstoßen. Tote Fische und Mitläufer treiben mit dem Strom.“ Dieser couragierten Strategie „Viagra ins Depot“ steht die Marschrichtung vorsichtiger Anleger entgegen.

Vielleicht schlagen auch Sie sich mit widersprüchlichen Börsenempfehlungen herum. Zum einen heißt es – und für die Berechtigung dieser Behauptung gibt es genügend Beweise – „The trend is your friend!“ Es tritt viel seltener ein, dass die eingeschlagene Richtung abrupt ins Gegenteil umgekehrt wird, als dass der Trend weiterläuft. So warnte die Analystin Elisabeth Weisenhorn vor geraumer Zeit: „Wer sich um jeden Preis gegen den herrschenden Trend stellt, läuft schnell gegen die Wand.“ Dennoch geht die prozyklische Anlagestrategie oft einher mit Herdentrieb und starkem Sicherheitsstreben, was dem risikobewussten, mutigen Anleger gegen den Strich geht. Er will erfolgreicher sein als die Masse der Investoren. Drum wagt er mehr und akzeptiert, dass mit den Chancen auch die Risiken steigen. Er kann für seinen Mut belohnt, aber ebenso abgestraft werden. Was also tun?

> *Der kluge Investor – derjenige also, der sich nicht für ein Finanzgenie hält, sich aber darin übt, die Meldungen in Zeitschriften und Fernsehen zu analysieren und Hochs und Tiefs an den Extremwerten der öffentlichen Meinung zu erkennen – lernt schließlich, bei Angst und Panik zu kaufen, bei Gier und Euphorie zu verkaufen. Der kluge Investor behält einen kühlen Kopf und sucht nach solchen Extremen. Aber weil er die Neigung seiner Mitmenschen kennt, sich der Massenmeinung anzuschließen, begibt er sich nicht in derart zerstörerische Gefahren.*
>
> **Anthony Gallea/William Patalon: *Antizyklisch investieren***

Antizyklisches Handeln bedeutet nicht, jeden Trend zu ignorieren. Es heißt auch nicht, stets das Gegenteil von dem zu tun, was die Mehrheit macht. Es geht darum, durch genaue Marktbeobachtung etwas früher den Weg einzuschlagen, den danach der Markt vollzieht: Also verkaufen, bevor eine sich auftürmende Spekulationsblase platzt, und während der Bodenbildung wieder einsteigen oder zukaufen.

Das folgende Beispiel zeigt, wie dies in der Praxis aussehen kann: Zu Beginn des neuen Jahrtausends gab es einen Biotechnologieboom, angeheizt durch die Erkenntnisse der GEN-Forschung (DNA). Aber es war noch viel zu früh, um schon bald neuartige Wirkstoffe auf den Markt zu bringen. 15 bis 18 Jahre dauert es, um mit einem neuen Medikament gegen schwere Krankheiten vom ersten Forschungsansatz bis zur begehrten behördlichen Arzneimittelzulassung nach erfolgreicher klinischer Phase III vorzustoßen. Die Chance für den ganz großen Durchbruch mit Umsatzerlösen in Milliardenhöhe liegt auch nur bei 100:1.

Der verfrühte Einstieg in die Biotechnologie um die Jahrtausendwende wurde mit Verlusten gepflastert. Es war klug, hier nicht mitzumachen. Jetzt, eineinhalb Jahrzehnte später, sind die Chancen ungleich größer, mit einem den Index nachbildenden Biotech-ETF, aktiv gemanagten Biotechfonds oder geschickter Einzelaktienauswahl viel Geld zu verdienen. Mutiges Handeln hat sich in den letzten fünf Jahren ausgezahlt. Wer in diesen Sektor erst jetzt einsteigt, darf mit kluger Auswahl und gutem Timing auch künftig mit Kursgewinn rechnen – jedoch nicht mehr mit einer solch üppigen Performance wie 2013, als der amerikanische Biotechnologieindex um 80% zulegte und mit einigen Titeln bezüglich Kursentwicklung eine Verdopplung, ja Verdrei- oder Vervierfachung möglich war. Ich verweise auf die im Sommer 2014 im FinanzBuch Verlag erschienene Neuerscheinung von Uniprofessor Dr. Hannemann und mir mit dem Titel: **Hannemann/Sander: *Die gesunde Geldanlage – Mit Biotech, Medtech und Pharma auf Börsenerfolgskurs.***

Ganz anders sah das antizyklische Handeln bei Solarstromaktien aus. Ein Einstieg 2004/2005 bescherte dem marktkundigen Anleger riesige Kursgewinne. Vier bis fünf Jahre später war es klug, sich von seinen Einzelaktien, ETFs und Aktienfonds in diesem Sektor zu verabschieden. Ab 2011/2012 begann das große Sterben der Photovoltaikunternehmen, begünstigt durch unglaublichen Preisdruck, starke Konkurrenz aus China und Marktübersättigung. Hinzu kam Bequemlichkeit, mit verursacht durch den Wahnwitz der Politik, Einspeisevergütungen nach dem EEG, dem Erneuerbare-Energien-Gesetz, für 20 Jahre festzuschreiben. Als Anreiz für Forschung und Entwicklung war eine solch lange staatliche Förderung in der Startphase vielleicht für wenige Jahre zu rechtfertigen, aber doch nicht bis 2014! Kein vernünftig handelnder Unternehmer würde eine Preisgarantie auch nur für zwei bis drei Jahre geben – nie und nimmer für ein Jahrzehnt oder gar 20 Jahre. Täte er dies, kämen Zweifel über seine Geisteskräfte auf.

Die deutschen Marktführer der Gründerphase wie CONERGY, Q-CELLS, ERSOL, SOLON sind vom Börsenzettel verschwunden, SOLARWORLD, CENTROTHERM und PHOENIX SOLAR fristen ein tristes Dasein. Um nur einige Namen zu nennen: Über SOLAR MILLENNIUM, SUNWAYS und S.A.G. SOLARSTROM kreiste der Pleitegeier. Nur SMA SOLAR kann bisher seinen TecDAX-Platz verteidigen.

Größere Kursbewegungen sind üblich bei zahlreichen Maschinen- und Autobauern sowie Autozulieferern aus DAX, MDAX und SDAX. Extrem niedrige Kurse winkten im Herbst 2008 (große Chance für den Aufbau eines steuerfreien Altbestands) und im Frühjahr 2009 bei einem DAX-Stand von 3600 Punkten. Der Export stürzte im Zuge der Weltwirtschaftskrise ab. Die Auftragsbücher blieben wegen des Investitionsstopps leer, Bestellungen wurden verschoben oder storniert, Rechnungen nicht termingemäß bezahlt. Die Folge: Umsatz und Ertrag brachen zweistellig ein. Noch stärker erwischte es den Finanz- und Immobiliensektor.

Mit Umsicht war damals mancher Schnäppchenkauf möglich – aktuell daran erkennbar, dass sich bis heute zahlreiche Titel mehr als nur verdoppelten. Wer beispielsweise im Herbst 2008 bei **DÜRR**, dem Autolackierungsspezialisten aus dem MDAX, einstieg, kann sich heute über einen Kursgewinn von rund 750% erfreuen. Wer im Sommer 2009 bei dem Ingenieur-Dienstleister **BERTRANDT** aus dem SDAX zugriff, sah seine Aktie zeitweilig um über 800% im Plus.

Antizyklisches Handeln ist also nicht nur geboten, wenn sich im Bullenmarkt Spekulationsblasen auftürmen und die Boulevardpresse auf der Titelseite in großen Lettern über den Aktienboom berichtet. Ebenso ist Courage gefragt, wenn die Börse ein Crashszenario durchlebt wie ab Herbst 2008 bis Frühjahr 2009 wegen der immer dramatischer verlaufenden Finanzkrise mit drohender Insolvenzgefahr nicht nur bei Hypothekenbanken. Betroffen waren ebenso Großbanken, siehe die Pleite von LEHMANN BROTHERS. Ohne die Konjunkturprogramme und Rettungsschirme der Regierungen sowie die Leitzinssenkungen der Notenbanken auf historischem Tiefstand hätte es auch einige große Versicherungen erwischt.

Die antizyklische Aktienanlage ist zudem aussichtsreich, wenn einzelne Titel wegen der Gerüchteküche in die Tiefe stürzen oder Schwarzmalerei und Weltuntergangsstimmung Panikverkäufe auslösen. Oft reichen die schlechten Zahlen des Weltmarktführers aus, um die gesamte Branche nach unten zu ziehen. Abrupte Kurseinbrüche um die Hälfte und darüber kommen im Pharma- und Biotechsektor gar nicht so selten vor. Dies ist zu befürchten, wenn bei geringer Produktpipeline die klinische Phase III wegen enttäuschender Ergebnisse abgebrochen wird, die erwartete Arzneimittelzulassung ausbleibt, ein Blockbuster-Präparat wegen schwerer Nebenwirkungen abgesetzt werden muss und milliardenschwere Schadensersatz-Sammelklagen in den USA drohen.

Als kompetente Privatanleger sollten Sie sich im Internet Zugang zu den fundamentalen Daten beschaffen und einschätzen, ob ein solcher Kurssturz gerechtfertigt oder übertrieben erscheint. Handelt es sich um das schlecht laufende Kerngeschäft einer Firma, gilt „Hände weg von dieser Aktie".

> *Ich kann die Bahn der Himmelskörper auf Zentimeter und Sekunden genau berechnen, aber nicht, wohin die verrückte Menge einen Börsenkurs treibt.*
>
> **Isaac Newton**

Wann ansonsten antizyklisch kaufen? Dicht vor einem Turnaround (Bodenbildung), oder Break-Even (Erreichen der Gewinnschwelle) und bei Insiderkäufen (Vorstand und Aufsichtsrat erhöhen ihren Aktienanteil) öffnet der frühzeitige Einstieg das Tor zu üppigen Kursgewinnen. Chancen bieten sich vor allem bei den nur wenig beachteten und verschmähten Nebenwerten. Doch investieren Sie nicht undiszipliniert in „gefallene Engel". Nicht jeder, der zu Boden geht, steht wieder auf.

Die Professoren Michael Frenkel und Lukas Menkhoff beschrieben vor einigen Jahren zwei marktrelevante Phänomene: Beim **„noise trading"** orientieren sich die Marktteilnehmer an Gerüchten. **„Herding"** betrifft Anleger, die ihr Verhalten an anderen Tradern ausrichten, statt ihre Entscheidungen auf Fundamentaldaten und die technische Analyse zu stützen. Die Folge? Die Börse lässt in den von der Börsenpsychologie dominierten hektischen Phasen oft an Logik vermissen.

Verlaufskurven der Kurse und der Nachrichten: Was kommt zuerst? Das Huhn oder das Ei? Bewegen die Nachrichten die Kurse oder verändern sich die Kurse, bevor die Nachrichten publiziert werden?

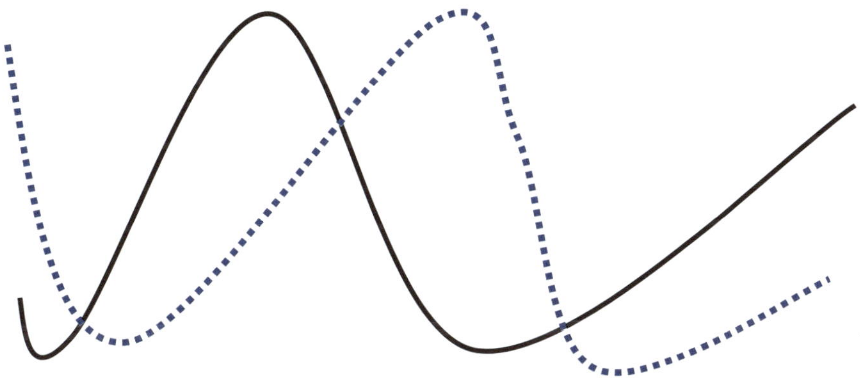

Aktienkurse: durchgezogene Linie – **Nachrichten:** gestrichelte Linie

---

Wie längerfristige Verlaufskurven zeigen, eilen die Kurse den von Experten veröffentlichten Nachrichten bisweilen um einige Monate voraus. Die Aktienkurse bewegen sich oft bereits gegen Norden, bevor die Meldungen eine Verbesserung anzeigen. Ebenso fallen die Notierungen schon, bevor sich die Nachrichtenlage verdüstert. Meist nehmen die Kurse die erwarteten Nachrichten vorweg. Selbst bei verkündeten Verlusten ist ein ansehnlicher Kursanstieg denkbar, wenn die Analysten von einer noch schlechteren Entwicklung ausgingen. Umgekehrt wird ein Umsatz- und Ertragsrekord nicht unbedingt mit einem Kursfeuerwerk belohnt, wenn sich führende Analysten im Vorfeld noch mehr ausgerechnet hatten.

Fazit: Im Übrigen gilt für das antizyklische Handeln das gleiche Grundprinzip wie beim Fahren eines Sportwagens. Sie müssen einen PORSCHE beherrschen, um unfallfrei auch hohe Geschwindigkeiten und brenzlige Situationen zu meistern und nach dem gleichzeitigen Start in Salzburg schneller den Zielort Bremen zu erreichen als mit einem AUDI.

3.11 Schach dem Risiko mit prozyklischen Anlagen

Mein Börsenspruch „Wer zu spät erkennt den Trend, leicht in das Verderben rennt!" soll verdeutlichen, dass Sie als Privatanleger den Markt nicht beeinflussen, kontrollieren, steuern oder ausbremsen können. Es sei denn, Sie sind mehrfacher Millionär oder Milliardär und wagen verhältnismäßig hohe Einsätze bei niedrig kapitalisierten Titeln.

Der Markt macht letztlich, was er will. Ihn auf Dauer zu schlagen bleibt zumindest für die meisten Privatinvestoren ein erfolgloses Unterfangen. Die Profis schaffen dies selbst mit großen Kapitalbewegungen selten. Am ehesten glückt dies noch bei kleineren Nebenwerten und an Börsentagen mit niedrigem Umsatz wie Pfingstmontag, Himmelfahrt, Fronleichnam. Wäre es so einfach, den Markt zu schlagen, würden viele Aktienfonds besser abschneiden und nicht so oft der Benchmark, dem Vergleichsindex, hinterherhinken. Kaum jeder fünfte Blue Chip-Fonds schafft es, den Vergleichsindex auszuhebeln. Die prozyklische Anlagestrategie entspricht eher dem Sicherheitsstreben und nutzt die Tatsache, dass die Aktienmärkte nicht geradlinig, sondern in Zyklen verlaufen.

Der Frühindikator Börse spiegelt nicht die Gegenwart, sondern die Zukunftseinschätzungen wider. Im Allgemeinen läuft der Aktienmarkt der erwarteten Wirtschaftsentwicklung um mehrere Wochen bis Monate voraus. Wenn Sie das richtige Gespür für Trendfolgen entwickeln, erhöhen Sie Ihre Chancen auf Kursgewinne. Reagieren Sie erst dann, wenn sich die Kaufempfehlungen häufen, haben das große Geschäft längst schon andere gemacht.

Wer sich in ausgetretenen Pfaden bewegt, ist spät dran. Wer Börsentipps, an denen Börse, Broker und Banken verdienen, unkritisch befolgt wie „Sell in May and go away", verfängt sich im Netz der Transaktionskosten. Er hat wohl keine Aktie mit steuerfreiem Kursgewinn im Depot – möglich bis Ende 2008. Die Abgeltungsteuer von 25% plus Solidarzuschlag und Kirchensteuer wird beim Neubestand seit 2009 nach Ausschöpfen des Pauschalbetrags von 801 € immer fällig. Bei realisierten Kursgewinnen wird die Kirchensteuer jetzt automatisch abgezogen. Kein Kirchenmitglied kann sich noch einer solchen Abbuchung entziehen.

- **Tipp: Der folgende Nachteil ist vermeidbar:** Mancher Aktionär verkauft unüberlegt Werte kurz vor einer üppigen Dividendenausschüttung, die bevorzugt im Mai und Juni stattfindet. Das wöchentlich erscheinende Fachmagazin *BÖRSE ONLINE* veröffentlicht in seiner Datei die aktuellen HV-Termine.

3.12 Breit gestreut: hilfreich bei Börsenunwetter

Mein kurzer Börsenspruch: „Breit gestreut – nie bereut!" als Voraussetzung für Börsenerfolg und Risikominimierung bezieht sich auf Indizes, Branchen, Länder, Umfang und Zeitpunkt der Transaktion.

Bei vielen Aktionären dominiert das **„Heimatliebedepot DAX"**, wie zahlreiche Depotüberprüfungen bestätigen. Gar nicht selten verteidigen Anleger die DAX-Ein-Wert- oder DAX-Wenig-Werte-Strategie. Bei der Frage nach den Gründen heißt es: „Ich orientiere mich an Warren Buffett und kaufe nur, was ich verstehe und gut kenne. – Das Risiko ist bei den großen DAX-Titeln viel geringer als bei den Nebenwerten. – Den Heimatmarkt kann ich besser beobachten. – Bei der Ein-Wert-Strategie mit hohem Einsatz lohnt es sich, schon Gewinne unter 10% mitzunehmen." Überlegen Sie, welche Aussagen es verdienen, sich daran zu orientieren. Denken Sie darüber nach, welche früheren Fehler Sie nicht wiederholen dürfen.

Weniger Risiko mit Mischung aus Standard- und Nebenwerten

Was erfahrene Investoren ohnehin wissen und die Kursentwicklung von DAX, MDAX, TecDAX und SDAX in einem Jahrzehnt bestätigt, wird wissenschaftlich untermauert. Die Universität Mannheim, Lehrstuhl Prof. Dr. Weber, kam in einer Studie zu dem Ergebnis, dass mit der Beimischung von Mid und Small Caps das Risiko deutlich sinkt und die Rendite eines Aktienportfolios steigt. Der positive Streuungseffekt gilt für den Bullen- und Bärenmarkt. Die Studie gründet auf einer Untersuchung europäischer Aktienindizes. Eine Mischung aus Blue Chips, mittelgroßen und kleinen Werten führt zu einem besseren Rendite-Risiko-Verhältnis als ein reines Standardaktienportfolio.

Warren Buffetts Rat, nur zu kaufen, was man gut kennt und versteht, heißt nicht, nur Blue Chips auszuwählen. Gerade unter den kaum bekannten, niedrig bewerteten substanzstarken Titeln befindet sich manche verborgene Perle. Es ist unsinnig, zu glauben, mit der Beschränkung auf die großen DAX-Titel gehe das Risiko zurück. Ganz im Gegenteil. Der DAX orientiert sich am großen Bruder DOW JONES und vollzieht die Kursbewegungen meist übertrieben stark nach. In Phasen großer wirtschaftlicher Umbrüche haben es die Dickschiffe schwerer, sich wieder auf den richtigen Kurs zu manövrieren. Die Nebenwertefirmen – vergleichbar mit wendigen Schnellbooten – reagieren flexibler. Sie machen ihre Hausaufgaben, bauen Alleinstellungsmerkmale auf, besetzen margenstarke Nischen, sind exportstark, verbessern ihre Kostenstrukturen und sind den als „Totengräber der Wirtschaft" verschrienen Rabattschlachten kaum ausgesetzt. Vor allem die auf langfristigen Erfolg ausgerichteten Familienunternehmen haben oft die Nase vorn.

Pfiffige Anleger dürften auch künftig an substanzstarken und fair bewerteten Perlen in den Nebenwerteindizes Freude haben, zumal Übernahmegerüchte die Fantasie schüren und kurstreibend wirken. Aktien vom Heimatmarkt und erst recht aus der eigenen Region lassen sich genauer beobachten als ausländische Titel. Allerdings gibt es die meisten attraktiven Übernahmen im amerikanischen Biotechmarkt.

Es stimmt, dass bei einer Riesenorder schon ein einstelliger Kursgewinn lukrativ sein kann, was bei zu geringem Einsatz ausscheidet. Hier fressen die Transaktionskosten jeden kleineren Kursgewinn auf. Umgekehrt ist das Risiko gewaltig. Wer 100.000 € und noch mehr in einen einzigen Wert steckt, hat schwer daran zu knabbern, sollte seine Aktie um 10% bis 20% abstürzen. Oft hindert ihn sein angeknackstes Nervenkostüm daran, überhaupt vernünftig zu entscheiden.

Beim breit gestreuten Portfolio ist ein Verlust von einem Zehntel bis Fünftel leichter zu verkraften, wenn andere Aktien dreistellig in der Gewinnzone notieren. In Erinnerung an die gewonnene Weltmeisterschaft 2014 sollten Sie Ihr Depot wie eine Fußballelf betrachten, die beim Sieg drei Punkte einfährt. Da ist verzeihbar, dass es noch Schwachpunkte gibt, nicht jeder Spieler das höchste Niveau abruft. Die erfolgreichen Leistungsträger machen dies wett.

Fazit: Es ist zu riskant, eine einzige Karte zu spielen, mag das auch gelegentlich gut gehen und der Leichtsinn mit einer üppigen Rendite belohnt werden. Auf Dauer geht diese Strategie daneben. Besser ist es, sein Depot breit zu streuen und den ausländischen Nebenwertemarkt mit einem ETF abzudecken. Wer jedoch 100 Titel aufnimmt, verliert leicht den Überblick, versäumt es, Verluste zu begrenzen und im richtigen Moment Gewinne mitzunehmen. Möglicherweise ist die einzelne Order wertmäßig zu gering und ein Kursgewinn ab 20% nötig, um nach Abzug der Gebühren und der Abgeltungsteuer einen Gewinn erwirtschaften zu können.

Wer die täglichen Kursbewegungen an den Regionalbörsen beobachtet, bemerkt, dass selbst von Aktien, die weniger als 10 € kosten, oft nur einstellige Stückzahlen gekauft werden. Ich kenne Aktionäre, die solch eine fragwürdige Strategie fahren. Zum einen sind es Ruheständler und Arbeitslose. Hier ist nicht die Gewinnabsicht das Hauptziel, sondern das Recht, an der HV im Wohnumfeld teilzunehmen. Dies bedeutet Kommunikation, Abwechslung, Essen und Trinken. Zum anderen sind es die wie Hornissenschwärme einfallenden Berufskläger bzw. räuberischen Aktionäre. Mit nur einer Aktie im Depot erwerben sie das Recht zur HV-Teilnahme und Wortmeldung. Ihnen geht es nicht darum, Missstände aufzudecken, sondern um bloßen Eigennutz. Gegenanträge und Widersprüche dienen dazu, Vergleiche auszuhandeln und abzukassieren – zum Schaden der AG und der „echten" Aktionäre. Jedoch schiebt das Aktienrecht dem Treiben seit 2010 insofern einen Riegel vor, als Anfechtungsklagen und Widersprüche einen Eigenbesitz von mindestens 1.000€ am Grundkapital erfordern, um Kapitalmaßnahmen aufschieben zu können.

Unvernünftig ist es, das gesamte verfügbare Kapital, z. B. eine ausgezahlte Erbschaft oder Kapitallebensversicherung, auf einmal zu investieren. Der Einstieg erfolgt vielleicht überteuert. Und kursschwache Tage bleiben ungenutzt für einen Zukauf in zwei oder drei Tranchen. Die erste Order befriedigt die Gier, die Aktie unbedingt zu besitzen. Die zweite Transaktion erfolgt bei Kursschwäche, sofern die fundamentalen Daten überzeugen, möglicherweise auch später bei stetig steigenden Kursen und besten Prognosen. Bei gleich hohem Einsatz erwerben Sie bei sinkenden Kursen mehr Papiere und nutzen so den **Cost-Average-Effekt** – bei Sparplänen gern als Werbeinstrument eingesetzt.

Cost-Average-Effekt: Bauriese Hochtief vor der Übernahme

Zu geringe Order: Januar 2006: Kauf von fünf Aktien zu je 45 €. Transaktionskosten: zweimal 18 € für Kauf und Verkauf. Die Aktie müsste um 9 € und damit um 20% steigen, nur um die Gebühren wieder hereinzubekommen. Handelt es sich um einen Neubestand seit 2009, ist zudem die Abgeltungsteuer fällig.

Vertretbare Order: Kauf von 50 Aktien zu je 45 €. Bei einem Kursgewinn von 9 € bzw. 20% bleiben nach Abzug der Transaktionskosten mehr als 400 € Kursgewinn übrig. Als Altbestand ist der Gewinn steuerfrei.

Durchschnittsorder des Bundesbürgers: 110 Aktien zu 45 €. Bei einem Kursgewinn von 9 € beträgt der zu versteuernde Kursgewinn knapp 1000 €.

Cost-Average-Effekt bei tatsächlichen Hochtief-Kauforders

Erste Kauforder: 210 Stück (Altbestand)
am 10. August 2002 zu 16,00 € = 3360 € (ohne Gebühren)

Zweite Kauforder: 250 Stück (Altbestand)
am 29. Mai 2003 zu 13,40 € = 3350 € (ohne Gebühren)

Dritte Kauforder: 100 Stück (Altbestand)
am 15. November 2005 zu 33,50 € = 3350 € (ohne Gebühren)

Vierte Kauforder: 60 Stück (Altbestand)
am 5. September 2008 zu 53,50 € = 3210 € (ohne Gebühren)

Fünfte Kauforder: 150 Stück (Neudepot)
am 20. Februar 2010 zu 21,50 € = 3225 € (ohne Gebühren)
Dazwischen lagen zwei Verkaufsorders mit einem steuerfreien Kursgewinn von über 300% bzw. mehr als 400% in den Jahren 2006/2007 und ein steuerpflichtiger Verkauf aus dem Neudepot zum Kurs von rund 63 € Mitte April 2010.

Seit der feindlichen Übernahme durch den überschuldeten spanischen **Bau-Konzern ACS** im Februar 2013 ging zunächst einiges von der früheren Kursfantasie verloren. Mitte Januar 2015 notierte die MDAX-Aktie erneut bei 63 €.

Am besten stellen Sie Ihr Depot zwischen den beiden Extremen einer zu geringen und zu hohen Anzahl von Titeln auf. Viele Experten empfehlen ein Depot zwischen 15 und 30 Werten. Groß genug, um bezüglich Branchen, Ländern, Indizes und zeitlich zu streuen, verbunden mit der Chance, auch Glanzlichter zu erwischen. Umgekehrt nicht so groß, dass der Überblick verloren geht und pro Wert der Einsatz zu gering ist, um eine attraktive Rendite zu erzielen. Geht es nicht nur um die Geldvermehrung, sondern auch um ein ausfüllendes Hobby, spricht nichts gegen eine größere Menge. Fehlen die finanziellen Mittel und ebenso Zeit, Lust und Muße, mit chancenreichen Einzelaktien das Depot breit zu streuen, sind die preiswerten, passiv gemanagten börsennotierten Indexfonds (ETF = Exchange Traded Fonds) eine gute Alternative, wichtige Märkte und Indizes abzudecken.

Öfters den Cost-Average-Effekt nutzen

Der Einstiegspreis bewegt viele Börsianer. Etliche Aktionäre greifen, obgleich damit beste Chancen ungenutzt bleiben, nach einem Crash erst dann wieder zu, wenn das Einstandsniveau erreicht wurde. Die technische Analyse bestätigt ein solches Verhalten. Hält eine wichtige Unterstützungslinie, gilt dies als Kaufsignal. Bildet die obere Widerstandslinie eine Barriere, wird gern verkauft. Der Einstandspreis spielt auch beim Cost-Average-Effekt und der damit verknüpften Werbung eine entscheidende Rolle. Geht es um Aktienfonds-Sparpläne, so hilft der Berater mit Beispielen, Erklärungen und Berechnungen nach. Der Cost-Average-Effekt schmälert den Nachteil einer falschen Entscheidung. Aber wie überall: Bei viel Licht fehlt es nicht am Schatten. Gefährlich ist es, Einzelaktien allein aus dem Grund zuzukaufen, um den Einstandspreis zu verbilligen. Ein Zukauf ist vernünftig während der Bodenbildung, bei einem sich abzeichnenden Turnaround, bei guten Fundamentaldaten und positiver Charttechnik.

> **Cost-Average-Effekt**
>
> Dieser Effekt kommt nicht nur bei Sparplänen für Aktienfonds und ETF zum Tragen, sondern ist ebenso möglich bei der Order eines Titels in mehreren Tranchen, wie das Beispiel **HOCHTIEF** zeigt. Sie senken die Durchschnittskosten, indem Sie mit gleich hohem Einsatz bei fallenden Preisen mehr und bei steigenden Preisen weniger Aktien erwerben.

Umgekehrt droht Ungemach, wenn die Kurse mangels eines tragfähigen Geschäftsmodells absacken. Vor diesem Hintergrund warnt Börsenaltmeister Friedhelm Busch, wegen der Verletzungsgefahr nicht in ein fallendes Messer zu greifen. Leider kann niemand sehen, ob das Messer weiter fällt oder bereits im Boden steckt. Tappt der Anleger öfters in solche Fußangeln, gibt er vermutlich entnervt auf, sodass er die tatsächlichen Tiefstände nicht nutzt.

3.13 Richtige Lehren aus Aktiensplitts ziehen

Wenn Aktien „Junge" bekommen, sich also Nachwuchs einstellt, freut sich trotz optischer Täuschung die Anlegergemeinde über die Stückelung, Splitt (Split) genannt. Aktiensplitts passen gut zum Bullenmarkt. Die negative Umkehrung: Der „Reverseplitt" findet eher im Bärenmarkt und bei Insolvenzgefahr statt, um einer rettenden Kapitalerhöhung den Weg zu ebnen. Eine solche Kapitalmaßnahme ist bei einer Notierung als Penny Stock verboten.

Im Herbst 2012 gab es bei dem im SDAX notierten Verkehrstechnikspezialisten **SCHALTBAU** aus München einen Aktiensplitt (laut Duden: Splitt, in der Bankensprachregelung: Split) von 1:3 und zuvor bei den beiden MDAX-Titeln **FUCHS PETROLUB** (Schmierstoffproduzent) und **ElringKlinger** (Autozulieferer, Marktführer Zylinderkopfdichtungen) im Verhältnis 1:2. Der Spezialist für Autolackieranlagen **DÜRR**, MDAX, stückelte 2013 seine Aktien ebenfalls 1:2. Die beiden DAX-Titel **FRESENIUS** und **MERCK** sowie **BRENNTAG**, MDAX, zogen 2014 mit einem Aktiensplitt 1:3 nach. Hinzu kam erneut **FUCHS PETROLUB** mit einer Stückelung 1:2.

Aktiensplitts werden von den Anlegern freudig aufgenommen. Schließlich kommt es nur dazu, wenn der Kurs zuvor stark gestiegen ist und weiterhin mit hohem Umsatz- und Ertragswachstum gerechnet wird. Ein von Insolvenz bedrohter Todeskandidat halbiert seinen Kurswert auch ohne Stückelung und zusätzliche Kosten. Objektiv verändert sich der Wert des Portfolios durch den Splitt nicht. Der prozentuale Anteil am Grundkapital bleibt gleich. Denken Sie an eine Torte, die Sie in zwei oder mehrere Portionen aufteilen. Solange niemand davon isst, bleibt die Menge gleich, egal, ob aufgeteilt oder ganz.

Die Aktien sind besser handelbar und erscheinen optisch billiger, wenn sie gestückelt werden wie bei **PORSCHE** 1:10 oder vormals beim skandalumwitterten Konzern **EM.TV** im Neuen Markt sogar 1:25. Eine Premium-Aktie, die rund 280 € kostet wie **RATIONAL** aus dem SDAX, hält umgekehrt Berufskläger und solche Aktionäre vom Kauf ab, die nur wegen Speis' und Trank zur HV kommen. Vor Änderung der Gesetzgebung legten sich „räuberische Aktionäre" pro Titel meist nur ein bis zwei Stück zu, um das Teilnahmerecht an der HV zu missbrauchen, aus purem Eigennutz Anfechtungsklagen einzureichen oder Widerspruch einzulegen. Im Mai 2009 beschloss der Bundestag Änderungen im Aktienrecht, um Berufskläger auszubremsen. Jetzt können Anteilseigner mit einem Nennbetrag von unter 1000 € Mehrheitsbeschlüsse nicht mehr so leicht aufhalten. Diese Hürde entspricht einem Börsenwert von 10.000 bis 20.000 €. Für den festen Kern der rund 40 räuberischen Aktionäre wird es schwieriger, eine AG zu schröpfen, zumal das für Störmanöver oft missbrauchte Rederecht vom Aufsichtsrat begrenzt werden darf.

Ob und wie oft Aktien gestückelt werden, hängt nicht nur vom Konjunkturverlauf und der Kursentwicklung ab, sondern auch von den Gewohnheiten des Landes. In der Schweiz ist es üblich, dass einzelne Titel umgerechnet über 100 € oder sogar über 1000 € kosten, wie **GIVAUDAN, LINDT & SPRÜNGLI** oder **SGS.** Umgekehrt sind in Hongkong fast alle Aktien im einstelligen Bereich zu haben, großteils als Penny Stock. Interessant ist die Lage in Amerika. Notiert ein Titel über 100 Dollar, steht zur Freude der Aktionäre meist ein Splitt ins Haus. Während **APPLE** durch Stückelung die Aktienzahl versiebenfachte, lehnt **PRICELINE.com** jeden Splitt entschieden ab – selbst bei einem Kurs von bis zu 1000 €.

Ungünstig für Anleger: Reversesplitt bzw. Kapitalherabsetzung

Das umgekehrte Verfahren, die Zusammenlegung von Aktien im Rahmen einer Kapitalherabsetzung, ist eine denkbar schlechte Nachricht. Kein Unternehmen, das mit einem ertragreichen Geschäftsmodell überzeugt, sich in einer margenstarken Nische behauptet, Wettbewerber durch Alleinstellungsmerkmale davon abhält, einen Fuß in die Marktnische zu setzen, muss sein Kapital herabsetzen. **Ausnahme:** Es handelt sich um einen Penny Stock. Hier ist ein Reversesplitt notwendig, um danach regelkonform eine Kapitalerhöhung starten zu können.

Oft ist es für den Anleger das kleinere Übel, sich vor dem Reversesplitt von dem angeschlagenen Unternehmen und dessen Aktien zu trennen. Freilich geht dies nicht ohne Verluste ab. Diese können dramatisch sein, siehe **INTERSHOP.** Das Kapital wurde seit 2000 zweimal herabgesetzt, jeweils im Verhältnis von 10:1. Dem Anleger, der anfangs beim Kauf pro Aktie ein paar 100 € hingeblättert hatte, blieb zum bitteren Ende bei einem ursprünglichen Bestand von beispielsweise 180 Stück nur ein einziger Anteilschein im Portfolio. Und dieses letzte ihm verbleibende Papier fristet aktuell ein Dasein von etwas über 1 €. Berechnet die Bank Depotgebühren, schreiben sich die Verluste fort. Erneut zeigt sich: Begrenzen Sie Verluste, sei es über Stop-Loss-Orders oder dynamisches, selbstbestimmtes Handeln.

Zur Veranschaulichung sei die Ankündigung einer **Kapitalherabsetzung** im Verhältnis von 10:1 beim Windkraftunternehmen **NORDEX** abgedruckt. Der Kapitalschnitt bewirkte, dass der Anleger von zuvor 205 Aktien nur noch 20 in seinem Depot vorfand. Die fünf Aktienspitzen verfielen erfahrungsgemäß. Meine Recherche ergab: Unmittelbar vor dem Kapitalschnitt notierte die NORDEX-Aktie auf einem 52-Wochen-Hoch/Tief von 1,20/0,60 €. Im November 2005 war die Aktie über 4 €, im März 2006 immerhin 9 €, im Dezember 2007 sogar 31 €, im Juli 2008 dagegen nur noch 20 € wert, um im zweiten Halbjahr 2014 zwischen 11 und 16 € zu notieren. Im Übrigen zählt der TecDAX-Titel NORDEX zu den wenigen Werten, die einen Reversesplitt mit dem Ziel durchgeführt und verkraftet haben, um über Kostensenkung und Neuausrichtung in die Erfolgsspur zurückzufinden.

WKN/ISIN DE 000 **587357** 4 **NORDEX AG AKTIEN** Stück 205

Kapitalherabsetzung im Verhältnis 10:1 per Ex-Tag 11.04.2005

Die ordentliche Hauptversammlung der oben genannten Gesellschaft vom 21.02.2005 hat eine Kapitalherabsetzung im Verhältnis 10:1 in Form einer Aktienzusammenlegung beschlossen. Ihren Depotbestand werden wir daher per Stichtag 08.04.2005 abends in die **WKN A0D 655** umbuchen. Eine Regulierung der eventuell entstehenden Aktienspitzen wird zu einem späteren Zeitpunkt erfolgen.

Ausführliche Informationen finden Sie im Bundesanzeiger (auch elektronisch abzurufen unter www.bundesanzeiger.de) am 07.04.2005 oder in der Börsenzeitung. Für Rückfragen stehen wir gerne zur Verfügung.

Die an der US-Technologiebörse NASDAQ gelisteten Unternehmen müssen den Index zwangsweise verlassen, sobald die Aktien zu Penny Stocks abrutschen. Mitunter versucht eine Gesellschaft, diesem traurigen Schicksal zu entgehen, indem sie einen Reversesplitt mit anschließender Kapitalerhöhung vornimmt. Oft ist dies aber ein „Tod auf Raten“. Allein der immense Imageschaden steht einer dauerhaften Erholung im Wege. Ausnahmen wie bei dem norddeutschen Windkraftturbinenbauer **NORDEX** oder dem US-Unternehmen **PRICELINE.com** sind jedoch möglich bei einer erfolgreichen Neuausrichtung des Kerngeschäfts. Die Aktie des weltweit führenden Online-Reiseanbieters, vor der Kapitalherabsetzung für einen einstelligen Euro-Betrag zu haben, kostet aktuell – Anfang Oktober 2014 – deutlich über 900 €. Einen Aktiensplitt gab es bei PRICELINE.com bislang nie und soll es auch künftig nicht geben.

Kapitalherabsetzung

Erwirtschaftet eine Firma Verluste, kann zum Ausgleich das Kapital vermindert, also herabgesetzt werden. Dies ist eine buchungstechnische Verlustbeseitigung. Danach findet oft eine Kapitalerhöhung statt, um der AG neue finanzielle Mittel zuzuführen. Misslingt dieses Vorhaben, droht Zahlungsunfähigkeit.

Umbuchung von Aktien: Aufgrund des Reversesplitts erfolgt ein obligatorischer Umtausch von 6 zu 1 in Aktien der **WKN:766 054, ISIN: US7 415 034 039**, PRICELINE.COM INC. SHARES. Die Aktien sind frei verfügbar. Entstandene Aktienspitzen werden wir gemäß der Verfahrensweise unserer Lagerstelle regulieren.

3.14 Mit Augenmaß limitieren

Wer bei den DAX-Titeln online, über den Telefonhandel oder außerbörslich seine Order abgibt und sich an den Echtzeitkursen der Bildtafel 215/216 im Nachrichtensender n-tv orientiert, muss nicht unbedingt limitieren. Da die Orders im DAX wegen hoher Liquidität und großer Nachfrage meist sekundenschnell abgewickelt werden, wird die Transaktion nahe dem aktuellen Kurs ausgeführt. Unverzichtbar sind limitierte Transaktionen bei Nebenwerten, vor allem bei volatilen Micro und Small Caps. Wegen begrenzter Nachfrage führen größere Orders oft zum Kurssprung in die eine oder andere Richtung. Interessant ist auch das Abstauberlimit – am besten über einen Zeitraum von einem Quartal gesetzt – in der Hoffnung, zum Schnäppchenpreis zum Zug zu kommen.

Wollen Sie, dass Ihre Transaktion sekunden- oder minutenschnell erfolgt, sollten Sie Ihr Limit etwas weiter spannen, beim Verkauf unter und beim Kauf über dem aktuellen Kurs. Verzichten Sie auf ein Limit, erleben Sie bei marktengen Werten vielleicht eine böse Überraschung. Unterhalb des SDAX ist das Limit ein Muss – selbst wenn Ihre Bank Gebühren berechnet. Dies wäre Sparen am falschen Fleck.

Beispiel: Kauflimit

Sie interessieren sich für die MDAX-Aktie **OSRAM**, im Januar 2014 bei 43 € und Mitte Oktober 2014 bei 30 € notierend. Wollen Sie die Aktie unbedingt haben, setzen Sie das Limit großzügig, z. B. bei 30,50 €. Entscheiden Sie, ob das Limit nur für einen Tag, bis zum Monatsende (Ultimo) oder das Quartal gilt usw. Ein Abstauberlimit dürfen Sie bei 28 bis 29 € platzieren.

- **Beim Kauf ist das Limit der höchste Kurs, den Sie akzeptieren. Beim Verkauf stellt das Limit den niedrigsten Preis dar, zu dem Sie Ihre Aktien abgeben wollen.** Limitieren Sie zu eng oder begrenzen Sie die Order auf einen Tag, wird Ihr Auftrag vielleicht nicht ausgeführt. Trotz des Limits können Sie weniger bezahlen oder mehr einnehmen. Es gilt der aktuelle Handelspreis. Das Limit legt die Obergrenze beim Kauf und die Untergrenze beim Verkauf fest.

- **Was besagt der Geld- und Briefkurs?** Orientieren Sie sich am Echtzeitpreis, so erhalten Sie meist zwei Kurse, z. B. an der Regionalbörse Stuttgart. Der etwas **niedrigere Geldkurs „G“** ist aktuell der Preis, den Sie vergütet bekommen, wenn Sie dieses Wertpapier verkaufen. Der etwas **höhere Briefkurs „B“** ist die Summe, die Sie bezahlen müssen, wenn Sie den Titel erwerben. Fehlen Angaben zum Geld- und Briefkurs, wird alternativ ein **Mischkurs** angezeigt. Er liegt zwischen dem Geld- und Briefkurs, sofern bei Kauf- und Verkaufsorders überhaupt Preisunterschiede bestehen. Der XETRA-Handel der Deutschen Börse AG ist auch für Privatanleger interessant.

3.15 Kapitalerhöhungen geschickt ausnutzen

Kündigt ein Unternehmen eine Kapitalerhöhung an, so reagiert die Börse wegen des „Verwässerungseffektes“ meist negativ. Je nachdem, wozu die Finanzspritze dient und wie groß die Chance auf eine erfolgreiche Platzierung ist, sind danach auch positive Reaktionen denkbar. Die Kapitalerhöhung kann mit Bezugsrechten oder einem Bezugsrechtsausschluss für Altaktionäre verbunden sein. Letzteres stößt bei Privatanlegern auf wenig Gegenliebe.

In schwierigen Börsenzeiten sind Kapitalerhöhungen zwar für viele Firmen wichtig, um Eigenkapitalbasis und Bilanzstruktur zu stärken; aber sie sind bei angespannter Marktlage schwerer durchführbar. Dies bewirkt, dass die Banken Fremdkapital nur zu höherem Zinssatz oder gar nicht gewähren, also Expansions-, Übernahme-, Forschungs- und Entwicklungsvorhaben, Einführung neuer Produkte und Internationalisierung zurückzustellen sind. Werden Kreditlinien nicht verlängert, kann dies das Aus für eine Gesellschaft bedeuten. Sie sollten also wissen, worauf Sie sich einlassen. Warum will die AG ihr Kapital erhöhen? Wesentliche Beweggründe sind:

- Finanzierung des organischen Wachstums, Ausbau des operativen Geschäfts
- Finanzierung des externen Wachstums durch Fusionen und Übernahmen
- Verbesserung der Bilanzstruktur durch eine höhere Eigenkapitalquote
- Verringerung der eigenen Verbindlichkeiten, also Abbau der Verschuldung
- Höhere Liquidität durch Ausgabe junger Aktien (mehr Streubesitz)

Wann lohnt es sich, die Bezugsrechte wahrzunehmen? Wann sollten Sie verzichten und Ihre Ansprüche verkaufen, sofern ein solcher Handel stattfindet? Dient die Kapitalerhöhung allein dazu, die hohe Verschuldungsquote herunterzufahren, lautet der Rat: Werfen Sie Ihr gutes Geld nicht dem schlechten hinterher! Ganz anders sieht die Sache aus, wenn die fundamentalen Daten überzeugen. Die Kapitalerhöhung wird durchgeführt, um eine von den Analysten positiv beurteilte Übernahme zu finanzieren, wichtige Forschungsvorhaben zu verwirklichen, Investitionen zu tätigen, weitere Produktlinien aufzubauen und neue Wachstumsmärkte zu erobern. Bejahen die institutionellen Anleger die Kapitalspritze, sollten auch Sie mitmachen, zumal als Anreiz ein Preisabschlag im deutlich zweistelligen Bereich winkt. Wichtig ist das Bezugsverhältnis. Wenn Sie nur ein paar junge Aktien bekommen, können die Transaktionskosten höher sein als der Preisabschlag.

Kapitalerhöhungen setzen voraus, dass auf der HV zumindest 75% des vertretenen Aktienkapitals (pro Aktie eine Stimme) dieser Maßnahme zustimmen. Bei einer Barkapitalerhöhung durch Ausgabe „junger“ Aktien werden dem Altaktionär Bezugsrechte und ein Bezugspreis zu bestimmten Bedingungen eingeräumt.

Kapitalerhöhung gegen Bareinzahlung

Eine AG vollzieht die Kapitalerhöhung durch die Ausgabe „junger Aktien“. Zuvor muss die HV dem Aufstocken des Grundkapitals zustimmen. Generell steht jedem Aktionär ein gesetzlich verankertes Bezugsrecht zu, damit er wegen des Verwässerungseffekts seine prozentuale Beteiligung wahren kann. Ein Ausschluss des Bezugsrechts ist in Ausnahmefällen möglich und auf der HV zu genehmigen.

Bezugsrechte für Altaktionäre

Benötigt die AG neue Finanzmittel, kann sie den Altaktionären junge Aktien zum Bezug andienen. Mit dem Erlös stärkt die Firma ihre Eigenkapitalbasis. Der niedrigere Preis ist neben dem „Mitmach-Anreiz“ ein Ausgleich für den Wertverlust der alten Aktien, verursacht durch den Verwässerungseffekt.

Im Rückblick hat es sich oft gerechnet, Kapitalerhöhungen mitzumachen. Dies galt in jüngster Zeit insbesondere für RIO TINTO (16 €, Juli 2009), aber auch für AXA, ECKERT & ZIEGLER sowie KLÖCKNER & Co. Richtig gelohnt hat es sich für mich zurückliegend bei ALLIANZ (41 €, April 2003), DMG MORI SEIKI (zuvor Gildemeister, 4,15 €, Juni 2004), MUNICH RE (78 €, Nov. 2003) und SGL CARBON (8 €, Febr. 2004). Aus dem Jahr 2013 ist die erneute Kapitalerhöhung von **DMG MORI SEIKI**, MDAX, für 14,50 € zu erwähnen, durch die Fusion mit GILDEMEISTER entstanden, Kurs Oktober 2014 rund 23 €. Neu hinzu kam die Kapitalerhöhung der **DEUTSCHEN BANK** zum Preis von 22,50 € am 25. Juni 2014. Mitte Oktober 2014 kostete die Aktie 27 €, also 4,50 € mehr. Mit **TELEFÓNICA DEUTSCHLAND** gab es im TecDAX eine Kapitalerhöhung im Verhältnis 1:1 zum Preis von 3,20 €.

Hände weg! Dient die Kapitalerhöhung dazu, die drohende Insolvenz abzuwenden bzw. die Schulden herunterzufahren, heißt die Konsequenz: Beteiligen Sie sich nicht! Das Verlustrisiko ist hier größer als die Gewinnchance.

Mitmachen! Überzeugt das Unternehmensziel, ist zu überlegen, sich noch vor Beginn der Kapitalmaßnahme mit Aktien einzudecken, sofern der Preis deutlich unter dem aktuellen Kurs liegt. Jetzt besitzen Sie genug Aktien, damit sich bei einem ungünstigen Bezugsverhältnis die neuerlichen Transaktionskosten rechnen.

Ein Eigentor für nur in deutsche Aktien investierende Anleger. Privatanleger, die heimische Aktien stark bevorzugen und bei ausländischen Unternehmen jede Kapitalerhöhung ablehnen, schießen, um beim Fußballvergleich zu bleiben, ein Eigentor. Eine Studie des Aachener Forschungsinstituts für Asset Management (FIFAM) ergab: Ein Privatanleger mit mittlerem Risikobewusstsein, der zu 80% (statt zu 40 bis 60%) in heimische Aktien investiert, büßt alljährlich 1% Rendite ein.

3.16 IPO: Wann zeichnen? Wann „Finger weg"?

Große Börsengänge boomen wieder weltweit – vor allem in Amerika und China – und seit Oktober 2014 mit ROCKET INTERNET auch in Deutschland. 2013 verliefen viele Börsengänge erfolgreich. Durchschnittlich stiegen die Börsenkurse hierzulande um ein Fünftel, in den USA sogar um fast zwei Drittel. Top: ALIBABA, eher ein Flop: ZALANDO und ROCKET INTERNET.

2013 wagten sich in Amerika 864 Firmen aufs Börsenparkett, 3% mehr als ein Jahr zuvor. An den Markt in Shanghai drängen Hunderte von Unternehmen. In Deutschland gab es sieben Börsengänge, darunter mit dem Wohnimmobilienkonzern **LEG IMMOBILIEN AG**, MDAX-Aufsteiger, eine erfolgreiche Neuemission über 1,2 Mrd. €. Grund für die Börsenunlust der jüngsten Zeit war die Konkurrenz durch Mittelstandsanleihen. Einige Firmenpleiten schärften den Blick für das hohe Risiko. Sobald ein neuer Börsengang ansteht, stellt sich die Frage: Wann zeichnen? Wie auf Überzeichnung reagieren? Wann nach Abwarten etwas später einsteigen?

Die Jahre 1998 bis 2000 waren von IPO-Exzessen geprägt. Im Zuge des Crashszenarios gab es 2001 elf, 2002 eine, 2003 keine, 2004 eine Handvoll Neuemissionen. 2005 war die Durststrecke beendet. 2006/2007 ging es aufwärts. 2008 sank wegen der Finanzkrise das IPO-Volumen gewaltig. 2009 kam es zum totalen Einbruch, 2010 zur leichten Erholung. Hier sind **BRENNTAG, KABEL DEUTSCHLAND** (beide MDAX) und **TOM TAILOR** (SDAX) zu nennen. 2011 machten **GWS IMMOBILIEN** und **NORMA GROUP** als namhafte Börsengänge von sich reden. 2012 herrschte „tote Hose". **TALANX** entwickelt sich zum dividendenstarken MDAX-Titel. Bei **HESS,** dem Beleuchtungsspezialisten, ging das Licht aus. Die AG stand im Fadenkreuz der Staatsanwälte wegen Bilanzfälschung.

Der MDAX-Aufsteiger **LEG IMMOBILIEN** notiert zweistellig über dem Emissionspreis. **OSRAM Licht AG** gelang der rasche Aufstieg in den MDAX. Dies gilt auch für den dividendenstarken Medienkonzern **RTL GROUP.** Dem Wohnimmobilien-Vermieter **DEUTSCHE ANNINGTON** und dem Gabelstaplerriesen **KION GROUP** gelang im Herbst 2014 der MDAX-Aufstieg. Auch der SDAX-Aufsteiger **STABILUS** (Erstnotiz: 21,50 €; Kurs am 01.10.2014: 24,90 €) startete an der Börse erfolgreich.

Ein IPO, Abkürzung für Initial Public Offering, bezeichnet das erstmalige öffentliche Wertpapierangebot, also das Börsenlisting. Gewöhnlich wird der Börsengang gemeinsam mit einem Bankenkonsortium vorbereitet und durchgeführt. Das Hauptmotiv ist, sich Eigenkapital zu beschaffen, um wachsen, neue Geschäftsfelder erschließen und Schulden abbauen zu können. Geld fließt oft in die Taschen der Altaktionäre, was jedoch gern verschwiegen wird.

Ausgewählte Börsengänge in Deutschland 2008 bis 2014					
TOP: Wo es sich lohnte, zu zeichnen oder später einzusteigen					
Aktie und Index	**WKN**	**IPO-Jahr**	**IPO-Preis**	**Kurs 02.10.14**	**€ Hoch/Tief 52 Wochen**
GK Software	757 142	2008	21,00	44,00 €	52,50/23,50 €
Brenntag, MDAX	A1D AHH	2010	16,70	38,00 €	47,15/36,50 €
Goingpublic Media	761 210	2010	2,60	3,25 €	3,70/2,70 €
Kabel D., MDAX	KD8 888	2010	22,00	106,90 €	110,7/90,70 €
Travel Viva	A0H NGF	2010	5,50	16,10 €	17,50/12,00 €
GSW Immobilien	GSW 111	2011	19,55	38,75 €	42,00/26,90 €
Adler Modemärkte	A1H 8MU	2011	10,00	12,85 €	13,15/8,75 €
Norma Gr., MDAX	A1H 8BV	2011	21,00	32,00 €	43,65/31,75 €
SHW AG, SDAX	A1J BPV	2011	26,00	32,50 €	56,30/31,80 €
TALANX, MDAX	TLX 100	2012	18,30	26,00 €	28,10/23,30 €
Kion Group, MDAX	KGX 888	2013	24,00	28,80 €	37,30/27,20 €
LEG Immob., MDAX	LEG 111	2013	43,00	51,20 €	58,60/40,75 €
Osram, MDAX	LED 400	2013	24,00	28,90 €	50,65/28,70 €
RTL Group, MDAX	861 149	2013	55,00	66,80 €	100,5/66,35 €
Stabilus, SDAX	A11 3Q5	2014	21,50	24,00 €	26,50/22,45 €
FLOP: Wo „Hände weg“ oder zumindest Abwarten besser wäre					
Daldrup & Söhne	783 057	2007	13,50	13,10 €	14,30/10,45 €
SMA Solar, TecDAX	A0D J6J	2008	47,00	19,85 €	49,90/19,20 €
Ströer, SDAX	749 399	2010	20,00	17,55 €	18,60/11,60 €
Tom Tailor, SDAX	A0S TST	2010	13,00	12,90 €	18,30/12,20 €
Prime Office	PRM E02	2011	6,20	2,85 €	3,50/2,75 €
Telefónica D., TecDAX	A1J 5RX	2012	5,60	4,10 €	5,05/3,90 €
Dt. Annington, MDAX	A1M L7J	2013	26,50	22,40 €	23,70/17,90 €
SLM Solut., Prime St.	A11 133	2014	18,00	17,85 €	22,50/17,45 €
Braas Monier, SDAX	BMS A01	2014	24,00	16,70 €	23,60/15,60 €
DO Dt. Office, SDAX	PRM E02	2014	3,25	2,85 €	3,50/2,75 €
Zalando, SDAX	ZAL 111	2014	21,50	**19,00 €**	24,50/**19,00 €**
Rocket Internet, Entry	A12 UKK	2014	42,50	**37,00 €**	42,50/**37,00 €**

Gründliche Information ist das A und O bei einem Börsengang

- **Woher stammt das Aktienangebot?** Wollen vorrangig die Altaktionäre kassieren oder fließt zumindest der Großteil vom Erlös dem Unternehmen direkt zu?
- **Wozu dient das Eigenkapital?** Soll die Produktpalette erweitert, die Internationalisierung durch den Markteintritt in andere Länder vorangetrieben werden?
- **Wie breit ist die Handelsspanne und wie lange dauert die Lockup-Frist?** Je länger die Altaktionäre ihre Aktien halten müssen, umso besser!
- **Wichtig für das Kurspotenzial ist eine faire Bewertung.** Die Neuemission sollte einen Bewertungsabschlag gegenüber vergleichbaren Firmen aufweisen.
- **Die Angaben im Börsenprospekt müssen klar und wahr sein** und eine wirklichkeitsnahe Einschätzung für kundige Privatanleger erlauben.
- **Das Geschäftsmodell muss werthaltig und die Eintrittsbarrieren für Wettbewerber sollten hoch sein.** Vom Börsenneuling wird keine Weltmarktführerschaft erwartet. Aber die Umsatz- und Gewinnentwicklung müssen überzeugen.
- **Entscheidend für den Erfolg ist das Management:** ein klar ausgerichtetes Kerngeschäft mit gesunder Bilanzstruktur und persönlicher Kommunikation.

Tipp: Nutzen Sie vorbörsliche Kursprognosen zur Orientierung

Selbst wenn Sie die Aktien von einer Neuemission nicht außerbörslich ordern wollen, tun Sie gut daran, z. B. beim Brokerhaus LANG & SCHWARZ (WKN 645 932) nachzuschauen, wie viel die Aktien kosten. Liegt der aktuelle Aktienkurs über dem oberen Ende der Bookbuildingspanne, deutet dies auf eine Überzeichnung hin. Dann ist es sinnlos, zu limitieren. Wer außerbörslich ordert, dem wird ein verbindlicher Kurs angeboten. Wer bei der Zeichnung leer ausgeht, sollte die künftige Kursentwicklung genau beobachten und bei Schwäche beherzt zugreifen.

IPO-Herbst mit ALIBABA, ZALANDO und ROCKET INTERNET

Der größte Börsengang des Jahres, Chinas Internetkonzern ALIBABA, so wertvoll wie AMAZON und EBAY zusammen, verlief verheißungsvoll. ALIBABA sackte beim IPO in den USA rund 25 Mrd. Dollar ein. Auch in Deutschland winkte 2014 ein heißer IPO-Herbst. Der Emissionsumfang des 2008 gegründeten Berliner Schuh-Online-Händlers **ZALANDO** lag bei 750 Mio. €. Bei angespanntem Börsenklima am 2. Oktober 2014, als der DAX um 2% unter die Marke von 9100 Punkten schlitterte, stürzte die ZALANDO-Aktie um über 12% ab. **ROCKET INTERNET**, 2007 von den Samwer-Brüdern gegründet, steigt bei jungen Start-ups ein, die noch Verluste schreiben, entwickelt diese weiter und stößt sie ab, sobald es sich rechnet. Die Berliner Beteiligungsfirma wird mit 4,3 Mrd. € bewertet und debütierte am 02.10.2014 im Entry Standard enttäuschend.

3.17 Das große Fressen: Wie auf Übernahmen reagieren?

Übernahmen boomen. Bereits 2013 bewegten sich die Akquisitionen und Fusionen, M&A genannt, auf 2,9 Billionen Dollar. Die Schätzungen für 2014 liegen sogar darüber. Erfolgsvoraussetzung ist, dass die Firmenkulturen harmonieren. Vor allem mit ausländischen Partnern funktioniert dies oft nicht. Erinnert sei an den Deal von DaimlerChrysler: „Hochzeit im Himmel – Scheidung auf Erden – Familiengrab." In jüngster Zeit sorgte der Bieterkampf von GENERAL ELECTRIC (GE) und SIEMENS für Schlagzeilen, ging es doch um die Einverleibung des französischen Großkonzerns ALSTOM.

Zuletzt schnappte sich der kalifornische Gesundheitskonzern **McKesson** den deutschen Pharmahändler **CELESIO** aus dem MDAX. Und 2013 verschaffte sich **VODAFONE** die Mehrheit an **KABEL DEUTSCHLAND** für 8,6 Mrd. €. Kürzlich wolte sich der amerikanische Biotechkonzern **ABBVIE** die englische Firma **SHIRE** einverleiben. Und der Chemieriese **BAYER** aus dem DAX wirft ein Auge auf den DOW-Konzern **MERCK**, um rezeptfreie Medikamente ins Portfolio zu bekommen. Die Rahmenbedingungen sind günstig und Steuervorteile mit im Spiel. Fremdkapital ist bei einem Leitzinssatz nahe 0% preiswert zu bekommen und es herrscht viel Liquidität am Markt. Allein APPLE sitzt auf einem Geldberg von 115 Mrd. €. Derzeit boomt das Geschäft in Amerika und Asien. Die Weichen für Übernahmen in Europa stehen ebenfalls auf Grün. Mit Blick auf die Branchen dürfte sich im Gesundheitsbereich einiges tun. Mehrere Pharmariesen halten Ausschau nach Biotechfirmen, um ihr Wachstum anzukurbeln und für ablaufende Patente gewappnet zu sein. Der DAX-Pharmariese **BAYER** ist mit Übernahmen und Abspaltungen weiterhin aktiv.

Blick auf einige Mega-Deals 2013/2014 in Milliarden-US-Dollar

Bieterkonzern	Zielunternehmen	Übernahmepreis
Verizon (868 402)	**Verizon Wireless** (Vodafone)	**130 Mrd. US-D**
Comcast (157 484)	**Time Warner Cable**	**45 Mrd. US-D**
Actavis Generika (A1W 5NE)	**Forest Laboratories**	**25 Mrd. US-D**
Liberty Media (A0J MPL)	**Virgin Media**	**23 Mrd. US-D**
Softbank Japan (891 624)	**Sprint Nextel**	**22 Mrd. US-D**
Facebook (A1J WVX)	**Whatsapp**	**19 Mrd. US-D**

Anmerkung: Mitte Juli 2014 befanden sich alle Bieterkonzerne mit Blick auf das 52 Wochen-Hoch/Tief deutlich im Plus, teilweise ein Anstieg um 50% bis 100%

Eigene Aktien dienen auch als Akquisitionswährung beim anstehenden Aktientausch. Die DAX-Konzerne BEIERSDORF, CONTINENTAL, FRESENIUS und HENKEL dürften auf der Suche nach Zukäufen sein, sofern der Preis stimmt und das Geschäftsmodell passt. Entspannt sich die Ukrainekrise, dürften russische Firmen als Zielobjekte noch vor Italien, der Schweiz und Spanien begehrt sein. Von 2004 bis 2013 gab es 111 Transaktionen mit russischen Partnern für über 13 Mrd. US-D. Dem standen 748 Übernahmen deutscher Firmen für 134 Mrd. Dollar gegenüber. Aktuell haben 6000 deutsche Firmen insgesamt 20 Mrd. Dollar in Russland investiert, sei es in den Kauf russischer Unternehmen, sei es in Produktionsanlagen. Längerfristig bleiben jedoch nur Mammut-Einverleibungen wie **„BAYER kauft SCHERING – LINDE erwirbt BOC"** im Gedächtnis der Anleger haften.

Wie am besten auf Übernahmen reagieren?

Zunächst ist zu klären: Besitzen Sie die Aktien des Bieter- und/oder des Zielunternehmens? Wird die Akquisition von führenden Analysten eher negativ beurteilt, bietet sich kaum ein Zukauf an. Umgekehrt müssen Sie nicht zwingend verkaufen. Erscheint der Übernahmepreis für das Zielunternehmen angemessen, ist zu überlegen, ob Sie die Aktie jetzt oder zum Abfindungspreis veräußern. Mitunter lohnt sich das Aussitzen bzw. die Spekulation auf eine spätere faire Zwangsabfindung. Das Herausdrängen der Minderheitsaktionäre heißt **Squeeze-out**. Springt der Aktienkurs wie bei **R. STAHL**, dem Spezialisten für Explosionsschutz, bei Bekanntgabe des Übernahmeangebots in Übereinstimmung mit dem Geschäftsmodell explosionsartig um über 45% nach oben, ist es für einen Zukauf zu spät. Eher bietet sich zumindest ein Teilverkauf an, nachdem auch die Gefahr besteht, dass die Übernahmeverhandlungen scheitern, was letztlich hier auch geschah.

Bei Spin-offs sind die Chancen auf Kursanstieg hoch. 2013 bekam jeder SIEMENS-Aktionär für je 10 Anteilscheine eine OSRAM-Abspaltung gratis in sein Depot. Wer seinen Bestand ergänzen wollte, konnte dies kurzfristig für rund 20 € tun. Danach gab es eine Kursralley für den MDAX-Aufsteiger mit einem Höchststand von über 50 €. Seit Ende Mai 2014 brach der Kurs um die knappe Hälfte wegen enttäuschender Quartalszahlen ein. Es fragt sich, ob ein Zukauf oder Verkauf ratsam ist. Ist der Titel fair bewertet, erkennbar auch am KGV? Wie präsentieren sich die Finanzzahlen, das Ergebnis je Aktie, das Eigenkapital, die Dividende?

- **Interessant ist es, wenn ein „weißer Ritter", z. B. ein befreundetes Unternehmen, ins Spiel kommt.** Jetzt übernimmt einvernehmlich der irische Pharmariese **ACTAVIS** (WKN A1W 5NE, Kursplus 1 Jahr: +80%, 5 Jahre: 800%) den Botox-Spezialisten **ALLERGAN** (WKN: 877 437, Kursplus 1 Jahr: 140%, 5 Jahre: über 300%). Die feindliche Übernahme von **VALEANT** scheiterte.

3.18 Auf die Substanz von Familienfirmen setzen

Familienunternehmen stehen nicht erst im Blickpunkt, seitdem die US-Investorlegende Warren Buffett im Frühjahr 2008 auf der Suche nach inhabergeführten Firmen Deutschland bereiste. Das Interesse am GEX, dem Familienindex der Deutschen Börse, wuchs. Zumindest anfangs galt dies auch für den 2010 geschaffenen Nachfolger DAXplus Family 30. Hier wurde die kritisierte Regelung gestrichen, keine Aktie mehr aufzunehmen, sobald das Börsenlisting zehn Jahre lang besteht.

Trotzdem hat sich der neue Index nicht so richtig durchgesetzt. Kaum ein Privatanleger weiß, dass es ihn gibt. Und in den Börsennachrichten wird dieser Index gewöhnlich nicht publiziert. Schade, hat er doch am 24. November 2014 ein neues Allzeithoch mit 3800 Punkten erreicht und den DAX wie schon 2013 erneut abgehängt. Der Familienfirmenindex mit den 30 größten Unternehmen aus den deutschen Indizes legte binnen drei Jahren um 76% zu. Ein tägliches Handelsvolumen von einer halben Mrd. € ist ein Aufnahmekriterium. Die folgende Liste zeigt die Zusammensetzung im DAXplus Family 30. Die alphabetische Reihenfolge nach DAX, TecDAX, MDAX, SDAX informiert Sie über die erfolgreichsten Familienfirmen. Decken Sie sich hier insbesondere bei Kursschwäche ein.

DAXplus Family 30: Die Familienfirmen aus deutschen Indizes

Aktie und Index nach Alphabet	WKN	Kurs 14.11.14 + Verlauf 1 J.	Hoch/Tief 1 Jahr	KGV und Div.-Rend.
Axel Springer (MDAX)	550 135	46,40 €/+7%	51,5/40,4 €	18,6/**4,2%**
Bechtle (TecDAX)	515 870	62,80 €/+30%	66,4/45,2 €	15,47/1,9%
CeWe Stiftung (SDAX)	540 390	52,25 €/+29%	61,1/39,5 €	13,9/**3,2%**
CTS Eventim (SDAX)	547 030	22,85 €/+24%	24,5/18,1 €	18,6/**5,2%**
DÜRR (MDAX)	556 520	**70,00 €**/+7%	**70,0**/49,1 €	13,8/2,3%
ElringKlinger (MDAX)	785 602	27,05 €/-11%	32,8/21,5 €	13,5/2,3%
Fielmann (MDAX)	577 220	53,65 €/+29%	54,5/40,3 €	26,2/2,9%
Fresenius SE (DAX)	578 560	42,30 €/+28%	42,5/32,7 €	17,9/1,0%
Fuchs Petrolub (MDAX)	579 040	31,50 €/+17%	33,8/24,7 €	19,8/2,3%
Gerry Weber (MDAX)	330 410	31,35 €/+3%	39,6/27,5 €	15,2/2,8%
Henkel VZ (DAX)	604 840	76,95 €/+7%	77,7/66,7 €	17,6/1,6%
Krones (MDAX)	633 500	**79,95 €**/+26%	**79,9**/56,4 €	16,1/1,6%

KWS Saat (SDAX)	707 400	266,80 €/**+7%**	284/243 €	17,4/1,2%
MANZ (TecDAX)	A0J Q5U	62,80 €/**+3%**	84,4/56,7 €	22,4/0,0%
METRO (MDAX)	725 750	27,70 €/**-27%**	37,5/22,5 €	12,6/1,3%
Nemetschek (TecDAX)	645 290	79,90 €/**+63%**	84,9/48,4 €	19,9/1,7%
Patrizia (SDAX)	PAT 1AG	11,30 €/**+63%**	11,7/6,65 €	15,4/1,9%
QSC (TecDAX)	513 700	1,50 €/**-65%**	4,70/1,40 €	negat./6,7%
Rational (SDAX)	701 080	258,40 €/**+10%**	271/213 €	25,2/2,7%
SAP (DAX)	716 460	56,65 €/**+7%**	63,6/50,1 €	15,3/1,8%
SIXT ST (SDAX)	723 132	**32,60 €/+34%**	**32,6**/21,5 €	12,4/**3,0%**
SMA Solar (TecDAX)	A0D J6J	21,70 €/**-24%**	50,1/16,2 €	141/0,0%
Software AG (TecDAX)	330 400	21,65 €/**-23%**	29,3/17,6 €	11,8/2,1%
STROER (SDAX)	749 399	22,50 €/**+54%**	23,0/11,4 €	16,8/0,5%
United Intern. (TecDAX)	508 903	35,55 €/**+21%**	36,4/28,4 €	18,6/1,6%
Wacker Chemie (MDAX)	WCH 888	97,95 €/**+27%**	104/73,1 €	28,9/0,7%
Wacker Neuson (SDAX)	WAC K01	17,00 €/**+36%**	18,4/11,1 €	12,7/2,3%

Persönliche Beweggründe im Einklang mit den Firmenzielen

Peter Hasler, Analyst der HypoVereinsbank (UniCredit), spricht sich für Familienfirmen aus: „Es besteht eine Übereinstimmung zwischen den Zielen des Eigentümers wie Steigerung des persönlichen Vermögens und unternehmerischen Zielen." Geht es der Gesellschaft gut, wirkt es sich günstig auf die finanzielle Lage des Inhabers aus. **Wolfgang Zinn,** GS&P Institutional Management, Düsseldorf, ergänzt: „Zahlreiche wissenschaftliche Studien haben belegt, dass familiengeführte Unternehmen langfristig erfolgreicher wirtschaften als von Fremdmanagern geführte!"

Zur Information: Statistik Familienunternehmen

In Deutschland ist das Geschäft besonders häufig Familiensache. Mehr als 95% aller deutschen Firmen sind eigentümerdominiert. Darunter versteht das Institut für Mittelstandsforschung, dass zumindest drei natürliche Personen den Betrieb kontrollieren. Die eigentümerdominierten Gesellschaften erwirtschaften zwar nur 42% des Gesamtumsatzes, sorgen aber für mehr als zwei Drittel aller Arbeitsplätze. Jedoch ziehen auch düstere Wolken am Familienfirmenhimmel auf, insbesondere fehlende Nachfolger, Streitigkeiten und Finanzierungsprobleme. Möglicherweise steht in der nächsten Generation jedes zweite Unternehmen vor einem Verkauf. Es mangelt an Nachwuchs und Kinder gehen oft ganz andere Wege als Eltern.

Eine auf künftige Generationen, die Mitarbeiter und Kunden langfristig ausgerichtete Unternehmensstrategie überzeugt mehr als jedes sich an kurzfristigen Trends und Erfolgen orientierende Geschäftsmodell. Ein steigender Marktwert ist nicht das oberste Ziel der Eigentümer. Vorrangig erscheinen das langfristige Überleben, die Wahrung der Unternehmenswerte, der Firmenkultur und die Unabhängigkeit. Da rücken die Quartalserwartungen eher in den Hintergrund.

Die Konzentration auf den schnellen Euro ist mit finanziellen Abenteuern verbunden. Eigentümerdominierte Firmen schätzen Sicherheit. Diese drückt sich oft in einer attraktiven Eigenkapitalquote von 50% und darüber aus. Ein hoher Anteil an eigenen Aktien macht Begehrlichkeiten der als „Heuschrecken" titulierten Finanzinvestoren häufig zunichte. Fehler werden eher korrigiert. Portfoliomanager **Jürgen Meier** vom Bankhaus Julius Bär erläutert: „Als Familienfirma hätte **DAIMLER** alle unprofitablen Sparten längst abgestoßen und heute nur mit Mercedes ein kleineres, aber hoch profitables Unternehmen." Freilich gibt es auch hier schwarze Schafe, die sich bei ihrer Übernahmegier verheben und straucheln. Vielleicht erinnern Sie sich an die Übernahmegefechte von **PORSCHE/VW** sowie **SCHAEFFLER/CONTINENTAL.** Beide Firmen wollten sich in David-Goliath-Manier einen DAX-Konzern einverleiben – wohl eher ein Anwandlung von Größenwahn.

Laut Institut für Mittelstandsforschung in Bonn sind 95% der hierzulande niedergelassenen Unternehmen familiengeführt. Diese Betriebe sorgen für 40% vom Gesamtumsatz in Deutschland und stellen 60% der Arbeitsplätze.

Der familiengeführte Index GEX stellt sich vor

Seit Gründung Anfang 2005 legte der GEX bis Juli 2010 um 30%, der DAX nur um 20% zu. 2013 schaffte der DAX ein Plus von 25,5%, der GEX sogar von 29%. Substanzstärke und Werthaltigkeit sind Qualitätskriterien. Der GEX notierte am 2. Oktober 2014 bei 1345 Punkten. Das 52-Wochen-Hoch/Tief lag bei 1509/1185 Punkten – ein Jahresplus von 11%. Denken wir an das „Orakel von Ohama" **Warren Buffett!** Er spürt unterbewertete Aktien auf, verzichtet auf alles, was er weder kennt noch versteht, wie Biotech, Internet, Hightech, Nanotechnologie. Der GEX gäbe eine ideale Fundgrube ab, wären viele Werte nicht zu klein.

Fallbeispiel: „Mein Name ist GEX, die Abkürzung für **German Entrepreneurial Index**, im Gegensatz zur griffigen Kurzform schwer einprägsam. Mich gibt es seit dem 3. Januar 2005. Die Deutsche Börse AG in Frankfurt hat mich in Zusammenarbeit mit der Technischen Universität München für die im Prime Standard gelisteten familiengeführten AGs gegründet. Ich nehme nur solche eigentümerdominierten Firmen aus beliebigen Branchen auf, die dem Prime Standard, dem Premium-Segment mit den strengsten Zugangskriterien, angehören.

Aber selbst wenn diese Voraussetzung erfüllt wird, darf nicht jede AG, deren Vorstände, Aufsichtsratsmitglieder oder Familien zwischen 25 bis 75% der Stimmrechte verfügen, GEX-Mitglied werden. Selbst wenn es sich um erfolgreiche, etablierte Firmen handelt, darf der Börsengang nicht länger als 10 Jahre zurückliegen. Diese Einschränkung stört mich gewaltig. Die Deutsche Börse AG sollte diese fragwürdige Entscheidung schnell zurücknehmen. Ich leide darunter, mich von bewährten, oft besonders renditestarken Mitgliedern nach Ablauf der Zehnjahresfrist trennen zu müssen. Wer einmal zum GEX gehört, für den sollte es keine Zehnjahresgrenze mehr geben. Die meisten der bei mir gelisteten Unternehmen aus beliebigen Branchen sind seit mehr als fünf Jahren börsennotiert – die Zeitbombe tickt. Die größeren AGs sind außerdem im MDAX, im TecDAX oder SDAX gelistet. Worüber ich richtig stolz bin, ist die gute Performance – Ausnahme 2008. Da war ich von allen deutschen Indizes Letzter, 2005 und 2007 dafür Erster. Gern würde ich Penny Stocks ausschließen und solche Firmen, bei denen sogenannte ‚Heuschrecken' die Dividende mit Fremdkapital finanzieren, wie vor mehreren Jahren bei HUGO BOSS geschehen. Die Gewichtung erfolgt üblicherweise nach Börsenwert und Streubesitz und wird vierteljährlich überprüft."

Der familiengeführte Index GEX – ein Auslaufmodell?

Die Aufstellung bringt GEX-Familienfirmen (WKN A0A ER1), die aktuell zu den AGs mit höchstem Kursgewinn zählen. Im ersten Halbjahr 2014 verzeichnete der GEX ein Plus von 22%, der DAX nur 4%.

Familienindex GEX: 10 Kursgewinner Stand Oktober 2014				
Aktie und Index	**WKN**	**Kurs am 02.10.14**	**Hoch/Tief 52 Wochen**	**Kursgewinn 1 J.**
InVision	585 969	47,00 €	67,65/20,70 €	**+114%**
ECOTEL	585 434	9,70 €	10,75/5,35 €	**+76%**
HOMAG Group	529 720	27,20 €	27,70/16,65 €	**+62%**
GK Software	757 142	40,50 €	52,00/26,70 €	**+50%**
PATRIZIA (SDAX)	PAT 1AG	10,30 €	10,95/6,05 €	**+49%**
Ströer Media (SDAX)	749 399	17,60 €	18,80/11,40 €	**+44%**
Hypoport	549 336	11,50 €	14,10/8,10 €	**+38%**
VERBIO	A0J L9W	1,65 €	2,45/0,95 €	**+38%**
Adler Modemärkte	A1H 8MU	12,75 €	13,00/8,80 €	**+35%**
Wacker Neuson (SDAX)	WAC K01	14,70 €	18,40/10,70 €	**+34%**

3.19 Spekulation mit Penny Stocks

Penny Stocks sind als Kapitalanlage riskant, bei Turnaround-Storys und Aussicht auf Rückkehr in die Gewinnzone, Break-Even genannt, auch besonders chancenreich. Viele ehemalige Highflyer vom Neuen Markt fristen heute ein tristes Dasein unterhalb 1 €. Unseriöse Gurus treiben bei marktengen Penny Stocks die Kurse durch geschönte Ergebnisberichte mit viel heißer Luft nach oben, um danach selbst die billig erworbenen Titel zum Höchstpreis abzustoßen. Ohne Skrupel erleben sie, wie gutgläubige Anleger in die Falle tappen und Einbußen bis zum Totalverlust erleiden. Wenn schon Nervenkitzel, dann nur mit etwas übrigem Spielgeld einen riskanten Zock wagen!

Mitunter ist zu hören: „Mit Penny Stocks kann ich nicht viel verlieren. Die Aktien sind ja tief im Keller!" Diese Einschätzung ist Unsinn. Mit Aktien unter 1 € lassen sich ebenso hohe Summen gewinnen oder verlieren wie mit Blue Chips. Ein Anleger, der sich vielleicht nur 10 RATIONAL- oder KWS SAAT-Aktien für je 230 bis 280 € ins Depot legt, begnügt sich nicht mit 10 Stück zum Preis von je 50 Cent. Damit lässt sich kein nennenswerter Ertrag erwirtschaften. Ein Privatanleger wird mindestens 1000 bis 3000 Aktien vom „gefallenen Engel" kaufen, damit die Gebühren nicht den möglichen Kursgewinn auffressen.

> *Das einzige, was man ohne Geld machen kann, sind Schulden.*
>
> **Heinz Schenk**
>
> *Die Börse hat einen empfindlichen Magen, der verdorbenes Zeug sofort ausspuckt.*
>
> **John K. Galbraith**

Penny Stocks, an der US-Technologiebörse NASDAQ nach kurzer Verweildauer aus dem Index verbannt, sind zum Spielball von Spekulanten verkommen. Im Gegensatz zu chinesischen Aktien, bei denen ein niedriger Ausgabepreis normal ist, sind vor allem frühere Emittenten aus dem Neuen Markt vom Kursrutsch betroffen. Angeschlagene, vom Pleitegeier umkreiste Firmen stellen für Zocker und Day-Trader willkommene Spielwiesen dar. Sei es, dass eine Ad-hoc-Meldung Aufsehen erregt, ein Gerücht die Runde macht, der Einstieg eines Großaktionärs bevorsteht, eine Übernahme verkündet wird oder die Neuausrichtung Früchte trägt.

Einige Börsenbriefe haben sich auf ein solches Szenario spezialisiert. Stimmt die Turnaround-Story und der Chefredakteur erweist sich als fachkundiger und seriöser Stratege, sind hohe Kursgewinne binnen kurzer Zeit denkbar. Löst sich die Vision in Luft auf oder sind Unfairness und Betrug im Spiel, droht ein Totalverlust. Geschönte Kaufempfehlungen bei marktengen, niedrig kapitalisierten Werten treiben den Kurs blitzartig aufwärts und anschließende Gewinnmitnahmen schnell nach unten. Meist ist es klüger, geduldig eine Kurskorrektur abzuwarten.

Tipps für den Umgang mit Penny Stocks

- Investieren Sie nur „Spielgeld". Es ist gefährlich, so riskant anzulegen, um frühere Verluste auszugleichen bzw. einer Schuldenfalle zu entrinnen.
- Liegt Ihre Order sonst bei 4000 oder 5000 €, sollten Sie hier nur 1000 € bzw. ein Viertel bis Fünftel vom üblichen Einsatz investieren. Ist die Spekulation erfolgreich, winkt auch bei kleinerem Einsatz ein ansehnlicher Kursgewinn.
- Penny Stocks sind eine spekulative Beimischung für jeden, der Nervenkitzel mag. Übergewichten Sie substanzstarke Titel mit hoher Dividendenrendite.
- Penny Stocks sind meist niedrig kapitalisiert. Gurus, die sich zuvor billig eindeckten, treiben den Preis mit falschen Finanzzahlen und geschöntem Ausblick nach oben, um auf dem Kursgipfel komplett zu verkaufen. Der Absturz ist verheerend. Also: Hände weg! Warten Sie geduldig, bis sich der Kurs normalisiert.
- Hören Sie nicht auf „Stammtischgeschwätz" oder weil ein einziger Börsenbrief diesen Titel empfiehlt. Versuchen Sie, möglichst viel über den Wert zu erfahren.
- Eine „Aussitzmentalität" laut Kostolany oder Helmut Kohl ist der falsche strategische Ansatz. Bei einer Fehlspekulation hilft nur eines: Verluste begrenzen!
- Penny Stocks eignen sich wegen starker Kursschwankungen nur für Börsianer mit stabilem Nervensystem, hoher Risikoneigung und psychischer Stärke.

Ein Beispiel für Spekulanten: Höhenflug und Absturz von CYNK

Die Aktie von CYNK TECHNOLOGY, ein Unternehmen mit nur einem Mitarbeiter, das weder Umsatz noch Vermögen aufweist, kostete Mitte Juni 2014 gerade einmal 6 Cent. Lange Zeit fand gar kein Handel statt. Doch plötzlich explodierte der Kurs laut *Handelsblatt* um bis zu 36.000% auf rund 21 US-D, um wenige Tage später auf 14 Dollar zurückzufallen. Ende September 2014 kostete der Titel nur noch 10 Cent, ein Kursverlust von 85% an einem Tag.

Die US-Börsenaufsicht SEC sah dem seltsamen Treiben einige Tage noch untätig zu und beobachtete, wie der Kurs immer neue Rekorde brach. Am Freitag, 11. Juli 2014, griff die SEC jedoch konsequent ein und setzte die Aktie vom Handel aus. Die Rückkehr in ein tristes Penny-Stock-Dasein war vorgezeichnet. Bislang ist nicht geklärt, wie es zu dieser Kursexplosion bei einem Unternehmen ohne Umsatz und Ertrag mit nur einem Mitarbeiter kommen konnte. Sicherlich gab es betrügerische Finanzjongleure, die vollmundige Informationen über Cynk Technology im Internet verbreiteten und die Zukunft in leuchtenden Farben schilderten. Immer geht es dabei um Eigennutz mit dem Ziel, den Kurs mit geschönten Zahlen und Lügenmärchen in luftige Höhen zu katapultieren, um danach selbst alles zu verkaufen. Hier hilft nur: „**Meide die gefährlichen Vier – Euphorie, Panik, Angst und Gier!**"

3.20 Fußballaktien – eine eigene Welt

Warum sind börsennotierte Fußballclubs nicht als gewöhnliche AGs einzuordnen und für Nichtliebhaber eher unattraktiv? Selbst die BVB-Aktie bleibt riskant: Gewinn der Deutschen Meisterschaft 2010/11 und Erreichen des Finales in der Champions League gegen den amtierenden Deutschen Meister FC Bayern München 2013, erneuter Einzug in die Champions League, Vizemeisterschaft in der Bundesliga und gute Finanzzahlen.

Der Wechsel in das strenge Börsensegment Prime Standard dürfte daran insofern etwas ändern, als damit der Aufstieg in den SDAX gelang. Beim Börsengang im Herbst 2000 lag der Ausgabepreis bei 11 €, um zeitweilig auf ein Penny-Stock-Niveau abzustürzen. Danach hat sich die Aktie kräftig erholt auf 4,50 € Anfang Oktober 2014.

In einem Fußballverein gibt es mit den Clubmitgliedern und glühenden Anhängern eine Gruppe von Anteilseignern, mit denen andere Unternehmen kaum etwas zu tun haben. Für die vielen Fans, die vor allem aus emotionaler Bindung Aktien von „ihrem" Club kaufen, zählen die sportlichen Erfolge. Dies sind die nationale Meisterschaft, der Pokalwettbewerb sowie die Teilnahme und der Erfolg bei den großen europäischen Wettbewerben – insbesondere die Champions League.

Auch bei der Fremdfinanzierung hebt sich ein Fußballclub von gewöhnlichen Unternehmen ab. Einem schuldenfreien Industriekonzern schadet es weniger, wenn ihn ein Finanzinvestor nach der Übernahme mit Fremdkapital belastet. Doch ein Fußballverein kann sich dies in seinem extrem zyklischen Geschäft nicht leisten. Er braucht zum langfristigen Überleben ein dickes Sicherheitspolster, wie es der nicht börsennotierte FC Bayern aufgebaut hat. Sonst gerät der Verein vielleicht zeitweilig in eine kritische Lage, wie sie Borussia Dortmund durchmachte. Der BVB ging zu einer Zeit an die Börse, als andere börsennotierte Fußballclubs die Anleger noch mit sattem Kursgewinn erfreuten. So erzielte Manchester United von 1991 bis 1999 Kursgewinne von 1100% und Lazio Rom von 1998 bis 2000 ansehnliche 120%. Diese Herrlichkeit ist längst verpufft.

Heute gilt für die meisten Finanzinvestoren: Hände weg von Fußballaktien; es sei denn, das Risikobewusstsein ist hoch und die Fußballliebe groß! Stufen Sie diese Titel eher als Fanartikel ein. Fußballaktien dokumentieren Zugehörigkeit und Bindung zum Club. Richtig viel Geld konnten Sie mit der BVB-Aktie verdienen, wenn ein Einstieg zu Tiefstkursen unterhalb 1 € bis zu 3 € erfolgte und Sie die Kursgewinne laufen ließen. Die BVB-Aktie sprintete wegen herausragender sportlicher Erfolge und guter Managementleistung steil nach oben. Ginge Deutschlands Spitzenclub FC Bayern München an die Börse, gäbe es kaum Vorbehalte.

Als Kurstreiber für die BVB-Aktie im Jahr 2014 dient neben sportlichen Erfolgen der Wechsel in den Prime Standard – verbunden mit dem Aufstieg in den SDAX und einer erfolgreichen Kapitalerhöhung Anfang Juli 2014. Damit wuchs das Grundkapital auf 67,545 Mio. €. Die Deutsche Bank beteiligte sich nicht an dieser Kapitalmaßnahme, dagegen der im MDAX notierte Hauptsponsor **EVONIK INDUSTRIES AG**, Essen. Wer die BVB-Aktie bereits beim Börsengang im Herbst 2000 zum Kurs von etwa 11 € orderte und die Aktie hielt, verzeichnet immer noch ein Minus von über der Hälfte. Wer während der Penny-Stock-Periode zugriff, freut sich über ein Kursplus von mehr als 500%. Wer seit Jahresbeginn 2014 Aktionär ist, sieht seine Aktie im Aufwärtstrend mit einem satten Plus von rund 25%. Bei schwankungsfreudigen kleineren Werten ist das richtige Timing ungemein wichtig.

Borussia Dortmund, SDAX-Aufsteiger, WKN 549 309

Ein Blick auf börsennotierte Fußballvereine in Europa

Börsennotierte Fußballaktien aus Europa	WKN	Kurs am 28.11.14	Hoch/Tief 1 Jahr	Performance 1 J./3 J./5 J.
AFC Ajax Amsterdam	A0H 0RS	9,55 €	10,60/8,80 €	+14/+40/+48%
A. S. Roma	938 439	0,60 €	1,30/0,40 €	-55/+18/-27%
Borussia Dortmund	549 309	4,25 €	5,35/3,65 €	+9/+99/+332%
Manchester United	A1J 2MK	13,00 €	14,9/10,30 €	+8%/keine Ang.
Olympique Lyon	A0M J2F	2,50 €	2,90/2,00 €	+23/-37/-72%

3.21 Börsenbriefen nicht alles glauben

Der Vorteil liegt in Online-Infos. Die größte Gefahr besteht in Kursexplosionen marktenger Werte durch Herdentrieb und unseriöse Anpreisungen, die nicht halten, was sie versprechen, und hohen Kündigungshürden. Der Erfolg hängt von der Redlichkeit und Kompetenz des Chefredakteurs ab.

Print-Börsenbriefe verlieren Marktanteile; denn durch Druck, Versand und Postweg sind diese im Vergleich zu Online-Versionen weniger aktuell und teurer in der Produktion. Erreichen die gedruckten Infos den Privatanleger, sind sie nicht mehr taufrisch. Der Trend geht klar zum Online-Börsenbrief.

Börsenbücher wie dieses komplett neu bearbeitete Strategiewerk vermitteln grundlegendes Börsenwissen mit unterschiedlichen Schwerpunkten. Je nach Zielsetzung bietet die Börsenfachliteratur einen gesamten Überblick über das Börsengeschehen für Einsteiger oder Profis bzw. deckt bestimmte Themenkomplexe ab. Dies können sein: Fundamentalanalyse, Charttechnik, Börsenpsychologie, Strategie, Familienfirmen, Zertifikate, Aktienfonds, ETFs, Rohstoffe, Gesundheitswesen usw.

Die Börsenbriefe versehen ihre Zielgruppen mit speziellen Informationen, abgestimmt auf aktuelle Kauf- und Verkaufsempfehlungen. Es geht darum, dem Kunden die ständige Marktbeobachtung abzunehmen, ihm klare Handlungsanweisungen zu geben und Entscheidungen zu erleichtern. Möglicherweise werden Kauf- und Verkaufslimits, Kursziele und Stoppkurse angegeben. Ebenso zählen Musterdepots und Dispositionslisten zum üblichen Standard. Die meisten Börsenbriefe erscheinen wöchentlich, ergänzt durch Eilmitteilungen. Die Gebühren sind unterschiedlich hoch, bis zu 1000 € alljährlich. Solange die meist einmonatige kostenlose Testphase läuft, halten attraktive Willkommensgeschenke Neukunden bei Laune.

Die meisten Börsenbriefe wenden sich an bestimmte Zielgruppen, im Aktiensektor an konservative, chancenorientierte und spekulative Anleger. Sie sind auf in- und ausländische Blue Chips oder Nebenwerte, auf Turnaround- und Break-Even-Storys, auf Penny bzw. Hot Stocks zugeschnitten. Beliebt sind auch Börsenbriefe, die Schwellenländer oder den Anlage- und Hebelzertifikate-Sektor abdecken und auf Optionsscheine und Termingeschäfte im Rohstoffsektor ausgerichtet sind. Es ist nicht ratsam, als Börsenneuling in den Derivatehandel einzusteigen.

- Die Qualität der Produkte reicht von mangelhaft bis hervorragend. Besonders störend ist eine aggressive, übertriebene Werbung. Ein Börsianer, der unabhängig handeln will und über genug Zeit, Lust, Wissen und Disziplin verfügt, um am Börsengeschehen aktiv teilzunehmen, kommt ohne Börsenbriefe aus.

Vorsicht: Kostet ein Börsenbrief jährlich 1000 €, so ist der Bezug unsinnig, wenn als Anlagekapital nur 10.000 € verfügbar sind. Einschließlich Transaktionskosten müsste die jährliche Durchschnittsrendite bei über 20% liegen, um nach Steuern überhaupt einen Gewinn einzufahren. Aber selbst die weltweit besten Investoren wie Warren Buffett erzielen über Jahrzehnte hinweg im Schnitt nur eine jährliche Performance von 20%. Eher wird mit durchschnittlich 8% gerechnet.

Wichtig ist eine fachlich exzellente Kundenbetreuung über Telefon und E-Mail. Dazu gehört eine kundenzentrierte Beratung, die sich nicht auf die einmonatige Testphase und die wöchentliche Redaktionsstunde beschränken darf. Dieser Service sollte als kostenloser Zusatzservice dauerhaft abrufbar sein.

Börsenbriefe: Wer braucht sie? Für wen sind sie kaum hilfreich?

Interessante Alternative	Besser: Hände weg
Ansehnliches Anlagekapital ab 50.000 €.	Geringe Vermögensdecke unter 50.000 €.
Zahlreiche Orders pro Jahr.	Nur gelegentliche kleine Orders.
Wenig Lust, Zeit und Interesse für ständige Marktbeobachtung.	Genügend Zeit und Lust, das Marktgeschehen intensiv zu beobachten.
Erwünschte Auswahl- und Entscheidungshilfen durch einen Experten.	Kein Interesse, sich von Profis führen und Entscheidungen abnehmen zu lassen.
Mangel an Fachwissen, um schwierige Anlagesektoren wie Optionsscheine, Hebelzertifikate, Futures beurteilen zu können.	Hohe eigene Fachkompetenz, um im gewünschten Börsensegment erfolgreich aktiv zu werden.
Interesse am Erfahrungsaustausch mit anderen Abonnenten in Form von Seminaren, Börsenbesuch, Lesertreffen usw.	Bei Wunsch nach Kommunikation und Erfahrungsaustausch ist ein räumlich naher Aktienclub die bessere Alternative.
Börsenbriefgebühren – nicht ausschlaggebend bei einer stattlichen sechsstelligen Vermögensdecke.	Bei zu wenig Anlagekapital fressen die Börsenbriefgebühren den möglichen Ordergewinn nahezu auf.
Konzentration auf eine Strategie, die dem eigenen Risikoprofil, den Anlageformen und Anlagezielen entspricht.	Kein Interesse, sich auf ein bestimmtes Marktsegment und eine vorgegebene Strategie festlegen zu wollen.
Identifikation mit dem Börsenbrief, Zeit und Geld, die Empfehlungen umzusetzen.	Zu starke Belastung, um auf Börsenbrieftipps zeitnah reagieren zu können.
Bei Börsenbriefen mit Schwerpunkt auf dem Derivate- und Futureshandel sind gute Marktkenntnisse unverzichtbar.	Fehlt bei komplizierten Finanzinstrumenten das Grundwissen, fühlen sich Anleger oft überfordert und unzufrieden.

3.22 Aktienclubs – gut bei Kommunikationsbedarf

Auch Aktienclubs buhlen um die Anlegergunst. Örtliche Vereine bieten eine Diskussionsplattform und Beteiligung am Musterdepot. Zudem stellen sie die Weichen für eine gute Performance. Bekannte Experten werden gern zu Vorträgen eingeladen – wie ich kürzlich vom AktienClub München. Gemeinsam mit Gleichgesinnten macht Börse mehr Spaß. Das Bedürfnis nach Kommunikation und die Aussicht auf ein Renditeplus sind der Hauptgrund, sich in Aktienclubs zusammenzuschließen. Die kleinsten privaten Vereinigungen umfassen fünf Mitglieder, die größten mehrere Tausend. In einigen Clubs sind Frauen unter sich. Mitunter ist die Performance besser als bei hoch dotierten Fondsmanagern. Doch vom Boom um die Jahrtausendwende ist kaum mehr etwas zu spüren.

Lange Zeit sorgte das Börsenduell zwischen dem Hanseatischen Aktienclub (HAC) und dem Itzehoer Aktienclub (IAC) für Spannung. Das Gemeinschaftsdepot des HAC wurde wie folgt ausgerichtet: „Keine heißen Tipps, keine Zykliker, keine Modeaktien. Wir suchen Unternehmen, die Umsätze, Dividenden und Gewinne stetig steigern. Diese Unternehmen haben zwei Wirtschaftszyklen, also auch zwei Rezessionen überstanden." Marathonaktien heißen solche Werte, die ihr Tempo jahrzehntelang halten können. Heute bewegt sich der **Hanseatische Aktien-Club GbR (HAC)** mit ca. 4000 Mitgliedern in etwas ruhigerem Fahrwasser mit dem Ziel, Geld am Aktienmarkt unter überschaubaren Risiken zu verdienen.

Auch beim **Itzehoer Aktienclub (IAC)** mit zeitweilig bis zu 6000 Mitgliedern ist Sicherheit Trumpf. Aggressive Investments sind verpönt. Nach dem Sieg im Depot-Contest 2012 heißt es am 29.01.2013: „Nachdem wir bereits in den Vorjahren regelmäßig einen der vorderen Plätze im **Depot-Contest** belegen konnten, gelang uns nun 2012 sogar der Sieg in der sicherheitsorientierten Liga. Unter Berücksichtigung unseres ebenfalls guten 5. Platzes in der chancenorientierten Liga ergibt sich der Gesamtsieg über alle Ligen." Jahr für Jahr schicken das *Handelsblatt*, die DAB-Bank und der Nachrichtensender n-tv die führenden unabhängigen Vermögensverwalter Deutschlands in einem Depot-Contest ins Rennen. Es gilt, ein Depotvermögen von 1 Mio. € innerhalb eines Jahres bestmöglich zu verwalten.

Der AktienClub München fördert als gemeinnütziger Verein die private Kapitalanlage. Zu den Schwerpunkten zählen: Aufklärung über das Wertpapier- und Börsenwesen, Fortbildung der Mitglieder, Hilfen beim Thema Kapitalanlage, Informationen zum Umgang mit Finanzdienstleistern, Banken, Vermögensverwaltern usw.

Der Stuttgarter Aktienclub wurde 1985 in Esslingen gegründet. Daraus ging der neue Namensgeber **BÖRSE AKTUELL** hervor, ein mittelständisches Unternehmen, das aktuell rund 200 Mio. € im Namen seiner Depotanleger verwaltet.

3.23 Wann, was, wie viel kaufen und verkaufen?

Im billigen Einkauf und im teuren Verkauf liegt der Gewinn. Theoretisch eine ganz einfache Formel, in der praktischen Umsetzung aber oft schwierig.

Jeder Börsianer träumt davon, zum niedrigsten Kurs einzusteigen und später zum Höchstkurs zu verkaufen. Wer von sich behauptet, sogar beim selben Titel den günstigsten Ein- und Ausstiegszeitpunkt genutzt zu haben, steht im Verdacht, aufzuschneiden. Zu schwierig ist das perfekte Timing. Ein Glücksfall, wenn es gelegentlich klappt. Geben Sie sich zufrieden, im Nahbereich zu handeln. Wäre dies so einfach, hätten Sie schon im Frühjahr 2003 bei einem DAX-Stand von 2200 Punkten, im Herbst 2008 und 2011 beherzt zugegriffen. Umgekehrt hätten Sie im März 2000 und Mai 2007 verkauft und nicht angstbedingt erst viel später.

Freuen Sie sich, wenn es die Börse gut mit Ihnen meinte. Am besten ist es, in Phasen großer Verunsicherung während der Bodenbildung einzusteigen und bei Euphorie und einem vom Herdentrieb beeinflussten Gefühlsüberschwang Teilverkäufe zu wagen. Die Übersicht zeigt, worauf es ankommt. Das an jedem zweiten Montag im *Handelsblatt* veröffentlichte Insiderbarometer zeigt, wie die Führungsspitze mit eigenen Aktien umgeht. Wer kennt eine AG besser als Vorstand und Aufsichtsrat?

Mit billigem Einkauf zum Gewinn. Wann, was, wie viel kaufen?	
Stichwort	**Erläuterung**
Bei Angst während der Bodenbildung kaufen.	Am erfolgreichsten sind jene Aktionäre, die den Mut haben, nach einem Crash frühzeitig einzusteigen.
In 2 oder 3 Tranchen ordern, um den Cost-Average-Effekt zu nutzen.	Günstige Kurse sind gute Zukaufchancen. Jedoch sollte eine 2. oder 3. Tranche nicht erfolgen, um den Einstandspreis zu senken, sondern nur bei Blick auf den Chart und überzeugenden Fundamentaldaten.
Bei Empfehlungen für marktenge Werte geduldig sein. Oft kommt der Kurs zurück, sodass sich eine neue Chance bietet.	Small und Micro Caps schießen blitzschnell nach oben, wenn Börsenbriefgurus den Titel anpreisen. Mitunter wird der Kurs von Titeln mit geringem Börsenwert nur deshalb aufwärts getrieben, um selbst mit hohem Gewinn auszusteigen. Wer geduldig abwartet, statt gierig aufzuspringen, wird kein Herdentriebopfer.
Keine Ein-Wert-Strategie fahren, das Depot nach Branchen, Ländern, Indizes und zeitlich streuen.	Wer alles auf eine Karte setzt, gehört zu den Verlierern, weil es ihm an Disziplin mangelt, cool und erfolgsorientiert zu handeln. Schon Miniverluste machen nervös. Eine steigende Aktie wird zu früh verkauft.

Bei marktengen Werten limitieren. Ein angezeigter *höherer Briefkurs* gilt für den Kauf, der *niedrigere Geldkurs* für den Verkauf.	Marktenge Titel z. B. aus dem Entry Standard sind schwankungsfreudig. Je nachdem, wie wichtig es ist, setzen Sie das Limit enger oder weiter. Der Briefkurs ist der Preis, den Sie beim Kauf bezahlen, der Geldkurs der Verkaufspreis, den Ihnen Ihre Bank gutschreibt.
Nicht nur einer einzigen Analystenempfehlung folgen und sich ein eigenes Urteil bilden.	Selbst Blue Chips beurteilen führende Analysten unterschiedlich. Auch bei DAX-Titeln wird gelegentlich die gesamte Bandbreite von „Strong Buy" bis „Downgrade" ausgeschöpft. Nutzen Sie mehrere Informationsquellen, und bilden Sie sich Ihr eigenes Urteil.
Komplizierte Branchen wie Biotech, Nanotechnologie und Medizintechnik besser mit ETFs und Spezialfonds abdecken.	Es ist nicht schwierig, Standardaktien aus dem Finanzsektor, der Auto-, Versorger- und Konsumbranche verlässlich zu beurteilen. Im Gesundheitswesen und Hightechbereich können nur Experten Chancen und Risiken objektiv einschätzen. Decken Sie komplizierte Bereiche am besten mit Index- und Themenfonds ab.
Fundamentaldaten und Charttechnik beobachten. Eine hohe Dividende, solide Bilanzierung, Substanzkraft, Nachhaltigkeit und faire Bewertung als Pluspunkte verbuchen.	Die Charttechnik verschafft einen anschaulichen Überblick über gewünschte Zeitspannen. Trends, Unterstützungs- und Widerstandslinien erleichtern die Entscheidung. Vertrauen Sie nicht nur auf die technische Analyse. Werten Sie auch fundamentale Daten wie KGV, Buchwert, Cashflow, Ergebnis pro Aktie, Dividende, Kursentwicklung und Eigenkapitalquote aus.
Value-Aktien längerfristig übergewichten, aber konjunkturfreundliche Growth-Titel keineswegs ignorieren.	Zu den Value-Aktien gehören die weniger konjunkturabhängigen Aktien aus der Pharma-, Versicherungs-, Konsum- und Versorgerbranche. Zu den Growth-Titeln zählen die von der Wirtschaftslage beeinflussten Auto- und Maschinenbauer, Hightech und Biotechnologie.
Bei Konzentration auf Einzelaktien zumindest 10 Werte berücksichtigen, bei genug Geld und Zeit durchaus auch mehr.	Je besser ein Depot strukturiert ist, umso stärker sinkt das Verlustrisiko. Die alleinige Konzentration auf das „Heimatliebedepot DAX" ist ebenso ungünstig wie eine übertriebene und emotional bedingte Übergewichtung bestimmter Branchen, Märkte und Segmente.
Auch bei großer Versuchung niemals Aktien auf Kredit kaufen.	Es ist äußerst gefährlich, Aktien auf Pump zu kaufen. Geht die Spekulation daneben, droht ein Zwangsverkauf. Die Aktien sind weg – die Schulden bleiben.
Nur ausnahmsweise unter 1000 € einsetzen, um überhaupt einen Gewinn erzielen zu können.	Bei den sich eher gemächlich entwickelnden Blue Chips rechnet sich eine Order unter 1000 € kaum. Erst beim Einsatz von gut 1000 € deckt ein 5-prozentiger Gewinn zumindest die Gebühren und Steuer ab.

Sich an starken Aufwärtstrends orientieren, denn der Trend gilt als Freund.	Es ist wahrscheinlicher, dass ein Aufwärtstrend, „The trend is your friend", weiter anhält, als dass er bricht. Wer nur zu Tiefstkursen kauft, übersieht, dass eine Spitzenaktie wohl auch künftig zu den Siegern zählt.
Nicht nur auf Wachstum, sondern nachhaltige Gewinnentwicklung und Substanzkraft schauen.	Wichtiger als Umsätze und Übernahmen sind gesunde Bilanzierung, dauerhafte Erträge, leistungsfähiges Management, starke Marke, Marktführerschaft, Alleinstellungsmerkmale und gute Zukunftsaussichten.
Nachdenken, ob sich die Beiträge für Aktienclubs und Börsenbriefe rechnen. Die Werbung macht oft haltlose Versprechen.	Mancher Anleger liebäugelt wegen Gemeinschaftsdepot und Kontakten mit einem Aktienclub. Alternativ gibt es Börsenbriefe für spezielle Strategien. Die Werbung ist nicht objektiv. Das Depot muss groß genug sein, um Beitrag und Transaktionskosten wegzustecken.
Auf eine hohe Dividende schauen. Ein ETF Div-DAX und Div-STOXX kann interessant sein.	Das Sparkonto vernichtet schleichend Kapital. Der Div-DAX mit den 15 dividendenstärksten DAX-Titeln gilt als Alternative zu lukrativen Einzelwerten. Aber auch Biotech- und Hightechaktien sind interessant.
Bevorzugt solche Aktien kaufen, die man längerfristig behalten will.	Manch einer hält es für überholt, Aktien mit dem Ziel zu kaufen, sie lange zu halten. Beliebt ist das schnelle Rein und Raus zugunsten von Börse, Broker, Bank.
Aktien von AGs übergewichten, deren Geschäftsmodell Sie verstehen, kennen und mögen.	Es geht auch um Emotionalität. Wer Nikotin verabscheut, kann Altria höchstens als Contraindikator kaufen: „Wenn ich schon als Passivraucher leide, will ich zumindest von Kursgewinn und Dividende profitieren."
Sich vom Herdentrieb abkoppeln. Glück und Zufall spielen mit.	Bei Trendumkehr ist mutiges antizyklisches Handeln gefragt, um erfolgreich zu sein. Kostolany sprach einst von **G**eld, **G**eduld, **G**lück und **g**uten **G**edanken.
Spekulative Aktien nur beimischen, wenn Vermögen und Monatsaufwand dies zulassen.	Wer hochriskante Penny Stocks aufnimmt, sollte dies nur mit einem prozentual kleinen Anteil von 1 bis 2% und übrigem „Spielgeld" tun. Im Ernstfall muss ein Totalverlust psychisch und finanziell verkraftbar sein.
Je riskanter der Titel, umso niedriger prozentual sollte der Einsatz sein.	Etwas „Dynamit" schadet nicht. Es ist vernünftig, den Anteil spekulativer Aktien auf maximal 10% Depotanteil bzw. 1 bis 2% Anteil pro Wert zu begrenzen.
Tipp: Seit 2009 ein Zweitdepot für den Aktienneubestand anlegen.	Altaktionäre brauchen ein Zweitdepot. So können Sie Ihre seit 2009 erworbenen Aktien und Fonds beliebig verkaufen, ohne den steuerfreien Altbestand anzutasten. Bei nur einem Depot gilt „First in – First out!" Die zuerst gekauften Aktien werden zuerst veräußert.

❹ Chancenreiche Indizes und Märkte

4.1 Der Leitindex DAX – über 25 Jahre alt

Am 1. Juli 1988 startete der DAX mit 1163 Punkten und notierte 2000 das rund ein Jahrzehnt bestehende Hoch von gut 8000 Punkten. Bei vielen Aktionären dreht sich alles um den DAX, den Leitindex mit den 30 größten deutschen Konzernen. Bei einer Umfrage Anfang 2014 wussten nur wenige Erwachsene, dass der Name DAX für „Deutscher AktienindeX“ steht, wobei das Hinterteil vom Symboltier Dachs mit „s“ statt „x“ endet. Für 2015 rechnet die Deutsche Bank mit 11.500 Punkten, die DZ Bank nur mit 9500 Zählern.

Viele Anleger pflegen ihr „Heimatliebedepot“. Je höher die Aktienkurse steigen, umso mehr wächst das Risiko bei einseitiger Ausrichtung. „Breit gestreut – nie bereut“ ist das A und O für dauerhaften Börsenerfolg. Einige DAX- und DOW-Titel waren 2012/13 wahre Goldgruben. Der DAX schaffte Ende Juni 2014 ein neues Allzeithoch oberhalb der magischen Marke von 10.000 Punkten. Die Kursentwicklung der Siegeraktien CONTINENTAL (+75%), DEUTSCHE POST (+48%) und DAIMLER (+43%) sorgten 2013 bei Aktionären für viel Freude. Jedoch sind etliche Titel schon recht hoch bewertet. Ein kluges Stock Picking von Aktien mit möglichst einstelligem Kurs-Gewinn-Verhältnis (KGV) und hoher Dividendenrendite ist angesagt.

Der DAX auf dem Weg zum neuen Allzeithoch

Die 30 deutschen DAX-Unternehmen haben während der schweren Weltwirtschaftskrise 2008/09 und dem Überschuldungsszenario 2012/13 großteils ihre Hausaufgaben gemacht, die Kosten gesenkt, das Kerngeschäft ausgebaut, neue Standbeine aufgestellt. Die meisten DAX-Firmen sind international bestens ausgerichtet, exportstark und verfügen über weltbekannte Marken. Sie führen ihre Güter in die USA, nach Euroland, Osteuropa, Ostasien und Lateinamerika aus. Diese Konzerne sind auch bei schwieriger Marktlage nicht allein von der Konjunkturentwicklung im Inland abhängig.

Im Jahr 2011 lag das erwartete Kurs-Gewinn-Verhältnis (KGV) beim DAX noch historisch niedrig bei 10,3 und eröffnete einiges Potenzial nach oben. Jetzt, im Januar 2015, kann von niedriger Bewertung nicht mehr die Rede sein; aber sie entspricht mit 13 dem historischen Durchschnitt. Die Luft nach oben wird dünner.

Die Dividendenrendite ist mit 2,95% zwar deutlich niedriger als beim EURO STOXX 50 für Euroland (3,75%) und STOXX 50 für Gesamteuropa (4,30%), aber gegenüber den schleichenden Kapitalvernichtern Sparkonto und Bundesanleihen attraktiv.

Deutscher Index DAX

Zusammensetzung:
Die 30 größten deutschen Unternehmen aller Branchen

Aufnahmekriterien:
Mitglied im Prime Standard, nach Börsenwert und Börsenumsatz zu den 35 größten AGs (35/35-Regel) zählend

Planmäßige Indexanpassung: alljährlich

Schlusskurse:
2007: 8.067 Punkte (+22%)
2008: 4.810 Punkte (-40%)
2009: 5.957 Punkte (+24%)
2010: 6.914 Punkte (+16%)
2011: 5.750 Punkte (-17%)
2012: 7.612 Punkte (+19%)
2013: 9.794 Punkte (+25,5%)
2014: 9.806 Punkte (+2,7%)

Allzeittief:
2.188 Punkte, März 2003

Allzeithoch:
10.257 Punkte, 20.01.2015

KGV 2014 erwartet: 12,7
Dividendenrendite: 2,95%

- Der DAX als „**Performance-Index**" misst nicht nur die Kursentwicklung der 30 größten börsennotierten Standardwerte, auch **Blue Chips** genannt, sondern erfasst sämtliche Erträge wie Gewinnausschüttungen und Bezugsrechtserlöse.
- Ausländer halten beim DAX ca. 56%. Dies liegt auch daran, dass nicht einmal 8% der deutschen Bevölkerung in Aktien anlegt. Die meisten Titel befinden sich im Streubesitz. Nur bei BEIERSDORF, BMW und VW liegt er unter 50%.
- Größter Einzelaktionär bei den DAX-Konzernen ist der weltweit führende Vermögensverwalter BLACKROCK, selbst börsennotiert, mit einem Investment von 72 Mrd. US-Dollar. Dies entspricht einem Anteil von 6,2% im Streubesitz.

- Interessant ist ein Blick auf die Aktionärsstruktur nach Regionen. Hier führt Nordamerika mit 32% vor Europa mit 1% und Deutschland mit 18%.
- Bezüglich der Handelsplattformen für deutsche Aktien liegt (Stand: Juli 2014) der außerbörsliche Handel OTC („Over the Counter") mit 44% vor der Deutschen Börse mit 37% und anderen Handelsplattformen mit 16%.

Obwohl der DAX im Juni 2014 endlich die interessante Marke von 10.000 Punkten übersprang, halten sich trotz historisch niedriger Zinsen nahe 0% die Anleger mit Aktienkäufen zurück und bleiben dem Sparbuch treu.

Drei von vier Bundesbürgern ändern ihr Anlageverhalten kaum. Crashängste verdüstern die Börsenstimmung. Da beim **Performance-Index** DAX die Dividenden eingerechnet werden, ist nach Abzug der Ausschüttungen das Allzeithoch noch nicht erreicht. Als **Kursindex** erzielte das deutsche Börsenbarometer sein Allzeithoch am 8. März 2000 mit 6200 Punkten. Anfang Juli 2014 waren es lediglich 5100 Punkte. Das spricht zwar nicht für eine niedrige Bewertung, ist aber auch kein Signal für einen baldigen Crash. Es wird Zeit, darüber nachzudenken, dass das beliebte Sparbuch im Schnitt kaum 1% Zinsen bringt, die DAX-Konzerne aber dreimal so viel Dividende ausschütten, gar nicht so selten auch vier- oder fünfmal so viel.

4.1.1 Streifzug durch die wechselvolle DAX-Geschichte

Um die Jahrtausendwende erreichten die meisten Börsenindizes rund um den Globus neue Höchststände. Die Dotcom-Euphorie entfachte ein Kursfeuerwerk und ließ an der US-Technologiebörse NASDAQ und am deutschen Neuen Markt die Kurse so rasant steigen, dass irgendwann die aufgeblähte Spekulationsblase abrupt mit lautem Knall platzen musste. Der übliche Verdrängungsprozess störte eine frühzeitige Verlustbegrenzung.

Die Entwicklung beim DAX ist ein Spiegelbild der Börsengeschichte mit ihren Höhen und Tiefen – eine Fundgrube für Aktienstrategen. Die Weltwirtschaftskrise 2008/09, die Überschuldungskrise in Südeuropa und das riesige Staatsdefizit in den USA lösen Besorgnis aus. Umso überraschender, dass sich trotz des Überschuldungsszenarios 2012 als gutes und 2013 als bestes Börsenjahr seit 2003 entwickelten. Der Grund: Wegen der Zinspolitik nahe 0% fehlten Alternativen.

Meilensteine der Börsengeschichte von 1997 bis 2014	
Das Jahr 1888	Der Deutsche Aktienindex DAX startet nach einem halbjährigen Probelauf am 1. Juli 1988 mit 1163 Punkten und legt am ersten Geburtstag eine Traumperformance von 33% hin und ist damit auf gutem Weg.

Das Jahr 1889	Am 16. Oktober 1989 erlebt der DAX mit einem Minus von 13% den bislang größten Tagesverlust in seiner über 25-jährigen Geschichte.
Das Jahr 1990	Der DAX steigt um ein Drittel, obgleich in Japan die Immobilien- und Börsenblase zu platzen beginnt.
Das Jahr 1991	Trotz Turbulenzen mit Absturz des US-Dollars, der Pfundkrise infolge der Milliardenspekulation von **George Soros** und Gewinneinbruch von Großkonzernen meistert der DAX die erste große Bewährungsprobe.
Das Jahr 1993	Inmitten schwacher Konjunktur- und Unternehmenszahlen schafft der DAX mit 47% das beste Jahresergebnis in seiner Laufbahn. Sinkende Zinsen wecken die Hoffnung auf ein baldiges Ende der Rezession und treiben die Kurse in ungewohnte Höhen.
Die Jahre 1994/95	Doch die Wirtschaft überwindet ihre Schwächephase noch nicht, sichtbar an steigenden Arbeitslosenzahlen. Die Kurse brechen ein. Danach startet der DAX bis 2000 eine beeindruckende Rallye, unterstützt durch reißerische Schlagzeilen in der Boulevardpresse.
Die Jahre 1996/97	Mit dem Börsengang der früheren „Volksaktie Deutsche Telekom" startet der größte Hype seit 1920. Über 3 Millionen Kleinaktionäre zeichnen 713 Mio. T-Aktien zum Preis von 28,50 DM bzw. umgerechnet 14,57 €. Knapp vier Jahre später notiert die T-Aktie bei 104 €, 2014 bei 12 €. Derweil sprintet der DAX von einem Tausender zum nächsten.
Oktober 1997	Die Asienkrise löst bei den Tigerstaaten eine Rezession aus. Die Länderwährungen stürzen ab. Der DAX notiert bei 4000 Punkten.
Oktober 1998	Der Hedgefonds LTCM geht Pleite. Das Finanzsystem wankt. Die Notenbanken senken den Leitzinssatz. Der DAX markiert 4000 Punkte.
März 2000	Der Gipfel der Interneteuphorie. DAX, NEMAX und NASDAQ erreichen Allzeithochs. Der DAX schafft 8064, der NEMAX 9631 Punkte.
November 2001	Das Terrornetzwerk Al Kaida zerstört mit gekaperten Flugzeugen das World Trade Center (3000 Tote). Der DAX stürzt auf 5000 Punkte ab.
Das Jahr 2002	Das zweite Crashjahr ist geprägt von Rezessionsangst, Bilanzfälschungen um ENRON und WORLDCOM. Der DAX fällt unter die 5000er-Marke.
März 2003	Im Crashfinale sinkt der DAX auf 2188 und der NEMAX 50 auf 309 Punkte. Die USA greifen den Irak an und entmachten Saddam Hussein. Der Krieg löst anfangs große Ängste aus, endet aber schneller als allgemein befürchtet.

Das Jahr 2005	Zahlreiche deutsche Unternehmen profitieren vom investitionsgetriebenen globalen Aufschwung. Der DAX erholt sich auf 4000 Punkte.
Das Jahr 2007	Die Subprimekrise löst noch wenig Sorgen aus. Der DAX schafft 8000 Punkte. Die Börsenwelt scheint heil – tückische Ruhe vor dem Sturm.
Das Jahr 2008	Die Immobilienkrise verschärft sich. Mit der Pleite der amerikanischen Großbank LEHMAN BROTHERS steht das weltweite Finanzsystem am Abgrund. Die Indizes brechen ein.
Das Jahr 2009	Es kommt zur schwersten Weltwirtschaftskrise der Nachkriegszeit. Der DAX stürzt Anfang März auf 3600 Punkte ab. In Erwartung eines Aufschwungs erholen sich die Indizes. Der DAX schafft 6000 Punkte.
Das Jahr 2010	Welch turbulentes Jahr! Die Schuldenkrise erfasst Griechenland und Irland, gefährdet Spanien und Portugal. Deutschland ist die Konjunkturlokomotive mit stabilem Aufschwung! Der DAX schafft 7000 Punkte.
Das Jahr 2011	Im zweiten Halbjahr 2011 kommt es zu heftigen Börsenturbulenzen – ein Gebräu schlechter Nachrichten, Weltuntergangsstimmung und Psychologie. Die Crashrezeptur liefern überschuldete südeuropäische Länder, Euro-Ängste, Rezessionsfurcht und politische Unruhen. Amerikas Kreditwürdigkeit wird von AAA auf AA+ zurückgestuft. Viele Anleger verhalten sich wie Angsthasen, werfen massenweise Aktien aus dem Depot und verabschieden sich von der Börse. Der DAX stürzt auf 5750 Punkte ab – ein Minus von 17%. Nur Mutige greifen zu.
Das Jahr 2012	Zunächst spitzt sich die Staatsschuldenkrise dermaßen zu, dass Pessimisten das Euro-Ende, den Rauswurf Griechenlands, als Dominoeffekt den Zusammenbruch der EU mit Rezession, Börsencrash, Währungsreform und Goldverbot ausmalen. Doch es kommt anders. Wegen der Leitzinspolitik nahe null gibt es kaum Alternativen zu den Sachwerten Aktien, Edelmetall, Immobilien. So entwickelt sich 2012 als bislang bestes Börsenjahr seit zehn Jahren. Der DAX marschiert in Richtung Allzeithoch auf über 7600 Punkte, ein Plus von 29%. Am besten läuft es beim MDAX, der mit 34% Gewinn von einem zum nächsten Allzeithoch eilt und die Hürde von 12.000 Punkten nimmt.
Das Jahr 2013	Die Lage in Südeuropa stabilisiert sich. Aber die weltweit hohe Arbeitslosenquote bei Jugendlichen beunruhigt und bremst das Wirtschaftswachstum aus. Wer 2012 noch unschlüssig an der Seitenlinie des Börsenfeldes steht, kann das Versäumte kaum mehr ausgleichen. Akute Crashgefahr gibt es nicht. Stock Picking heißt das Gebot der Stunde. Im März überspringt der DAX die alte Bestmarke von 8000 Punkten. Zum Jahresschluss sind es über 9550 Punkte. Die Gier nimmt zu.

Das Jahr **2014**	Anfang 2014 stellt sich die Frage: Knackt der DAX endlich die psychologisch interessante Markte von 10.000 Punkten, ein Allzeithoch? Oder gibt es einen von Angst und Sorge getriebenen Börsencrash? Währungsturbulenzen, politische Unruhen und hohe Arbeitslosenquoten in einigen Schwellenländern trüben die Stimmung ein. Die Marke wird im Juni mit 10.051 Punkten erreicht. Die Sorgen aber bleiben – verstärkt durch die ambitionierte Bewertung der meisten DAX-Aktien. Für einen DAX-Aktienfonds oder DAX-ETF sollte man unbedingt eine Korrekturphase abwarten. Stock Picking funktioniert weiter. Einige DAX-Aktien wie ALLAINZ, BMW, DAIMLER, DEUTSCHE BANK, LUFTHANSA, MUNICH RE und VW weisen ein einstelliges KGV auf, sind also noch fair bewertet. Im Gesamtjahr 2013 legt der DAX um 25,5% zu, während er bis Anfang Juli 2014 um 2% steigt und während einer scharfen Korrektur Mitte Oktober gegenüber dem Jahreshoch um ein Fünftel einbüßt. Beim S&P 500 sieht es so aus: 2013 ein Plus von 29,6%, bis 08.07.2014 ein kleines Plus von 6%. Sehr verhalten reagiert der japanische NIKKEI: 2013 ein Rekordanstieg von 56,7%, bis Juli 2014 ein Rückschlag von 6%. Die großen Notenbanken sind hin- und hergerissen, einerseits den Ankauf von Staatsanleihen zu drosseln, andererseits den Leitzinssatz vorläufig auf historisch niedrigem Niveau nahe null zu belassen. Viele deutsche Sparer fühlen sich wegen der Null-Zins-Politik „enteignet" und sehen ihre Altersvorsorge gefährdet. Es wird mehr konsumiert, als Geld auf die hohe Kante gelegt. Die richtige Alternative wäre der Aufbau eines Aktiendepots mit ETFs und Einzeltiteln.

Fallbeispiel: Der Blitzcrash vom 6. Mai 2010 bleibt ein Mysterium

Am 6. Mai 2010 kommt es beim DOW JONES, dem amerikanischen Leitindex, innerhalb weniger Minuten zum Blitzcrash mit einem Kursverlust von rund 1000 Punkten. Der Weltkonzern PROCTER & GAMBLE verliert minutenschnell 60 Mrd. US-Dollar Börsenwert. Später werden all jene Börsengeschäfte zurückabgewickelt, bei denen binnen einer Viertelstunde der Verlust über 60% beträgt. Die US-Börsenaufsicht SEC tappt bei den Ursachen im Dunkeln. Fest steht, dass die Rechner der Großbanken und Handelsplätze eigenständig massenweise Verkaufsorders stellten, genährt von den in aller Welt gesetzten automatischen Stop-Loss-Orders. So segensreich Computer ansonsten auch sein mögen. Die Kontrolle der Systeme wird komplexer, das Stoppen von Transaktionen schwieriger. Ein großer Marktteilnehmer, der versehentlich seine Orders mit einer Null zu viel im hohen Milliardenbereich abwickelt, kann ein weltweites Chaos anrichten. Aktuell arbeitet die US-Börsenaufsicht SEC daran, die Regeln zu verschärfen und den Handel für fünf Minuten auszusetzen, sobald eine Aktie in fünf Minuten um mehr als 10% steigt oder fällt.

Dazu ein Kurzkommentar der SEC-Chefin **Mary Schapiro:** „Es ist wichtig, dass alle Börsen sich schnell darauf geeinigt haben, allgemein geltende Schwellen einzubauen. Nach bisherigen Erkenntnissen haben die Aktien von etwa 200 Unternehmen während des Blitzcrashs fast ihren gesamten Wert eingebüßt und wurden vielfach gerade noch für einen Cent gehandelt."

4.1.2 Die vergebliche Hoffnung auf ein DAX-Eigenleben

Vor 15 Jahren waren die 30 DAX-Unternehmen noch mehrheitlich in deutscher Hand. Heute kontrollieren insbesondere angelsächsische Fonds deutlich mehr als die Hälfte der DAX-Konzerne. Die ausländischen Investoren honorieren, dass die exportorientierten substanzstarken DAX-Firmen ihre Hausaufgaben machen, nachhaltig wirtschaften und außerhalb schwerer Wirtschaftskrisen ordentliche Gewinne einfahren. Im DAX tummeln sich etliche Zykliker, die Nutznießer der starken Investitionsgüternachfrage aus Euroland, Osteuropa, Fernost und Amerika sind. Kippt jedoch die Börsenstimmung und sinkt das weltweite Wirtschaftswachstum, so wechseln die Investoren rasch die Fronten. Leerverkäufer, die auf fallende Kurse spekulieren, verstärken den Trend. Der DAX reagiert bei angespannter Marktlage schwankungsfreudig. Eine hohe Volatilität gilt als „Angst-Index".

Generell vollzieht der DAX übertrieben nach, was der große Bruder aus den USA, der DOW JONES, vorgibt. Wer einst gehofft hat, der DAX würde sich vom DOW abkoppeln und nicht mehr wie ein braves Schoßhündchen hinterherlaufen und nachmachen, was der Welt-Leitindex vorgibt, sieht sich getäuscht. Der *Börsenspruch:* „Hustet der DOW, bekommt der DAX eine Lungenentzündung" weist auf diesen Zusammenhang hin. So ist es gar nicht selten, dass der DAX bis mittags deutlich im Plus oder Minus notiert und ab spätem Nachmittag – abhängig von der Kursentwicklung beim US-Leitindex – eine abrupte Kehrtwendung vollzieht. Dies geschieht selbst bei Nachrichten, die für Europa unwichtig sind.

6 DAX-Aktien Top und Flop Jahresende 2013 und 2014

Siegeraktien	31.12.2013	Verliereraktien	31.12.2013
❶ Continental	+82,0%	❶ K+S	-36,1%
❷ Deutsche Post	+59,6%	❷ Lanxess	-26,9%
❸ Daimler	+52,2%	❸ RWE	-14,9%
❹ Deutsche Telekom	+44,6%	❹ E.ON	-4,8%
❺ Bayer	+41,8%	❺ Fres.Med.Care (FMC)	-1,1%
❻ Adidas	+37,6%	❻ ThyssenKrupp	-0,4%

Siegeraktien	31.12.2014	Verliereraktien	31.12.2014
❶ Merck KGaA	+20,4%	❶ Adidas	-37,8%
❷ ThyssenKrupp	+20,2%	❷ Deutsche Bank	-24,5%
❸ Fresenius Medic.	+19,6%	❸ Lanxess	-20,7%
❹ Fresenius SE	+16,0%	❹ Lufthansa	-10,3%
❺ Infineon	+14,0%	❺ BASF	-9,8%
❻ Bayer	+10,8%	❻ Beiersdorf	-8,5%

Was zeigt die vorstehende Tabelle? Wie gehen Sie damit um?

Ob es besser ist, auf Sieger oder Verlierer zu setzen, darüber gehen die Meinungen der Experten auseinander. Was im Einzelfall vernünftig oder fragwürdig erscheint, hängt vom Gesamtumfang Ihres Depots, dem verfügbaren Geld, Risikoprofil, Anlagehorizont und Zeitfaktor ab. Wollen Sie die einzelnen Werte ständig beobachten? Wie sieht es mit den Transaktionskosten aus, die mit Umschichten verbunden sind? Entscheidend für die künftige Kursentwicklung sind Weltwirtschaftslage, Börsenklima, Konjunktur, Markterwartungen für bestimmte Branchen und Segmente. Orientieren Sie sich an so wichtigen Fundamentaldaten wie KGV, Buchwert, Ergebnis pro Aktie, Eigenkapitalquote und Dividendenrendite und werfen Sie einen Blick auf die Charttechnik. Es ist sicherlich auch nicht verkehrt, bei Kursschwäche den DivDAX oder Div-STOXX mit einem ETF abzudecken. Ob der DAX an bestimmten Tagen überproportional steigt oder fällt, hängt von der Gewichtung der einzelnen Titel ab. Eine Kursbewegung der DAX-Dickschiffe wirkt sich stärker aus als bei den Leichtgewichten mit nur geringem Einfluss. Als Anwärter wird Pro7SAT.1 gehandelt. Als Absteiger ist LANXESS im Gespräch. Strategisch macht es Sinn, vermeintliche Aufsteiger schon frühzeitig in sein Depot aufzunehmen und sich von möglichen Absteigern beizeiten zu trennen.

Ein Blick auf den Prime Standard, die Voraussetzung für eine Notierung im DAX, MDAX, TecDAX und SDAX

Die Zulassungsauflagen sind streng, die Geldbußen bei Verstoß hoch. Der Prime Standard wendet sich an international aufgestellte AGs und verlangt:

- **Pünktliche Quartalsberichterstattung**
- **Von Wirtschaftsprüfern testierte Bilanzierung nach IFRS oder US-GAAP**
- **Veröffentlichung eines Unternehmenskalenders mit wichtigen Terminen**
- **Durchführung einer Bilanzpresse- bzw. Analystenkonferenz pro Jahr**
- **Ad-hoc-Meldungen und laufende Berichterstattung in Deutsch/Englisch**

4.2 Der Stammbaum der DAX-Familie

Der deutsche Leitindex DAX verfügt über einen ansehnlichen Familienclan – vergleichbar mit einem von traditionsbewussten Personen und Firmen gepflegten Stammbaum.

Die wichtigsten Mitglieder sind der **MDAX** mit 50 mittelgroßen klassisch ausgerichteten Unternehmen. Ihn gibt es seit 1996. Es folgt der ebenfalls klassisch strukturierte **SDAX** mit 50 kleineren Firmen, gegründet 1999. Als Nachfolger vom gescheiterten Neuen Markt kam 2003 im Rahmen der Neusegmentierung der **TecDAX** mit 30 Higtech-, Biotech-, Software-, Internettiteln und dem Bereich Erneuerbare Energie hinzu. Die Kursentwicklung vom TecDAX wurde anfangs durch den Niedergang des Neuen Marktes negativ beeinflusst. Statt Reichtum ohne Arbeit stand quasi ein Totalverlust an. Die Kursrallye der Solarstromtitel im TecDAX – damals entstand die Wortschöpfung „Sonnen-DAX" – endete abrupt. Dies geschah wegen Überkapazitäten, Preisdruck, starker Konkurrenz aus China und Amerika sowie des bequemen Ruhekissens der für 20 Jahre garantierten Einspeisevergütung nach dem EEG mit Abstieg und drohender Pleite. 2005 folgte der **DivDAX** mit 15 Dividendenstars aus dem Leitindex. Er leidet darunter, dass die Kurse der besten DAX-Firmen prozentual meist schneller steigen als die Ausschüttungsrendite.

Aber auch außerhalb der Indizes gibt es hervorragende, nachhaltig wirtschaftende Unternehmen, die sich eine attraktive Marktnische mit Alleinstellungsmerkmalen aufgebaut haben. Umsatz und Ertrag überzeugen hier genauso wie die Gewinnausschüttung. Mutige Anleger begeben sich gern auf eine Perlensuche bzw. ein erfolgversprechendes Stock Picking.

Überlegen Sie, welche Mitglieder der DAX-Familie Ihnen viel oder gar keine Freude bereiten. Wie sieht Ihre Strategie aus, um künftig die Erfolgsquote zu erhöhen?

Die Kursentwicklung der DAX-Familie 2012 bis 2014					
Börsenbarometer	**Schluss 2012**	**Schluss 2013**	**Entw. 2013**	**28. Nov. 2014**	**KGV und Div.-Rend. 2015(e)**
DAX	7.612	9.552	**+25,5%**	9.981	13,7/2,7%
MDAX	11.914	16.574	**+39,1%**	16.984	18,2/2,3%
TecDAX	828	1.167	**+40,9%**	1.347	26,3/2,0%
SDAX	5.249	6.789	**+29,3%**	7.072	19,9/2,2%

4.2.1 Der MDAX: Index der Mittelgroßen

Längst fristet der Mid-Cap-Index MDAX mit seinen 50 Unternehmen mittelständischer Prägung und klassischer Ausrichtung kein Mauerblümchendasein mehr. Seit Jahren schneidet der MDAX, vergleichbar mit der 2. Fußball-Bundesliga, besser als der DAX ab. Günstig auf die Kursentwicklung wirkt sich die „Blutauffrischung" durch die Börsengänge der im Prime Standard gelisteten Aktien einheimischer und ausländischer Industrieunternehmen aus. Mit jedem Aufstieg ist der Rauswurf eines Titels verbunden.

Mid-Cap-Index MDAX

Zusammensetzung:
Die 50 größten in Frankfurt notierten in- und ausländischen Unternehmen klassischer Branchen

Schlusskurse:

2007:	9.865 Punkte	(+5%)
2008:	5.602 Punkte	(-43%)
2009:	7.507 Punkte	(+34%)
2010:	10.128 Punkte	(+36%)
2011:	8.625 Punkte	(-19%)
2012:	11.914 Punkte	(+34%)
2013:	16.574 Punkte	(+39%)
2014:	**16.935 Punkte**	**(+2,4%)**

Mehrjahrestief 2003:
2.647 Punkte

Allzeithoch im Juni 2014:
17.204 Punkte

KGV 2014 erwartet: 16,6
Dividendenrendite: 2,5%

Der DAX erzielte von 2003 bis 2007 einen durchschnittlichen Kursgewinn von 22%, der MDAX sogar 27%. Insgesamt schaffte der DAX in diesen fünf Jahren eine Performance von 279%, die der MDAX mit 326% deutlich übertraf. Und wie sah es ab der Weltwirtschaftskrise aus? Erst seit Frühsommer 2009 ging es wieder steil nach oben. Bis Anfang 2014 hielt trotz gelegentlicher Korrekturphasen diese Kursrallye bei DAX & Co. an. Gegenüber 2008 hat sich der Kurs beim Index der mittelgroßen Unternehmen mehr als verdreifacht.

Im MDAX dominieren andere Branchen als im DAX. Mode-, Chemie- und Industriewerte, Motoren- und Maschinenbauer, Versicherer, Autozulieferer, Immobilien- und Medienfirmen bestimmen als Zugpferde einen Großteil der Gewichtung. Für diese beeindruckende Kursentwicklung sorgen seit Jahren **BOSS, DÜRR, FUCHS PETROLUB, HANNOVER RÜCK, KUKA, LEONI, MTU** und **JUNGHEINRICH**, um nur einige Titel zu nennen.

Nicht nur die Kursentwicklung, sondern ebenso die MDAX-Vorliebe seitens der Profis ist beeindruckend. Längst stiehlt der MDAX dem DAX die Schau. Die Reduzierung von 70 auf 50 Titel klassisch ausgerichteter Mittelständler und die Zulassung auch ausländischer Aktien haben den MDAX so attraktiv gemacht. Der anfängliche Bewertungsabschlag gegenüber dem deutschen Leitindex ist allerdings seit einigen Jahren verpufft.

Der MDAX von einem zum nächsten Allzeithoch

5 MDAX-Aktien Top und Flop Jahresende 2013 und 2014

Siegeraktien	31.12.2013	Verliereraktien	31.12.2013
❶ Kabel Deutschland	+94,2%	❶ Südzucker	-36,7%
❷ SKY (Abstieg 2014)	+93,6%	❷ Salzgitter	-21,4%
❸ DÜRR	+92,0%	❸ Aurubis	-17,7%
❹ LEONI	+90,3%	❹ Gerry Weber	-15,5%
❺ EADS	+89,6%	❺ TAG Immobilien	-7,5%
Siegeraktien	**31.12.2014**	**Verliereraktien**	**31.12.2014**
❶ KUKA	+73,2%	❶ Bilfinger	-43,1%
❷ Dt. Annington	+56,2%	❷ Südzucker	-39,2%
❸ Symrise	+49,6%	❸ STADA	-29,7%
❹ LEONI	+44,3%	❹ METRO	-28,1%
❺ DÜRR	+39,5%	❺ AIRBUS	-26,2%

Was sollten Sie selbst tun? Preisgünstig ist es, den gesamten MDAX mit einem ETF abzudecken. Bei genug Geld und Zeit ist ein Stock Picking ratsam, gestreut nach Branchen und zeitlich. Es kann klug sein, in zwei Tranchen zu ordern: die erste Hälfte zur Befriedigung der Gier, die zweite Hälfte bei Kursschwäche. Ein Auf- und Abstieg geschieht zweimal jährlich. Nach einem erfolgreichen Börsengang bereichern in- und ausländische Firmen den MDAX. Die Blutauffrischung tut gut.

4.2.2 Der TecDAX: Index für Technologie

TecDAX (seit 2003)

Zusammensetzung:
Die 30 größten in- und ausländischen Hightechtitel

Schlusskurse:
2007: 974 Punkte (+30%)
2008: 508 Punkte (-48%)
2009: 818 Punkte (+61%)
2010: 851 Punkte (+4%)
2011: 667 Punkte (-22%)
2012: 828 Punkte (+21%)
2013: 1.167 Punkte (+41%)
2014: 1.371 Punkte (+17,5%)

Allzeittief NEMAX 50:
310 Punkte Frühjahr 2003

Allzeithoch TecDAX:
1.385 Punkte im Dez. 2014

KGV 2014 erwartet: 23,3
Dividendenrendite: 2,2%

Ende der 1990er-Jahre bis zum März 2000 herrschte bei oberflächlicher Betrachtung eine schöne, heile Börsenwelt. Der Auswahlindex NEMAX 50, damals als Schmuckstück der modernen Börsenlandschaft gepriesen, brach ständig neue Rekorde mit einem imposanten Allzeithoch von 9650 Punkten. Die Marke von 10.000 schien greifbar nahe.

Die schreiende Überbewertung schien kaum zu stören. Die Gelddruckmaschine Neuer Markt entwickelte sich zur Spielwiese für Spekulanten und Zocker. Der Traum von einer wundersamen Geldvermehrung ohne berufliche Arbeit, eng verknüpft mit dem Internetsiegeszug, stachelte Gier und Euphorie zulasten der Vernunft weiter an. Wer Ende 2000 mit einer Kurshalbierung rechnete, wozu auch ich mich zählte, wurde als Miesepeter und Spielverderber verlacht. Die Wirklichkeit sah viel grausamer aus – ein Kursverlust bis zum bitteren Ende um über 95%.

Interessant ist, wie Sie sich verhalten haben. Gehörten Sie zu jener Gruppe, die spät auf den Börsenexpress Neuer Markt aufsprang? Oder setzten Sie nur etwas „Spielgeld“ ein? Zählten Sie sogar zu jenen klug und weitsichtig handelnden Aktionären, denen dies alles nicht geheuer erschien und die keine einzige Aktie vom Neuen Markt erwarben? Machen Sie sich ein Bild von Ihren Stärken und Schwächen als Schutzschirm für die Zukunft.

Nach der „Beerdigung“ des Neuen Marktes 2003 tat sich sein Nachfolger TecDAX anfangs schwer, Fuß zu fassen und Misstrauen gegen alles, was mit Hightech, Digitalisierung, Cloud Computing, Biotech und Internet zu tun hat, auszuräumen. 2006/2007 legte der TecDAX jedoch einen fulminanten Kursanstieg um 26% bzw. 30% hin. 2008 kam der tiefe Absturz mit 48%, 2009 die beeindruckende Erholung mit einem Plus von 61%. Derzeit befindet sich der TecDAX im Aufwind, auch wenn er nicht mehr als „Sonnen-Index“ gilt und bis auf SMA SOLAR alle Solarstromfirmen absteigen mussten. Die schwierige Marktlage und eine gewisse Bequemlichkeit infolge der für 20 Jahre garantierten Einspeisevergütung nach dem EEG forderten etliche Opfer wie SOLARWORLD, Q-CELLS, CONERGY, CENTROTHERM, SOLON.

Der TecDAX ist der Auswahlindex für jene 30 Technologiewerte, die es nicht schafften, in den DAX aufzurücken. Er präsentiert den Hightech-, Biotech-, Software- und Internetbereich. Die Dividende spielt bisweilen eher eine Nebenrolle. TELEFÓNICA DEUTSCHLAND, DRILLISCH, FREENET und PFEIFFER können es mit den Dividendenstars von DAX, MDAX und SDAX aufnehmen.

Der TecDAX auf Allzeithochniveau

TecDAX-Aktien Top und Flop Jahresende 2013 und 2014			
Siegeraktien	**31.12.2013**	**Verliereraktien**	**31.12.2013**
❶ NORDEX	+220,8%	❶ SOFTWARE	-20,9%
❷ CANCOM	+136,6%	❷ STRATEC	-19,6%
❸ LPKF Laser	+135,9%	❸ PSI	-12,0%
❹ QSC	+103,8%	❹ ADVA	-6,0%
❺ MORPHOSYS	+90,6%	❺ Telefónica Deutschl.	+3,9%
Siegeraktien	**31.12.2014**	**Verliereraktien**	**31.12.2014**
❶ Dialog Semicond.	+87,6%	❶ QSC	-59,4%
❷ BB Biotech	+71,9%	❷ LPKF Laser	-41,7%
❸ Nemetschek	+66,2%	❸ SMA Solar	-33,4%
❹ NORDEX	+56,3%	❹ Pfeiffer Vacuum	-30,7%
❺ RIB Software	+51,9%	❺ Software AG	-20,5%

Wie sieht es mit einem Comeback Neuer Markt aus?

Steht als eine Art Reifeprüfung ein zweiter Start des nach dem Kursabsturz von über 95% im Jahr 2003 beerdigten Neuen Marktes an? Zuvor war der Neue Markt explosionsartig in die Höhe geschnellt, sodass zumindest für Spekulanten Reichtum ohne Arbeit denkbar erschien. Die Erstnotiz beim Börsengang am Neuen Markt brachte oft dreistellige Kursgewinne. Später häuften sich Umsatz-, Ergebnis- und Bilanzbetrügereien. Todeslisten von Pleite-Aspiranten machten die Runde. Analysten wählten bei der Einstufung von Aktien gar nicht so selten die Formulierung „Unwert".

- Der 2003 ins Leben gerufene TecDAX als Nachfolger vom Neuen Markt mit 30 Werten hatte etliche Jahre mit Herkunftsvorurteilen zu kämpfen. 2013 war der TecDAX aber vor allen anderen deutschen Indizes mit einem Jahresplus von 41% der strahlende Sieger. Zahlreiche Titel schafften in diesem guten Börsenjahr mit immer neuen Höchstständen eine Kursverdopplung und noch mehr, nämlich: NORDEX (221%), CANCOM (137%), LPKF (136%) und QSC (104%).

Im Jahr 2013 noch vielfach belächelt, werden heute die Marktchancen nicht nur von der Deutschen Börse AG ernsthaft geprüft. Derzeit wird das Potenzial börsenfähiger Unternehmen für den Neustart untersucht. Es geht auch um die Frage, inwieweit die Deutsche Börse bei der Suche und Bereitstellung von Eigenkapital behilflich sein kann. Vizekanzler und Bundeswirtschaftsminister Sigmar Gabriel (SPD) unterstützt das Vorhaben. Und die Mittelstandsbeauftragte der Bundesregierung, Iris Gleicke (SPD) meint: „Wir benötigen mehr Börsengänge zur Wachstumsfinanzierung von jungen und innovativen Unternehmen in Deutschland."

Das geplante neue Börsensegment, sofern es debütiert, soll **„Markt 2.0"** heißen und eine Plattform für börsenfähige innovative Start-ups bilden. Die Regeln müssen wesentlich strenger sein als beim früheren Neuen Markt. Der renommierte Fondsmanager Karl Fickel stellt klar: „Es ist extrem wichtig, Lehren aus dem Neuen Markt zu ziehen. Ein neues Börsensegment würde nur mit klaren, sauberen Regeln und ausreichend qualifizierten Unternehmen funktionieren." Den Eisbrecher für Neuemissionen könnte der Börsengang des Online-Versandhändlers **ZALANDO** bilden. Der Unternehmenswert wird auf 4 bis 5 Mrd. € geschätzt. Eine Platzierung sollte 600 bis 800 Mio. € einspielen – der größte Internetbörsengang in Deutschland mindestens seit den Zeiten des Neuen Marktes. Gespannt waren die Anleger auf das IPO des Beteiligungsunternehmens **ROCK INTERNET.** Beide Neuemissionen enttäuschten im krassen Gegensatz zu **ALIBABA,** dem milliardenschweren Multiplayer aus dem Riesenreich China.

4.2.3 15 Jahre SDAX – erfolgreicher als der DAX

SDAX

Zusammensetzung:
Die 50 größten in- und ausländischen Titel nach dem MDAX klassisch orientiert

Schlusskurse:
2007: 5.192 Punkte (-6,8%)
2008: 2.801 Punkte (-46%)
2009: 3.549 Punkte (+27%)
2010: 5.174 Punkte (+46%)
2011: 4.244 Punkte (-18%)
2012: 5.249 Punkte (+19%)
2013: 6.789 Punkte (+29%)
2014: 7.186 Punkte (+2,3%)

KGV 2014 erwartet: 16,2
Dividendenrendite: 2,4%

Allzeithoch:
7.573 Punkte im Juni 2014

Allzeittief 2003:
1.622 Punkte Frühjahr 2003

Am 21. Juni 1999 startete die Deutsche Börse den SDAX mit 100 kleineren Werten, Small Caps genannt. Der auf 50 deutsche und ausländische klassische Aktien ausgerichtete Index hat die Schwergewichte im DAX um Längen abgehängt. Anfangs stand der SDAX im Schatten des boomenden Neuen Marktes. Als dieser zusammenbrach, wandelte sich das Bild. Seit seinem Start mit 2850 Punkten im Juni 1999 beträgt das Kursplus über 150% – auf das Jahr bezogen 6,5%. Der deutsche Leitindex DAX schaffte in dieser Zeit 4,2%.

Der kleinste deutsche Index SDAX mit der Konzentration auf Industrie-, Maschinenbau-, Versicherungs-, Immobilien-, Konsumgüter- und Finanzdienstleistungsfirmen ist vergleichbar mit der 3. Bundesliga. Im Langzeitvergleich hat sich das Börsenbarometer für die kleineren Werte deutlich besser als der DAX entwickelt, wurde aber während der Weltwirtschaftskrise 2008/2009 auch besonders stark abgestraft.

Großanleger investieren zu 15% in kleine Titel, sogenannte Small Caps, angeführt vom schwankungsfreudigen SDAX. Ein kluges Stock Picking eröffnet große Chancen. Die vierteljährliche Auf- und Abstiegsregelung, die Blutauffrischung durch Neuemissionen, Übernahmen, in Frankfurt notierte ausländische Firmen, das Nachrücken erfolgreicher Mittelständler aus dem Prime Standard sowie die Aufnahme der MDAX-Absteiger sorgen für frischen Wind. Die nachhaltig wirtschaftenden, oft familiengeführten Firmen reagieren flexibler auf Konjunktur und Markttrend als die DAX-Dickschiffe. Schnellboote umschiffen gefährliche Klippen oft noch rechtzeitig. Sie zerschellen nicht so leicht an Felsen wie das Kreuzschiff CONCORDIA oder laufen auf Grund wie im April 1912, also vor über 100 Jahren, die TITANIC durch den Zusammenprall mit einem Eisberg.

Wegen unterschiedlicher Qualität und stark abweichender Bewertung ist ein Indexfonds (ETF) auf den SDAX nicht unbedingt die erste Wahl für Könner. Aussichtsreicher erscheint eine gezielte Perlensuche mit Augenmerk auf KGV, Gewinnentwicklung, Buchwert, Eigenkapitalquote und Dividendenrendite.

Der SDAX mit substanzstarken Nischenanbietern

6 SDAX-Aktien Top und Flop Jahresende 2013 und 2014

Siegeraktien	31.12.2013	Verliereraktien	31.12.2013
❶ C.A.T. Oil (Abstieg)	+199,7%	❶ H&R	-26,4%
❷ Grammer	+116,3%	❷ Prime Office REIT	-4,6%
❸ Heidelberger Druck	+109,3%	❸ Hawesko (Abstieg)	-4,5%
❹ SAF Holland	+106,4%	❹ DIC Asset	-2,9%
❺ Ströer Media	+95,5%	❺ BAUER	-2,7%
❻ DEUTZ	+83,2%	❻ Vossloh	-2,7%
Siegeraktien	**31.12.2014**	**Verliereraktien**	**31.12.2014**
❶ Ströer Media	+91,6%	❶ SGL Carbon	-50,4%
❷ Patrizia	+74,8%	❷ Delticom	-40,9%
❸ Wacker Neuson	+47,6%	❸ DEUTZ	-38,3%
❹ CTS Eventim	+33,1%	❹ BAUER	-29,0%
❺ Grenke Leasing	+30,9%	❺ MLP	-28,8%
❻ INDUS	+30,5%	❻ Tom Tailor	-27,5%

Welche Erfahrungen haben Sie mit SDAX-Titeln gemacht? Wollen Sie Kursschwäche nutzen, um Ihren Bestand aufzustocken? Ich bin selbst immer auf der Lauer.

4.2.4 Der DivDAX: dividendenstarke DAX-Aktien

Der 2005 von der Deutschen Börse AG eingeführte DivDAX mit den 15 ausschüttungsstärksten DAX-Titeln ist erfolgreich und entwickelt sich zum Strategieindex mit hohen Umsätzen. Die DivDAX-Stars hängen bezüglich ihrer Dividendenrendite den Leitindex klar ab, schaffen dies aber nur selten beim Kursgewinn. Bei den Überfliegern kann die Ausschüttung prozentual nicht mit dem Kursanstieg mithalten. Als DivDAX-Liebhaber kommen Sie an einem preisgünstigen ETF kaum vorbei.

DivDAX Performance Index, WKN A0C 33D

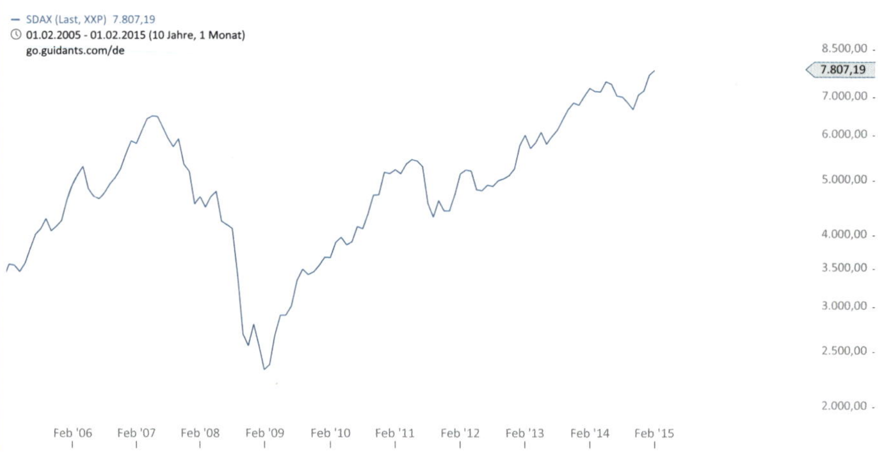

Zurückgerechnet auf einen Zeitraum von fünf Jahren erzielte der Performance-Index DivDAX ein Plus von 111%, während sich der DAX exakt verdoppelte, also etwas schlechter abschnitt. Jeden September passt die Deutsche Börse AG die Zusammensetzung an. Die Berechnung ergibt sich aus der gezahlten Dividende, multipliziert mit 100, dividiert durch den Schlusskurs der Aktie am Tag vor der Ausschüttung. Bezüglich Gewichtung soll kein Titel über 10% Indexanteil haben. Wer vom DivDAX eine noch bessere Kursentwicklung erwartet, darf nicht vergessen, dass etliche Spitzenaktien vom deutschen Leitindex nur deshalb nicht dem DivDAX angehören, weil ein überdurchschnittlicher Kursanstieg eine hohe Ausschüttungsrendite gefährdet. Gewöhnlich werden die 15 DAX-Dividendenstars berücksichtigt.

Selbst wenn die Dividende angehoben wird, kann eine üppige Kursentwicklung dies aushebeln. Immerhin gibt es im DAX einige Titel, die allein im Jahr 2013 ungewöhnlich hohe Kursgewinne erzielten, allen voran CONTINENTAL (+82%), DEUTSCHE POST (+60%), DAIMLER (+52%), DEUTSCHE TELEKOM (+45%). Je höher der Kursanstieg, umso geringer ist die prozentuale Dividendenrendite. Auf diese Weise gelangen auch Kursverlierer in den DivDAX wie z. B. K+S (-36%), RWE (-15%) und E.ON (-5%). Die Gewichtung bestimmt der Streubesitz.

Ist für Sie sowohl eine hohe Dividendenrendite als auch ein vergleichsweise geringes Risiko wichtig, so können Sie in einen DivDAX-ETF (z. B.: **WKN 263 527**) investieren oder sich selbst einen Aktienkorb aus einigen Werten zusammenstellen. Sie streuen Ihr Depot, und die hohe Ausschüttungsrendite sichert den Kurs nach unten ab. Jedoch muss sich der Aufwand lohnen. Pro Titel sollten Sie keinesfalls unter 1000 € einsetzen. Sie dürfen nur hier und da erwarten, dass sich eine von diesen Dividendenstars zum Kursüberflieger entwickelt.

Wie sehen die 15 Favoriten für den DivDAX 2014/2015 aus?

Favoriten für den Performance-DivDAX, Stand Juli 2014

Div-DAX-Mitglieder	WKN und KGV 2014	Kurs am 08.07.14	52-Wochen-Hoch/-Tief	Div. 2015(e) Div.-Rendite
Allianz	840 400/9,0	126,60 €	133,9/108,4 €	**6,80 €/5,0%**
BASF	BAS F11/13,1	84,70 €	87,35/64,80 €	**3,00 €/3,7%**
BMW	519 000/9,9	92,70 €	95,30/67,90 €	**3,00 €/3,1%**
DAIMLER	710 000/9,9	68,15 €	71,15/48,50 €	**2,60 €/3,6%**
Deutsche Bank	514 000/7,0	25,55 €	38,10/25,55 €	**0,90 €/2,9%**
Deutsche Börse	581 005/13,1	54,40 €	63,15/50,55 €	**2,30 €/3,8%**
Deutsche Post	550 200/13,9	26,15 €	28,45/19,60 €	**0,90 €/3,3%**
Deutsche Telekom	555 750/18,0	12,20 €	13,10/8,85 €	**0,50 €/3,7%**
E.ON	ENA G99/15,4	14,85 €	15,30/12,00 €	**0,50 €/3,6%**
LINDE	648 300/17,7	147,30 €	157,3/139,5 €	**3,50 €/2,1%**
Lufthansa	823 212/6,0	15,00 €	20,25/12,95 €	**0,70 €/3,4%**
Munich RE	843 002/9,2	161,25 €	170,0/135,0 €	**7,75 €/4,6%**
RWE	703 712/14,0	31,10 €	32,85/20,75 €	**1,00 €/3,6%**
SIEMENS	723 610/18,9	94,00 €	101,4/78,15 €	**3,40 €/3,5%**
Volkswagen VZ	766 403/7,5	185,00 €	204,2/159,6 €	**6,06 €/2,8%**

Quelle: boerse.ARD.de, Index WKN A0C 33D

Die Alternative: Der ETF iShares DivDAX: WKN 263 527				
Zusammensetzung 2014	**WKN und Gewichtung in%**	**Kurs 08.07.14**	**52-Wochen-Hoch/Tief**	**Div. 2014(e) Div.-Rendite**
BAYER	BAY 001/10,10%	102,50 €	106,6/82,00 €	2,30 €/2,2%
BASF	BAS F11/10,05%	84,70 €	87,35/64,80 €	2,80 €/3,3%
DAIMLER	710 000/10,04%	68,15 €	71,15/48,50 €	2,40 €/3,5%
SIEMENS	723 610/9,98%	94,00 €	101,4/78,15 €	3,30 €/3,5%
ALLIANZ	840 400/9,97%	126,60 €	133,9/108,4 €	5,50 €/4,3%
Dt. Telekom	555 750/8,70%	12,20 €	13,10/8,85 €	0,50 €/4,1%
Volkswagen VZ	766 403/6,79%	185,00 €	204,2/159,6 €	5,06 €/2,7%
BMW	519 000/6,34%	84,70 €	87,35/64,80 €	2,80 €/3,3%
E.ON	ENAG99/5,92%	14,85 €	15,30/12,00 €	0,55 €/3,7%
Deutsche Post	550 200/5,96%	26,15 €	28,45/19,60 €	0,80 €/3,1%
Restliche Aktien: 16,25%, Performance: 6 Monate: **+15,4%,** 1 Jahr: **+23,1%**				
Quelle: http://kurse.boerse.ard.de/ard/etf_einzelkurs_uebersicht				

Duell: dividendenstarke DAX-Einzelaktien – ETF DivDAX	
Vorteile DAX-Einzelaktien	***Vorteile ETF DivDAX***
➢ *Kurskorrekturen werden genutzt* ➢ *Kauf und Verkauf jederzeit möglich* ➢ *Teilverkäufe und Zukäufe möglich* ➢ *Depot wird schrittweise aufgebaut* ➢ *Genaue Kursbeobachtung möglich* ➢ *Wichtige Kennzahlen überprüfbar* ➢ *Jahresgebühren gibt es nicht* ➢ *Einige Ausschüttungen sind steuerfrei*	➢ *Eine einzige Transaktionsgebühr* ➢ *Kein Ausgabeaufschlag, geringe Jahresgebühr von ca. 0,35%* ➢ *Monatlicher Sparplan möglich* ➢ *Bei thesaurierendem ETF wird Dividende in neue Anteile angelegt* ➢ *Wenig Zeitaufwand, bei geringer Marktkenntnis sehr zu empfehlen*
Nachteile DAX-Einzelaktien	***Nachteile ETF DivDAX***
➢ *Transaktionskosten häufen sich* ➢ *Zeitaufwand ist wesentlich höher* ➢ *Gute Marktkenntnisse erforderlich* ➢ *Bei zu vielen Einzelaktienposten geht der Überblick leicht verloren*	➢ *ETF gefährdet ein geschicktes, dauerhaftes Stock Picking* ➢ *Ein Kurssturz einzelner Aktien für günstigen Zukauf bleibt ungenutzt* ➢ *Kein Einfluss auf Aktienauswahl*

4.2.5 ENTRY STANDARD: Übungsbecken für Start-ups

Im Herbst 2005 bekam der deutsche Finanzplatz interessanten Nachwuchs. Die Deutsche Börse AG führte innerhalb des Freiverkehrs (Open Market) vor allem für kleinere Mittelständler, sogenannte Start-Ups, das neue Segment ENTRY STANDARD ein und regelt hier selbst die nicht so strengen Zulassungsanforderungen. Der Start erfolgte mit elf etablierten Firmen und einem Börsengang. Die Ehre, erster IPO-Kandidat zu sein, wurde dem Kieler Fertighausbauer DESIGN BAU zuteil. Die Deutsche Börse unterscheidet den ENTRY STANDARD INDEX mit 30 Titeln (WKN: A0G 834, Kurs am 31. Oktober 2014: 354 Punkte) und den ENTRY ALL SHARES mit rund 150 Werten.

ENTRY STANDARD, Kurse ab 3 €, Börsenwert ab 20 Mio. €; angemessene Bewertung, Kursentwicklung 1 Jahr

Unternehmen, 18 von 30 Titeln	WKN und KGV 2014	Kurs am 07.10.14	52 Wochen Hoch/-Tief	Kursverlauf 1 Jahr/Divid.
Bavaria Industrie	260 555/31,7	38,00 €	41,55/32,60 €	+10%/0,00 €
Berliner Effekten	522 130/23,5	5,65 €	5,90/4,20 €	+22%/0,06 €
CytoTools	A0K DEJ/k. A.	69,40 €	71,55/26,05 €	+143%/0,00 €
Daldrup & Söhne	783 057/23,6	13,00 €	14,20/10,50 €	+5,5%/0,05 €
Datagroup	A0J C8S/11,5	8,75 €	10,60/6,50 €	+24%/0,20 €
Deutsche Rohstoff	A0X YG7/16,2	19,30 €	29,10/16,15 €	-3,6%/0,10 €
HAEMATO	619 070/9,4	4,05 €	5,35/3,50 €	-5,0%/0,30 €
HALLOREN	A0L RST/15,3	7,50 €	8,55/7,35 €	-6,8%/0,25 €
Helma Eigenheim	A0E Q57/8,9	23,85 €	28,95/17,20 €	+38%/0,50 €
KTG Agrar SE	A0D N1J/17,9	15,00 €	16,60/12,55 €	+0,6%/0,24 €
KTG Energie	A0H N65/12,1	11,40 €	14,05/11,05 €	-4,9%/0,40 €
KWG Kommunale	522 734/12,8	6,40 €	7,35/6,10 €	+0,6%/0,00 €
MPH Mitt. Pharma	A0N F69/12,6	2,25 €	3,20/2,10 €	-17%/0,20 €
Mühlbauer Hold.	662 720/11,4	18,00 €	22,60/16,80 €	-8,7%/0,80 €
NABALTEC	A0KPPR/11,4	10,90 €	12,00/8,25 €	+19%/0,10 €
STEICO SE	A0L R93/10,6	5,65 €	8,00/4,85 €	-14%/0,14 €

Quelle: Deutsche Börse Frankfurt, Entry Standard Index (Perform.), WKN A0G 834

Entry Standard Index (Performance), WKN A0G 834

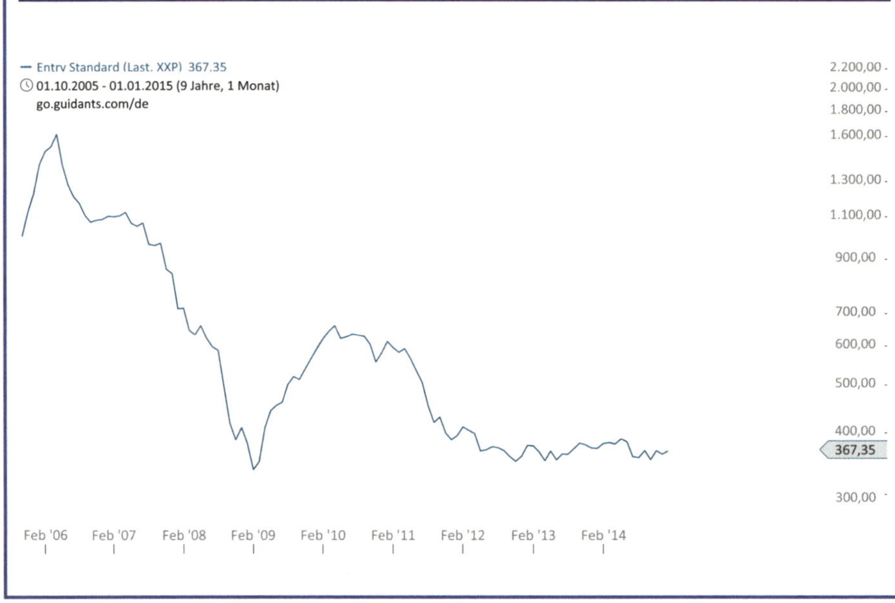

Der ENTRY STANDARD als Einstiegssegment für kleinere Mittelständler bringt neben den Glanzlichtern mit Kursverdoppelung etliche Verlustbringer und von Insolvenz bedrohte Firmen. Er dient den Börsenneulingen als preiswertes, ideales Übungsbecken vor einem möglichen späteren Wechsel in den Prime Standard. Wer hier gelistet ist, muss einen Halbjahresbericht und einen testierten Jahresabschluss veröffentlichen. Obwohl Skeptiker befürchten, dass sich wegen der geringen Zulassungsauflagen dort schwarze Schafe tummeln, ist der ENTRY STANDARD doch als sinnvolle Ergänzung zu bewerten. Gerade die kleineren Firmen haben es schwer, sich das benötigte Kapital von den Banken zu beschaffen. Mit dem IPO (Initial Public Offering) zu finanziell erschwinglichen Bedingungen eröffnet sich die Chance, die Eigenkapitalquote zu stärken, Wachstum und Ausbau der Marktnische voranzutreiben. Der tägliche Handelsumfang ist großteils dürftig, sodass selbst kleine Orders starke Schwankungen auslösen können. Bei einigen AGs mangelt es wegen schlechter Kommunikation (Todsünde!) und vernachlässigter IR-Arbeit an Nachrichten, sodass es oft schwierig ist, verlässliche Informationen zu erhalten.

- Ordern Sie ENTRY-STANDARD-Aktien nie aufgrund einer einzigen Börsenbriefempfehlung. Je niedriger der Börsenwert ist, umso skrupelloser wird spekuliert. Ein zweistelliges Auf und Ab beim Kurs binnen weniger Stunden ist in turbulenten Marktphasen bzw. wegen Manipulation gerissener Gurus nicht selten.

4.3 Die wichtigsten Indizes rund um den Globus

4.3.1 Leitindex von Euroland: EURO STOXX 50

Getreu dem Motto „Ober schlägt Unter" nimmt in Politik und Wirtschaft die EU immer mehr das Heft in die Hand, erkennbar auch an den massiven Sanktionen gegenüber Russland im Ukrainekonflikt. Die besten europäischen Fußballteams kämpfen um die Teilnahme an einem der attraktiven und mit hohen Millioneneinnahmen verbundenen Wettbewerbe Champions League (Königsklasse) und Europa League (vormals UEFA-Cup). Die marktführenden 50 Unternehmen der Eurozone (EU) mit dem höchsten Börsenwert bilden den EURO STOXX 50. Die 50 größten Konzerne Gesamteuropas sind im STOXX 50 erfasst.

Der EURO STOXX 50, WKN 965 814

Die Kursentwicklung der beiden europäischen Indizes bleibt hinter DAX und DOW JONES deutlich zurück. Die Kursverluste sind in Korrekturphasen meist höher, die Kursgewinne dagegen geringer. Bevor Sie weiterlesen, überlegen Sie, welche Hauptgründe es für dieses Hinterherhinken gibt. Am besten Sie notieren dies in Stichpunkten. In Südeuropa lösen die Staatsüberschuldung, der konjunkturelle Abschwung in Italien und Frankreich, eine bedrückend hohe Jugendarbeitslosigkeit und nicht bestandene Banken-Stresstests große Sorgen aus.

Unsicherheit schreckt Privatanleger und institutionelle Investoren ab. Dabei überzeugen mehrere der in Südeuropa beheimateten exportstarken Großkonzerne mit wachsendem Umsatz und Ertrag, fairer Bewertung und gesunder Bilanzstruktur. Die attraktiven Gewinnausschüttungen sind jedoch mit dem Wermutstropfen belastet, dass großteils das Doppelsteuerabkommen gilt. Über den Daumen gepeilt streichen Sie nur die Hälfte der Dividende ein. Große Öl-, Energie-, Bank- und Versicherungsaktien sowie die Konsumgüterindustrie fühlen sich hier zu Hause.

Die Dividendenrendite ist beim defensiveren EURO STOXX 50 im Herbst 2014 mit 3,75% höher als beim DAX mit 2,95%. Die Übersicht bringt Spitzenwerte mit attraktiven Ausschüttungen. Zugleich wird das Nachholpotenzial deutlich. 2013 notierte nur ein einziger Konzern aus dem EURO STOXX 50 mit knapp 5% im Minus. Der zweitgrößte Verlierer, nämlich DANONE, erzielte ein Kursplus von 5,4%. Beim Zehnten in der Negativ-Rangliste, REPSOL, betrug das Kursplus sogar 17%. Ganz anders sieht die Kursentwicklung im Börsenjahr 2014 bis Mitte Oktober aus.

5 EURO STOXX 50-Aktien Top/Flop Jahresende 2013/2014			
Siegeraktien	**31.12.2013**	**Verliereraktien**	**31.12.2013**
❶ AXA	+51,8%	❶ ENI	-4,9%
❷ Société Générale	+48,2%	❷ DANONE	+5,4%
❸ Carrefour	+46,9%	❸ SANOFI	+6,7%
❹ UniCredit	+45,5%	❹ ORANGE	+8,1%
❺ ING Group	+43,2%	❺ Banco Santander	+8,8%
Siegeraktien	**31.12.2014**	**Verliereraktien**	**31.12.2014**
❶ Orange	+58,6%	❶ ENI	-16,9%
❷ Intesa Sanpaolo	+35,1%	❷ Société Générale	-16,4%
❸ ASML Holding	+30,1%	❸ Repsol	-15,1%
❹ Anhäuser-Busch	+21,8%	❹ BNP Paribas	-12,4%
❺ Iberdrola	+20,6%	❺ Carrefour	-12,1%

Spanische Aktien auf Erholungskurs

2013 legte der spanische Blue-Chip-Index IBEX 35 um 21% auf 9900 Punkte zu, schaffte erstmals seit 2009 wieder eine positive Jahresentwicklung, ist aber noch weit entfernt vom Höchststand mit 11.940 Punkten. Der spanische Markt erscheint trotz konjunktureller Erholung unterbewertet. Einige Experten erwarten, dass der spanische Index doppelt so stark zulegt wie der EURO STOXX 50. Nachholpotenzial zeigen BBV, IBERDROLA, INDITEX, REPSOL, TELEFÓNICA.

4.3.2 Blick auf den STOXX 50, Gesamteuropa

Beim STOXX 50, dem Börsenbarometer für Europa, verlief die Entwicklung, DAX-Aktien erneut ausgeklammert, weniger erfreulich als beim EU-Index EURO STOXX 50. Ich rechne mit Erholung, gibt es hier doch substanzstarke AGs mit ansehnlicher Exportquote und gesunder Bilanzstruktur. Das KGV spricht mit 13,9 für faire Bewertung; die Dividendenrendite ist mit 4,3% hoch.

Der STOXX 50, WKN 965 816

Je 4 STOXX 50-Aktien Top/Flop Jahresende 2013/2014

Siegeraktien	31.12.2013	Verliereraktien	31.12.2013
❶ Lloyds Banking Gr.	+55,0%	❶ Standard Chartered	-15,1%
❷ VODAFONE	+49,2%	❷ BHP Billiton	-14,9%
❸ ROCHE	+31,8%	❸ Glencore Xstrata	-14,1%
❹ BG Group	+26,1%	❹ RIO TINTO	-5,2%
Siegeraktien	**31.12.2014**	**Verliereraktien**	**31.12.2014**
❶ AstraZeneca	+35,1%	❶ BG Group	-27,6%
❷ Novartis	+32,4%	❷ BHP Billiton	-24,1%
❸ National Grid	+25,8%	❸ Standard Chartered	-20,8%
❹ Zurich Insurance	+24,6%	❹ BP	-9,6%

4.3.3 Das bemerkenswerte USA-Trio: DOW JONES, S&P und NASDAQ

Überall stoßen wir auf ähnliche Verhaltensmuster. Ob Menschen-, Tier- oder ob Börsenwelt: Der Mitläufer orientiert sich am Anführer, das Wolfsrudel am Alpha-Leitwolf, der DAX am DOW JONES und der TecDAX an der Technologiebörse NASDAQ. Der deutsche Leitindex hat allem Anschein nach nicht die Kraft, sich vom DOW abzukoppeln. Eine solche Hoffnung erwies sich als Trugschluss. Wie ein Hündchen, in bester Herdentriebmanier, läuft der DAX dem DOW hinterher. Die Börse in Deutschland eröffnet ordentlich, wenn der DOW im späten Abendhandel ein deutliches Plus zeigt. Dagegen geht es am nächsten Morgen ungemütlich zu, sollten beim DOW die Weichen auf Rot stehen. Im Crash geht es meist stärker abwärts, im Boom eher dynamischer nach oben. Überlegen Sie: Was sagt Ihnen die alte Börsenweisheit: „Hustet der Dow, bekommt der DAX eine Lungenentzündung!"

Der DOW JONES, weltweiter Leitindex, WKN 969 420

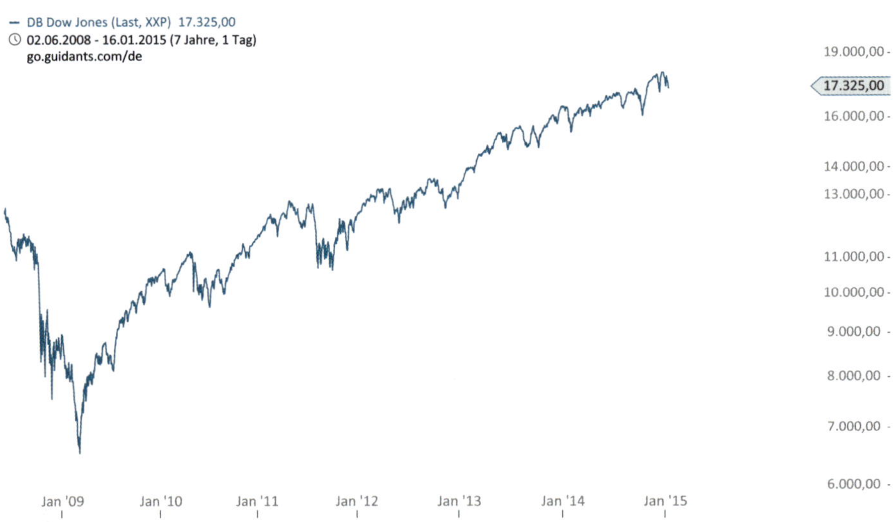

Bei der Frage, ob der US-Leitindex diese Vormachtstellung verdient, heißt die Antwort: „Ja!" Die mächtigen US-Konzerne dominieren den Markt. Der Hightechkonzern **APPLE** war im Februar 2014 mit 346 Mrd. € Marktkapitalisierung das weltweit wertvollste Unternehmen, gefolgt vom Internetgiganten **GOOGLE** mit 288 Mrd. € und dem Ölriesen **EXXON Mobil** mit 284 Mrd. € Börsenwert. Diese drei großen US-Konzerne bringen ähnlich viel Börsenwert auf die Wage wie der gesamte DAX. Auch bezüglich Rendite liegen die DOW-Firmen deutlich vor der DAX-Konkurrenz.

Das US-Trio schaffte 2013 rund 70 Mrd. € Nettogewinn – mehr als alle DAX-Konzerne an Erträgen einfuhren. Alle Konzerne der Vereinigten Staaten sind gut 17 Billionen € wert. Da wirken die knapp 1,5 Billionen € der DAX-Firmen bescheiden. Auch beim Umsatz liegen die US-Global-Player vorn mit 1,9 Mrd. € gegenüber 1,1 Mrd. €. Dies gilt auch für die Gewinnmarge EBIT mit 15,8% gegenüber 7,2%.

6 Aktien DOW JONES Top/Flop Jahresende 2013 und 2014			
Siegeraktien	**31.12.2013**	**Verliereraktien**	**31.12.2013**
❶ BOEING	+74,2%	❶ IBM	-7,1%
❷ American Express	+51,6%	❷ Caterpillar	-0,4%
❸ 3M	+44,3%	❸ AT & T	+1,8%
❹ NIKE	+44,0%	❹ Mc Donald's	+5,0%
❺ Walt Disney	+43,7%	❺ DuPont	+7,3%
❻ VISA	+39,8%	❻ Coca-Cola	+8,7%
Siegeraktien	**31.12.2014**	**Verliereraktien**	**31.12.2014**
❶ INTEL	+63,9%	❶ IBM	-2,5%
❷ United Health	+53,9%	❷ Chevron	+2,0%
❸ Home Depot	+45,1%	❸ Exxon Mobil	+3,2%
❹ Cisco Systems	+45,0%	❹ General Electric	+4,5%
❺ Walt Disney	+44,9%	❺ Verizon Comm.	+9,1%
❻ Microsoft	+44,5%	❻ AT & T	+9,1%

Schwingt sich – bedingt durch die zeitliche Verschiebung – in den frühen Abendstunden der DOW JONES (der seit 1897 vom Verlagshaus Dow Jones ermittelte Kursindex der New Yorker Effektenbörse) aufwärts, raffen sich DAX, EURO STOXX 50 und andere Börsen rund um den Globus zum Endspurt auf. Der japanische NIKKEI gebärdet sich unabhängiger. Wehe, wenn an der Wall Street die Bären die Stimmung vermiesen! Spätestens kurz vor Handelsschluss machen die schwankungsfreudigen deutschen Indizes schlapp. Oft ist folgendes Szenario typisch: Stürzen die US-Indizes ab, wird die negative Vorgabe heftig nachvollzogen. Kommt es bei DOW, S&P 500 oder der Technologiebörse NASDAQ zur Kursexplosion, ist das Feuerwerk bei DAX und TecDAX umso üppiger. Die US-Leitbörse gibt die Richtung vor. Es gelingt in Europa und Asien selten, sich vom „großen Bruder" abzulösen. Der US-Markt agiert als Trendsetter für die übrige Welt. Was den US-Markt einige Zeit belastete, war der prozentual geringere Kursrückgang im Crash von 2000 bis 2003 gegenüber DAX & Co.

Die amerikanischen Aktien sind etwas höher als der DAX bewertet, aber längst nicht so ambitioniert wie der japanische NIKKEI mit über 16.500 Punkten und einem KGV von 17,6. Umgekehrt präsentiert sich der Weltindex aber auch nicht so niedrig wie der russische RTX mit kaum 1600 Punkten und einem KGV von 4,8.

DOW, DAX & Co. im Vergleich, Stichtag: 07. Oktober 2014

Große Indizes	Land	KGV 2014	KBV	Div.- Rendite
DAX	Deutschland	12,7	1,8	2,95%
DOW JONES	USA	14,7	2,9	2,24%
S&P 500	USA	16,2	2,7	2,00%
NASDAQ 100	USA	18,8	4,5	1,98%
EURO STOXX 50	Euroraum, EU	14,0	1,5	3,74%
STOXX 50	Gesamteuropa	13,9	1,8	4,29%
NIKKEI	Japan	17,6	1,6	1,51%
RTX	Russland	4,8	0,6	4,86%

Kursentwicklung: Dow Jones, S&P 500 und Nasdaq 100

Dow Jones	S&P 500	Nasdaq 100
2007: 13.265 Punkte	2007: 1.468 Punkte	2007: 2.021 Punkte
2008: 8.776 Punkte	2008: 903 Punkte	2008: 1.510 Punkte
2009: 10.535 Punkte	2009: 1.124 Punkte	2009: 1.807 Punkte
2010: 11.570 Punkte	2010: 1.258 Punkte	2010: 2.226 Punkte
2011: 11.766 Punkte	2011: 1.205 Punkte	2011: 2.215 Punkte
2012: 13.104 Punkte	2012: 1.426 Punkte	2012: 2.661 Punkte
2013: 16.484 Punkte	2013: 1.840 Punkte	2013: 3.568 Punkte
2014: 17.823 Punkte	**2014: 2.059 Punkte**	**2014: 4.236 Punkte**
Kursentwicklung 2013: +26% 2014: +9%	**Kursentwicklung 2013: +29% 2014: +13%**	**Kursentwicklung 2013: +34% 2014: +20%**

Der amerikanische Leitindex DOW JONES bildet wie der DAX die 30 größten Industriewerte ab. An der New Yorker Wall Street sind so bekannte Global-Player wie ALCOA, BOEING, CATERPILLAR, CISCO, COCA-COLA, EXXON MOBIL, GENERAL ELECTRIC, IBM, INTEL, MICROSOFT, PFIZER und WALT DISNEY gelistet.

Der DOW JONES – Stand Mitte November 2014 – hat die alte Höchstmarke von 2007 längst geknackt und notiert auf Allzeithoch mit rund 17.600 Punkten. Dem DAX gelang es, im Juni 2014 in Trippelschritten die 10.000er-Marke zu überspringen. Allerdings werden die Chancen am US-Markt durch die riesige Staatsverschuldung in einer Billionendimension, die noch hohe Arbeitslosenquote und das Gefühl, aus früheren Fehlern nur wenig zu lernen, sowie die attraktive Bewertung vieler Konzerne gebremst. Die Umsatz- und Ertragszahlen und die Vorausschau sind durchwachsen.

Die US-Technologiebörse NASDAQ 100, WKN A0A E1X

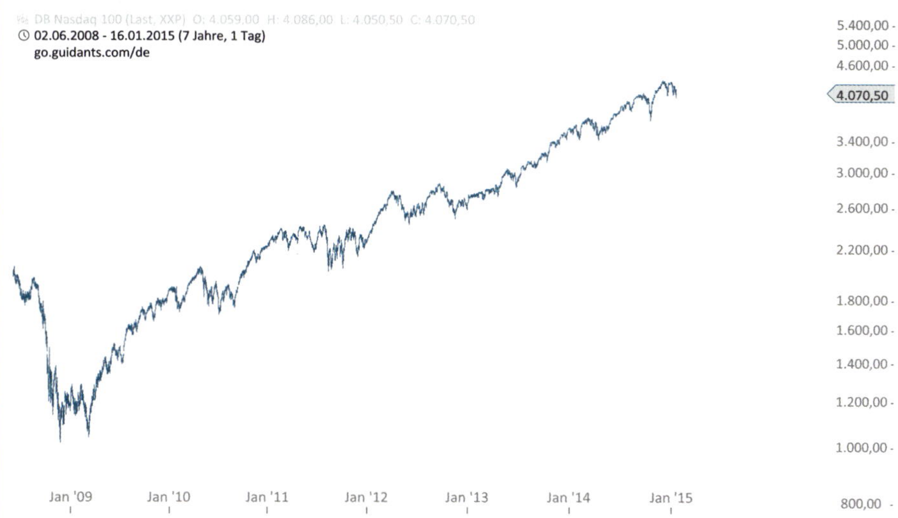

Die institutionellen Investoren schätzen vor allem den S&P 500, vermittelt er doch ein ausgewogenes Bild von der Wirtschaft und den sie präsentierenden Großkonzernen und Mittelständlern. Die US-Technologiebörse NASDAQ enthält eine Vielzahl von Hightech-, Biotech-, Telekommunikations-, Internet- und Medienwerten, außerdem Aktien aus dem Sektor erneuerbare Energien, allen voran die international bekannte Solarstromaktie FIRST SOLAR. Risikobewusste Anleger fühlen sich hier zu Hause und ordern gern die Aktien aussichtsreicher Wachstumsfirmen wie AMAZON, APPLE, FACEBOOK und GOOGLE. Große Chancen hat nach dem verfrühten Boom um die Jahrtausendwende und dem darauf folgenden Kursabsturz der „gereifte" Biotechnologiebereich mit vielen neuen Wirkstoffen und Therapieformen. Man denke an ALEXION, AMGEN, BIOGEN, CELGENE, GILEAD, ILLUMINA, INCYTE, REGENERON und VERTEX. Gleiches gilt für einige Hightech- und Internettitel.

Wer den Mut hatte, in der Nähe der Tiefstkurse von 2002/2003 oder 2008/2009 einzusteigen, und auch die scharfe Korrektur im Oktober 2014 nutzte, konnte sich über üppige Kursanstiege erfreuen. Den Vogel schoss sicherlich **PRICELINE.com** (WKN 766 054) ab mit einem Kursgewinn von rund 1400% binnen 5 Jahren. Ich kann mich erinnern, dass ich diese Aktie einst für 6,50 € kaufte, für 18,50 € verkaufte, bei 400 € erneut einstieg, die Aktie seitdem halte und mich kürzlich freute, als der Kurs für kurze Zeit sogar die Marke von 1000 € übersprang.

Für institutionelle Anleger wichtig: der S&P 500-Index

Der S&P 500: für Profis unverzichtbar, WKN A0A ET0

Der breitgefächerte Index S&P 500 vermittelt ein ausgewogenes Bild von den US-Unternehmen und der amerikanischen Wirtschaft. Er wird vor allem von institutionellen Investoren genutzt und bildet die Grundlage für zahlreiche ETFs und Aktienfonds. Einige Aktien konnten, wie die umseitige Übersicht zeigt, binnen eines Jahres ihren Kurs mehr als verdreifachen. Unter den Top 12 von 500 Titeln befinden sich drei Biotechaktien. Die größten Kursverluste lagen bei 50% und 40%. Hier enttäuschten die früheren Spitzengoldtitel NEWMONT und RANDGOLD.

- **Der S&P 500 eilte 2013/2014 von einem Höchststand zum nächsten, übersprang im November 2014 auch die 2000-Punkte-Marke bei einem KGV von 16,7 und einer durchschnittlichen Dividendenrendite von knapp 2%.**

8 Aktien S&P 500 Top/Flop Jahresende 2013 und 2014			
Siegeraktien	**31.12.2013**	**Verliereraktien**	**31.12.2013**
❶ Tesla Motors	+327%	❶ Newmont Mining	-50%
❷ NETFLIX	+298%	❷ Randgold Res.	-39%
❸ Best Buy	+239%	❸ Nuance Comm.	-33%
❹ Micron Tech.	+231%	❹ Peabody Energy	-29%
❺ Celgene	+109%	❺ Intuitive Surgical	-24%
❻ Facebook	+103%	❻ The Mosaic	-18%
❼ YAHOO	+98%	❼ Equinix	-18%
❽ Gilead Sciences	+97%	❽ Broadcom	-15%
Siegeraktien	**30.12.2014**	**Verliereraktien**	**30.12.2014**
❶ Southwest Airl.	+155%	❶ MATTEL	-26%
❷ Electronic Arts	+133%	❷ APACHE	-17%
❸ Allergan	+118%	❸ AGCO	-12%
❹ Keurig Green M.	+107%	❹ Amazon	-12%
❺ NXP Semicond.	+91%	❺ Halliburton	-12%
❻ Monster Beverage	+87%	❻ Discovery Comm.	-12%
❼ VERTEX	+84%	❼ Wynn Resorts	-11%
❽ ALCOA	+68%	❽ Newmont Mining	-10%

Welche Chancen bietet Ihnen der amerikanische Aktienmarkt?

„Breit gestreut – nie bereut“ gilt auch hier. Die Bewertung von DAX & DOW nähert sich dem historischen Durchschnitt an. Bei Einzelwerten verläuft die Entwicklung unterschiedlich und bietet Chancen für Stock Picking. Bei Korrektur und Crash sind auch ETFs zu empfehlen, vor allem bei Zeitmangel und wenig Vermögen.

Der Wechselkurs zwischen US-Dollar und Euro eröffnet Chancen und Risiken. Sinkt der Eurokurs, steigen die Preise für US-Aktien; ein Zukauf ist nur bei fairer Bewertung zu überlegen. Umgekehrt bieten sich Teilverkäufe an. Beide Volkswirtschaften entwickeln sich ungleichmäßig, was erst recht für die Politik gilt.

Es gilt also, Kurskorrekturen zu nutzen, dabei wichtige Finanzkennzahlen wie KGV, Ergebnis je Aktie, Eigenkapitalquote, Dividendenrendite, Buchwert, 52-Wochen-Hoch/Tief für die Entscheidungsfindung heranzuziehen. Augenmerk verdient die technische Analyse. Zeigt die Aktie einen Aufwärts- oder Abwärtstrend?

Die US-Wirtschaft präsentiert sich fast in allen Branchen stark

Die großen USA-Konzerne als „Gewinnmaschinen" – US-Spitzenunternehmen: Top 3 nach Branchen Ende 2014				
TOP 3, US-Aktien DOW/NASDAQ	**WKN**	**Nettogewinn Dollar**	**Änderung Vorjahr**	**Nettoumsatzrendite**
Branche: Technologie, IT, Software, Cloud, Digitalisierung, Internet				
❶ **Apple** (Nasdaq)	865 985	39,5 Mrd. $	**+6,7%**	21,6%
❷ **Google** (Nasdaq)	A0B 7FY	14,3 Mrd. $	**+10,9%**	27,1%
❸ **Intel** (Dow Jones)	855 681	11,4 Mrd. $	**+18,3%**	20,4%
Industriebereich, Mischkonzerne, Elektrotechnik, Energie				
❶ **General Electric**	851 144	15,3 Mrd. $	**+17,4%**	10,3%
❷ **Schlumberger**	853 390	7,3 Mrd. $	**+8,2%**	18,9%
❸ **Honeywell** (S&P)	870 153	4,4 Mrd. $	**+11,0%**	10,8%
Gesundheitswesen, Pharmaindustrie				
❶ **Johnson & J.** (Dow Jones)	853 260	17,1 Mrd. $	**+23,3%**	22,8%
❷ **Merck** (Dow)	A0Y D8Q	9,1 Mrd. $	**+10,7%**	21,5%
❸ **AbbVie** (S&P)	A1J 84F	5,1 Mrd. $	**+24,0%**	26,9%
Konsumgüterindustrie mit unterschiedlichsten Produkten				
Procter & Gamble	852 062	12,0 Mrd. $	**+2,8%**	14,4%
Altria (S&P 500)	200 417	5,1 Mrd. $	**+11,9%**	28,5%
Colgate (S&P 500)	850 667	2,3 Mrd. $	**+2,2%**	13,2%
Anmerkung: Die Übersicht zeigt die drei amerikanischen Top-Unternehmen in ausgewählten Wirtschaftszweigen. Die amerikanischen Firmen erzielen mit rund 1,1 Billionen Dollar einen Rekord-Jahresgewinn. Preiswerte Energie und mehr Arbeitsplätze fördern den Konsum als Wachstumsquelle und locken Investoren ins Boot.				
Quelle: *Handelsblatt* Nr. 222 vom 18.11.2014, Titel: **„Gewinnmaschine USA"**				

Der Leitindex DOW JONES, die Technologiebörse NASDAQ und der umfangreiche S&P 500 eilten selbst im Oktober und November 2014 noch von einem zum nächsten Allzeithoch. Warum wohl? Die Übersicht dürfte Aufschluss geben. Besteht für Sie ein Grund, strategisch neue Schwerpunkte zu setzen?

4.3.4 Der japanische NIKKEI auf Erholungskurs

Der japanische Index NIKKEI 225, WKN A1R RF6

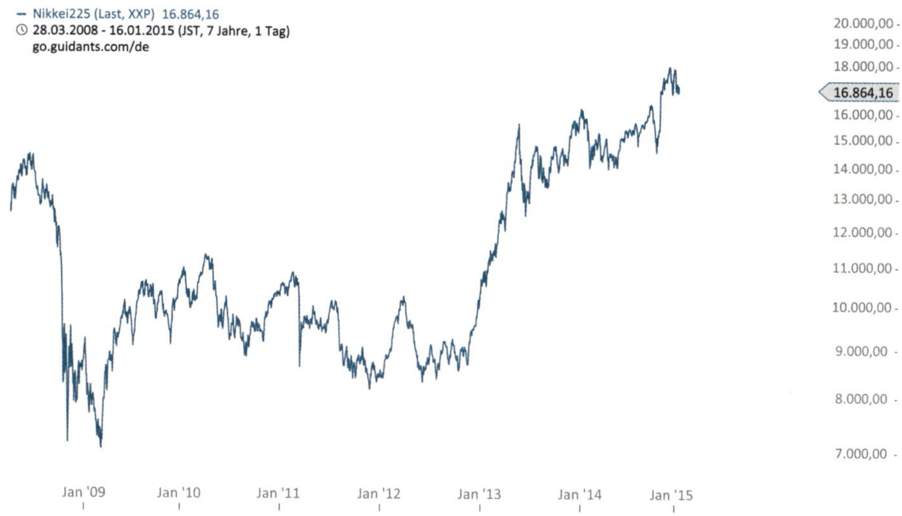

Mitte 2007, als sich der japanische NIKKEI mit einem Kurs von rund 18.000 Punkten auf 45% seines Altzeithochs aus dem Jahre 1989 herangerobbt hatte, stellten etliche Analysten das Kursziel bereits auf 20.000 Punkte. Doch dies blieb ein frommer Wunsch. Die Subprime- und Finanzkrise erfasste auch den NIKKEI mit seinen 225 Standardwerten. Er fiel 2008 bis auf knapp 11.700 Punkte zurück, um sich danach zwischen 12.000 und 14.000 zu stabilisieren. 2008 und 2009 ging es erneut abwärts, zeitweilig bis auf gerade einmal 9000 Punkte. Heute, am 11.11.2014, krönt der NIKKEI seinen Aufwärtstrend mit einem Sieben-Jahres-Hoch von 17.340 Punkten.

NIKKEI: Vor dem Absturz Rallye im 5.000er-Takt

November 1972:	über 5.000
Januar 1984:	über 10.000
März 1986:	über 15.000
Januar 1987:	über 20.000
Juni 1987:	über 25.000
Dezember 1988:	über 30.000
August 1989:	über 35.000

Bis zum Rekordhoch von knapp 40.000 Punkten liegen unerreichbare Welten. Niemand weiß, ob und wann der alte Höchststand je wieder erreicht wird. Der NIKKEI 225 ist Asiens bedeutendster Aktienindex und wird seit 1950 täglich berechnet. Er ist schwankungsfreudig, und über japanische Aktien sind nur erschwert seriöse Nachrichten einzuholen.

Da die Meldungen meist spärlich ausfallen, empfiehlt es sich, bei Kursschwäche auf einen ETF zurückzugreifen. Deshalb bringe ich nicht nur die sechs Top- und Flop-Aktien 2013 und 2014, sondern liste vier kostengünstige ETFs als Alternative auf. Ermutigend stimmt, dass trotz der NIKKEI- und TOPIX-Rallye führende Analysten weiteres Kurspotenzial für japanische Titel sehen.

6 Aktien NIKKEI 225 Top und Flop Jahresende 2013 und 2014

Siegeraktien	31.12.2013	Verliereraktien	31.12.2013
❶ Softbank	+129,9%	❶ NIKON	-35,5%
❷ Panasonic	+85,3%	❷ Advantest	-23,3%
❸ Alps Electric	+81,9%	❸ CANON	-21,8%
❹ Daikin Industries	+76,1%	❹ Komatsu	-20,9%
❺ Daiwa Securities	+74,7%	❺ Asahl Class	-17,6%
❻ Chugai Pharma	+68,5%	❻ Nissan Motor	-13,8%
Siegeraktien	**07.10.2014**	**Verliereraktien**	**07.10.2014**
❶ NIDEC	+51%	❶ Softbank	-23%
❷ Chugai Pharma	+45%	❷ Sumitoma Realthy	-21%
❸ KAO	+43%	❸ Mitsubishi Estate	-19%
❹ MURATA	+41%	❹ ORIX	-18%
❺ Astellas Pharma	+35%	❺ Sumitoma Mitsui	-17%
❻ SONY	+34%	❻ Honda Motor	-16%

Vier japanische ETFs auf den Leitindex NIKKEI 225 bezogen

Japanischer ETF	WKN	Hoch/Tief 1 Jahr	Kurs 12.06.14
iShares Nikkei 225 UCITS	A0Y EDQ	101,10 €/87,35 €	96,37 €
BlackRock Fund, thesaurierend, Volumen: 63 Mio. €, Gebühr: 0,48 €, Alter: 4 Jahre			
iShares Nikkei 225® DE	A0H 08D	11,50 €/9,95 €	10,95 €
BlackRock Asset, ausschüttend, Volumen: 160 Mio. €, Gebühr: 0,50 €, Alter: 8 Jahre			
db x-trackers Nikkei 225 U.	DBX 0NJ	11,50 €/9,95 €	10,95 €
DB Platinum Advis, ausschüttend, Volumen: 11 Mio. €, Gebühr: 0,30 €, Alter: 1 Jahr			
ComStage Nikkei 225 UC.	ETF 020	12,00 €/10,35 €	11,40 €
Commerz Funds, thesaurierend, Volumen: 56 Mio. €, Gebühr: 0,45 €, Alter: 6 Jahre			

Einige Experten sind schon deshalb vom Comeback Japans überzeugt, hat doch das Land einen Umwandlungsprozess mit positiven Veränderungen vollzogen. Andererseits fehlt es nicht an belastenden Meldungen. Traurig mutet an, dass all jene Aktionäre, die vor rund 25 Jahren zu Höchstkursen einstiegen, noch über der Hälfte ihres Einsatzes nachtrauern. Die Übersicht zeigt, mit welch unglaublichem Tempo sich einst eine große Spekulationsblase auftürmte. Erst im Nachhinein wurde vielen Börsianern klar, dass eine solch geballte Ladung von Gier und Euphorie auf Dauer nicht gut gehen konnte. Kurs-Gewinn-Verhältnisse jenseits von Gut und Böse hätten zu Vorsicht und Vernunft ermahnen müssen. Späte Reue half nicht weiter.

Neben dem preisgewichteten Index NIKKEI 225, für den alljährlich die Auf- und Absteiger ermittelt werden, gibt es seit 1988 den von Experten meist bevorzugten **TOPIX.** Er erfasst die im amtlichen Handel notierten Japanaktien. Die Gewichtung ergibt sich aus der Marktkapitalisierung. Der TOPIX setzt sich aus knapp 1400 Titeln zusammen und wird von daher als aussagekräftiger für den Zustand der japanischen Wirtschaft beurteilt als der NIKKEI.

Kursbildung Nikkei	
1999:	18.811
2002:	8.579
2003:	10.677
2004:	11.489
2005:	16.111
2006:	17.225
2007:	15.250
2008:	8.860
2009:	10.546
2010:	9.769
2011:	8.336
2012:	10.395
2013:	16.291
2014:	17.451
KGV 2014:	17,6
Divid.-Rendite:	1,5%

Kursbildung TOPIX	
2012:	860
2014:	926
KGV 2014:	14,4
Divid.-Rendite:	1,8%

Was vielleicht den Appetit auf japanische Aktien anregen könnte, ist die Tatsache, dass sich das Angst und Furcht auslösende Deflationsgespenst wohl bald verzieht. Die japanische Wirtschaft sollte trotz der Steuererhöhung weiter wachsen, versprach Notenbankchef Haruhiko Kuroda Mitte Januar 2014. Die Weltkonjunktur wie auch Japans anziehende Binnenwirtschaft könnte höhere Steuern lockerer wegstecken, als von Pessimisten befürchtet. Zusätzlich beflügelt die Regierung die Konjunktur mit einem Haushalt in Rekordhöhe. Und die Notenbank hört nicht auf, den Markt weiter mit Kapital zu fluten.

Bei exzellenter Marktkenntnis sollten Sie auf einzelne Qualitätstitel setzen. Hier beeindruckt die Pharmaentwicklung. Die drittgrößte Volkswirtschaft Japan verdient mehr Beachtung. Der Kernkraft-Gau im März 2011 öffnet den Blick für umweltfreundliche erneuerbare Energien. Weniger riskant sind Discount- und Bonuszertifikate auf fair bewertete Blue Chips. Bei Kursschwäche bietet sich auch ein Indexfonds (ETF) auf den NIKKEI oder TOPIX an. Bei Erfahrungen mit japanischen Aktien analysieren Sie das Für und Wider. Und beherzigen Sie den aktuellen Ausspruch von **Martin Kölling:** „Die Vorzeichen für eine Börsenhausse in Japan sind so günstig wie lange nicht mehr!“

4.3.5 China – noch Leuchtturm für die Konjunktur?

Von den Olympischen Spielen 2008 in Peking erhoffte sich die chinesische Wirtschaft einen gewaltigen Wachstumsschub. Doch trotz gelungener Olympia-Primere mit reicher Goldmedaillenausbeute verschärften sich in China Umweltprobleme. Legten die chinesischen Aktien 2006/2007 noch eine fesselnde Rallye hin mit Kursvervierfachung in Shanghai und Hongkong, so fiel die folgende Korrektur kaum weniger spannend aus. Die hierzulande notierten Nebenwerte führten zu starken Verlusten. Seit dem Börsengang waren dies bei ASIAN BAMBOO -95%, FAST CASUAL WEAR -92%, ZHONGDE WASTE -92%, YOUBISHENG GREEN PAPER -90%, CHINA SPECIALITY GLASS -88%, POWERLAND -86%, ULTRASONIC -84%, UNITED POWER, -80%, MING LE SPORTS -78%, VTION WIRELASS -72% (Stand: Okt. 2014). Düster sieht es bei VanCamel und TINTBRIGHT aus.

In China gibt es die großen Börsenbarometer **Shanghai** an der Ostküste, **Shenzhen** im Süden und die Börse **Hongkong**. Dort wird der **HANG SENG** ermittelt, einer der wichtigsten Indizes Asiens. Chinesische Werte werden in A-, B- und H-Aktien unterteilt. Sie selbst können bekannte Titel an deutschen Börsenplätzen handeln, wie XETRA, Frankfurt, München, Stuttgart. **A-Aktien** sind in Shanghai und Shenzhen gelistet und großteils chinesischen Investoren vorbehalten. **B-Aktien** werden ebenfalls in Shanghai angeboten, und zwar in Dollar. Die an der Börse in Hongkong notierten Werte heißen **H-Aktien** und stehen allen Anlegern offen. Es gibt hier mehr Informationen über Kurse und Kennzahlen. Für Sie als Anleger ist die Einteilung in A-, B- und H-Aktien nicht entscheidend.

Bekannte China-Aktien mit positiver Kursentwicklung				
Aktie/Firma	**WKN**	**Kurs am 03.12.14**	**Hoch/Tief 1 Jahr**	**Entwicklung 1, 3, 5, Jahre**
BAIDU	A0M R90	190,00 €	202/102 €	**+58/+99/+559%**
Beijing Enterprises	A0N EXK	6,35 €	7,30/5,95 €	**-3%/+62/+46%**
Brill China Autom.	884 968	1,35 €	1,55/0,90 €	**+4/+552/+55%**
BYD Electronic	A0M 0HG	0,87 €	1,05/0,35 €	**+169/+313+59%**
China Mobile	909 571	48,45 €	50,7/29,8 €	**+29/+35/+57%**
Hutchison Whampoa	864 287	9,70 €	10,60/8,90 €	**+2/+53/+111%**
Lenovo Group	894 983	1,10 €	1,30/0,70 €	**+25/+112/+148%**
Shanghai Electric	A0M 4YX	0,45 €	0,50/0,20 €	**+75/+34/+41%**
Indexfonds iShares Dow Jones China Offshore 50 UCITS ETF				
Jahresgebühr: 0,6%	A0F 5UE	35,65 €	36,7/26,8 €	**+13/+28/+27%**

4.3.6 Afrikas Aufschwung durch Ebola gefährdet

So sah es 2013 aus: Der schwarze Kontinent umfasst 54 Länder. Im Schnitt wächst dort die Wirtschaft um gut 5%. Die Spitzenreiter bringen es auf 10%. Afrika zählt zu den Schwellenmärkten mit enormen Chancen – nicht nur im Rohstoffbereich. Der schwarze Kontinent dürfte 2050 mehr arbeitsfähige Bewohner haben als China. Die Leopardenstaaten spannen die Muskeln an. Aber nicht überall wird der Absprung gelingen. Es gibt holperige, steinige Wegstrecken. Die nach Afrika geleiteten Kapitalflüsse erinnern an fleißige Bienen, die den Honig liefern, aber auch bei Gefahr zur Abwehr ihren spitzen Stachel einsetzen. Um die Jahrtausendwende wurden in Afrika 16,5 Mio. Mobiltelefone genutzt. Jetzt sind schon 650 Mio. Geräte im Umlauf. Außerhalb der entlegenen Regionen nutzen zwei von drei Erwachsenen die moderne Informationstechnologie – ein Beleg für die wachsende Wirtschaftskraft.

Der Ausbau der Infrastruktur treibt das Wachstum in Afrika an. Alljährlich werden über 44 Mrd. Dollar für Infrastruktur eingeplant. Die afrikanischen Regierungen dürften bis 2040 ungefähr 1 Billion € allein in den Ausbau des Stromnetzes stecken. Für Lichtblicke sorgt, dass das Land Äthiopien mehr Strom erzeugt, als es selbst verbraucht. Eine moderne Infrastruktur mit Windstrom, Geothermie und Wasserkraft stellt die Weichen, um zu den entwickelten Staaten aufzuschließen. Der Transport über Land ist verbesserungsbedürftig. In Großstädten wie Accra, Lagos und Nairobi stößt der Verkehr regelmäßig an seine Grenzen. Das Eisenbahnnetz und die Wasserversorgung sind veraltet und dringend auszubauen.

Die Bevölkerung dürfte sich bis 2100 vervierfachen, also auf 4,1 Mrd. Menschen anwachsen. Die wohl größte Herausforderung ist, das ungebremste Bevölkerungswachstum in den Griff zu bekommen und verstärkt in Bildung und Gesundheitswesen zu investieren. Während europäische Frauen im Schnitt 1,6 Kinder zur Welt bringen, gebären afrikanische Mütter 5,2 Babys. Bei Frauen ohne Ausbildung ist die Geburtenrate noch höher. Menschen sollten sich nicht wie Karnickel vermehren, meint sogar der Papst. Solange sich daran nichts ändert und eine zielstrebige Familienplanung nicht zum Allgemeingut wird, kehrt in den afrikanischen Armenhäusern kein bescheidener Wohlstand ein. Bildung als wirksame Medizin wirkt langsam. Afrikas Jugend braucht dringend gut bezahlte Arbeitsplätze. Dazu gehört eine zeitgemäße Landwirtschaft mit Impulsen für „Hilfe zur Selbsthilfe".

Afrika konsumiert mehr als Indien und sorgt für 45% des Wachstums. Rohstoffe tragen zu einem Drittel bei. Vier Fünftel vom Privatkonsum stammen aus Algerien, Angola, Ägypten, Ghana, Kenia, Marokko, Nigeria, Südafrika, die Sudan-Staaten und Tunesien. Über 80% der Afrikaner vertrauen darauf, künftig besser dazustehen. Als Wachstumsmotor dürfte sich der Internethandel entwickeln.

Große Chancen – gepaart mit hohen Risiken

Ein Auszug aus *Smart Investor*, Nr. 7/2014, S. 14: „Derzeit dominieren bei der Berichterstattung über Afrika wieder einmal die Negativschlagzeilen. Mit Terroranschlägen in Kenia, Bürgerkrieg in Syrien, Hungersnot im Südsudan, Flüchtlingsströmen nach Europa oder den Entführungen ganzer Mädchengruppen durch die Terrorsekte Boko Haram in Nigeria ist die Liste der Schreckensbotschaften lang. Trotz allem aber hat sich die öffentliche Wahrnehmung Afrikas in den vergangenen Jahren zum Besseren gewendet. Obwohl es noch immer viele politische Defizite gibt, hat der Demokratiegedanke auf dem Schwarzen Kontinent Fortschritte gemacht. Vor allem aber hat ein wirtschaftlicher Aufschwung zur Imageverbesserung beigetragen. Laut der Organisation für wirtschaftliche Zusammenarbeit und Entwicklung (OECD) soll die Wirtschaftsleistung in den 54 afrikanischen Ländern in diesem Jahr um etwa 5% und 2015 um weitere 5 bis 6% zulegen."

Ein Zitat des *Handelsblatt*-Herausgebers und früheren Chefredakteurs Gabor Steingart anlässlich der geplanten Wirtschaftsexpedition nach Südafrika, Mosambik und Kenia: „Afrika ist der Kontinent der Zukunft. 6 der 10 am schnellsten wachsenden Volkswirtschaften der Welt befinden sich dort. Subsahara Afrika wird laut Schätzungen des Internationalen Währungsfonds in den nächsten Jahren mit über 6,5% wachsen. Die Länder brauchen dringend jede Art von Infrastruktur, Telekommunikation, Maschinen, IT und Häuser mit Niedrig-Energietechnologie. Die neue Mittelschicht von 300 Mio. Menschen kauft inzwischen reichlich Konsumgüter. Wer hätte vor einigen Jahren gedacht, dass ein Präsident des deutschen Verbandes der Maschinen- und Anlagenbauer (VDMA) Anfang dieses Jahres feststellen würde: ‚Für den deutschen Maschinenbau war Afrika 2013 der einzige Lichtblick', es sei der Beginn einer langen Wachstumsperiode." Es dürfte Sie gewiss interessieren, dass der DAX-Chemieriese BASF sein Geschäft in Afrika stark ausbaut.

Bekannte afrikanische Aktien großteils im Aufwind 2014

Aktie/Firma	WKN	Kurs am 30.12.14	Hoch/Tief 52 Wochen	Entwicklung 2014
Anglogold ADR	915 102	7,00 €	10,40/6,25%	-25%
Barclays Afrika Group	A1T 8G7	12,75 €	13,35/8,10 €	+41%
Firstrand Ltd.	A0E ACV	3,50 €	3,65/1,95 €	+47%
Gold Fields ARD	862 484	3,65 €	3,75/2,25 €	+51%
MTN Group Ltd.	897 024	15,75 €	18,90/12,50 €	+9%
Sasol ADR	865 585	30,95 €	45,95/26,45 €	-11%
Steinhoff Internat. Hold.	916 484	4,20 €	4,45/2,85 €	+35%

Indexfonds LYXOR ETF South Afrika (FTSE JSE TOP 40), 7 Jahre
Jahresgebühr: 0,65%, WKN; LYX 0BY, Kurs: 32,55 €, Hoch/Tief: 34,75/26,80 €

Reales Bruttoinlandsprodukt Afrika in Prozent 2013 - 2015

Auswahl: afrikanische Regionen	2013	2014(e)	2015(e)
Äthiopien	9,7%	7,5%	7,5%
Demokratische Republik Kongo	8,5%	8,7%	8,5%
Elfenbeinküste	8,1%	8,2%	7,7%
Ghana	5,4%	4,8%	5,4%
Gabun	5,9%	5,7%	6,3%
Kenia	5,6%	6,3%	6,3%
Mosambik	7,1%	8,3%	7,9%
Nigeria	6,3%	7,1%	7,0%
Republik Kongo	4,5%	8,1%	5,8%
Subsahara-Afrika	4,9%	5,4%	5,5%
Tansania	7,0%	7,2%	7,0%
Uganda	6,0%	6,4%	6,8%

Quelle: Internationaler Währungsfonds, abgedruckt in *Smart Investor* 7/2014

Laut *Handelsblatt*, Ausg. 16.12.2014, bilden die Top 10-Rangliste: Nigeria, Südafrika, Ghana, Marokko, Algerien, Angola, Tunesien, Ägypten, Mosambik, Tansania.

Die gefährliche Heimsuchung Ebola als Wachstumsbremse

So sieht es ab dem zweiten Halbjahr 2014 aus: Viel schneller als befürchtet breitet sich in Afrika das Ebola-Virus aus. Bis Ende 2014 starben über 8000 Menschen an dieser gefährlichen Seuche. Unterstützt wird diese auch die westliche Welt bedrohende Heimsuchung durch Unwissenheit, Sterberituale in den Dörfern und mangelnde Hygiene. Was fehlt, sind wirksame Medikamente, Schutzkleidung, Krankenhausbetten und ausgebildete Pflegekräfte. Bis die verheißene Hilfe der westlichen Regierungen tatsächlich in Afrika ankommt, vergehen noch Monate. Generell ist Ebola eher beherrschbar als andere gefährliche Seuchen. Ein Ebola-Infizierter steckt laut *Handelsblatt* bis zu zwei Personen an. Bei Hepatitis sind es zwei, bei HIV und SARS jeweils vier. In den betroffenen Ländern werden die Lebensmittel knapp. Mit Hochdruck arbeiten Wissenschaftler an neuen Wirkstoffen. Der britische Pharmariese **GlaxoSmithKline** entwickelt neue Impfstoffe, ebenso die amerikanische Firma **NEW LINK GENETICS COMPANY.** Erste Erprobungen finden bereits mit freiwilligen Probanden für die geplante Einführung 2015 statt.

4.3.7 Skandinavien: Der kühle Norden lockt

Der Norden Europas ist kühl, der Aktienmarkt eher heiß. Der dänische Aktienindex *OMX C20* katapultierte 2013 rekordverdächtig von 494 um rund die Hälfte auf 745 Punkte, während der finnländische Index *HSE GENERAL* 2013 um mehr als ein Drittel von 5770 auf ansehnliche 7380 Punkte zulegte. Auch die Kursentwicklung in Norwegen beim Index *OBX TOP 25* kann sich mit einem Wachstum von einem Fünftel bei einem Punktestand von 420 auf 505 im Jahr 2013 sehen lassen. Um rund 20% verbesserte sich ebenso der schwedische Index *OMX S30.* Er sprang von 1112 auf 1334 Punkte nach oben.

Im Norden Europas ist die Welt noch in Ordnung: hohe Lebensqualität, funktionierende Sozialpolitik, Wirtschaftswachstum, niedrige Arbeitslosen- und Kriminalitätsquote. Wie die Übersicht zeigt, haben sich zahlreiche Blue Chips vortrefflich entwickelt und der Aufwärtstrend dürfte langfristig anhalten. Anfang Juli 2014 hat die schwedische Zentralbank ihren Leitzinssatz um 50 Basispunkte auf 0,25% gesenkt. Die Entscheidung wird von der Exportwirtschaft bejubelt, leidet sie doch seit Langem unter ihrer starken Währung Krone. Diese reichlich späte Leitzinskorrektur dürfte die Aktienkurse führender Ausfuhrunternehmen nach oben treiben.

Skandinavische Aktienauswahl aus den Staaten-Indizes

Dänemark: OMXC 20 Sparte	**WKN**	**Kurs am 31.12.14**	**Hoch/Tief 52 Wochen**	**KGV/Kurs 2014**
Möller-Maersk (Schifffahrt)	861 837	1.804 €	2.070/1.463 €	**9,1/+6%**
Carlsberg B (Nahrung)	861 061	64,30 €	80,50/59,90 €	**13,5/-19%**
Jyske Bank (Banken)	A0DKMP	42,00 €	44,45/36,95 €	**12,6/+8%**
Novo Nordisk (Pharma)	A1X A8R	35,70 €	36,60/26,40 €	**22,7/+34%**
VESTAS (Windkraft)	913 769	32,05 €	40,85/21,80 €	**15,8/+42%**
Finnland: HSE GENERAL Sparte	**WKN**	**Kurs am 31.10.14**	**Hoch/Tief 52 Wochen**	**KGV/Kurs 2014**
Amer Sports (Mischkonzern)	870 547	16,20 €	16,75/13,80 €	**14,8/+8%**
Fortum Oyj (Versorger)	916 660	18,00 €	20,15/15,20 €	**16,4/+9%**
Huhtamäki (Maschinenbau)	870 740	**22,00 €**	**22,00**/17,90 €	**15,1/+18%**
Kono Corp. (Maschinenbau)	A0E T4X	37,70 €	38,35/27,40 €	**21,9/+14%**
Sampo (Versicherer)	881 463	39,40 €	39,80/33,80 €	**14,1/+12%**
Stora Enso (Rohstoffe)	871 004	7,45 €	8,30 €/5,90 €	**12,3/+2%**
UPM Kym. (Holzverarbeitg.)	881 026	13,75 €	13,90/10,15 €	**12,6/+9%**

Norwegen: OBX TOP 25, Sparte	WKN	Kurs am 30.12.14	Hoch/Tief 52 Wochen	KGV/Kurs 2014
DnB NOR (Banken)	939 940	12,15 €	14,90/10,85 €	8,6/-5%
Marine Harv. (Rohstoffe)	924 848	11,45 €	12,45/7,90 €	10,4/+33%
Norsk Hydro (Mischkonz.)	851 908	4,70 €	4,90 €/3,15 €	15,0/+45%
ORKLA A (Mischkonzern)	864 042	5,65 €	7,25 €/4,80 €	19,4/+2%
Statoil ASA (Energie)	675 213	14,55 €	23,65/12,30 €	12,0/-17%
Telenor (Telekommunikat.)	591 260	16,85 €	18,75/14,85 €	14,8/-2%
YARA (Chemie)	A0B L7F	37,20 €	41,30/28,50 €	12,3/+19%
Schweden: OMX S30 Sparte	**WKN**	**Kurs am 30.12.14**	**Hoch/Tief 52 Wochen**	**KGV/Kurs 2014**
Atlas Copco (Masch.-Bau)	858 209	23,25 €	23,85/19,25 €	16,9/+19%
Ericsson (Technologie)	850 001	10,00 €	10,30/8,45 €	16,0/+13%
Hennes & Mauritz (Mode)	872 318	34,65 €	34,80/28,65 €	23,0/+4%
Hexagon (Maschinenbau)	873 339	25,35 €	27,15/21,60 €	17,7/+13%
Husqvarna (Holzindustrie)	A0J 2R3	6,15 €	6,30 €/4,15 €	17,0/+44%
Investor B (Finanzen)	869 202	30,25 €	30,45/23,20 €	11,5/+23%
Nordea Bank (Banken)	911 244	9,70 €	11,10/8,90 €	10,5/+1%
SE Banken (Banken)	859 768	10,55 €	10,75/9,00 €	13,9/+10%
Securitas (Dienstleister)	883 870	9,90 €	10,00/7,40 €	12,3/+30%
TeliaSonera (Telekom.)	938 475	5,35 €	6,05/4,85 €	12,2/-10%
VOLVO (Autoindustrie)	871 229	9,05 €	11,90/7,95 €	14,9-1%
Indexfonds AMUNDI ETF MSCI NORDIC UCITS ETF – Alter: 6 Jahre				
Jahresgebühr: 0,25%	A0REJU	290,25 €	302 €/261 €	+9%
Länderanteile: 53% Schweden, 19% Dänemark, 14% Norwegen, Rest: Finnland				
Wichtige Branchen: Finanzen: 23%, Industrie: 22%, Gesundheitswesen: 14%				
Anmerkung: Der Indexfonds MSCI Nordic UCITS ETF bildet 67 Titel aus Schweden, Norwegen, Dänemark und Finnland ab. Diese Aktien spiegeln 85% des Börsenwerts in den jeweiligen Ländern wider. Skandinavien gehört zu den wettbewerbfähigsten Regionen weltweit. Die vier im Index erfassten Staaten zählen zu den ersten 15 von 150 untersuchten Ländern rund um den Globus. Dabei werden Infrastruktur, Arbeitsmarkt, Effizienz und Bildung mitbewertet. Dieser ETF bietet sich insbesondere dann an, wenn Sie in Skandinavien noch nicht investiert sind.				

4.3.8 Russische Aktien: riskante Schnäppchen

Die folgende Kursliste zeigt, wie übel es Ihnen an der Börse ergehen kann, wenn sich Schlimmes zusammenbraut: harte wirtschaftliche Sanktionen, dramatischer Ölpreisverfall, eminente Rubelabwertung, nicht mehr aufzuhaltende Rezession. Der Kurssturz russischer Aktien ist ein Paradebeispiel dafür, was droht, wenn Sie nicht breit streuen, Verluste wegen Verdrängung und Gesichtsverlust aussitzen und es an finanziellen Reserven mangelt.

Russische Aktien eignen sich nicht für vorsichtige Anleger und schon gar nicht für Angsthasen. Da sind die extrem niedrige Bewertung mit einem KGV von 5 und großteils üppige Dividenden ein schwacher Trost. Nur mutige Investoren mit jahrzehntelangem Anlagehorizont können kleine Einsätze wagen. Star-Investor **Jim Rogers,** Value-Anlagestratege **Marc Faber** aus Amerika und der Schweizer Vermögensverwalter **Mojmir Hlinka** investierten 2014 vorsichtig in russische Aktien und ich ebenso. Der riesige Kursrutsch erscheint allerdings übertrieben. Sollte sich die Ukrainekrise dauerhaft entspannen und der Ölpreis wieder anziehen, besteht Potenzial nach oben. Große Sorgen bereitet der Verfall der russischen Währung. Konzerne mit starkem Russlandgeschäft klagen über Exporteinbrüche.

Bekannte russische Aktien: durch Krisen extrem billig

Aktie/Firma	WKN	Kurs am 31.12.14	Hoch/Tief 52 Wochen	Entwicklung 1, 3, 5 Jahre
Gazprom NA ARD	903 276	3,80 €	6,70/3,70 €	-38%/keine Ang.
Lukoil Oil ARD	899 954	31,95 €	46,00/24,55 €	-29/-21/-17%
Magnit JSC	A0M VY2	36,00 €	53,70/30,00 €	-20/+127/+247%
Mobile TeleSystems	501 757	6,50 €	15,70/4,85 €	-54/-38/-49%
MMC Norilsk Nickel	676 683	11,80 €	16,00/10,50 €	-2/+1/+20%
Novatek GDR	A0E TK2	64,10 €	99,10/54,50 €	-34/-33/+45%
OJSC Rosneft Oil	A0J 3N5	2,85 €	5,60/2,10 €	-46/-41/-51%
Sherbank Russia	A1J B8N	3,30 €	9,15/2,40 €	-64/-58/-67%
Surgutneftegas	904596	3,35 €	6,25/2,50 €	-52%/keine Ang.
Tatneft GDR	A0L CQB	20,20 €	30,90/14,80 €	-19/-4/+4%
LYXOR UCITS ETF	**LYX 0AF**	**18,30 €**	**30,80/14,25 €**	-38/-33/-27%

Einzelheiten: Jahresgebühr: 0,65 €, **Alter:** 8 Jahre, **Volumen:** 331 Mio. €, **Währung:** €, **Dividende**: ausschüttend, **beliebter Börsenplatz:** Xetra ETF, **Schwerpunkte:** LUKOIL, NOVATEK, NORILSK NICKEL, MAGNIT, TATNEFT, SURGUTNEFTEGAS, ROSNEFT

4.3.9 Schwellenländer entzaubert

Ob BRIC (Brasilien, Russland, Indien, China) oder BRICS (durch Südafrika ergänzt): Die Euphorie um die Jahrtausende ist verschwunden. Die Hoffnungsträger der Weltwirtschaft mit rund 3 Mrd. Bewohnern konnten die gigantischen Wachstumserwartungen nicht erfüllen. Die Realwirtschaft schwächelt. Bestenfalls China befindet sich noch auf Wachstumskurs. Und auch Emerging Markets wie Thailand enttäuschen mit Blick auf die Kursentwicklung an den Börsen, gespeist von Umsatz und Ertrag. Nur das Aztekenland Mexiko gilt als neuer Tiger Lateinamerikas. Knapp die Hälfte der 100 größten Firmen in den Schwellenländern BRIC und BRICS fördern Öl, Gas, Eisenerz oder Bunt- und Edelmetalle, sind also vom Rohstoffmarkt abhängig. Hier fallen großteils immer noch die Preise. Selbst der Agrarsektor bleibt vom Preisverfall nicht verschont. Seit drei Jahren hinken die meisten Aktien der Emerging Markets und damit ETFs und zahlreiche Schwellenländerfonds den Qualitätstiteln der westlichen Industrieländer hoffnungslos hinterher. Die folgende Kursliste börsennotierter Top-Unternehmen aus Schwellenländern berücksichtigt nur solche, deren Nettoergebnis seit 2012 zweistellig zulegt und den Aufwärtstrend im ersten Halbjahr 2014 fortführt.

Belastend wirkt, dass die hierzulande gelisteten chinesischen Aktien gegenüber dem Ausgabepreis großteils katastrophale Kurseinbrüche erlitten. Anfang 2015 stürzten VanCamel und TINTBRIGHT in sechs Monaten um je 80% ein. Umgekehrt schlägt der bislang größte IPO des China-Internetriesen **ALIBABA** mit einem Emissionsvolumen von 25 Mrd. Dollar am 21.09.2014 alle Rekorde mit Kursanstieg am ersten Handelstag um über ein Drittel. Auch die Kursentwicklung des Online-Konzerns BAIDU verläuft erfolgreich.

Schwellenländeraktien: deutlicher Ergebnisanstieg 2013/14

Aktie/Firma	WKN	Kurs am 31.12.14	52-Wochen-Hoch/-Tief	Kursentwicklg. 1, 3, 5 Jahre
China Unicom	939 365	12,05 €	14,35/8,30 €	+7/-33/+26%
China State Con	A0Q Z93	1,15 €	1,40/1,05 €	-10/+111/+279%
Noble Group	A0B 586	0,70 €	0,85/0,50 €	+10/+5/-57%
China Railway G.	A0M 8JF	**0,70 €**	**0,70**/0,25 €	+82/+196/+24%
China Telecom C.	A0M 4XS	0,50 €	0,55/0,30 €	+30/+11/+68%

4.4 Mit Biotech, Medtech und Pharma vom demografischen Wandel profitieren

Gesundheit ist vergleichbar mit der Eins vor lauter Nullen. Fehlt ganz vorn diese Eins, sind alle Nullen nichts mehr wert.

Ist Ihnen, lieber Leser, bewusst, dass Sie laut Altersforscher Professor Vaupel an jedem Tag im Schnitt um sechs Stunden länger leben, in einem Jahr drei Monate, pro Jahrzehnt zweieinhalb Jahre? Wie wirkt es sich aus, dass ein heute geborenes Mädchen seinen 100. Geburtstag feiern dürfte? Ist dies der ersehnte Jungbrunnen, der Kraftquell für Glückseligkeit?

Mögen auch moderne Computeruhren durch Auswertung zurückgelegter Laufstrecken als Gesundheitscheck dienen und mit Sensoren bestückte Pulsmesser-Armbänder vor drohendem Herzinfarkt warnen: Diese boomenden Bestandteile unserer vernetzten Welt mit Digitalisierungstrend kennzeichnen den technologischen Fortschritt, ohne den Weg zum Jungbrunnen zu ebnen. Allein im Jahr 2013 wurden für medizintechnisches Zubehör rund 6,6 Mrd. US-Dollar ausgegeben. Bis 2018 sollen es mindestens 20 Mrd. US-Dollar sein.

- **Die letzte Phase eines langen Lebens ist oft geprägt von Krankheiten, Schmerzen, Mobilitätseinschränkungen und anderen Defiziten. So mancher Senior entwickelt sich zum Ersatzteillager von Kopf bis Fuß.**

Mit den geschenkten Lebensjahren mehren sich in der Endphase Demenz (insbesondere Alzheimer) und zahlreiche Krebsarten. Die Volkskrankheit Alzheimer dürfte sich weltweit bis 2050 auf 135 Mio. Fälle verdreifachen. Die Reise ins menschliche Gehirn gilt als Wachstumstreiber für den Gesundheitssektor. Das Wunderwerk Gehirn besteht aus rund 85 Mrd. Neuronen und 170.000 km Nervenfasern, mit denen sich viermal die Erde umwickeln ließe. Laut WHO erkranken alljährlich weltweit über 12 Mio. Patienten neu an Krebs – in 7 Mio. Fällen tödlich endend. In Deutschland fordert der Krebs Jahr für Jahr seinen Tribut mit 470.000 Neuerkrankungen – davon 200.000 mit tödlichem Ausgang. Umgekehrt werden alljährlich rund 62 Mrd. Dollar mit Krebspräparaten umgesetzt. Das auffallend ansteigende Übergewicht nicht nur bei der amerikanischen, sondern ebenso bei der deutschen Bevölkerung erhöht die Anfälligkeit für schwere Gesundheitsstörungen, insbesondere Zuckerkrankheit (Diabetes), Herz-Kreislauf-Leiden und Krebs.

- **Der demografische Wandel – nichts spricht für einen Stillstand – eröffnet dem Gesundheitssektor unabhängig von volkswirtschaftlichen Rahmenbedingungen wie Konjunktur und Wachstum eminente Zukunftschancen.**

- **Die Biotechsparte ist Entwickler der Therapievielfalt und neuartiger Arzneimittelwirkstoffe, deren Geburtsstunde die Entschlüsselung der DNA und die Entdeckung der Gentechnologie um die Jahrtausendwende war.**

Im ersten Jahrzehnt des neuen Jahrtausends war es für einen dauerhaften Durchbruch börsennotierter Biotechgesellschaften noch zu früh. Getrieben von Gier und Euphorie schnellten im Neuen Markt bei Kurs-Gewinn-Verhältnissen jenseits von Gut und Böse die Aktienkurse ungebremst in luftige Höhen – angefacht von windigen Gurus ohne Glaubwürdigkeit und Moral. Reichtum ohne Arbeit, hieß die Parole. Sie hielt nicht lange an. Die Bestrafung war brutal: ein Kursverlust am Neuen Markt von über 95%. So wie ein bösartiger Krebstumor mit außer Kontrolle geratenem Zellwachstum Metastasen in den Organismus ausstreut und letztlich zum Tode führt, blähte sich auch im Biotechnologiesektor eine riesige Spekulationsblase auf. Sie musste zwangsläufig mit lautem Knall irgendwann platzen.

Bis ein neuer Wirkstoff ab vorklinischer Phase und den klinischen Studien 1 bis 3 die begehrte behördliche Arzneimittelzulassung erhält, vergehen meist 15 bis 18 Jahre. Nur einer von 1000 Wirkstoffkandidaten ist siegreich. Ihm winken milliardenschwere Einnahmen als Blockbuster. Wegweisende Therapieansätze bei der Bekämpfung von Krebs und anderen schweren Krankheiten sowie die Aussicht auf hohe Einnahmen beim Verkauf neuartiger Wirkstoffkandidaten treiben die Forschung in Hochschulen und Firmen voran. Man denke an die personalisierte, auf den einzelnen Patienten zugeschnittene Medizin, an Immuntherapie, molekulare Biotechnologie, monoklonale Antikörper, kombinierte Verfahren und aktuell auch eine in Hamburg beginnende Erprobungsphase für einen Ebola-Impfstoff.

- **Der medizinische Fortschritt wird auch in der Medizintechnik, der Wundversorgung, den neuen Verbandsmaterialien, Werkstoffen und Prothesen, Operationsbestecken und Schläuchen, Diagnosegeräten und Apparaturen in Arztpraxen und im Klinikbetrieb deutlich.**

Neuartige Kunststoffe erobern den Markt. Wegen der angestrebten Miniaturisierung findet auch die Nanotechnologie Zugang in den Krankenhausbetrieb. Die moderne Operationstechnik ist ohne Anwendung minimalinvasiver Verfahren kaum mehr denkbar. Durch die kleineren Operationswunden werden der Heilungsprozess beschleunigt, die Schmerzen und Infektionsgefahr verringert. Wer die Olympischen Spiele der Behinderten (Paralympics) verfolgt, gewinnt eine Vorstellung von dem, was heute möglich ist, aber gestern völlig undenkbar erschien. Ob es jedoch gelingt, dass Querschnittgelähmte bald wieder stehen, gehen, laufen und ihrem Rollstuhl Lebewohl sagen können, da gehen die Meinungen auseinander. Ungeahnte Möglichkeiten bei Implantaten für Hüft- und Kniegelenke bietet die neue dreidimensionale 3D-Druck-Technologie. Die Aktien dieser AGs sind jedoch überteuert.

Die Pharmariesen haben das Geld, die forschenden Biotechfirmen das Ideengut, um bei schweren Krankheiten die Lebensdauer und Lebensqualität zu verlängern und die Weichen auf Heilung zu stellen. Große Sorgen bereitet durch den steigenden Anteil Hochbetagter die Krankheits- und Kostenquote bei Alzheimer. Sie wird in Amerika von 202 Mrd. Dollar im Jahr 2015 auf 307 Mrd. Dollar 2025, auf 547 Mrd. Dollar 2035 und 906 Mrd. Dollar 2045 wachsen. Ob Meilensteinzahlungen, Minderheits-, Mehrheitsbeteiligungen oder Komplettübernahmen, ob Mittelstandsanleihen oder Kapitalerhöhungen: Es geht um viel Geld, um die Aufstockung des Eigen- oder Fremdkapitals. Start-ups sind die von Pharmakonzernen gepflegten Brutstätten für neue Wirkstoffe. Hier ist der „BAYER-Brutkasten" für junge Biotechfirmen anzusiedeln.

Finanzierung deutscher Biotechnologieunternehmen					
Wagniskapital in Millionen Euro	**2009**	**2010**	**2011**	**2012**	**2013**
	142	321	72	205	127
Kapitalerhöhung in Millionen Euro	**2009**	**2010**	**2011**	**2012**	**2013**
	122	335	70	95	186
Anmerkung: Hinzu kommen alljährlich staatliche Fördermittel von 50 Mio. €.					
Quelle: *Handelsblatt*-Grafik, Nr. 10/15. Januar 2014					

Interessant erscheint, dass allein mit Biotechwirkstoffen sieben Großkonzerne in der Rangfolge **ROCHE, AMGEN, SANOFI, NOVO NORDISK, PFIZER, ABBVIE, JOHNSON & JOHNSON** 2012 knapp 100 Mrd. US-Dollar umsetzten. Wenn Sie selbst nicht nur wegen erhoffter Geldvermehrung, sondern auch aus Bindung zum Gesundheitssektor beteiligt sein wollen, können meine Kurslisten ein Hinweis sein.

Die wertvollsten Gesundheitskonzerne: Börsenwert 2013			
Unternehmen	**2013**	**2012**	**Börsenwert**
Johnson & Johnson (USA)	Rang 7	Rang 18	190 Mrd. €
Roche Holding (Schweiz)	Rang 11	Rang 24	172 Mrd. €
Novartis (Schweiz)	Rang 18	Rang 25	155 Mrd. €
BAYER (Deutschland, DAX)	Rang 57	Rang 84	84 Mrd. €

Mit Gesundheitsaktien waren im Fünf-Jahres-Vergleich Kursgewinne von mehr als 1000%, aber auch ein Totalschaden möglich. Eine Ein-Wert-Strategie gleicht dem russischen Roulette. Die Kurslisten orientieren sich am Prinzip: „Der Trend ist dein Freund." Es sind Listen der Sieger, nicht der Verlierer, mögen sich auch dort Chancen eröffnen. Dies ist auch eine Frage der Strategie und der Mentalität.

Der Biotechexperte Siegfried Hofmann vom Handelsblatt schreibt dazu am 25. Februar 2014 unter dem Titel: **„Der Kursanstieg im US-Biotechsektor hat reale Grundlagen“**: „Wer in den vergangenen beiden Jahren nach Investitionen mit überdurchschnittlichen Perspektiven suchte, war im US-Biotechsektor bestens aufgehoben. Nach Jahren der Flaute erlebte die Branche ein sensationelles Comeback. Der Biotechindex der US-Technologiebörse NASDAQ stieg seit Anfang 2012 immerhin um mehr als 130%. In den letzten 12 Monaten legte er allein um mehr als 80% zu. – Anders als beim Boom um die Jahrtausendwende basiert die neue Biotech-Euphorie nicht nur auf Zukunftshoffnung, sondern auch auf konkreten Produkterfolgen. Etliche der kommerziell wichtigsten Neuentwicklungen kommen derzeit aus dem Biotechsektor. – Aktuell verleiht ein neues Lungenpräparat Europas größter Biotechfirma **ACTELION**, sesshaft in der Schweiz, gewaltigen Schwung.“

Einerseits: Krebs als globale Bedrohung vor allem im Alter; andererseits: große Chancen für erfolgreiche Biotechfirmen

Dank der mit dem demografischen Wandel verbundenen weiter steigenden Lebenserwartung wachsen die Krebs-Neuerkrankungen stetig. Die Weltgesundheitsorganisation WHO schätzte 2010 die damit verbundene wirtschaftliche Belastung auf knapp 1,2 Billionen US-Dollar. Krebs entwickelt sich vorrangig zu einem Altersleiden. Davon dürften weltweit vor allem die besten Biotechnologieunternehmen profitieren. Sie setzen im Kampf gegen den Krebs neue Bausteine ein. Dabei sind die Erwartungen an unterschiedliche Immuntherapien und personalisierte Medizin besonders hoch.

Felicia Flnigan vom Schweizer BB-BIOTECH-Managementteam meint: „Die Immuntherapie ist 2014 das Thema schlechthin.“ Bei diesen Strategien geht es darum, Tumorzellen für das körpereigene Immunsystem sichtbar zu machen, sodass es, begleitet von neuen Wirkstoffen, dazu angeregt wird, die schwere Erkrankung selbst zu bekämpfen. Geschieht nichts, tricksen die bösartigen Tumorzellen das körpereigene Immunsystem aus. Der Krebs beginnt, Tochterzellen auszustreuen, Metastasen genannt. Die Chance sinkt gewaltig, den Krebs heilen zu können.

- 31,1% aller Krebserkrankungen bei Frauen betreffen den **Brustkrebs.**
- 26,1% aller neuen Krebsfälle bei Männern entfallen auf die **Prostata.**
- 13,9% der an bösartigen Tumoren leidenden Männer betreffen den **Lungenkrebs.** Der Frauenanteil liegt hier bei 7,6%.
- 13,4% aller Krebsdiagnosen bei Männern fallen auf **Darmkarzinome.** Frauen sind zu 12,7% betroffen.
- 4,3% der Krebserkrankungen bei Frauen und 3,7% bei Männern sind weißer und schwarzer Hautkrebs. Als Hauptursache gilt zu hohe Sonnenbestrahlung.

Amerika: Kapitalzuflüsse für die Biotechbranche riesig, in Europa bescheiden, in Deutschland kaum wahrnehmbar

2013 betrugen die Kapitalzuflüsse für die Biotechbranche in den USA 25,2 Mrd. US-Dollar, in Europa zur gleichen Zeit nur 4,3 Mrd. Dollar und hierzulande spärliche 0,33 Mrd. Dollar. Den forschenden Unternehmen in Deutschland fehlt es an Geld, die kostspieligen klinischen Phasen zu finanzieren und den Vorsprung der Wettbewerber aus Amerika abzubauen. So verwundert es nicht, dass sich die Zahl der deutschen Biotechfirmen 2013 gegenüber 2012 von 414 auf 409 verringerte und die Zahl der Mitarbeiter von 9930 auf 9720 zurückging.

Kurslisten interessanter Aktien aus dem Gesundheitssektor

Chancenreiche Biotechaktienauswahl aus Amerika und Europa				
Aktie/Kontinent bzw. Index	**WKN**	**Kurs am 02.01.15**	**52-Wochen-Hoch/-Tief €**	**Entwicklung 1 und 3 Jahre**
AbbVie (USA)	A1J 84E	54,50 €	59,25/41,00 €	**+44%**/IPO
Actelion (Schweiz)	936 767	96,75 €	99,85/61,10 €	**+56%/+252%**
Alexion (USA)	899 527	155,25 €	165,7/93,40 €	**+61%/+156%**
Amgen (USA)	867 900	133,00 €	144,0/80,00 €	**+58%/+158%**
BB Biotech (TecDAX)	A0N FN3	196,95 €	198,1/108,1 €	**+72%/+288%**
Biogen (USA)	789 617	283,40 €	298,0/192,8 €	**+38%/+236%**
Celgene (USA)	881 244	95,50 €	98,00/49,40 €	**+50%/+232%**
CytoTools (Deutschl.)	A0K FRJ	59,00 €	75,00/28,00 €	**+107%/+316%**
Eurofins (Frankreich)	910 251	208,45 €	240,0/165,0 €	**+8%/+271%**
Gilead (USA)	885 823	79,05 €	93,50/45,80 €	**+44%/+328%**
Illumina (USA)	927 079	154,20 €	159,0/79,70 €	**+91%/+549%**
Incyte Genetics (USA)	896 133	61,10 €	64,80/29,80 €	**+61%/+440%**
Isis Pharma (USA)	881 866	52,15 €	53,80/16,25 €	**+79%/850%**
Medivation (USA)	A0E TXH	81,15 €	93,95/40,25 €	**+79%/+350%**
MorphoSys (TecDAX)	663 200	77,00 €	88,50/55,45 €	**+35%/+341%**
Qiagen (TecDAX)	901 626	19,25 €	19,45/14,40 €	**+13%/+78%**
Regeneron (USA)	881 535	341,35 €	363,0/193,4 €	**+72%/+689%**
United Ther. (USA)	923 818	108,10 €	109,3/62,60 €	**+32%/+198%**
Vertex (USA)	882 807	102,15 €	102,2/44,45 €	**+90%/+296%**

Chancenreiche ETF-Auswahl aus dem Gesundheitswesen				
Aktie/Kontinent bzw. Index	**WKN**	**Kurs am 02.01.15**	**Hoch/Tief 1 Jahr**	**Entwicklung 1, 3, 5 Jahre**
ETF Lyxor MSC World Health Care	LYX 0GM	207,25 €	212/154 €	**+36/+100%**/k. A.
Lyxor ETF STOXX 600 Healthcare	LYX 0AS	74,80 €	77,5/61,5 €	**+22/+70/+103%**
ETF iShares Nasdaq Biotechnologie	657 791	256,00 €	259/155 €	**+61%**/keine Angabe
ETF db x-trackers Index STOXX 50	DBX 1SH	109,80 €	114/89,8 €	**+22/+69/+114%**
ETF SPDR MSCI EUROPE Health Care	550 884	117,80 €	118/90,3 €	**+28/+97/+130%**
ETF ComStage Europe 600 Health	ETF 068	110,95 €	115/91,0 €	**+22/+71/+116€**

Chancenreiche Medizintechnikaktien aus Amerika und Europa				
Aktie/Kontinent bzw. Index	**WKN**	**Kurs am 02.01.15**	**52-Wochen-Hoch/-Tief €**	**Entwicklung 1, 3, 5 Jahre**
Compugroup (TecDAX)	543 730	19,95 €	21,60/16,85 €	**+9/+135/+152%**
Cooper (USA)	867 409	135,20 €	137,4/87,00 €	**+51/+150/+407%**
Covidien (Irland)	A1H 7XB	84,00 €	86,00/48,05 €	**+71/+145/+151%**
Drägerwerk (TecDAX)	555 063	85,15 €	99,75/62,30 €	**-10/+35/+186%**
Essilor Int. (Euro Stoxx)	863 195	91,45 €	93,00/70,85 €	**+20/+68/+120%**
FMC (DAX)	578 580	60,75 €	62,40/46,70 €	**+21/+15/+61%**
Ifa systems (DE)	783 078	7,30 €	8,10 €/4,50 €	**+61/+6/+71%**
MC Kesson (USA)	893 953	172,50 €	174,6/116,2 €	**+49/+190/+300%**
Medtronic (USA)	858 486	60,00 €	61,90/38,85 €	**+43%**/keine Ang.
Paul Hartmann (DE)	747 404	328,00 €	340,0/263,4 €	**+25/+83/+103%**
Sartorius (TecDAX)	716 563	100,00 €	106,8/76,00 €	**+16/+184/+499%**
Smith & Nep. (GB)	502 816	14,90 €	15,65/10,25 €	**+43/+100/+107%**
St Jude Med. (USA)	864 096	54,15 €	57,15/43,80 €	**+21/+105/+111%**
STRYKER (USA)	864 952	77,70 €	79,95/54,45 €	**+42/+101/+117%**

Chancenreiche Pharmaaktien aus Amerika und Europa				
Aktie/Kontinent bzw. Index	**WKN**	**Kurs am 02.01.15**	**Hoch/Tief 1 Jahr**	**Entwicklung 1, 3, 5 Jahre**
Abbott Labs (USA)	850 103	37,20 €	38,35/26,45 €	+33%/keine Ang.
Actavis (Irland)	A1W 5NE	217,35 €	220,6/122,5 €	+74/+365/+684%
Allergan (S&P 500)	877 437	178,75 €	178,9/80,50 €	+121/+166/+305%
Astellas (Japan)	856 273	11,50 €	13,00/7,60 €	+40/+99/+128%
AstraZeneca (GB)	886 455	58,30 €	60,35/42,85 €	+36/+65/+76%
BAYER (DAX)	BAY 001	113,00 €	121,4/91,30 €	+13/+123/+101%
Biotest VZ (SDAX)	522 723	95,95 €	100,0/69,00 €	+29/+148/+172%
Cardinal Health (USA)	880 206	67,35 €	67,70/45,60 €	+40/+117/+199%
C. R. Bard (USA)	856 332	138,45 €	141,4/92,45 €	+43/+111/+154%
CVS Caremark (USA)	859 034	78,75 €	81,00/48,40 €	+51/+152/+249%
ELI LILLY (USA)	858 560	58,30 €	60,50/37,00 €	+48/+82/+130%
Fresenius (DAX)	578 560	42,55 €	44,30/34,50 €	+16/+74/+189%
Grifols (Spanien)	A0B 6Z3	32,90 €	42,30/28,40 €	-4%/+165/+242%
Johnson & Johnson	853 260	86,60 €	88,60/63,70 €	+31/+70/+94%
Merck KGaA (DAX)	659 990	77,80 €	80,95/56,30 €	+21/+100/+139%
MYLAN (USA)	868 270	46,30 €	47,80/31,00 €	+47/+177/+268%
Novartis (Schweiz)	904 278	76,90 €	78,50/57,45 €	+34/+73/+107%
Novo-Nordisk (DK)	A1X A8R	35,10 €	38,50/26,40 €	+27/+95/+278%
PFIZER (USA)	852 009	26,15 €	26,35/20,75 €	+17/+56/+102%
Roche Holding (CH)	851 311	226,00 €	242,5/191,7 €	+12/+65/+83%
SANOFI (Euro Stoxx 50)	920 657	75,25 €	89,90/68,30 €	+1/+31/+33%
Shire Biopharma (GB)	913 170	169,30 €	209,0/99,50 €	+61/+118/+324%
Shire PLC (GB)	A0M MAG	58,20 €	69,90/33,20 €	+67/+124/+333%
TEVA Pharma (Israel)	883 035	47,05 €	48,35/29,05 €	+60/+39/+21%
UCB (Belgien)	852 738	63,15 €	75,40/50,40 €	+17/+95/+114%
UnitedHealth (Dow Jo.)	869 561	85,30 €	86,00/54,40 €	+54%/ keine Ang.
Valeant Pharma (CA)	A1C 6JH	119,20 €	120,6/79,50 €	+40/+234/+1144%
Zimmer Holding (USA)	753 718	94,60 €	94,60/65,90 €	+40/+132/+129%

Die Biotechnologiebranche im Übernahmefieber

Die Pharmabranche greift zur Übernahmespritze und verleibt sich forschende Biotechunternehmen mit neuartigen Wirkstoffen ein. 2014 gab es ein Angebot des kanadischen Pharmariesen **VALEANT** über fast 50 Mrd. Dollar für den Botox-Hersteller **ALLERGAN.** Danach griff **ACTAVIS** ein. Mit dem Nervengift Botox lassen sich Gesichtsfalten wegspritzen, Migräne, Blasenschwäche und Bewegungsstörungen im Nacken behandeln. Für einen Paukenschlag sorgten die Tauschgeschäfte des Schweizer Pharmakonzerns **NOVARTIS mit GlaxoSmithKline** (GSK) und **ELI LILLY** aus England. Novartis erwirbt die Krebssparte, gibt an GSK den Impfstoffsektor und an Eli Lilly die Tiergesundheit ab. Der US-Konzern **ABBVIE,** eine Abspaltung von Abbott Labs, wollte sich für 40 Mrd. € den Rivalen **SHIRE** aus Irland einverleiben. Die amerikanische Medtechfirma **MEDTRONIK** schickt sich an, die irische **COVIDIEN** zu akquirieren. Der US-Generikahersteller **MYLAN** übernimmt Medikamente von **ABBOTT.** Aktuell sorgt die Allianz im Bereich Wirkstoffforschung zwischen dem Pharmariesen **SANOFI** und der Biotechfirma **EVOTEC** für Furore. Der Evotec-Kurs (TecDAX) sprang am 3. Dezember 2014 um über 15% auf 3,75 € in luftige Höhen.

Derzeit wütet ein Preiskampf um teuerste Medikamente, aktuell das Arzneimittel SOVALDI des US-Biotechkonzerns GILEAD zur Heilung von Hepatitis. SOVALDI und das Nachfolgepräparat HARVONI überzeugen durch geringe Nebenwirkungen und hohe Heilungsquoten von über 90% bis 99%. Sie kosten für eine dreimonatige Behandlung zwischen 59.000 und 67.000 Euro. „Wer soll das alles bezahlen bei den ausufernden Kosten im Gesundheitswesen?“, fragen nicht nur die gesetzlichen Krankenkassen. „Unverschämter Wucher! – Zwei-Klassen-Medizin!“, schimpfen die Kritiker. „Nur mit hohen Preisen für bahnbrechende Neuentwicklungen können wir die horrenden Summen für Forschung und Entwicklung wieder einspielen!“, argumentieren die Biotech- und Pharmakonzerne.

Gesundheitsaktien boomen – gestützt von der Demografie

- **Im Biotechbereich** ergab die Jahresperformance 2014 meiner Auswahl laut Kursliste mit großteils eigenen kleineren Investments im Schnitt **57%,** in der Spitze **107%** und im Drei-Jahres-Zeitraum üppige **335%.**
- **Im Pharmasektor** schaffte meine Auswahl mit etlichen eigenen Investitionen im sehr niedrigen vierstelligen Bereich 2014 durchschnittlich **38%** und ganz oben **121%.** Bei dreijähriger Anlage betrug der Buchgewinn ansehnliche **116%.**
- **Meine Auswahl im Medizintechniksektor** überzeugte 2014 mit einem Durchschnittsplus von **33%** und in der Spitze **71%.** Wer diese Aktien drei Jahre lang hielt, erwirtschaftete einen Buchgewinn von durchschnittlich **101%.**

4.5 Rohstoffe: interessant für Risikofreudige

Werfen wir einen Blick auf den RBS MARKET ACCESS ROGERS INTERNATIONAL COMMODITY INDEX des berühmten Rohstoffexperten JIM ROGERS mit der WKN A0J K68! Wir erkennen, dass die nach einem imposanten Allzeithoch von 36 € einsetzende scharfe Korrektur – ausgelöst durch Finanzkrise, Inflationsgefahr, Konjunktureinbruch, Überschuldung und Euroschwäche – noch nicht überwunden ist.

Die erhofften günstigen Haupteinflussfaktoren dürften die steigende Nachfrage aus China und anderen Schwellenländern, die Niedrigzinspolitik der Notenbanken und der Zufluss von Finanzinvestoren sein. Die Rohstoffmärkte sollten sich demnächst stabilisieren. Ausgehend von Ende Juli 2014 gab es im letzten Vierteljahr wie im Zeitraum von 12 Monaten ein Minus von 3%, binnen drei Jahren einen Buchverlust von 10%, in fünf Jahren aber ein Plus von 23%. Dieser Indexfonds besteht seit acht Jahren, ist thesaurierend und umfasst über 160 Mio. €.

Der RBS Market Access Rogers international Commodity Index, WKN A0J K68

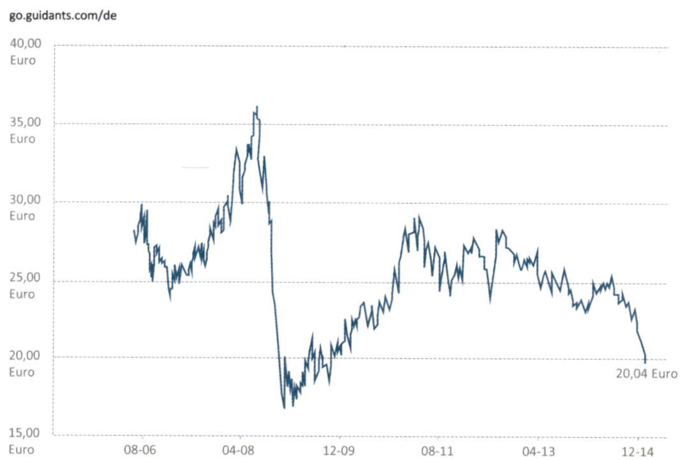

Ganz anders sieht es beim „blauen Gold" Wasser aus. Da es schwierig ist, geeignete Einzelaktien zu finden, empfiehlt es sich, auch diesen Markt mit einem ETF abzudecken. Der Indexfonds mit der WKN **LYX 0CA** zeigt seit Jahren eine positive Entwicklung: ein Plus von 23% in einem Jahr, von 51% in drei Jahren und von 91% in fünf Jahren und damit eine Notierung auf Allzeithochniveau.

Der LYXOR ETF World Water, WKN LYX 0CA

Der Anlegerdurst auf Wasser steigt. Der bekannte Analyst **Marc Faber** (Crashprophet „Dr. Doom") weist auf das akute Wasserproblem in China hin: „Im Reich der Mitte leben rund 21% der Weltbevölkerung. Aber das riesige Land verfügt nur über etwa 7% der globalen Wasservorkommen." Wasser, das „blaue Gold", ist bei dem lebensbedrohlich steigenden Süßwassermangel ein kostbares Gut.

Verknappung der Wasserressourcen

Wasserverbrauch in Prozent der verfügbaren Menge

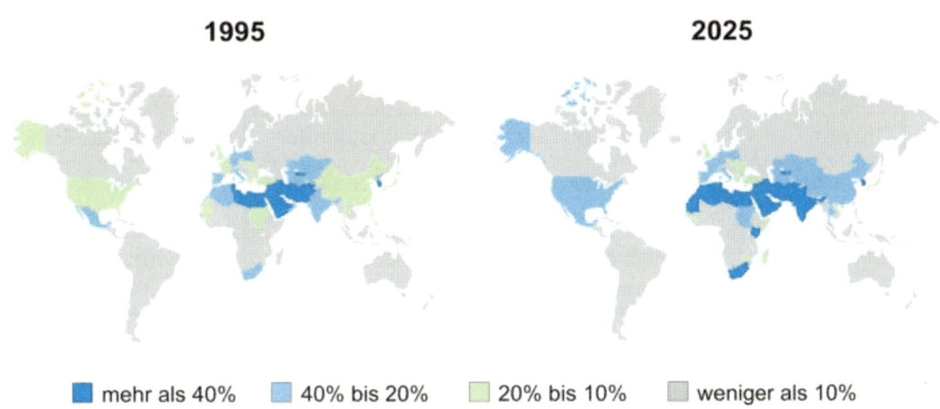

Quelle: Global environment outlook 2000 (GEO), UNEP, Earthscan, London 1999

Fallbeispiel: Rohstoffe begleiten Ihr Leben jeden Tag

Sehen Sie nun selbst, wie Rohstoffe Ihr Dasein prägen und bestimmen. Es vergeht kein Tag in Ihrem Leben, ohne dass Sie mit Rohstoffen zu tun haben. Sie stehen morgens auf, verlassen Ihr Bett, das wohl aus einem hölzernen Gestell besteht, schlagen Ihre Bettdecke zurück, vielleicht mit Gänsedaunen gefüllt. Sie duschen, trocknen sich mit einem baumwollenen Badetuch ab, ziehen Ihren Bademantel aus Naturfasern an und bereiten das Frühstück. Je nach Vorliebe gibt es Kaffee, Kakao oder Tee mit Zucker, Milch oder Kaffeesahne, Orangensaft, Getreidemüsli oder Joghurt, Brötchen oder Brot mit Butter, Konfitüre, Honig, wahlweise Schinken, Wurst, Käse und Ei. Sie frühstücken an einem hölzernen Tisch; auf dem Boden liegt ein wollener Teppich.

Sie fahren mit dem Rad, öffentlichen Verkehrsmitteln oder Ihrem Auto zur Arbeit, ärgern sich über einen Spritpreis von bis zu 1,50 € pro Liter. Sie kommen am Arbeitsplatz an. Einerlei ob Verwaltungsgebäude oder Fabrik. Überall begegnen Sie Rohstoffen – verarbeitet oder naturbelassen. Denken Sie an die Industriemetalle allein im Fahrstuhltrakt! Werfen Sie im Büro einen Blick auf den Fußboden aus Naturholz oder Holzwerkstoffen, die Tapeten, Möbel und Beleuchtungskörper, Computeranlage, Bildschirm, Tastatur, Drucker, Kopierer und sonstige Geräte. Nach der Arbeit sind Sie auf der Suche nach einem passenden Schmuckstück für einen geliebten Menschen – aus Silber, Gold oder Platin, vielleicht mit einem kleinen Edelstein besetzt. Eventuell spielen Sie abends noch Tennis auf einem Sandplatz mit einem Belag aus Ziegelmehl und einer Umzäunung aus Metall. Danach schmeckt Ihnen ein kühles Weizenbier und später noch ein Glas Wein. Möglicherweise betätigen Sie sich selbst als Hobbykoch. Was Sie auch kochen, anrichten und garnieren – ohne Agrarprodukte geht gar nichts.

Wichtige Industriemetalle: Vorkommen und Anwendungen

Industriemetall	Verwendung	Marktführerschaft
Chrom	Turbinen, Triebwerke, Magnetbänder	Südafrika: 45%
Gallium	Halbleiter, Brennstoffzellen, Legierungen	China: 83%
Germanium	Halbleiter, Transistoren, optische Industrie, Katalysatoren	China: 79%
Indium	LCD-Bildschirme, Solarzellen, Dioden	China: 58%
Kobalt	Spezialstahl, Prothesen, Batterien	Kongo: 45%
Lithium	Batterien z. B. für Elektroautos	Chile: 44%

Palladium	Schmuck, Laborinstrumente, Computer, Handys, Fernseher, Katalysatoren	**Russland: 43%** **Südafrika: 39%**
Platin	Schmuck, Laborinstrumente, Computer, Handys, Fernseher, Katalysatoren	**Südafrika: 77%**
Tantalum	Elektronikkomponenten, Spezialstahl, Atomreaktoren, Raketen	**Australien: 53%**
Vanadium	Veredelung von Stahlprodukten	**Südafrika: 38%,** **China: 33%**
Quelle: *Handelsblatt*-Grafik Nr. 85, Ausgabe vom 4. Mai 2010		

Durststrecke bei den Rohstoffen 2014/2015 beendet?

Nach der Weltwirtschaftskrise 2008/2009 erprobten zahlreiche Rohstoffe den Neustart und schafften zwei bis drei Jahre später ihr Top mit teilweise beeindruckenden Höchstständen. Zeitweilig verzehnfachte sich der Ölpreis und versechsfachte sich der Aufwand für Kupfer. 2012/2013 begannen für Rohstoffe wieder ernüchternde Zeiten. Beim künftigen Preistrend stehen die Schwellenländer im Fokus. Der Markt wird von den Rohstoffvorkommen in Russland, Brasilien, Indien, China und Südafrika getrieben. Ein Blick auf die Rohstoffbilanz 2013 gegenüber 2012 informiert über Erholung und noch anhaltenden Preisrückgang 2014.

Die kriegerischen Auseinandersetzungen im Gazastreifen zwischen Israel und Palästina, der Bürgerkrieg in Lybien mit kaum mehr zu bewältigenden Flüchtlingsströmen sowie die harten militärischen Eingriffe zwischen den prorussischen Separatisten und der Ostukraine treiben einige Rohstoffpreise nach oben. All dies zeigt, wie spekulativ eine Rohstoffanlage ist. Schon aus diesem Grund erscheint es für Privatanleger viel zu riskant, in einzelne Rohstoffe an den Terminbörsen zu investieren. Ein ETF verringert das Risiko. Und bei der Auswahl von Einzelaktien ist für marktkundige Anleger ein Stock Picking angezeigt.

Rohstoffbilanz mit Wertentwicklung 2013 gegenüber 2012			
Positive Tendenz	**Veränderung**	**Negative Tendenz**	**Veränderung**
Erdgas	**+26,5%**	**Mais**	**-42,1%**
Lebendrind	**+3,5%**	**Silber**	**-34,9%**
Rohöl (Brend)	**+0,5%**	**Zucker**	**-29,0%**
Zink	**+0,2%**	**Gold**	**-27,3%**
Quelle: *Handelsblatt*, Ausgabe Nr. 03/2014 vom 6. Januar 2014			

Rohstoffe werden in vier große Gruppen aufgeteilt:

- **Energie** (fossile Energieträger wie Erdöl, Erdgas, Kohle und nachwachsende Agrargüter sowie erneuerbare bzw. regenerative Energien wie Wind- und Sonnenenergie, Biomasse und Erdwärme)
- **Industriemetalle** (Aluminium, Chrom, Gallium, Indium, Kobalt, Kupfer, Lithium, Nickel, Palladium, Stahl, Zinn usw.)
- **Edelmetalle** (Gold, Silber, Platin, Palladium)
- **Land- und viehwirtschaftliche Produkte** (Baumwolle, Schurwolle, Getreide, Zucker, Kaffee, Kakao, Mais, Raps, Rinder, Schweinebäuche usw., wobei Weichwaren wie Mais, Zucker, Weizen und Raps auch als Treibstoffe dienen.) Vermehrt wird heutzutage aus Stroh, Holzresten und Nahrungsmittelabfällen Biodiesel gewonnen. Das Interesse an **nachwachsenden Rohstoffen** ist groß. Dies betrifft biogene Stoffe aus unterschiedlichen pflanzlichen Quellen, die nicht als Futter- oder Nahrungsmittel verbraucht werden. Sie sollen als umweltfreundliche Energie- und Treibstoffe mithelfen, fossile Energien wie Öl und Gas einzusparen.

Wie sollten Sie als Anleger auf Rohstofftrends reagieren?

Die Chancen im Agrarsektor sind längerfristig gut. Mit dem höheren Lebensstandard in China, Indien und anderen Schwellenländern in Ostasien, Afrika und Südamerika steigt der Anspruch an die Ernährung. Weg vom Einheitsreisteller hin zur Esskultur westlicher Prägung! Der Kakao- und Kaffeepreis hängen auch von der Ernte ab, wobei der Klimawandel durch Orkane, Überflutungen und Dürreperioden häufiger zu Missernten führt. Der weltgrößte Schokoladenproduzent Barry Callebaut befürchtet: „Wenn der Schokoladenkonsum auf den Märkten in Asien anzieht, dürfte langfristig die Nachfrage das Angebot übersteigen.“ In Deutschland sind die Preise für Nahrungsmittel vergleichsweise niedrig. Die Schnäppchenjäger sind bei den führenden Discountern ständig unterwegs.

Längst wandern nicht mehr alle Agrarprodukte in menschliche oder tierische Mägen, sondern werden abgezweigt für Biokraftstoff. Beides zugleich geht nicht: entweder auf den Tisch oder in den Tank! Mittel- bis längerfristig ist mit steigenden Agrarpreisen zu rechnen. Oft bauen die Landwirte schnell wachsende Rohstoffe für Biosprit an, weil damit mehr zu verdienen ist. Bezüglich **Kakao,** dem Grundstoff für Schokolade, meint der Rohstoffexperte Christoph Eibl, Leiter des Rohstoffhandels bei TIBERIUS ASSET MANAGEMENT: „Es dauert einfach zu lange, bis neue Bäume einmal Früchte tragen. Kakaobäume gedeihen nur in einem engen Gürtel rund um den Äquator. Vor der ersten Ernte vergehen mehr als fünf Jahre.“

Der berühmte Rohstoffexperte Jim Rogers schreibt in seinem Bestseller: *ROHSTOFFE – Der attraktivste Markt der Welt*: „Rohstoffe gehören in jedes wirklich gut diversifizierte Depot. Mit einem Rohstoff-Investment kann man sich gegen eine Aktienbaisse, galoppierende Inflation und sogar eine schwerwiegende Wirtschaftskrise absichern. – Rohstoffe sind nicht das ‚riskante Geschäft', als das sie oft bezeichnet werden. – Das an den Rohstoffbörsen gehandelte Geldvolumen ist um ein Mehrfaches höher als an allen Aktienmärkten der USA."

Udo Rettberg bemerkt in seinem ebenfalls beim FinanzBuch Verlag erschienenen Bestseller *Alles, was Sie über Rohstoffe wissen müssen*: *„Anleger müssen berücksichtigen, dass die Anlageklasse Rohstoffe erhebliche Unterschiede zu den traditionellen Investmentformen Aktien und Anleihen aufweist. Rohstoffe sind zwar investierbare Vermögenswerte, jedoch keine Kapital-Vermögenswerte. Rohstoffe liefern keine Erträge in Form von Dividenden und Zinsen."*

Wie in Rohstoffen unterwegs sein?

Zum Anfassen: Edelmetalle in Barren und Münzen, Edelsteine ebenfalls physisch

Physisch unterlegte ETCs bzw. Indexfonds

Rohstoffaktienfonds wegen breiter Streuung

Einzelaktien von Ölmultis, Stahl-, Minen- und Bergbaukonzernen sowie auf bestimmte Rohstoffe bezogen, z. B. AURUBIS und SÜDZUCKER (MDAX), SGL CARBON (SDAX)

Anlage- und Hebelzertifikate je nach Risikoprofil und Marktkenntnis

Niedrige Kurse mutig zum Einstieg nutzen!

Nachdem institutionelle Anleger Milliardensummen in unterschiedliche Rohstoffe investieren, sollten Sie als Privatanleger nicht außen vor bleiben. Im Hinblick auf Einzelaktien streuen Sie Ihr Depot, indem Sie europäische Öltitel wie TOTAL FINA ELF, ROYAL DUTCH oder REPSOL ordern, sich nach Goldminenaktien in den USA, Kanada, Südafrika und in Australien umsehen, Ihr Auge aber auch auf Rohstofftitel in Russland, Südafrika, Südamerika und Asien richten. Vielleicht mögen Sie in die großen Bergwerkaktien von RIO TINTO und BHP BILLITON (STOXX 50), in aussichtsreiche Stahltitel wie ARCELOR MITTAL (EURO STOXX 50), THYSSENKRUPP (DAX) oder SALZGITTER (MDAX) bzw. in die dividendenstarke Kupferaktie AURUBIS (MDAX) investieren. Allgemein wird erwartet, dass sich der Kupferpreis festigt bzw. wieder erholt.

Weniger riskant ist es, auf Discount- und Bonuszertifikate sowie Aktien-Themenfonds zu setzen. Empfehlenswert ist ein preisgünstiger Indexfonds, mit dem Sie den gesamten Rohstoffsektor abdecken. Rohstoffe physisch zu ordern ist an Terminmärkten möglich, wäre aber mit Ausnahme von Edelmetallen und Diamanten wegen Lagerungsproblemen, der Gefahr des Verderbs, des Diebstahls und fehlenden Marktzugangs zu riskant. **Trotz Rohstoffliebe:** Stecken Sie nicht Ihr gesamtes Kapital in diesen Sektor.

Aktienauswahl: Bergbau, Öl, Gas, sonstige Rohstoffe Ölwerte geprägt von einem beispiellosen Preisverfall				
Aktie, Firma, Index, Land	**WKN**	**Branche**	**Kurs 02.01.15**	**Entwicklung 1, 3, 5 Jahre**
Alcoa (S&P 500)	850 206	Aluminium	13,20 €	**+72%**/keine Ang.
Aurubis (MDAX)	676 650	Kupfer	47,05 €	**+10+13/+54%**
BHP Billiton (Stoxx 50)	908 101	Bergbau	17,90 €	**-20/-21/-23%**
BP (British P., Stoxx 50)	850 517	Energie	5,30 €	**-10/-4/-23%**
C.A.T. Oil (Austria)	A0J KWU	Exploration	15,05 €	**-27/+233/+105%**
Chevron (Dow Jones)	852 552	Erdöl, Energie	92,85 €	**+3/+15/+73%**
Conoco (S&P 500)	575 302	Energie	57,05 €	**+13%**/keine Ang.
Exxon Mobil (Dow)	852 549	Erdöl, Energie	77,05 €	**+5/+17%/+61%**
Gas Natural (Spanien)	853 598	Erdgas	21,05 €	**+13%**/keine Ang.
Gazprom (Russland)	903 276	Erdgas	3,80 €	**-38%**/keine Ang.
Glencore (Stoxx 50)	A1J AGV	Rohstoffhandel	3,80 €	**0%/-18%**/IPO
Imperial Oil (Kanada)	851 368	Erdöl, Energie	35,25 €	**+10/+3/+30%**
Lukoil (Russland)	899 954	Erdöl	31,90 €	**-31/-23/-22%**
Norilsk Nickel (RTX)	676 683	Nickel, Pallad.	11,80 €	**-2/-1%/+11%**
OMV (Austria)	874 341	Energie	22,05 €	**-35/-7/-29%**
Repsol (Euro Stoxx)	876 845	Energie	15,60 €	**-13/-34/-17%**
Rio Tinto (Stoxx 50)	852 147	Bergbau	38,00 €	**-6%/0%/-2%**
Royal Dutch (Stoxx 50)	A0D 94M	Energie	27,90 €	**+7%/0%/+29%**
Schoeller Bleckmann	907 391	Exploration	60,25 €	**-25/-13/+63%**
Tatneft (Russland)	A0L CQB	Erdöl	20,20 €	**-19/-4%/+4%**
ThyssenKrupp (DAX)	750 000	Stahl, Anlagen	21,00 €	**+24/+14%/-23%**
Total (Stoxx50)	850 727	Energie	42,70 €	**-2%/7%/-7%**
UPM Kymmene	881 026	Holzverarbeitg.	13,75 €	**+9/+56/+54%**

Fazit: Die Rohstoffkursliste zeigt vor allem im Ölbereich einen extremen Preisverfall. Nur wer einen langfristigen Anlagehorizont hat, Kursverluste nervlich verkraftet, geduldig auf eine Trendwende wartet und zumindest gelegentlich eine „Verliererstrategie“ pflegt, kann aus dieser Kursliste Anregungen entnehmen. Bevor Sie handeln, überlegen Sie selbst: Was erwarte ich? Was halte ich aus? Bin ich im Energiebereich investiert? Abgesehen von wenigen Ausnahmen ist diese Kursliste nichts für Angsthasen. Alternativ bietet sich ein breit gestreuter Rohstoff-ETF an.

4.6 Erneuerbare Energie: ein schwieriger Markt

Quelle: PHOENIX SOLAG AG, Sulzemoos bei München

Quelle: NORDEX AG (TecDAX): „We've got the power“

Wie alles anfing mit Solarstrom und Windkraft

Angetrieben wurde Photovoltaik durch das „Hunderttausend-Dächer-Programm", das EEG (Erneuerbare-Energien-Gesetz) und feste Abnahmepreise. Die Preisgarantie für 20 Jahre als Anreiz für den künftigen Boom erwies sich letztlich als einer der größten Fehler unserer Politiker. Um eine neue Industrie mit umweltfreundlichen Produkten voranzutreiben, sind großzügige Förderungen für zwei bis drei Jahre gerechtfertigt. Aber doch keine Preisgarantie für zwei Jahrzehnte! Einem Unternehmer, der dies für drei oder fünf Jahre praktizierte, würde man Schwachsinn bescheinigen bzw. „Einweisung" fordern.

Bremsfaktoren für Solarstrom sind eine politische und konjunkturelle Schlechtwetterlage, Kreditklemme, Investitionsstau, Preisdruck durch verzerrten Wettbewerb und Marktübersättigung. So war es wegen des dramatischen internationalen Preisverfalls berechtigt, 2010 die Einspeisevergütung für Photovoltaik-Neuverträge nochmals abzusenken. Aber dies hätte mit Blick auf den drohenden Klimawandel früher und mit mehr Augenmaß geschehen müssen bei einer Obergrenze nicht über 10%. Rigorose Kürzungen der Fördersätze von 11 bis 15% im Solarstrombereich gefährdeten die Existenz vieler Firmen und führten zu übertriebener Marktbereinigung, vor allem auf dem Rücken ostdeutscher Firmen. Nur die leistungsfähigsten deutschen Konzerne konnten sich mit hohem Qualitätsanspruch gegenüber dem asiatischen Wettbewerb behaupten. Wer sich dem EEG vertrauend bequem zurücklehnte und Innovationen vernachlässigte, den traf es knüppelhart.

Rückblick: die Hoffnungen und Erwartungen vor einem halben Jahrzehnt: aus *Nachhaltig investieren* (Sander/Fath/Leiner)

„Der weltweite Energieverbrauch hat sich binnen 35 Jahren fast verdoppelt. In den reichen Industrienationen ist er pro Einwohner drei- bis sechsmal höher als im weltweiten Durchschnitt. Ein Viertel der Weltbevölkerung verbraucht über die Hälfte der global verfügbaren Energie. Dabei handelt es sich insbesondere um fossile Energieträger. Würde jeder Erdenbewohner so viel Energie verbrauchen wie in den wohlhabenden Industrieländern für Strom, Wärme und Kühlung anfällt, wären die fossilen Reserven und Ressourcen schnell verbraucht. Mit der Nutzung von Sonne, Wind, Wasser und Erdwärme lässt sich der Klimawandel zwar nicht rückgängig machen und ganz aufhalten, aber deutlich verlangsamen und damit die schon jetzt so verheerenden Folgen vielleicht abschwächen. Bis 2050 sollen die Treibhausemissionen, die sich von 1970 bis 2004 in Deutschland um rund 70% erhöhten, um 50% bis 85% verringern.

Wie der Bundesverband Erneuerbare Energien (BEE) in seiner mit der Agentur für Erneuerbare Energien vorgelegten Branchenprognose für 2020 erklärte, sollen bis dahin alternative Energien fast 50% des deutschen Strombedarfs decken.

Mit insgesamt 47% gegenüber den heutigen 15% dürften in 10 bis 12 Jahren Windkraft, Solar, Biomasse, Wasser und Geothermie das prägende Element der Stromversorgung bilden. – Der Bedarf an den knapper werdenden fossilen Energien verringert sich zugunsten der erneuerbaren bzw. nachwachsenden Energien. Zudem werden weitere Millionen Tonnen klimaschädlichen Kohlendioxids sowie Milliardenbeträge bei Brennstoffimporten eingespart. – Auch nach 2020 müssen die regenerativen Energien mit dem Ziel dynamisch ausgebaut werden, die gesamte Stromversorgung zu übernehmen. Zug um Zug wird Deutschland dann weniger abhängig von den Ölimporten, insbesondere der Gasversorgung aus Russland. Fehlende Sicherheit in Sachen Stromversorgung ist für die Bundesbürger laut BEE nicht zu befürchten. Die tageszeitlich und wetterunabhängigen Energiequellen wie Wasserkraft und Biobrennstoffe gewährleisten selbst während der Nachfragespitzen eine reibungslose Versorgung.

Es besteht kein Zweifel, dass sich das Klima der Erde in den kommenden Jahren spürbar verändern wird. Hitzewellen, Dürre und Unwetter nehmen auch in Europa zu. Der Meeresspiegel steigt durch die abschmelzenden Gletscher. Die Risiken von Überflutung wie auch großer Trockenheit steigen und gefährden Gesundheit und Leben von Menschen, Tieren und Pflanzen. Gleichzeitig wachsen die Ansprüche der Bevölkerung an ihre Lebensqualität. Nur mit langfristig ausgerichteten Strategien, wozu vor allem die Förderung regenerativer Energie zählt, ist es möglich, dem veränderten Klima in den Ballungsräumen zu begegnen und die unabsehbaren Folgen des nicht mehr umkehrbaren Klimawandels zumindest abzumildern."

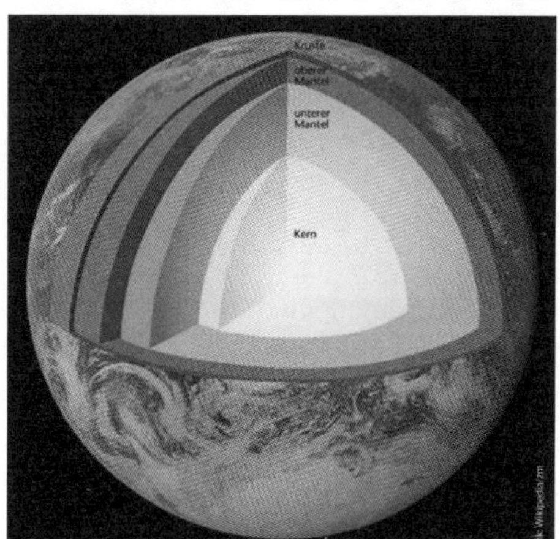

Blick ins Innere, den heißen Kern der Ede

Quelle: WIKIPEDIA/zm-Online-finanzen Geothermie

Die Erdwärme, Geothermie genannt, zählt zu den wichtigsten erneuerbaren Energien der Zukunft. Erdwärme ist eine umweltfreundliche, stets verfügbare Energie, sobald sie erschlossen ist. Einmal angezapft, erweist sich die Geothermie als unerschöpflicher Vorrat. Die Sonne scheint bei uns nicht immer und ein Windrad dreht sich nur dann, wenn eine steife Brise weht. In Mitteleuropa steigt pro 100 Meter Tiefe die Temperatur um durchschnittlich drei Grad Celsius, stellenweise auch deutlich mehr. In der Schwäbischen Alb sind es zehn Grad Celsius. Um für die Stromerzeugung und den Betrieb von Fernwärmenetzen die gewünschte hohe Temperatur zu erreichen, muss entsprechend tief gebohrt werden.

Die Aktie der Familienfirma **DALDRUP & SÖHNE** (WKN: 783 057) bietet sich für sehr risikofreudige Liebhaber der Tiefen-Geothermie an. Wenn es um umweltfreundliches Bauen, Sanieren, Wohnen geht, sind der SDAX-Absteiger **CENTROTEC** (WKN: 540 750) und **STEICO**, der Spezialist für Dämmstoffe (WKN: A0L R03), aus dem m:access der Börse München interessant. Die Immobilien der westlichen Industrieländer sind für 40% der Kohlendioxydemissionen verantwortlich. Umgekehrt kann umweltfreundliches Bauen mit erneuerbaren Energien den CO_2-Ausstoß um 40% verringern bei sinkenden Betriebskosten von über 10%.

Erdwärme zur Warmwasseraufbereitung und zum Heizen

Quelle: zm-Online-finanzen Geothermie

Erneuerbare Energien als Säule vom Klimaschutz

Als vor einigen Jahren das DESERTEC-Projekt mit dem Ziel „Solarstrom in der Wüste Sahara durch Verkabelungen in der Mittelmeertiefe nach Europa und für die Meerwasserentsalzung“ zahlreiche renommierte Unternehmen aus Deutschland begeisterte, war die Stimmung geradezu euphorisch. Vom DESERTEC-Projekt ist kaum etwas übrig geblieben. Dennoch helfen die erneuerbaren Energien mit, den drohenden Klimawandel mit der Erderwärmung zu bekämpfen. Es gilt, die externen Kosten durch Umweltschäden bis 2020 um 6,3 Mrd. € und die Einfuhrkosten für fossile Energieträger um 2,6 Mrd. € zu senken. 2010 hatten regenerative Energien schon einen Anteil von knapp 10% am einheimischen Energieverbrauch.

International sollen Wind, Sonne und andere erneuerbare Energiequellen ein Fünftel der weltweit verbrauchten Primärenergie liefern. Derzeit sind es 13%. Nachdem die Bundesregierung im Mai 2010 den Investitionszuschuss stoppte für regenerative Heiztechnologien wie Solarkollektoren, die für Warmwasseraufbereitung sorgen und die Heizung unterstützen, ist die Sonne als Heizquelle weniger begehrt. Dazu meint Carsten Körnig, Geschäftsführer des Bundesverbandes Solarwirtschaft: „Durch die Blockade der Fördermittel für Solarthermieanlagen treibt der Bundesfinanzminister Hunderte Solarwärmeunternehmen an den existenziellen Abgrund.“ Dabei hatte sich der deutsche Solarthermiemarkt mit seinen Flach-, Vakuum- und Luftkollektoren gerade zum größten Markt in Europa entwickelt.

Die Kraft der Sonne nutzen mit dem Ziel der Netzparität

Die Energiemenge, die jährlich durch die Sonne auf die Erdoberfläche strahlt, entspricht dem Zehntausendfachen des Energiebedarfs auf der ganzen Welt. Die Sonne schickt in sechs Stunden mehr Energie zur Erde, als die Menschheit in einem Jahr verbraucht. Es gilt, diese kostenlos verfügbare Energie zu nutzen. Rechnerisch reichen hierfür 0,01% der Sonnenenergie aus. Photovoltaik, sprachlich abgeleitet von „Photo“ für Licht und „Volta“ für elektrische Spannung, ist einfach nur da: geräuschlos, geruchlos, abgasfrei, dauerhaft und unentbehrlich bei der Kampfansage gegen Treibhausgase. Die ersten Solarzellen aus Silizium wurden 1954 in den USA präsentiert und vier Jahre später in der Raumfahrt eingesetzt, um einen Satelliten mit Strom zu versorgen. Der technologische Fortschritt ist beispiellos. Heute sind das kristalline Verfahren mit Silizium als Ausgangsmaterial und alternativ die Dünnschichttechnologie Erfolgsgaranten. Es gilt, Solarstrom wettbewerbsfähig gegenüber Strom aus der Steckdose zu machen.

- **Netzparität heißt, dass der Solarstrom nicht teurer ist als der Strom aus der Steckdose.** Da technologischer Fortschritt, Standardisierung, Serienfertigung, Massenproduktion und knallharter Wettbewerb für Preisdruck sorgen dürften, wird das Ziel bald erreichbar sein – freilich abhängig vom Standort.

Der technologische Fortschritt bei den Solarmodulen ist gewaltig – erkennbar auch am steigenden Wirkungsgrad.

Quelle: Phoenix Solar AG, Sulzemoos bei München

Nach schwierigen Zeiten: Comeback für Solarstromindustrie?

Es zeichnet sich zumindest für einige Unternehmen rund um den Globus ein erfolgreicher Neustart ab. Frühere Photovoltaik-Stars wie SOLARWORLD profitieren von zwei Entwicklungen: Zum einen dürfte der Weltmarkt von rund 39 auf etwa 46 Gigawatt wachsen. Zum anderen sind viele Wettbewerber infolge Zahlungsunfähigkeit oder Übernahmen vom Markt verschwunden. Endlich sollten sich die Produktionskapazitäten und der tatsächliche Bedarf weltweit wieder annähern.

In den Gründerjahren wurden Pioniere wie **SOLON** und **Q-CELLS** von einer unglaublichen Erfolgswelle nach oben in den Weltmarkt katapultiert. Dies brachte immer mehr chinesische, amerikanische und bald darauf auch japanische Unternehmen auf den Plan, hier kräftig mitzumischen. Es entstanden riesige Fabriken, in China unterstützt durch staatliche Kredite. Falsche Weichenstellungen der Politik, Überkapazitäten und Preisdruck lösten den zeitweiligen Niedergang aus.

Der einstige Sonnenkönig Frank Asbeck scheint nach dem dramatischen Kapital- und Schuldenschnitt mit **SOLARWORLD** auf gutem Weg. Er will durch hohe Qualität und niedrige Transportkosten die Wertschöpfung steigern. SOLARWORLD wird künftig mehr komplette Solaranlagen verkaufen, statt sich mit der Modulproduktion zu begnügen. Zugleich plant der Firmenchef, dank der gemeinsamen Entwicklungsabteilung mit BOSCH in die neue Leistungsklasse von 30 Megawatt bei Modulen aufzusteigen. Die größten Wachstumsmärkte sieht Asbeck in Amerika, China und Japan.

Nutzung der Sonnenkraft: weltweit bekannte Aktien				
Aktie/Kontinent bzw. Index	**WKN**	**Kurs am 02.01.15**	**52-Wochen-Hoch/-Tief €**	**Entwicklung 1, 3, 5 Jahre**
Canadian Solar (Ca)	A0L CUY	19,30 €	33,60/15,45 €	**-16/+746/-5%**
First Solar (USA)	A0L FKM	36,65 €	56,55/32,80 €	**-6/+42/-60%**
JinkoSolar (USA)	A0Q 87R	16,10 €	28,00/13,50 €	**-29/+299/-27%**
Manz (TecDAX)	A0J Q5U	57,65 €	84,40/50,90 €	**-4/+158/-16%**
Trina Solar (China)	A0L F3P	7,00 €	13,60/6,20 €	**-30/+30/-61%**
Wacker Ch. (MDAX)	WCH 888	90,85 €	104,4/76,05 €	**+14/+38/-25%**

- **Die Solarstromübersicht zeigt, dass die Kursentwicklung im Jahr 2014 großteils extrem ungünstig verlief. Im Drei-Jahres-Vergleich ist die Performance bei der vorstehenden Aktienauswahl positiv, im Fünf-Jahres-Vergleich einheitlich negativ.** Die Entwicklung verläuft wellenförmig, abhängig von staatlicher Förderung, Konjunktur, Marktbereinigung und Preisstruktur. Ein leichtes Comeback ist ab 2015 durchaus denkbar. Es empfiehlt sich, in diesem Bereich vorerst nur kleine Investments zu wagen, falls überhaupt. Interessant erscheinen MANZ (TecDAX) und WACKER CHEMIE (MDAX). Bevor Sie handeln, sollten Sie sich klar sein über Ihre Erwartungen, das entbehrliche Kapital und den Anlagehorizont. Solarstromaktien eignen sich nicht für Angsthasen.

Windenergie vor allem in der Nordsee als große Herausforderung

Windräder von kaum vorstellbarer Größe erobern die Nordsee und sind auf der Suche nach geeigneten Standorten auf dem Land. Längst sind die Zeiten vorbei, als sie von Anwohnern verhöhnt und erbittert bekämpft wurden und die Sorge vorherrschte, die Touristen könnten wegbleiben. Bei den riesigen Ausmessungen muss freilich genügend Abstand zu den Besiedlungen gewährleistet sein. Die Energiekonzerne treiben ihre Planungen entschlossen voran, ebenso die Spezialisten wie Weltmarktführer VESTAS (Dänemark), GAMESA (Spanien), SUZLON ENERGY (Indien), der im TecDAX notierte Rostocker Konzern NORDEX und PNE WIND (vormals Plambeck). Die Fantasie wird genährt von den Offshore-Projekten im Meer, wo der Wind verlässlich bläst und die besten Plätze nicht komplett vergeben sind. Die Gesamtkapazität der weltweit installierten Windkraftanlagen wächst bemerkenswert. Die Durststrecke 2012/2013 gilt als überwunden.

Der allgemeine Tenor lautet: „Wir sehen Licht am Ende des Tunnels – Das Schlimmste ist überwunden – Die weltweiten Überkapazitäten wurden abgebaut."

Beim Vergleich 2013 mit 2012 sprangen die Aktien von **GAMESA** um 230%, **VESTAS** 220% und **NORDEX** um 150% aufwärts. Grund zur Euphorie besteht nicht; denn der Preisdruck im knallharten Wettbewerb führte 2014 zu Kurseinbrüchen. Mittlerweile mischen in der Windkraftbranche die großen Technologiekonzerne GENERAL ELECTRIC und auch SIEMENS weltmarktführend mit.

Welche Anlagemöglichkeiten erscheinen für Sie interessant?

- Ein Indexfonds über Erneuerbare-Energien-Aktien, ein ETF über den TecDAX, ein Zertifikat auf den Branchenindex S-BOX GLOBAL WIND
- Internationale Aktien-Themenfonds, Schwerpunkt regenerative Energie
- Index-, Discount-, Bonus- und Basketzertifikate (Aktienkörbe)
- Einzelaktien führender substanz- und wachstumsstarker Unternehmen, wobei Sie nicht nur auf den DAX und TecDAX schauen sollten.

Welche Erfahrungen haben Sie selbst mit Aktienanlagen im Sektor Solarstrom und Windkraft gemacht? Wann sind Sie ein- und wann ausgestiegen? Wie sieht Ihre Depotzusammensetzung aktuell aus? Planen Sie neue Investments bei Solarstrom und Windkraft?

Auch die Finanzhaie im Grauen Kapitalmarkt versuchen, Anleger in geschlossene Windkraftfonds und Mittelstandsanleihen mit hohem Zinskupon zu treiben. Kennen Sie solche Angebote? Wie haben Sie darauf reagiert? Ich erinnere an die Pleiten von SOLAR MILLENNIUM und WINDREICH.

Aussichtsreiche Windkraftaktien rund um den Globus				
Aktie/Kontinent bzw. Index	**WKN**	**Kurs am 02.01.15**	**52-Wochen-Hoch/-Tief**	**Entwicklung 1, 3, 5 Jahre**
Gamesa (Spanien)	A0B 5Z8	7,85 €	9,90/6,45 €	0%/+147%/-35%
Nordex (TecDAX)	A0D 655	14,75 €	17,00/5,80 €	+58%/+287/+45%
PNE Wind (Prime St.)	A0J BPG	2,25 €	3,10/2,05 €	-16%/+22/+27%
Suzlon E. (Indien)	A0N J7L	0,85 €	2,35/0,45 €	+58%/-13/-84%
Vestas (Dänemark)	913 769	31,95 €	40,85/21,85 €	+56/+232%/-32%
ETF Lyxor New En.	**LYX 0CB**	**15,80 €**	**17,60/14,00 €**	**+3/+16%/-28%**
Umfang: 52 Mio. €, Gebühr: 0,60 € pro Jahr, mit Sparplan, ausschüttend, 7 Jahre alt				
Branchenindex S-Box	DB1 WND	5,00 €	4,50/3,30 €	+45%/+27%
Zertifikat Solartive Global Wind Index open end (DBK), Börsenplatz EUWAX				

4.7 Gold, Silber, Platin: Kein sicherer Hafen?

Ob als Ausdruck von Lebensfreude, Liebe und Zuneigung, aus Sammlerleidenschaft oder zum Vermögensaufbau und zur Sicherung des Wohlstands im Lebensherbst: Edelmetalle beeinflussen unser Denken und Handeln, bedeuten Lohn und Brot für Arbeitnehmer, sorgen für Wertschöpfung in etlichen Branchen, wobei Silber als Industriemetall eine wichtige Rolle spielt. Gold, Silber und Platin sind knappe Edelmetalle mit begrenzten Reserven. Sie inspirieren zu neuen Kreationen, sei es in Kunst und Kultur, im Geldanlagesektor oder in der Industrie. Es wäre fatal, diesen Markt komplett auszublenden, auch wenn die aktuelle Kursentwicklung wenig Freude bereitet und viele Fragen aufwirft.

Warum Edelmetalle? Schwankungen: Ja! Totalverlust: Nein!

Bis zur Jahrtausendwende tat sich auf dem Edelmetallmarkt nicht sehr viel. Doch jenseits aller Kursschwankungen bietet Gold seit Beginn der industriellen Revolution bzw. seit rund 400 Jahren die einzigartige Chance, sein Vermögen langfristig zu bewahren und meist auch zu vermehren. Zwar wird auch hier manch einer seine Wunden lecken, wenn er zu teuer eingekauft hat und nun erlebt, dass die Kurse sinken. Aber ein Totalverlust ist nie zu befürchten, sofern Sie selbst geduldig ausharren. Mag es auch bei Aktien heißen: Reißleine ziehen – Verluste begrenzen! Voraussichtlich werden Sie wieder steigende Preise erleben. Dies geschieht vor allem im Aktiencrash. Ihn wird es auch künftig geben. Nur weiß niemand verlässlich: Wann? Wie heftig? Wie lange?

Sinken die Aktienkurse dramatisch, steigt physisches Edelmetall – ein nervenberuhigender Ausgleichsfaktor. Bei historisch niedrigen Leitzinssätzen nahe null, wie wir dies gerade erleben, ist Edelmetall ein sicherer Hafen. Sparzinsen unter 1% decken nicht einmal die Inflationsrate ab. Wenn Sie Ihren Pauschalbetrag von 801 € ausgeschöpft haben, fällt zudem die Abgeltungsteuer an: 25% plus Solidaritätszuschlag und eventuell Kirchensteuer. Das macht zusammen rund 28% aus.

Klammern wir Angsthasen aus, sind niedrige Leitzinssätze ein Feind von Sparbuch und Staatsanleihen, eher Freund und Triebfeder für Gold, Silber, Platin – angereichert mit hochkarätigen Diamanten bei großer Vermögensdecke. Gold ist mehrwertsteuerfrei, wenngleich nicht sicher ist, dass das Finanzministerium auf der Suche nach neuen Einnahmequellen dies dauerhaft duldet.

2008 sahen die Analysten von BCA RESEARCH den fairen Goldwert bei 900 US-Dollar je Feinunze von 31,1 Gramm. Drei Jahre später stand eine Eins vor der Neun, also mehr als eine Verdoppelung. Derzeit kostet Gold ca. 1250 Dollar.

Es geht nicht nur um Gold, sondern ebenso um Silber

Was sagt Ihnen das Sprichwort: „*Schweigen ist Gold – Reden ist Silber?*“ Der Sinn ist zu hinterfragen. Nicht nur Gold, auch Silber hat Charme, dient als Kapitalanlage mittels Barren und Münzen, erfreut als Schmuck und ist ein wichtiges Industriemetall. Der Silberpreis boomt, wenn die Konjunktur anzieht. Er entwickelt sich bei Wirtschaftswachstum stärker, bei einer Rezession schwächer als der Goldpreis. Silber, auch **„Allroundtalent des kleinen Mannes“** genannt, kommt in der Erdkruste 24-mal häufiger als Gold und Platin vor und ist bezüglich des chemischen Aufbaus und seiner Eigenschaften mit Gold und Kupfer verwandt. Ein Viertel der Produktion stammt aus reinen Silberminen. Rund 60% sind Nebenprodukte beim Abbau von Kupfer, Blei und Zink. Altsilber ist wiederverwertbar. Hier werden alljährlich meist über 5000 Tonnen gewonnen.

- **Die Preisentwicklung von Platin wird insbesondere vom Auf- und Abschwung in der Fahrzeugindustrie geprägt.**

Davon hängt es ab, ob Platin oder Gold teurer ist. Meist notiert Platin höher als Gold, aber nicht immer. In den 1990er-Jahren, einige Tage im Herbst 2008 und seit Jahresende 2011 liegt Gold mehr oder weniger deutlich vorn. Platin wird bevorzugt im Premiumsektor für Katalysatoren bei Dieselmotoren gebraucht. Sinkt der Automobilabsatz um 1 Mio. Fahrzeuge, verringert sich die Platinnachfrage um 2 bis 3%.

Worauf sollten Sie achten? Was sollten Sie bevorzugt kaufen?

Mit Blick auf Konjunktur und Leitzinssätze sollten Sie zu günstigen Preisen bei Edelmetall zugreifen, sei es mit Barren oder Münzen oder niedrig bewerteten chancenreichen Minenaktien. Achten Sie auf das Preisverhältnis Gold und Platin.

- Interessant sind **Barren** unterschiedlicher Gewichtsklassen, ab 50 Gramm bis zu einem Kilogramm.
- Wer Sammlerblut in seinen Adern verspürt, für den sind **Anlagemünzen** eine interessante Alternative. Ich denke an bekannte Münzen wie Maple Leaf, Wiener Philharmoniker, Krügerrand, Kookaburra, American Eagle, Pandabär.
- **Minenaktien** sind geschütztes Sondervermögen. Bei **„Seniors“**, den größeren Titeln, erhalten Sie eher Nachrichten als über die oft unbekannten **„Juniors“**.

Die Edelmetallwelt ist so alt wie unsere Erde

Denken Sie an den Mythos Gold, die antiken Kriegszüge und Eroberungen mit dem Beuteziel Gold, an das nimmermüde Streben von Alchemisten bis ins späte Mittelalter, dem Geheimnis von Gold auf die Spur zu kommen. Vergegenwärtigen Sie sich mit Ihrer Fantasie die alten Kulturen der Inkas und Azteken in Lateinamerika.

Mit Verzicht auf Spitzfindigkeiten sollen Sie sich zurechtfinden bei den wichtigen Produkten. Wählen Sie jene Anlageformen aus, die zu Ihnen passen wie ein maßgeschneidertes Kleidungsstück, das Sie gern anziehen, weil Sie sich wohlfühlen.

Gold – die Triebfeder in der Inflation

Im Inflationsjahrzehnt von 1970 bis 1980 stieg Gold um rund 2000% und Silber sogar um 4000%.

Im Deflationsjahrzehnt von 1980 bis 1990 und Übergangsjahrzehnt von 1990 bis 2000 gingen die Edelmetallpreise deutlich zurück.

Im nächsten Inflationsjahrzehnt von 2000 bis 2010 erhöhte sich der Goldpreis von 250 auf über 1400 Dollar. Und der Goldminenindex erlebte eine Kursexplosion von 35 auf zeitweilig 500 Punkte. Auf den vervierfachten Goldpreis reagierten die Goldminenaktien mit einem 14-mal so hohen Kurs.

Fazit: Herbert Hoover, US-Präsident von 1929 bis 1933, bringt die Einschätzung auf den Punkt: „Wir halten Gold, weil wir den Regierungen nicht trauen können."

Ohne Edelmetalle wäre unsere Welt arm

Betrachten Sie einmal Ihren Tagesablauf. Ständig haben Sie es mit Metallen zu tun, mag Ihnen dies auch nicht immer bewusst sein. Dies gilt für Industriemetalle und Buntmetalle wie Kupfer, Blei, Zink, Zinn, Aluminium und Nickel sowie diverse Nebenmetalle. Dazu zählen Quecksilber, Chrom, Kobalt, Magnesium und Titan. Denken Sie an Ihre Arbeits- und Ihre Unterhaltungselektronik, Beleuchtungs- und Heizkörper, Haushaltsmaschinen, Herd und Kochutensilien. Sollten Sie schon älter und auf Prothetik angewiesen sein, sind Metalllegierungen unverzichtbare Bestandteile von hochwertigen Implantaten, damit Sie fit und mobil bleiben.

Und dann sind da noch die Edelmetalle – nicht nur Luxus für die Schönen und Reichen. Gold als Währungsreserve der Notenbanken, Gold als Schmuck, Gold im Mund, Gold als Barren, Gold als Bestandteil von Münzen und Medaillen, Gold als Verzierung auf feinem Porzellan! Und wie viel Gold erblicken Sie in einer Kirche! Auch Silber ist mehr als nur ein Schmuckgegenstand und Bestandteil der Geldanlage. Der industrielle Einsatz ist beachtlich. Denken Sie an die Medizintechnik und die Elektroindustrie. Platin ist als wertvoller Schmuck begehrt, aber ebenso wie das Schwestermetall Palladium unentbehrlich für die Herstellung von Autokatalysatoren. Platin und Palladium werden gebraucht in der Chemie- und Werkstoffindustrie.

Die Gruppe der Edelmetalle im Überblick

Gold: Berggold und Seifen- bzw. Waschgold, Vorkommen in reiner Form oder in Verbindung mit anderen Substanzen; Nachfrage: Schmuck, Kapitalanlage, Zahnindustrie. **Goldbarren und Gold-Anlagemünzen sind mehrwertsteuerfrei.**

Silber: Das am stärksten gebrauchte, aus dem Erdboden (Silbererzminen) geholte Edelmetall, Vorkommen zusammen mit anderen Substanzen; Nachfrage: Schmuck, Medizin, Industriebereich, Geldanlage. **Für Silbermünzen gilt seit 2014 nun auch der volle Steuersatz von 19%.**

Platingruppe: Iridium, Osmium, Palladium, Platin, Rhodium, Ruthenium; Nachfrage: hauptsächlich Industriesektor, z. B. Platin und Palladium in Autokatalysatoren, aber auch als Kapitalanlage. **Für Platin und Palladium wird der volle Steuersatz von 19% erhoben.**

Steckbrief Gold: Es gibt wohl keinen Rohstoff, der so stark fasziniert und um den sich so viele Mythen ranken wie Gold. Dieses weiche, glänzende, gelbe, schwere, formbare Edelmetall hat einen Schmelzpunkt bei 1063 Grad Celsius. Gold kommt in Minen (Berggold) und fließenden Gewässern (Waschgold) als Körner und Nuggets vor. Gold als dehnbarstes Metall ist zu Blattgold und Goldfolien verarbeitbar. Ein Gramm Gold lässt sich zu einem Blatt von einem Quadratmeter ausdehnen, das Goldmaß von einer Unze (31,1 Gramm) zu einem 56 Kilometer langen Faden ziehen. Gold ist wegen begrenzten Vorkommens, vielseitiger Verwendung und monetärer Bedeutung weltweit begehrt. Gold erweist sich als ein guter Leiter für Hitze und Strom. Gold dient den Notenbanken als Währungsreserve und gilt gegenüber Goldminenaktien, Themenfonds, Zertifikaten, Optionsscheinen und an den Terminmärkten gehandelten Kontrakten als Angstwährung bei Crashgefahr. Gold ist als Schmuck begehrt und mit wachsendem Anteil bei indischen Hochzeiten gefragt.

Steckbrief Silber: Dieses Edelmetall wird vor allem industriell eingesetzt und ist auch als Finanzinstrument gefragt. Die wichtigsten Silbervorkommen liegen in Peru, Bolivien, Mexiko, USA und Kanada. Silber fällt oft als Nebenprodukt bei der Blei- und Kupferherstellung an, wird zu Schmuck und für Tischkultur verarbeitet, in der Lebensmitteltechnik, Elektrotechnik und Elektronik, Pharmazie, Medizin, Medizintechnik und Optik genutzt. Bei Münzen und Medaillen steigt die Nachfrage. Mit dem Siegeszug der Digitalfotografie gehen die Aufträge in der Fotobranche extrem stark zurück. Dies gilt auch für Tafelsilber, wegen des Anlaufens und der Konkurrenz durch Cromagarn protect® z. B. von WMF gar nicht mehr hergestellt. Die meisten Experten rechnen wegen des hohen Industriebedarfs und begrenzten Vorkommens langfristig mit höheren Preisen.

- Das weiß glänzende Silber reflektiert über 99,5% des sichtbaren Lichts und besitzt die beste elektrische Leitfähigkeit aller Metalle. Es ist so dehnbar, dass sich ein Gramm zu einem zwei Kilometer langen Faden ziehen lässt. Damit ist auch die Verarbeitung zu Blattsilber und Silberdraht interessant.

Steckbrief Platin: Das silberweiß glänzende Schwermetall Platin ist dehnbar, biegsam, geschmeidig, leicht verformbar und verfügt über einen hohen Siedepunkt und eine ausgezeichnete elektrische Leitfähigkeit. Aus einem Gramm Platin lässt sich ein feiner Draht von fast zwei Kilometern Länge ziehen. Zudem ist das selten vorkommende Edelmetall extrem temperaturbeständig und widerstandsfähig gegenüber Wasser, Luft und bestimmten Säuren. Da sich Platin mit lebendem Gewebe gut verträgt, dient es zur Herstellung von Herzschrittmachern. Die unterschiedlichen Platinlegierungen werden für Schmuck, Fahrzeugkatalysatoren, Laborgeräte, Zahnimplantate, Schreibfedern, Kontakt- und Magnetwerkstoffe, den chemischen Apparatebau und als physische Geldanlage in Form von Barren und Münzen verwendet. Die wichtigste Branche bildet die Auto- vor der Schmuckindustrie.

Je nach Risikoprofil und Vorliebe eine interessante Anlageform

Den Rohstoffen und knapper werdenden Edelmetallen gehört die Zukunft. Denken Sie an China, Indien, Dubai, Katar, an Wachstums- und Schwellenländer in Ostasien, Osteuropa, Südafrika und Lateinamerika. Hier steigen mit dem Lebensstandard die Ansprüche. Die industriellen Anwendungen für Edelmetalle erhöhen sich parallel zum Begehren vieler Menschen nach wertbeständigem Schmuck sowie nach Gold, Silber, Platin als Geldanlage zum Vermögensaufbau und zur Altersvorsorge. Mittel- und längerfristig dürften die Preise für Edelmetall steigen und sich damit ein Investment lohnen – sei es als Barren oder Anlagemünzen, als physisch unterlegter ETC, Goldminenfonds oder Edelmetallminen-Einzelaktien.

In schwierigen Börsenzeiten, bei scharfer Korrektur und Crash, 2008/2009 ausgelöst durch die weltweite Finanz- und Wirtschaftskrise, verstärkt sich der Wunsch nach einem „sicheren Hafen", wie ihn Gold, Silber, Platin als physische Geldanlage bieten. Edelmetalle im Depot sorgen für Beruhigung bei angespannter Marktlage. Erholsamer Schlaf und gute Nerven statt Magenschmerzen und schlafloser Nächte!

Die passende Edelmetallanlage für jeden Privatanleger

Beschreibung	Einsteiger	Kompetenter Anleger
Konservativ bis chancenorientiert	Übergewichtung von Barren und Anlagemünzen (im Crash höhere Preise); physisch hinterlegter Edelmetall-ETC	Physische Edelmetalle als Barren und Anlagemünzen; Gold- und Silber-ETCs; Discount- und Bonuszertifikate

Risikobewusst bis spekulativ	**Für Einsteiger zusätzlich:**	**Für Könner zusätzlich:**
	Leicht verständliche Anlagezertifikate: Discount und Bonus, weltweit gestreute Bergbau- und Minenaktien sowie Wandelanleihen **Hände weg** von Optionsscheinen, Hebelzertifikaten bzw. Knock-out-Produkten und Futures-Kontrakten	Bergbau- und Edelmetall-Einzelaktien; unterschiedliche Edelmetall-Anlagezertifikate, Edelmetall-Themenfonds und ETCs bei guter Marktkenntnis auch Hebelzertifikate (Long und Short) sowie Edelmetall-Futures-Kontrakte

Allgemeine Anmerkungen:

Schmuck ist keine lukrative Geldanlage mit Gewinnchancen, Schmuck ist Ausdruck von Lebensgefühl, Liebe und Zuneigung.

Edelmetall ist eine von mehreren Anlageformen. Jede Einseitigkeit erhöht längerfristig das Risiko und mindert den Ertrag (Theorie Harry Markowitz).

„Breit gestreut – nie bereut" bezieht sich nicht nur auf die Finanzinstrumente und unterschiedlichen Märkte, sondern betrifft ebenso den Zeitpunkt. Dies gilt uneingeschränkt auch für den Kauf von Gold-, Silber-, Platinbarren und Anlagemünzen sowie Einzelaktien, Edelmetall-ETCs und Themenfonds.

Physisches Edelmetall eignet sich als Krisenanlage zur Depotabsicherung bei Börsenturbulenzen. Am Crashtag, 17. September 2008, stieg Gold pro Feinunze am Abend um 12% – bis zum nächsten Morgen um über 100 US-Dollar. Kurzfristig notierte Platin unter Gold – für Mutige ein idealer Einstieg.

Bei nervösem Börsenklima: Edelmetallbarren ins Depot

Das erste im Umlauf befindliche Metallgeld in Barrenform gab es vor 2000 Jahren. Als Vorläufer von Metallmünzen wurden Barren schon damals als Zahlungsmittel eingesetzt. Antike Barren waren anders geformt als die heutigen. Früher wurde das flüssige Metall direkt vom Hochofen in Sandformen geleitet, wo es dann erstarrte. Die heutige praktische Barrenform – bei über einem Kilogramm Gewicht „Handelsbarren" genannt – erlaubt das Lagern in großen Mengen. Die Produktion dient für Anlagezwecke und zur Währungsregulation, jedoch nicht mehr als offizielles Zahlungsmittel. Die Feinheit muss hoch sein, bei Gold und Platin mindestens 995 und Silber 999. Der Hersteller prägt sein Logo und die Herstellungsnummer auf den Barren. Je mehr er wiegt, umso geringer ist der Preisaufschlag. Er liegt dann nahe am Metallwert. So gesehen, sind Barren günstiger als Anlagemünzen. Dennoch sollten Sie sich nicht den größten Goldbarren zulegen. Kleinere Barren ermöglichen Teilverkäufe. Sie können flexibel reagieren.

Ein Edelmetallbarren geht nicht pleite. Die physische Anlage dient vorrangig dem Werterhalt und ist weniger auf gewinnbringende Rendite ausgerichtet. Je stärker der Dollar bzw. schwächer der Euro, umso höher ist der in Dollar berechnete Feinunzenpreis. Anfang 2015 kostet Gold rund 1300 Dollar bzw. über 1100 €. Ihre Gold- und Platinbarren können Sie im Bankschließfach bzw. im eigenen Tresor lagern. Bei Silber ist dies oft schwierig. Der Wert von 1 kg Gold entspricht 60 bis 80 kg Silber. Wo wollen Sie z. B. einen Zentner Silber sicher und preiswert lagern?

Experten empfehlen, im eigenen Depot 5 bis 10% in physisches Edelmetall anzulegen und weiteres Geld in Minenaktien, Edelmetallfonds und ETCs zu investieren. Gold-, Silber- und Platinbarren können Sie bei Ihrer Hausbank erwerben, ebenso bei darauf spezialisierten Edelmetallhändlern. Erkundigen Sie sich, ob der Händler vertrauenswürdig ist, und informieren Sie sich über die aktuelle Preisgestaltung. Vergewissern Sie sich, dass Sie bei ihm kaufen und verkaufen können.

Anlagemünzen aus Edelmetall als Alternative zu Barren

Kennen Sie Sachwerte, die länger und enger mit der Geschichte der Menschheit verbunden sind als Münzen? Die ersten als Zahlungsmittel dienenden Münzen wurden vor mehr als 2000 Jahren geprägt. Es gibt noch alte römische Münzen, die vielleicht sogar Kaiser Cäsar angefasst hat. Kann eine Geldanlage spannender und interessanter sein als über Münzen aus Gold, Silber und Platin? Die noch nicht ausgestandene Überschuldungskrise treibt Investoren in Edelmetallanlagen. Wolfgang Weber von TAURUS INVESTORS meint: „Drei von vier Käufern sprechen von Sicherheit, Vorsorge, Bankenkrise und Inflation." Bei Edelmetallmünzen sind häufig Engpässe zu beobachten. Privatanleger mögen Gold.

Anlagemünzen aus Gold. Mark Skousen, Herausgeber *Forecasts & Strategies* schreibt: „Gold ist die ultimative Absicherung gegen Krisen und Inflationen. Man kann sich nicht von Papiergeldkapital abhängig machen, das einen während einer Panik schützen soll. Rohstoffe sind die einzige Garantie, um in schlechten Zeiten als Versicherungspolice zu dienen." Wer über genügend Kapital verfügt, wählt sicherlich Gold-, Silber- und Platinbarren in unterschiedlicher Größe. Hier ist der Aufschlag auf den reinen Metallwert am geringsten.

Wer Sammlerblut in seinen Adern verspürt und Gefallen an kunstvoll geprägten Münzen in **„polierter Platte"** (Proof) findet, wird gern auch einige Sammlerexemplare erwerben und sich wohlfühlen. **Anlagemünzen** sind eigentlich in Münzform geprägte Goldbarren. Sie heißen deshalb **Bullionmünzen.** Das aus dem Englischen stammende Wort „bullion" bedeutet „Barren". Anlagemünzen dienen in ihren Herkunftsländern offiziell oder inoffiziell als Zahlungsmittel, wobei ihr aktueller Preis den Nennwert im Allgemeinen übersteigt.

Anlagemünzen aus Silber. In einem älteren Magazin las ich die Schlagzeile **„Silber als Komet am Anlagehimmel!"** Diese Aussage mag übertrieben klingen, stimmt aber im Kern. Silber hat neben der monetären eine hohe industrielle Bedeutung. Silber wird zu Schmuck verarbeitet und als Industriemetall in der Lebensmitteltechnik, Elektrotechnik und Elektronik, Pharmazie, Medizin, Medizintechnik und Optik eingesetzt. Silber verbraucht sich im industriellen Einsatz. Das Angebot (Minenproduktion, Recycling, Banken) ist rückläufig. Die Reserven und Ressourcen in den Minen sind begrenzt. Silber gilt als das „Gold des kleinen Mannes". Auch bei kleinem Geldbeutel sind Silbermünzen erschwinglich. Silber ist wie Gold ein willkommener Ausgleichsfaktor bei Börsenturbulenzen. Stürzen die Aktienkurse in den Keller, steigt Edelmetall als „sicherer Hafen" und damit der Wert Ihrer Silbermünzen. Bei höherem Kapitaleinsatz sollten Sie an die Lagerung denken. Da ist es besser, auf Gold- und Platinbarren auszuweichen.

Anlagemünzen aus Platin. Lange Zeit wurde der wahre Wert von Platin falsch eingeschätzt. Spanier entdeckten es bei der Goldwäsche und nannten es in Unkenntnis der vielseitigen Verwendungsmöglichkeiten abfällig „platina". Sie beachteten das „kleine Silber", worauf dieser Name hindeutet, nicht weiter. Längerfristig zeigt der Richtungspfeil wohl nach Norden in eine „edle" Zukunft. Platin ist als seltenes Edelmetall für die Anlage in Barren und Münzen, als Schmuck und Industriemetall begehrt. Platinbarren und -münzen sind bei gleichem Gewicht oft teurer als Gold. Es fällt der volle Mehrwertsteuersatz an. Aber es gibt bei größerem physischen Investment keine Lagerprobleme. Platin wurde erst vor rund 180 Jahren wiederentdeckt und im Gegensatz zu Gold und Silber nicht als herkömmliches Zahlungsmittel eingesetzt. Das Münzangebot ist überschaubar. Beliebt und in verschiedenen Größen erhältlich sind der australische Koala, ein putzig aussehender Beutelbär mit wechselnden Motiven, der chinesische Panda und das stolze „Wikinger Schiff" von der Insel Man. Wer bestimmte Jahrgänge und Motive sucht, braucht Geduld; denn Platinmünzen werden in geringeren Auflagen geprägt und sind gegenüber Gold- und Silberversionen eher rar.

Was spricht für Gold-, Silber- und Platinmünzen?

Die emotionale Bindung verhindert unüberlegte Blitzverkäufe in Notlagen bzw. wenn die Kurse fallen. Hinzu gesellen sich folgende weitere Vorteile:

- Anlagemöglichkeit für jeden Geldbeutel
- Gute Chancen auf Wertvermehrung
- Steigende Rendite bei langfristigem Anlagehorizont wahrscheinlich
- Verbindung von Geldanlage mit Sammlerfreude und bildendem Hobby
- Breite Streuung des Portfolios
- „Sicherer Hafen" und Ausgleichsfaktor vor allem in schwierigen Börsenzeiten

- Stabile Wertentwicklung bei hoher Inflationsrate
- Keine Lagerprobleme (am besten eigener Tresor)
- Erweiterung des geistigen Horizonts
- Kontakte mit Gleichgesinnten

Welche Nachteile und Gefahren lauern bei Münzen?

- Ausufernde Sammelleidenschaft – vom Hobby zur Sucht
- Vernachlässigung anderer Anlageformen
- Währungsrisiko (schwacher Dollar)
- Aufbewahrungsprobleme, eventuell Diebstahl
- Keine Verzinsung des Kapitals

Überblick: einige beliebte Edelmetall-Anlagemünzen		
Goldmünzen	**Silbermünzen**	**Platinmünzen**
American Gold Eagle	American Silver Eagle	American Platinum Eagle
Gold Maple Leaf, Kanada	Silber Maple Leaf, Kanada	Platin Maple Leaf
Gold Koala, Australien	Silber Koala, Australien	Platin Koala, Australien
Gold Panda, China	Silber Panda, China	Platin Panda, China
Krügerrand, Südafrika	Libertad, Mexiko	Platin Noble, Insel Man
Wiener Philharmoniker, Österreich	Silber-Philharmoniker, Österreich (seit 2008)	
Kangarro/Nugget, Australien	Silber Britannia, Großbritannien	
	Kokaburra, Australien	
Keine Mehrwertsteuer	**19% Mehrwertsteuer**	**19% Mehrwertsteuer**
Verschiedene Größen	**Verschiedene Größen**	**Verschiedene Größen**
Teurer als Silber	**Am billigsten**	**Oft teurer als Gold**
Münzenhändler/Banken	**Münzenhändler/Banken**	**Münzenhändler**

Die privaten Haushalte bleiben dem Gold treu und horten insgesamt 8200 Tonnen Gold. Den größten Anteil 2014 bildet Schmuck im Wert von 40,9 Mio. €. Es folgen Barren und Münzen für 25,0 Mio. € und Goldwertpapiere für 9,9 Mio. €. Im Schnitt besitzt jeder erwachsene Bundesbürger 121 Gramm Gold – die knappe Hälfte davon ist Goldschmuck. Insgesamt halten Deutsche 2014 rund 200 Tonnen Gold mehr als noch vor zwei Jahren.

Abbildungen von einigen bekannten Silber-Bullionmünzen

Quelle: www.bullionweb.de, silbermuenze/china-panda, silbermuenze/kookaburra, silbermuenze/silber-philhamoniker

Weltweite Auswahl von Bergbau- und Edelmetallminen-Aktien				
Aktie Unternehmen	**WKN**	**Kurs am 02.01.15**	**Hoch/Tief 52 Wochen**	**Entwicklung: 1, 3, 5 Jahre**
Agnico-Eagle	860 325	22,20 €	31,30/17,40 €	+12/-20/-43%
Anglo American	A0M UKL	15,25 €	20,90/13,65 €	-2/-38/-50%
Barrick Gold	870 450	9,05 €	15,60/8,20 €	-31/-74/-68%
BHP Billiton	908 101	17,15 €	26,50/20,55 €	-20/-21/-23%
Eldorado Gold	892 560	4,95 €	6,45/3,90 €	+17/-57/-52%
Goldcorp	890 493	15,55 €	22,10/13,60 €	-5/-55/-44%
Gold Fields	862 484	**3,75 €**	**3,75**/2,25 €	+55/-68/-60%
Newcrest Mining	873 365	7,25 €	8,10/5,45 €	+30/-69/-68%
Newmont Mining	853 823	15,75 €	20,75/14,10 €	-8/-66/-68%
Norilsk Nickel	676 683	11,65 €	15,95/11,00 €	-2/-1/+11%
Randgold	A0B 5ZS	56,50 €	66,70/43,60 €	+19/-30%/+1%
Rio Tinto	855 018	39,50 €	46,90/34,10 €	-10/-10%/k. A.
Silver Wheaton	A0D PA9	17,10 €	20,60/13,15 €	+11/-24/+58%
Vale	A0R N7M	6,60 €	11,25/5,40 €	-42/-67/-69%
ETF Edelmetall	**A0N 62H**	**75,80 €**	**79,95/70,45 €**	+7/-17%/k. A.
ETF Gold	**A0N 62G**	**95,85 €**	**97,25/87,55 €**	+11/-19/+25%
ETF Silber	**A0N 62F**	**12,65 €**	**15,55/11,65 €**	-9/-39%/k. A.
ETF Platin	**A0N 62D**	**95,85 €**	**107,7/91,10 €**	-2/-9/-6%
ETF Palladium	**A0N 62E**	**63,70 €**	**66,90/49,85 €**	+24/+30/+126%
ETF/ETC EUWAX GOLD	**EW G0LD**	**32,25 €**	**32,55/29,10 €**	+11%/ k. A.

Der Edelmetallboom ab 2008 scheint vorerst vorbei. Seit einigen Jahren befinden sich die Kurse im Tiefflug mit leichter Aufwärtstendenz 2014. Selbst der starke Dollar und die verhaltene Entwicklung der Börsen außerhalb Amerikas deuten nicht auf eine Trendwende hin. Privatanleger mögen Edelmetalle, was sich an ihrer Vorliebe für Goldbarren, Gold- und Silbermünzen sowie Schmuck zeigt. Die institutionellen Anleger halten sich bei unterschiedlichen Einschätzungen großteils zurück.

Zum Jahresanfang 2015 notierten die Preise für Gold und Silber leicht aufwärts: Gold: 1190,1 Dollar, 991,5 Euro, Silber: 15,8 Dollar, 13,2 Euro.

Fazit: Die Stärken von Gold zusammengerafft

➢ Die Notenbanken bleiben dem Gold treu

Obgleich der Goldstandard 1971 aufgelöst wurde, halten die Notenbanken einen Großteil der Währungsreserven in Edelmetall. Gold beugt dem Kaufkraftverlust vor. Dies gilt nicht für kurze Zeitspannen. Aber langfristig bleibt die Kaufkraft erhalten. Über Jahrtausende hat Gold seinen Wert behalten – im Gegensatz zu Währungen.

➢ Goldvermögen bietet Sicherheit

Ein Goldanteil von 5% bis 10% sorgt längerfristig für einen gewissen Ausgleich bei scharfer Korrektur und erst recht im Crash. Der Goldpreis steigt im Allgemeinen, wenn die Aktienkurse in den Keller stürzen.

➢ Gold ist vor allem für Asiaten ein Teil ihrer Kultur und Tradition

Man denke an die Hochzeitsbräuche in Indien und Goldschmuck als Ausdruck von Lebensfreude, Zuneigung, Wohlstand und Prestige. Hierzulande gilt Gold zudem als eine Art Angstmetall – vor allem bei starker Inflation und Crashgefahr.

➢ In Zeiten niedriger Verzinsung ist Gold beliebt

Bei historisch niedrigen Leitzinssätzen gewinnt Gold für viele Anleger an Attraktivität, führt doch das Sparkonto bei einem Zinsniveau nahe null und steigender Inflationsrate zu einer schleichenden Kapitalvernichtung.

➢ Aktienmuffel bevorzugen Gold in Form von Barren und Münzen

Bei den meisten deutschen Privatanlegern ist die Risikoscheu gegenüber Aktien so stark ausgeprägt, dass gern in physisches Gold investiert wird. Die Nachfrage stieg im Jahr 2013 gewichtmäßig um rund 8% auf 119 Tonnen.

Fazit: Die Schwächen von Gold zusammengerafft

➢ Gold ist nicht verlässlich das beste Geld

Bis 1971 war die Weltwährung Dollar an den Goldstandard gebunden. US-Präsident Richard Nixon beendete damals die Einlösepflicht Dollar gegen Gold.

➢ Die Goldförderung wird immer schwieriger und kostspieliger

Bis Ende 2012 wurden weltweit über 174.000 Tonnen Gold gefördert, davon knapp zwei Drittel seit 1950. Fast die Hälfte des Goldes landet in der Schmuckindustrie. Die globalen Goldreserven, deren Förderung geologisch und wirtschaftlich sinnvoll erscheint, betragen rund 52.000 Tonnen. Die Goldproduzenten müssen in immer größere Tiefen vorstoßen. Die Goldsuche wird zunehmend schwieriger und teurer, zumal die Ausbeute prozentual sinkt und die Lohnkosten steigen.

- **Gold ist das schönste, aber nicht immer das wertvollste Edelmetall**

Ob Gold über oder unter dem Platinpreis notiert, hängt von der Konjunktur und einzelnen Branchen ab. Der Platinpreis wird von den Trends der Autoindustrie geprägt. Platin wird für Katalysatoren gebraucht. Ein Großteil wird in Südafrika gefördert. Anhaltende Streiks sorgen für heftige Preisaufschläge. Silber wird nicht nur für Schmuck, sondern verstärkt in der Medizintechnik und Elektronik benötigt. Aktuell notiert Platin mit 1475 Dollar vor Gold mit 1294 Dollar pro Feinunze.

- **Goldschmuck bezeugt Lebensfreude, ist aber keine Wertanlage**

Freilich hat Goldschmuck einen gewissen Grundwert. Aber die Kosten für die künstlerische und handwerkliche Arbeit bleiben beim Verkauf oft unberücksichtigt.

- **Barren und Münzen sind im Preis stabiler als Goldwertpapiere**

Das Unternehmensrisiko wie die allgemeine Börsenstimmung spielen eine entscheidende Rolle bezüglich der Chanceneinschätzung von Minenaktien, Edelmetall-Aktienfonds und ETFs. Andererseits stellen sich bei Barren und Münzen die Fragen der Aufbewahrung und der Schutz vor Diebstahl. Ein Bankschließfach kostet Geld und erschwert die spontane, schnelle Verfügbarkeit.

- **Goldminenaktien sind keine sichere Geldanlage**

Wegen ihres starken Kursverfalls von 2011 bis Mitte 2013 sind Goldminenaktien aktuell so günstig bewertet wie seit über einem Jahrzehnt nicht mehr. Für risikofreudige Anleger könnte dies eine gute Einstiegs- oder Zukaufchance sein, wobei sich für Risikoscheue eher ein ETF/ETC anbietet als ein Investment in Einzelaktien.

- **Gold ist möglicherweise ein Objekt für Spekulanten**

Wird Gold nicht wie beim physisch unterlegten ETF als Sondervermögen geschützt, sondern als Schuldverschreibung im ETC (Exchange Traded Commodities) angeboten, steigt das Risiko bei Pleite des Emittenten. Da Gold weder Zinsen noch Dividenden abwirft, speist sich die Hoffnung allein aus höheren Kursen.

- **Goldmissbrauch durch Essen/Trinken und Toilettenpapier**

Etliche Sterneköche versuchen, mit Gold ihre edlen Kreationen aufzuwerten: Schaumwein mit Goldflocken, Trüffel mit Goldblättchen. Die Fantasie ist grenzenlos. Selbst eine Rolle Toilettenpapier mit Goldfäden für rund 100 € muss für Millionäre kein Hindernis darstellen. Selbst in der Tiermode ist Edelmetall zu sichten.

⑤ Aktienfonds – Wandelanleihen – ETFs

5.1 Mit Themenfonds das Profiwissen nutzen

Zählen Sie zu den Anlegern, die nicht täglich ihr Depot im Auge behalten wollen, weder Zeit noch Lust haben, ständig den Markt zu beobachten? Fühlen Sie sich in schwierigen Zeiten unsicher und ist Ihre Risikobereitschaft dann zu gering? Hindert Sie eine schmale Kapitaldecke daran, weltweit in Einzelaktien zu investieren? Dann bieten sich neben ETFs Aktienfonds an. Allein in Deutschland sind es über 3000 Produkte. Aktiv gemanagte Aktienfonds erfassen neben den weltweiten Indizes unterschiedliche Branchen, Sektoren und Themen. Einige zertifizierte Aktienfonds sind für die staatlich geförderte Riester-Rente zugelassen. Als Sparplan lässt sich der Cost-Average-Effekt ideal nutzen. Der Zusatz „thesaurierend“ besagt, dass das Management die Dividenden anlegt.

Obgleich viele Anleger Aktienfonds gegenüber Einzelaktien bevorzugen und sich trotz hoher jährlicher Gebühren von im Schnitt 1,94% gegenüber passiv gemanagten ETFs nicht abschrecken lassen, überzeugt die Gewinnentwicklung oft nicht. Mit aktiv gemanagten Aktienfonds lassen sich theoretisch zwar bessere Renditen erzielen als mit Indexfonds (Exchange Traded Fonds), die das jeweilige Börsenbarometer exakt abbilden. Zwei Drittel der Fondsmanager verlieren gegenüber dem Index. Bei global ausgerichteten Fonds sind es 90%. Eine aktuelle schwedische Studie zeigt, dass Fondsmanager auch nur mit Wasser kochen und ihre privaten Finanzen nicht besser im Griff haben als Normalsterbliche. Die preiswerten Indexfonds sind die bessere Alternative – Themen- bzw. Spezialfonds ausgeklammert.

Welche Aktienfonds sind seit 2009 schlechter als der Markt?

Fondsart	Indizes S&P	2013	2011 – 2013	2009 – 2013
Aktienfonds Eurozone	S&P Eurozone	78,9%	72,8%	65,8%
Globale Aktienfonds	S&P Glob. 1200	74,3%	92,3%	90,4%
Aktienfonds Schwellenl.	S&P/IFCI	70,5%	83,6%	87,7%
Aktienfonds Frankreich	S&P France	67,8%	82,6%	66,4%
Aktienfonds Deutschl.	S&P Germany	62,8%	70,5%	54,0%
Europ. Aktienfonds	S&P Europe 350	60,7%	76,8%	63,8%
Aktienfonds USA	S&P 500	60,6%	83,8%	79,8%

Quelle: *Handelsblatt* Nr. 144/30.07.2014; Dow Jones Indices, Morningstar

Die größten Chancen auf eine bessere Kursentwicklung als der Vergleichsindex haben Manager von Themenfonds wie im Biotechsektor. Dies gilt bei geschicktem Händchen auch für Nebenwerte. Störend wirkt der Nachrichtenmangel. So fehlen Ihnen vielleicht die Lust, die Zeit und das Geld, um hier erfolgreich zu investieren.

Die besten Aktienfonds Deutschlands im Ein-Jahres-Vergleich

Fondsgesellschaft	WKN	28.07.14	Hoch/Tief 1 J.	+1 J.
db x-trackers LevDAX ETF	**DBX 0BZ**	**86,05 €**	**90,50 €/60,50 €**	**32,7%**
LYXOR Ucits ETF D. LevD.	**LYX 0AD**	**80,20 €**	**84,65 €/56,50 €**	**32,0%**
ETFS 2x Long DAX	**A0X 899**	**215,95 €**	**237,5 €/161,0 €**	**30,0%**
HAIG MB Max Value	592 347	152,25 €	155,9 €/126,8 €	24,8%
DWS Aktien Strategie DE	976 986	262,15 €	279,5 €/214,2 €	21,2%
iShares DivDAX DE	263 527	15,00 €	16,10 €/12,35 €	20,6%
DWS Deutschland	849 096	165,40 €	173,2 €/139,1 €	18,2%
DWS German Equities T.O	847 428	310,45 €	325,9 €/257,9 €	18,0%
Baring German Growth	940 132	7,10 €	7,50 €/5,90 €	17,9%
Allianz Thesaurus AT Eur.	847 501	727,50 €	744,3 €/611,4 €	17,4%

Quelle: biallo.de – Das Verbraucherportal für private Finanzen, 28. Juli 2014

Die besten Aktienfonds Deutschlands im Drei-Jahres-Vergleich

Fondsgesellschaft, Name Aktienfonds/ETF	WKN	Kurs am 28.07.14	52-Wochen-Hoch/-Tief	Rendite p. a.
db x-trackers LevDAX ETF	**DBX 0BZ**	**86,05 €**	**90,50 €/60,50 €**	**14,5%**
LYXOR Ucits ETF D. LevD.	**LYX 0AD**	**80,20 €**	**84,65 €/56,50 €**	**13,9%**
DWS Aktien Strategie DE	976 986	262,15 €	279,5 €/214,2 €	12,7%
DWS Deutschland	849 096	165,40 €	173,2 €/139,1 €	12,6%
MEAG ProInvest	975 411	136,25 €	141,0 €/114,2 €	11,8%
iShares DivDAX DE	263 527	15,00 €	16,10 €/12,35 €	11,8%
Concentra – A – EUR	847 500	91,95 €	94,55 €/78,70 €	11,5%
DWS German Equities T.O	847 428	310,45 €	325,9 €/257,9 €	11,0%
Baring German Growth	940 132	7,10 €	7,50 €/5,90 €	10,9%
FPM Funds Ladon Europ.	A0H GEX	176,00 €	182,1 €/149,7 €	10,9%

Quelle: biallo.de – Das Verbraucherportal für private Finanzen, 28. Juli 2014

Die 15 weltbesten Aktienfonds im Fünf-Jahres-Vergleich				
Fondsgesellschaft, Name Aktienfonds/ETF	**WKN**	**Kurs am 28.07.14**	**52-Wochen-Hoch/-Tief**	**Rendite p. a.**
DBXT MM Priv. Eq. ETF 1C	**DBX 1AN**	**36,50 €**	**37,20 €/30,40 €**	**20,8%**
DNB Fund Private Equity	A0M WAK	104,65 €	106,0 €/86,35 €	19,9%
Partners Group Listed Pr.	A0B 61B	133,65 €	135,1 €/111,4 €	19,0%
MFS Global Concentrated	A0Q 7AV	**223,70 €**	**223,7 €**/186,2 €	18,4%
PowerShares Gl. Listed P.	A0M 2EE	7,90 €	8,05 €/6,95 €	18,2%
GS Gl. S. Cap Core Eq. A	A0L FUH	12,85 $	13,05 $/10,55 $	17,9%
SEB Listed Priv. Equity	A0Q 9NZ	231,65 €	234,2 €/190,9 €	17,7%
AXA RB Global Small Cap	691 333	32,70 $	33,45 $/26,40 $	17,3%
Threadneedle Glob. Ext.	A0Q 5RP	**2,15 €**	**2,15 €**/1,80 €	17,0%
Robeco Global Premium D	A0D LK6	**187,45 €**	**187,5 €**/154,1 €	16,9%
Quelle: biallo.de – Das Verbraucherportal für private Finanzen, 28. Juli 2014				

Grundlegende Informationen zu Aktienfonds

Wer Aktienfonds erwirbt, nutzt das Wissen der Profis. Da jedoch die meisten Standardwertefonds den Vergleichsindex nicht schlagen, sind Sie mit den preiswerten, passiv gemanagten **Indexfonds** (Exchange Traded Fonds = ETFs) oft besser dran. Ist das Fondsmanagement gut, einen Hinweis liefert die Rating-Einstufung, sind Sie mit Themenfonds oft auf der richtigen Seite. Der Aktienfonds übernimmt die Spartopffunktion. Vom eingesammelten Geld investiert das Management je nach Ausrichtung in hiesige und ausländische Blue Chips, Nebenwerte, Biotech-, Rohstoff- oder Hightechaktien usw. Sie selbst können die gewünschten Märkte abdecken, ohne Millionär zu sein, und werden mit dem Kauf von Anteilen Miteigentümer am Fondsvermögen der Kapitalanlagegesellschaft. Sie können aktuelle Trends wahrnehmen und in Schwellenländer investieren. Informationen über ausländische Nebenwerte sind dünn gesät. Außerdem vermeiden Sie mit den richtigen Fonds das gebührenpflichtige Umschichten – ein Ausgleich für Ausgabeaufschlag und Managementgebühr. Umfasst der Fonds jedoch nur wenige Millionen Anlagekapital, wächst das Risiko, dass er aufgelöst wird.

➢ **Laut Expertenmeinung bieten passiv gemanagte Indexfonds (ETFs) und aktiv gemanagte Spitzenfonds – national, europäisch und weltweit ausgerichtet – längerfristig die besten Renditechancen. Fähige Fondsmanager bringen eigene Innovationen ein. Diese Chance gilt es zu nutzen.**

Urvater der Investmentfonds

Philip Carret legte 1928 sein Kapital mit dem Vermögen von Verwandten und Freunden zusammen und gründete den **Pioneer Fund.** Er managte den ältesten in Deutschland registrierten Investmentfonds bis 1983. Sein Leitspruch lautete: „Mit Geduld sind außergewöhnliche Gewinne erzielbar."

ADIG Fondak: Geburtstag mit 37.000% Wertzuwachs

Der älteste deutsche Aktienfonds ADIG Fondak feierte 2005 seinen 55. Geburtstag. Jeder, der seit 1950 dabei ist, wurde für seine Treue mit einem Wertzuwachs von 37.000% belohnt. Freilich berücksichtigt dieser Wertzuwachs nicht die stattliche Inflationsrate und die Gebühren über einen Zeitraum von 55 Jahren.

Bei der Fondsauswahl helfen Rating-Agenturen wie S&P, MOODY'S, FITCH RATINGS und MORNINGSTAR, die besten Produkte aufzuspüren. Das **Ranking** umfasst **quantitative** Faktoren wie Rendite, Volatilität und Risikoprofil. Das **Rating** bewertet die **Qualität**, also die Leistungsfähigkeit der Fondsmanager. Interessant ist beim Ranking die Anzahl der Sterne – vergleichbar mit der Hoteleinstufung. Bei vier oder fünf Sternen schnitt dieser Fonds in den letzten drei Jahren bei der Rendite gut bis sehr gut ab. Die Rating-Buchstaben, selbst AAA, sind jedoch kein Freibrief für eine künftig verlässliche Einstufung. Bei Trendumkehr, Branchenrotation oder unterschiedlicher Indexentwicklung können die Favoriten von gestern die Verlustbringer von morgen sein. Rating und Ranking erleichtern die Orientierung. Am leichtesten verstecken sich schlechte Fonds im Bullenmarkt. Große Fonds schaffen nicht unbedingt bessere Ergebnisse, aber sorgen für Stabilität.

Fondsbewertungen von Standard & Poor's (S&P)		
Ranking (Rendite und Risiko, auf 3 Jahre bezogen)	*****	Zählt zu den Top-Zehn-Prozent der Gruppe
	****	Gutes Rendite- und Risikoprofil
	***	Mittleres Rendite- und Risikoprofil
	**	Schwaches Rendite- und Risikoprofil
	*	Gehört zum schlechtesten Viertel der Gruppe
Rating (auf Basis S&P-Analyse über das Management)	**AAA**	Außergewöhnlich hohe Managementqualität
	AA	Sehr gute Qualität des Fondsmanagements
	A	Gute Qualität des Fondsmanagements
	NR	Das Rating wurde entzogen
	UR	Steht unter Beobachtung (Managerwechsel o. Ä.)
Alljährlich überprüft S&P europaweit ungefähr 1400 Investmentfonds.		

Investmentfonds: für viele Deutsche ein Buch mit sieben Siegeln

Laut einer Finanzdienstleister-Studie glaubt jeder zweite Deutsche, dass Rentenfonds die gesetzliche Rente absichern und die Manager offener Immobilienfonds baufällige Gebäude renovieren, um sie zu höheren Preisen zu verkaufen. Die knappe Hälfte hält eine Fondsanlage für sehr kompliziert und genauso riskant wie Einzelaktien. Nur 3% können sich unter einem ETF etwas vorstellen.

Gesundheitsfonds mit wachstumsstarken Titeln als Börsenstars

Wie die Übersicht zeigt, sollen sich Fondsliebhaber bei einem Neuinvestment unbedingt auf wachstumsstarke Branchen konzentrieren. **Goldminenaktien** liefen bis 2010 überdurchschnittlich gut, um ab 2011 bis Anfang 2013 im Schnitt zweistellig abzustürzen. Jetzt zeichnet sich eine minimale Erholung ab. Eine ähnliche Entwicklung, wenn auch nicht ganz so dramatisch, zeigt der **Rohstoffsektor.** Der Gesundheitsbereich, allem voran mit **Biotechnologie,** bietet dagegen seit Jahren beste Chancen, nachdem neue Wirkstoffe den Markt erobern. Der Traum vom ewigen Leben und der Kampf gegen Krebs machen Biotech zum eingebauten Risikopuffer.

Das Gesundheitswesen mit Biotech, Medtech und Pharma ist wegen des demografischen Wandels mit steigender Lebenserwartung für Fondsmanager das große Thema im Aktienbereich. Dennoch bringen geopolitische Spannungen in der Ukraine und im nahen Osten viel Unruhe in die Märkte. Als zukunftsträchtig und wachstumsstark gelten laut Experteneinschätzung auch der **Technologie- und Internetsektor** wegen zunehmender Digitalisierung, Cloud-Computing und Interesse an Sozialnetzwerken. Eine weitere Erfolgsformel stellt ein aktives Management, eine Wachstumsstrategie und das Wahrnehmen von Megatrends dar. Wichtig ist, seiner Linie treu zu bleiben und sich nicht vom Tageslärm stören zu lassen.

Die besten Investmentfonds in den ersten 9 Monaten 2014

Rang	Fonds-Anlageschwerpunkt	9 Monate 2014	Schnitt 5 J.
01	Aktien Gesundheitswesen Welt	+22,8%	+18,1%
02	Anleihen Emerging Markets	+18,4%	+11,4%
03	Aktien Nordamerika	+15,7%	+16,0%
04	Aktien Technologie Welt	+14,6%	+14,3%
05	Aktien Asien Pazifik ohne Japan	+13,7%	+9,1%
06	Mischfonds Global dynamisch	+13,3%	+12,0%
07	Anleihen US-Dollar	+12,6%	+6,4%
08	Aktien Goldminen	+12,5%	-6,7%

09	Aktien Japan Nebenwerte	+11,6%	+10,8%
10	Aktien Emerging Markets	+11,5%	+6,2%
11	Aktien Nachhaltigkeit/Ethik Welt	+10,1%	+9,5%
12	Aktien Telemedien Welt	+9,8%	+13,5%
13	Aktien Welt	+9,6%	+9,8%
14	Anleihen Globale Währungen	+9,0%	+5,0%
15	Aktien Greater China	+8,4%	+6,8%
16	Aktien Lateinamerika	+8,3%	+3,1%

Quellen: *Handelsblatt*, Nr. 202, 21. Oktober 2014, Feri Eurorating

Konzentrieren Sie sich auf Themenfonds mit niedrigen Gebühren

Bei den über 700 globalen Aktienfonds schwanken die im Schnitt mit 1,94% angesetzten jährlichen Gebühren zwischen 0,8% und 2,7%. Hohe Kosten vermindern die Rendite für Sie empfindlich. In einem Jahrzehnt sind es bis zu 27%, in 20 Jahren evtl. über 50%. Das alles geht von Ihrem Gewinn verloren. Noch ungünstiger sieht es bei den über 400 globalen Mischfonds aus, die neben Aktien in Anleihen und sonstige Produkte investieren. Hier werden Gebühren zwischen 0,8% und 3,1% erhoben. Verständlich, dass der Gewinn empfindlich hinterherhinkt. Denken Sie daran: Kosten fressen Rendite! Je geringer die Gebühren, umso größer die Chance auf ein langfristig ansehnliches Plus!

Top 10 großer Fondshäuser mit Rangliste guter Produkte 2014

Rang	Fondshaus/Anbieter	Gute Fonds	Quote	Alle Fonds
01	Comstage	17	63,0%	27
02	Aberdeen Asset Managem.	17	60,7%	28
03	Fidelity	35	58,3%	60
04	Invesco	34	57,6%	59
05	Threadneedle	28	57,6%	50
06	Franklin Templeton	30	50,0%	60
07	JP Morgen Asset Manag.	33	49,3%	67
08	Axa Investment Managers	27	48,2%	56
09	Legg Mason	13	48,1%	27
10	Union Investment	36	46,8%	77

Quelle: *Handelsblatt*, Nr. 142 vom 28. Juli 2014; Ferie Eurorating

- **Mutige Anleger wurden im ersten Halbjahr 2014 belohnt, wenn sie in Themenfonds mit dem Schwerpunkt Aktien Goldminen (+13,6%), Aktien Euroland Nebenwerte (+7,0%), Aktien Europa Nebenwerte (+5,2%) oder Aktien Gesundheit weltweit (+5,2%) anlegten.** Aktienfonds rangierten deutlich vor Anleihenfonds. Gelitten hatten in der letzter Zeit die Schwellenländer.

- **Wie die folgende Aufstellung zeigt, filterten für die Feri Eurorating Awards 2015 die Experten aus 5400 Fonds von über 250 Anbietern die besten Produkte und Manager in 12 Kategorien heraus.** Ich bilde die jeweils drei Bestplatzierten im Bereich Aktien- und Mischfonds ab, ausgehend von der Kursentwicklung in einem Jahr. Für den Award-Sieg zählten zu 70% das fünf-Jahres-Rating und zu 30% die Ein-Jahres-Performance bis November 2014.

Blick auf die Strategie der Besten in mehreren Sektoren: 2014

Rang	Aktiensektor	Fondshaus bzw. Produkt	1 Jahr	5 J. p. a.
❶	**Aktien Deutschland:** *„Starke Analyse“*	DWS Aktien Strategie (976 986)	**4,90%**	16,01%
❷		Concentra (847 500)	**3,07%**	12,68%
❸		DWS German Equities (847 428)	**2,59%**	13,00%
Award-Sieger Henning Gebhard: DWS Aktien Strategie Deutschland; „hohe Rendite“ – Lieblingswerte: United Internet und Tui				
❶	**Aktien Europa:** *„Streng modelliert”*	Invesco Pan European (973 788)	**12,75%**	14,61%
❷		Henderson Gartmore (A0D NFA)	**12,25%**	12,67%
❸		JPM Europe Equity (A0M N0F)	**11,20%**	16,53%
Award-Sieger Fralkin/Paarmann: Invesco Pan European Struktured; „800 Aktien im Blick“ – große Fondstitel: HSBC, Total und Sanofi				
❶	**Aktien Global:** *„Günstig einkaufen”*	JOHCM Global Sel. (A0B LYW)	**23,25%**	18,13%
❷		Goldman Sachs Glob. (A0M KJP)	**22,05%**	15,59%
❸		SEB Fund 1 – Global (A0F 42N)	**21,84%**	15,47%
Award-Sieger Michael Bretscher: Swisscanto Equity Fund Selection; „Qualität geht vor“ – große Titel: Apple, Microsoft, Exxon Mobil				
❶	**Aktien Schwellenländer:** *„Fokus Indien”*	Templeton Emerg. M. (872 604)	**25,57%**	12,53%
❷		Amundi Fds Equity E. (A0N E3R)	**14,89%**	9,31%
❸		Carmignac Pfl Emerg. (A0H 0V7)	**13,07%**	9,31%
Award-Sieger Mark Mobius: Templeon Emerging Markets Smaller Companies; „50 Jahre Erfahrung“ – große Titel: Bajaj, Redington				

❶	**Aktien Nordamerika:** *„Wachstum zählt“*	Pioneer Fund US Fundamental	**26,60%**	20,83%
❷		Goldman Sachs Core Equity	**26,30%**	19,26%
❸		Intechius Core	**25,92%**	19,73%
Award-Sieger Andrew Acheson: Pioneer Fund US Fundamental Growth; große Titel: Apple, Microsoft, Google, Gilead, Mastercard				
❶	**Aktien Japan:** *„Langer Atem“*	M&G Japan (797 947)	**12,65%**	11,92%
❷		Aberdeen Global Jap. (A11 2JK)	**12,50%**	13,17%
❸		Julius Baer EF Jap. (A0M NQD)	**9,40%**	10,40%
Award-Sieger Kwok Chern-Yeh: Aberdeen Global Japanese Equity; „nur wenige Titel“ – Lieblingsaktie: Shin-Etsu Chemical				
❶	**Aktien Mittel-/ Osteuropa:** *„Politische Börsen“*	Renasset Ottoman (A0H 0QP)	**-6,72%**	+5,82%
❷		Schroder ISF Emerg. (933 675)	**-10,4%**	+6,14%
❸		DWS Osteuropa (974 527)	**-13,4%**	+1,64%
Award-Sieger Conway/Wilson: Schroder ISF Emerging Europe; „erfolgreich in einem schwierigen Umfeld“ – 45% Russlandaktien				
❶	**Aktien Asien Pazifik (ohne Japan):** *„Auf Perlensuche“*	HSBC GIF Asia Ex Ja. (988 048)	**30,50%**	18,55%
❷		Templeton Asian S. (A0R AKQ)	**23,39%**	19,63%
❸		Vontobel Fund Far E. (987 183)	**22,68%**	14,57%
Award-Sieger Tulloch/Jones: First State Asia Pacific Leaders; „hohe Rendite, geringe Volatilität“ – größter Titel: Taiwan Semiconductor				
❶	**Firmenanleihen hoher Qualität:** *„Risiken meiden“*	M&G Corporate Bond (157 024)	**14,38%**	10,52%
❷		Fidelity Funds – Euro (973 275)	**8,03%**	6,87%
❸		UniEuroRenta Corpor.(940 637)	**7,75%**	7,02%
Award-Sieger Stephan Ertz: Uni Eurorenta Corporates; „keine Pleite-Kandidaten“ – Firmen aus Frankreich, Holland, USA, Deutschland				
❶	**Mischfonds:** *„Flexibler Ansatz“*	DWS Multi Opportunities	**14,92%**	8,75%
❷		Flossbach v. Storch M. (A0M 430)	**10,64%**	8,84%
❸		Fidelity Funds FPS Moderate	**9,72%**	8,46%
Award-Sieger Bert Flossbach: Flossbach von Storch Multiple Opportunities; „Aktien bevorzugt“ – große Titel: Nestle, Unilever, Petsmart				
Das beste Aktienhaus: Jan-Peter Dolff, Comgest. Der Fondsmanager punktet mit einer präzisen Aktienauswahl und stützt sich auf ein erfahrenes Team.				
Quelle: *Handelsblatt* Nr. 228 vom 26. November 2014, Award Feri Eurorating				

5.2 Aktien-Wandelanleihen: Alternative für Könner

Zwischen 2006, noch vor dem Ausbruch der Finanz- und Weltwirtschaftskrise 2008/2009, und Ende 2012 zogen die Anleger netto 400 Mrd. Dollar aus dem Aktienmarkt ab, um vor allem in Anleihen mit einem Anstieg von fast 1,5 Billionen Dollar umzuschichten.

Diese Marschroute, geprägt auch von der Hausse bei Mittelstandsanleihen, lautete bis Ende 2012: *„Raus aus den risikobehafteten Aktien – rein in sichere Anleihen!"* Ab Anfang 2013 drehte dieser Trend. Die Amerikaner zogen von Januar bis Oktober 2013 rund 31 Mrd. Dollar aus Anleihefonds ab und investierten dafür 172 Mrd. Dollar in Aktienfonds. Die FIDUKA-Vermögensverwaltung in München meint dazu: „Die Rotation von Anleihen in Aktien steht erst an ihrem Anfang." Wie sehr erst am Anfang und dem Anlegerverhalten in den USA hinterherhinkend, davon zeugt die Tatsache, dass deutsche Anleger bis September 2013 für 3,8 Mrd. € Aktienfonds verkauften, aber 9,2 Mrd. € in Anleihefonds steckten.

Sicherlich spielt die Angst vor scharfer Korrektur und Crash mit. Aktien sind zwar großteils attraktiv bewertet; aber es besteht bei der vermutlich noch anhaltenden Niedrigzinspolitik noch Nachholbedarf. Schließlich horten die Bundesbürger mehr als 5 Billionen € Geldvermögen, das schleichend aufgezehrt wird.

- Die vor Jahresfrist so beliebten Mittelstandsanleihen sind nur dann halbwegs sicher, wenn es sich um nachhaltig und erfolgreich wirtschaftende Firmen handelt. Hier liegt der Zinskupon bei 3% bis 5%. Alles, was über 7% liegt, ist hochspekulativ – vergleichbar mit Zockeraktien im Penny-Stock-Bereich.

- Sicherlich sind Sie schon öfters auf die Begriffe Aktien-, Wandel-, Hochzins-, Unternehmens- und Staatsanleihen gestoßen, vielleicht darüber auch gestolpert. Immer handelt es sich um Schuldverschreibungen. Der Zinssatz hängt vorrangig von der Strategie der Notenbanken ab.

Die von Großbanken ausgegebenen Aktienanleihen: Der Emittent bestimmt die Auszahlungsform

Die meist von Großbanken ausgegebenen Aktienanleihen sind an die Kursentwicklung einer Aktie gekoppelt. Sie besitzen wie andere Schuldverschreibungen einen Kupon mit garantierter Zinszahlung. Der Emittent hat zum Laufzeitende die Wahl, den Nominalbetrag plus Zinsen oder eine zuvor festgelegte Anzahl von Aktien plus Zinsen auszuzahlen. Bei einem Kursabsturz liefert die Bank immer die Aktien. Da ist der Zinskupon nur ein kleines Trostpflaster.

Aktienanleihen bieten in stagnierenden Märkten eine attraktive Verzinsung. Der hohe Zinskupon rechnet sich umso mehr, wenn der Pauschalbetrag für die Besteuerung von Zinserträgen sonst nicht voll ausgeschöpft wird. Im Bullenmarkt kommen Sie mit Aktienanleihen schlechter weg als beim Kauf von Einzelaktien, zumal neben dem Kursgewinn oft eine ansehnliche Dividende winkt. Außerdem können Sie unabhängig von Laufzeiten reagieren. Schlecht sind Aktienanleihen beim Crash. Dann ist die Bank der strahlende Sieger; denn Sie müssen – wie vereinbart – die abgestürzten Aktien annehmen. Bei vorzeitigem Verkauf entfällt der Zinskupon.

Aktienanleihen: hohe Zinsen, aber Aktienannahme bei Absturz

Der Anleger als Sieger	Der Anleger als Verlierer
Der Aktienkurs notiert am Fälligkeitstag nur wenig über oder knapp unter dem Basispreis. Der hohe Zins zahlt sich aus.	Die angedienten Aktien sind im Kurs stark gefallen. Der hohe Zinskupon kann den großen Verlust nicht auszugleichen.
Der Kurs der angedienten Aktien liegt knapp unter dem Basispreis; aber der Titel erholt sich rasch und steigt danach.	Bei starkem Kursanstieg wäre ein direktes Investment in Aktien günstiger, umso mehr bei üppiger Dividendenzahlung.

Wandelanleihen: Sie bestimmen Auszahlung in Geld oder Aktien

Neben Aktienanleihen mit Hochzinskupon gibt es die von den Unternehmen begebenen klassischen Wandelanleihen mit Niedrigzinskupon. Hier bestimmen Sie innerhalb einer vorgegebenen Frist, ob Sie die Wandelschuldverschreibung bar ausgezahlt wünschen oder eine im Vorfeld vereinbarte Aktienanzahl vorziehen. Der Ausgabekurs liegt über dem aktuellen Preis. Das Anlagerisiko ist trotz guter Chancen gering, wenn die Rating-Einstufung hoch ist, also im A-Bereich liegt. Wandelanleihen schneiden gelegentlich besser ab als Dividendenpapiere. Am Aktienmarkt drohen im Crash weitaus höhere Verluste als bei Wandelanleihen, **Convertibles** genannt. **Ausnahme:** Es kommt zur Insolvenz des Emittenten wie bei LEHMAN BROTHERS. Sie sind Nutznießer, wenn die Aktien so stark steigen, dass Sie bei Wandlung weniger bezahlen, als wenn Sie den Titel an der Börse kaufen.

Firmenanleihen: extrem hoher Zinssatz – niedrige Bonität

Großkonzerne und Mittelständler nutzen gern diese Finanzierungsform, um sich Fremdkapital zu beschaffen. Firmenanleihen sind nicht durch zusätzliche Sicherheiten unterlegt. Die Bonität ist durch das Rating einschätzbar. Ein Bond mit erstklassigem A-Rating bietet weniger Rendite als beim „Ramsch-Status“ C. Die Laufzeit beträgt mehrere Jahre. Der Boom bei Mittelstandsanleihen scheint vorbei; Hiobsbotschaften häufen sich wegen Insolvenzgefahr. Der hohe Zinssatz von über 6 bis zu 9% verführte zur Gier. Vorsichtiges Handeln wurde ausgebremst. Zu den jüngsten Opfern zählt der Online-Versandhändler GETGOODS, dessen Logo die Trikots der deutschen Handballnationalmannschaft zierte. Kurz davor hatten der Abfallverwerter FFK und der Personaldienstleister HKW Insolvenz beantragt.

Mittelstandsfalle: Allein 2014 endeten durch Insolvenz Firmenanleihen nahe dem Totalverlust: ZAMEK (Februar 2014: -94%), **RENA GMBH** I + II (März 2014: -87%), **MOX TELECOM** (Juni 2014: -89%), **MIFA** (September 2014: -88%).

Staatsanleihen: Zinssatz hängt von Rating und Laufzeit ab

Sie können zwischen in- und ausländischen Staatsanleihen wählen, die eine kurze, mittlere oder lange Laufzeit haben. Sie sollten nur Staatsanleihen mit guter Bonität, also den Rating-Stufen AAA+, AA oder A1 auswählen. Je niedriger die Rating-Stufe ist, desto höher ist zwar der Zinskupon, aber ebenso das Risiko. Möglicherweise erfolgen Rück- und Zinszahlung überhaupt nicht oder mit Abstrichen, wie erneut bei argentinischen und vor einigen Jahren bei griechischen Staatsanleihen. Deutsche Bundesanleihen haben die höchste Rating-Stufe AAA und gelten als sicher. Das Totalverlustrisiko scheint ausgeschlossen. Aber die Verzinsung ist extrem niedrig und unattraktiv – schwankend zwischen 0% und etwas über 1%.

Wandelanleihen-Fonds sorgen für Sicherheit in Börsenkrisen

Anfang August 2014 hatte der DAX von seinem Allzeithoch rund 1000 Punkte eingebüßt – ein Minus von rund 10%. Beim Blick auf die Kursentwicklung der folgenden fünf Wandelanleihen-Fonds kommt insbesondere bei sicherheitsbewussten Anlegern Freude auf. Alle fünf Convertible-Fonds notierten am 1. August 2014 nahe dem Allzeithoch. Gute internationale Fonds für Wandelanleihen springen bezüglich Performance zwar nie durch die Decke, erzielen aber verlässliche Renditen, die nicht durch allzu hohe Gebühren geschmälert werden.

Interessante Wandelanleihen-Fonds rund um den Globus: 2014				
Name/Fondshaus	**WKN**	**Rend. 1 J.**	**3 J. p. a.**	**Gebühr 1 J.**
Convertible Global Divers.	A0M 999	13,23%	6,07%	0,13%
Pioneer Inv Glob. Conver.	848 495	11,39%	5,47%	0,80%
Oaktree Funds-Gl Cnvt Bd	A1J 865	9,72%	5,20%	1,20%
Schroder ISF Glbl Conv.	A0N FJ1	10,93%	5,03%	1,25%
F&C Global Convertible	801 625	9,31%	4,77%	1,00%
Quelle: *Morningstar*, Stand: 3. Januar 2014; „Capital Wirtschaft ist Gesellschaft"				

Es gibt drei Faktoren, die dafür sprechen, dass Wandelanleihen weiteren Rückenwind bekommen: Die Aktien von substanzstarken, nachhaltig wirtschaftenden Marktführern sollten sich auch künftig aufwärts entwickeln. Die Zahl der Firmenfusionen und Übernahmen stieg 2013 und erst recht 2014 stark an und dürfte den Zenit trotz Boomphase noch nicht erreicht haben. Zunehmend entscheiden sich börsennotierte Unternehmen eher für Wandelanleihen als die von der Krise heimgesuchten Mittelstandsanleihen.

Experten halten insbesondere den asiatischen Convertibles-Markt für interessant. Dazu meint David **Basile,** Wandelanleihenspezialist beim Vermögensverwalter RWC: „Asiatische Aktien haben über die vergangenen zehn Jahre wesentlich besser abgeschnitten als globale Aktien. Das erklärt zum Teil die Outperformance von asiatischen gegenüber globalen Wandelanleihen." Dafür spricht auch, dass sich der führende britische Fondsanbieter Schroders im Dezember 2013 ein eigenes Spezialistenteam ins Haus holte und bereits 1,2 Mrd. Dollar verwaltet. Zuvor arbeitete Schroders mit dem Schweizer Vermögensverwalter Fisch Asset bei Convertibles zusammen.

- **Das Umwandeln zu dem im Voraus festgelegten Preis in Aktien lohnt sich, wenn der Aktienkurs danach über dem Wandlungspreis notiert.**

5.3 Die ETF-Vorteile beherzt nutzen

Beispiel: Ein Porsche rast auf der linken Spur mit 300 Sachen über die Autobahn. Der Fahrer will es dem Audi rechts von ihm zeigen und als Erster am Ziel sein. Geht alles gut, schafft er es. Aber vielleicht landet er mit Motorschaden im Graben, stößt gegen die Leitplanke oder wird von der Polizei wegen zu hohen Tempos angehalten. Der Audilenker erreicht mit ruhiger Fahrweise in erlaubter Geschwindigkeit sein Ziel, möglicherweise vor dem Porsche.

Es bietet sich der Vergleich zwischen Aktien- und Indexfonds mit dem Kürzel ETF (Exchange Traded Funds) an. Nicht zuletzt wegen der alljährlichen Verwaltungsgebühr von durchschnittlich fast 2% sind nur einige Themen-Aktienfonds besser als der Vergleichsindex, die Benchmark. Ist es da nicht vernünftig, den börsengehandelten Indexfonds zu wählen, für den kein Ausgabeaufschlag anfällt und die Verwaltungsgebühr mit 0,4% im Schnitt viel geringer ist?

Endlich erkennen auch Privatanleger die Vorteile der passiv gemanagten preiswerten börsengehandelten Indexfonds. Dies geschieht zum Leidwesen der Banken, die an aktiv gemanagten Aktienfonds mehr verdienen. Vielleicht erinnern Sie sich: Zur Jahrtausendwende startete der ETF-Handel an der Deutschen Börse in Frankfurt mit nur zwei Produkten. Ende 2000 gab es europaweit erst sechs Indexfonds. Der Umfang europäischer Indexfonds (ETFs) hat sich dank Transparenz, niedriger Gebühren, Liquidität und regen Handels binnen drei Jahren gegenüber 2010 mehr als verdoppelt. 2013 waren es 259 Mrd. €, 2014 schon 357 Mrd. €. Für 2015 wird ein rasanter Anstieg um 15 bis 20% erwartet.

Der anfangs klar und einfach strukturierte ETF-Markt mutiert – wie zuvor der Zertifikatesektor – zum unübersichtlichen, komplizierten, mit Begriffswirrwarr verbundenen Multiproduktmarkt. Gegenüber dem Originalindex werden die Gewichtung verändert, der ETF nach Dividendenhöhe ausgerichtet, auf steigende (Long) oder fallende Kurse (Short) gesetzt, eine ausschüttende oder anlegende Form (thesaurierend) angeboten bzw. Währungsrisiken zwischen Euro und Dollar (Quanto) beseitigt. Gratis gibt es den Service verständlicherweise nicht.

Kampf um Privatkunden mit ETFs zu geringen Gebühren

Top-Anbieter von ETFs in Europa	Vermögen April 2014	Top-Anbieter von ETFs in Europa	Vermögen April 2014
Blackrock	152,9 Mrd. €	UBS	13,7 Mrd. €
Deutsche Bank	37,3 Mrd. €	Amundi	12,5 Mrd. €
Lyxor	34,2 Mrd. €	Source	11,3 Mrd. €

Manager Michael Grüner, der das deutsche ETF-Geschäft für Weltmarktführer **BLACKROCK** steuert, berichtet: „Immer mehr Investoren wollen die Instrumente nicht nur für das Trading, sondern auch für die langfristige Anlage nutzen. – Bei langfristiger Anlage ist es wichtig, dass die Kosten über die Zeit nicht zu viel an Rendite wegnehmen. – Wenn sich in Europa der Markt in 5 Jahren auf 660 Mrd. € verdoppelt, könnte auch hier etwa die Hälfte auf Privatleute entfallen." Damit dies klappt, hat BLACKROCK für Deutschland ein Basisangebot von 10 Produkten gebildet und die Gebühren um die Hälfte auf 0,20% pro Jahr gesenkt.

ETFs verstehen sich als preiswerte Alternative zum Kauf von Einzelaktien und folgen der Wertentwicklung eines Index. Da sie als Sondervermögen geführt werden, entfällt das Emittentenrisiko. Mit einer einzigen Transaktion können Sie alle im Index gelisteten Werte erwerben. So lassen sich mit wenigen ETFs alle wichtigen Märkte preiswert abdecken. Dies ist vor allem interessant, wenn es Ihnen an Zeit und Geld mangelt, mit Einzelaktien breit zu streuen. Die umseitige Auflistung zeigt meinen ETF-Vorschlag zur Orientierung für eine Langfristanlage.

Worin unterscheiden sich aktiv und passiv gemanagte ETFs?

Bei aktiv gemanagten ETFs entscheiden Expertenteams über die Zusammensetzung. Bei passiv gemanagten Indexfonds gibt es keinen Auswahlprozess. Hier ist das Portfolio stets ein exakter Nachbau vom Index im Verhältnis 1:1. Ein passiv gemanagter Indexfonds schneidet nie besser, aber auch nicht schlechter als die Benchmark ab. Bei einem aktiv gemanagten ETF lässt sich durch strategische Veränderungen die Rendite steigern. Die Fondsmanager gewichten einzelne Titel gegenüber dem Vergleichsindex höher oder tiefer bzw. berücksichtigen nur die besten Aktien. Allerdings verwischen sich dadurch die Grenzen gegenüber Aktienfonds. Muss das sein? Warum nicht ETFs passiv und Aktienfonds aktiv?

Indexfonds (ETFs) im Vergleich zu anderen Anlageformen

Beurteilungsfaktor	Indexfonds/ETF	Indexzertifikate	Einzelaktien	Aktienfonds	Anleihen
Risikostreuung	Hoch	Hoch	Nein	Hoch	Nein
Abweichung Benchmark	Gering	Gering	Hoch	Positiv/ negativ	Hoch
Dividende	Ja, oft	Meist nein	Ja, oft	Ja, oft	Zinsen
Kosten bei Kauf/Verkauf	Geringe Ordergebühr	Ordergebühr	Ordergebühr	Ausgabeaufschlag	Ordergebühr
Managementgebühr	Minimal, 0,1 – 0,7%	Ja/Nein	Nein	Ja, 1,5 bis 2,5%	Nein

Eine ETF/ETC-Auswahl für globale Marktabdeckung					
Index/ Märkte	**Name Emittent**	**WKN**	**01.12. 2014**	**Hoch/Tief 52 Wochen**	**Entwicklg. 1 und 3 J.**
Asian/Pac.	DJ Asia/Pac. Sel Div.	A0J 203	244 €	245/151 €	**+1/+31%**
Biotech	iShares Nasd. Bio	657 791	**243 €**	**243**/155 €	**+61%**/k. A.
BRIC	Market Acc. DAX	A0M U3U	43,0 €	47,0/33,5 €	**+7/+10%**
DAX	iShares DAX	593 393	88,5 €	89,5/74,2 €	**+6/+69%**
DivDAX	iShares DivDAX	263 527	15,5 €	16,1/12,9 €	**+6%/+64%**
DivEU	iShares DJ Euro St	263 528	18,1 €	19,3/15,4 €	**+9/+30%**
DivEuropa	iShares DJ Stoxx S.	263 529	15,7 €	16,7/13,8 €	**+9/+22%**
Edelmetall	ETFS Physical PM	A0N 62**H**	72,5 €	80,0/69,5 €	**+2/-25%**
Em. Markets	db X MSCI Em. M.	DBX 1EM	31,3 €	33,7/26,0 €	**+20/+24%**
Gold, ETC	ETFS Metal Gold	A0N 62**G**	91,5 €	97,2/85,0 €	**+4%/-27%**
Japan	MSCI Japan ETF	DBX 1MJ	37,0 €	38,2/30,5 €	**+7/+44%**
MDAX	iShares MDAX	593 392	152 €	154/128 €	**+3/+93%**
Mid Europa	iShares Stoxx Mid	593 399	36,4 €	38,1/31,4 €	**+8/+64%**
Minen-Index	RBS Market Acess	A0MMBG	55,4 €	78,9/49,8 €	**-12/-67%**
MSCI World	db X-Track. MSCI	DBX1MW	36,4 €	36,8/29,6 €	**+19/+74%**
Nasdaq 100	iShares Nasd. 100	A0F 5UF	**34,8 €**	**34,8**/24,9 €	**+35/+107%**
Öl & GAS	iShares DJ St. 600	A0H 08M	29,7 €	38,8/29,0 €	**-12/-6%**
Palladium	ETFS Metal Pallad.	A0N 62**E**	61,1 €	66,9/49,0 €	**+23/+45%**
Platin, ETC	ETFS Metal Platin	A0N 62**D**	93,3 €	108/91,1 €	**-3/-17%**
Rohstoffe	Jim Rogers Intern.	A0J K68	21,8 €	25,4/21,8 €	**-6/-15%**
Russland	db X MSCI Russia	DBX 1RC	16,5 €	22,4/15,6 €	**-25/-23%**
Silber, ETC	ETFS Metal Silber	A0N 62**F**	12,1 €	15,6/11,7 €	**-13/-48%**
Skandinav.	Amundi ETF Nordic	A0R EJU	296 €	302/252 €	**+12/+69%**
Small Europa	iShares St. Small	A0D 8QZ	22,7 €	24,7/19,8 €	**+3/+55%**
S&P 500	iShares S&P 500 U	622 391	16,4 €	16,7/16,2 €	keine Angabe
Südamerika	Lyxor ETF MSCI	LYX 0B0	25,1 €	29,8/21,0 €	**+3%/-3%**
Taiwan	MSCI Taiwan C-€	LYX 0CT	**9,50 €**	**9,50**/7,30 €	**+23/+47%**
Türkei	DJ Turkey Titans	LYX 0AK	54,4 €	55,0/33,1 €	**+18/+56%**
Wasser	Lyxor ETF World	LYX 0CA	**27,7 €**	**27,7**/21,6 €	**+21/+69%**
XETRA Gold	XETRA Gold	A0S 9GB	30,4 €	32,1/28,1 €	**+4/-25%**

⑥ Aktiensteuerrecht: unangenehm, aber wichtig

6.1 Aufgepasst: Alt- und Neubestand in getrennten Depots

Schon 2015!

Sie befinden sich beim Lesen dieses Kapitels frühestens im Jahr 2015. Dennoch sollten Sie den kurzen Rückblick ab 2008 nicht ignorieren. Es geht nicht darum, verpassten Chancen nachzutrauern und sich mit Blick auf das geltende Steuerrecht eine falsche Strategie vorzuwerfen. Es gilt, die Weichen jetzt richtig zu stellen.

Rückblick 2008!

2008 zählt zu den schlechtesten Jahren der Börsengeschichte mit Großchancen für entschlossene Börsianer, die Gunst der Stunde mit dem Aufbau eines steuerfreien Aktienaltbestands zu nutzen. Der Crash, entfacht durch einen die Gesamtwirtschaft heimsuchenden Flächenbrand, wurde zum Glücksbringer für Mutige. Auslöser war die sich zum Finanzdesaster ausweitende Subprimekrise in den USA. Begleiterscheinungen waren ein zunächst extrem starker Euro und ein explodierender, danach abstürzender Ölpreis. Eine anfangs hohe Inflationsrate, abgelöst von Deflationsfurcht. Drehen an der Zinsschraube, staatliche Konjunkturprogramme und Rettungsschirme. Abschied vom Wirtschaftswachstum und eine sich auftürmende Überschuldungsfalle. Weltwirtschaft im Würgegriff heißt vor allem: Vertrauensverlust, Auftragsrückgang, Kreditklemme, Investitionsstopp, Gewinnrückgang, Massenentlassungen, Zahlungsprobleme bis hin zur Pleite. Dies ist die Rezeptur für einen Bärenmarkt – befeuert durch Russland-Sanktionen! Aber gerade deshalb: Trennen Sie sich in angespannter Marktlage nicht von Ihren Qualitätsaktien! Koppeln Sie sich vom Herdentrieb ab! Gab es eine bessere Gelegenheit, als sich vor 2009 einen steuerfreien Altbestand an Aktien, ETFs und Aktienfonds aufzubauen? Im Nachhinein taugte die Zeit vor 2009 als Zauberformel für nachhaltigen Börsenerfolg. Seit Januar 2009 greift die Abgeltungsteuer von 25% plus Solidaritätszuschlag und evtl. Kirchensteuer unerbittlich zu. Nur mit Ihrem Altbestand entgehen Sie dem Würgegriff des Finanzamtes.

Den Altbestand vom Neubestand ab 2009 im Depot trennen

Keinesfalls sollten Sie Ihren steuerfreien Altbestand an Standardaktien, ETFs und guten Aktienfonds voreilig verkaufen. Vor allem lassen Sie sich nicht unüberlegt ausstoppen. Beim Verkauf gilt: „First in – first out!“ Immer werden die zuerst gekauften Aktien, ETFs und Aktienfonds veräußert.

Falls noch nicht geschehen, ist es höchste Zeit, sich ein Zweitdepot bei Ihrer Hausbank oder einem Discountbroker anzulegen. Bekommen Sie statt der üblichen Dividende eine steuerfreie Ertragsgutschrift ausbezahlt, so müssen Sie nicht befürchten, dass das Finanzamt beim Altbestand zugreift. Die hohe Ausschüttung bleibt – wie bei TELEKOM oder FREENET – steuerfrei.

6.2 Was bedeutet steuerfreier Ertrag?

Die steuerfreie Ausschüttung gilt als Rückzahlung des Eigenkapitals an die Aktionäre – und nicht als Gewinnausschüttung. Eigenkapitalrückzahlungen sind nach geltendem Recht steuerfrei. Geregelt ist die Steuerfreiheit von Dividenden in § 20 des Einkommensteuergesetzes. Ihre Bank kennzeichnet die Ertragsgutschrift mit Hinweis auf § 27 KStG. Einen Wertmutstropfen gibt es jedoch im Neubestand seit 2009. Dauerhaft von der Abgeltungsteuer verschont bleibt nur die Ertragsgutschrift im Altbestand. Ansonsten gilt die Dividende als „steuerverstrickt". Sie mindert zumindest für das Finanzamt den Einstandspreis, sodass beim späteren Verkauf möglicherweise eine höhere Steuerbelastung anfällt.

Solange Sie nicht verkaufen, muss Sie dies nicht stören. Wenn Sie eine Aktie jahrzehntelang halten, ist es nicht sicher, ob und in welchem Umfang das Finanzamt zugreift. Gehen Sie nicht davon aus, dass die Steuerfreiheit für alle Zeiten anhält. Sobald Sie erleben, dass die Gesellschaft nur einen Teil als Ertragsgutschrift ausschüttet, dürfte dieser Vorteil nicht von Dauer sein. Umgekehrt ist es möglich, dass Sie sich hier und da erstmals über eine steuerfreie Dividende freuen können.

Auswahl deutscher Indexaktien mit steuerfreier Dividende					
Aktien mit Ertragsgutschrift	**Aktien-index**	**WKN**	**Kurs am 30.12.14**	**Gutschr. 2014**	**Divid.-Rendite**
Alstria Office R.	SDAX	A0L D2U	10,30 €	0,50 €	4,9%
Dt. Euroshop	MDAX	748 020	36,20 €	1,30 €	3,6%
Deutsche Post	DAX	555 200	27,05 €	0,85 €	3,1%
Deutsche Telekom	DAX	A11 Q18	13,25 €	0,50 €	3,5%
Deutz	SDAX	630 500	4,00 €	0,07 €	1,8%
Drillisch	TecDAX	554 550	29,60 €	1,60 €	5,4%
Freenet	TecDAX	A0Z 2ZZ	23,70 €	1,50 €	6,3%
GEA Group	MDAX	660 200	36,60 €	0,70 €	1,9%
Infineon	DAX	623 100	8,85 €	0,18 €	2,0%
LEG Immobilien	MDAX	LEG 111	62,00 €	1,90 €	3,1%

Aktien mit Ertragsgutschrift	Aktien-index	WKN	Kurs am 30.12.14	Gutschr. 2014	Divid.-Rendite
ProSiebenSAT.1	MDAX	PSM 777	34,85 €	1,60 €	4,6%
QSC	TecDAX	513 700	1,75 €	0,10 €	5,7%
Schaltbau Holding	SDAX	717 030	42,05 €	1,00 €	2,4%
TAG Immobilien	MDAX	830 350	9,60 €	0,50 €	4,9%
Telefonica Deutschl.	TecDAX	A1J 5RX	4,40 €	0,24 €	5,5%
Deutsche Aktien außerhalb der Indizes mit Ertragsgutschrift					
Aktien mit hoher Dividende	**WKN**	**Kurs am 02.01.15**	**52 Wo.-Hoch/-Tief**	**Gutschr. 2014**	**Divid.-Rendite**
DEAG	A0Z 23G	6,90 €	7,40/4,02 €	0,12 €	1,2%
Ehlebracht	564 910	3,75 €	4,50/3,00 €	0,10 €	2,7%
Going Public M.	761 210	3,05 €	3,60/2,75 €	0,15 €	5,0%
Mensch & Masch.	658 080	6,45 €	6,50/5,10 €	0,20 €	3,1%
SYZYGY	510 480	6,40 €	6,55/5,00 €	0,28 €	4,4%
UMS UTD Med.	549 365	10,25 €	12,50/8,75 €	0,55 €	5,4%
Viscom	784 686	11,25 €	17,85/8,90 €	0,60 €	5,3%

6.3 Dies und das: Verschiedenes

Seien Sie sich bewusst, was Geld im Gehirn anrichtet

Fallbeispiel: Neurowissenschaftler, Ökonomen und Psychologen interessiert, was in den Köpfen derer vor sich geht, die Geld einnehmen, anlegen und ausgeben. Laut Börsenpsychologie mit ihrem Zweig Behavioral Finance handeln viele Menschen unvernünftig, also irrational. Es ist die Aussicht auf Geldgewinn, die das Belohnungsnetzwerk im Gehirn stimuliert. Je höher die Summe ist, umso stärker werden die Nervenzellen angeregt. Mag dies genetisch bedingt sein oder auf den Umwelteinflüssen Sozialisation und Erziehung beruhen: Die Geldgier wird stärker im Gehirn verankert als das Geld selbst. Je mehr es zu holen gibt, desto größer ist die Gier. Sind die Geldscheine eingesammelt, übernehmen höher entwickelte Hirnregionen wie die Vernunft das Zepter. So ist es bis zu einem gewissen Grade erklärbar, warum selbst Millionäre und Milliardäre nicht vor unredlicher Geldvermehrung zurückschrecken. Denken Sie an den verbotenen Insiderhandel, an Betrug mit Schneeballsystemen, an riesige Steuerhinterziehungen. Ist Gier im Spiel, hilft es, zu wissen, dass es anderen Anlegern ebenso geht, Sie aber stark genug sind, Ihre finanzielle Grundlage nicht zu gefährden. Etwas Spielgeld zum Spekulieren: Ja! Große Summen: Nein!

Was bedeutet Social Trading? Zu den Chancen und Risiken

Die Idee der neuartigen Mitmachfonds zielt darauf ab, die „Weisheit der Vielen" zu nutzen. Dabei stellt sich jedoch die Frage, ob zahlreiche Privatanleger mit sehr unterschiedlichen Marktkenntnissen tatsächlich bessere Kauf- und Verkaufsentscheidungen treffen können als darauf spezialisierte Fondsmanager und Anlageexperten. Ich hege da meine Zweifel. Mein Vorbehalt verstärkt sich beim Blick auf die erzielte Performance bzw. Kursentwicklung.

Der von der Starnberger Vermögensverwaltung TOP VERMÖGEN AG im Jahr 2010 ins Leben gerufene Mitmachfonds mit der WKN A0R D5M unter dem Titel „Multi Structure Investor Fonds" erzielte in 12 Monaten ein Kursplus von knapp 7%. Dieser Mitmachfonds, belastet durch Ausgabeaufschlag und Verwaltungsgebühren, konnte bislang die Benchmark, den Weltaktienindex MSCI World, nicht schlagen, sondern zeigt 2014 eine Kursentwicklung vergleichbar mit dem DAX.

Der Fonds von Corvin Schmoller mit dem Titel „International Recomm. Global Growth", WKN A1W Y3Z, setzt auf „kollektive Intelligenz" und verspricht sich davon eine Überrendite gegenüber den von professionellen Managern angebotenen Aktienfonds. Mit einem Kursplus von 4% in einem Jahr steht der Beweis noch an.

Das dritte Social-Trading-Produkt, der H&A sharewise Community-Fonds, WKN HAF X5N, sammelt Aktienempfehlungen der Anlegergemeinde und filtert die besten Tippgeber heraus. Der volatile Fonds entwickelte sich im laufenden Jahr negativ, wird aber nun von der Bad Homburger Vermögensverwaltung FERI betreut.

Einige Tipps für die Zukunft

Kein vorschneller Verkauf Ihrer Altbestände. Steuerfreie Neuinvestments sind nicht mehr möglich. Aber das, was Sie bis 2008 an Altbeständen aufgebaut haben, sollten Sie bei Korrektur und Crash nicht auf den Markt werfen. Während es sonst sinnvoll ist, Verluste frühzeitig zu begrenzen, sollten Sie gegenüber Ihrem Altbestand duldsamer sein, sich im Aussitzen üben und bei schwankungsfreudigen Werten Stoppkurse maßvoll setzen oder ganz darauf verzichten. Lassen Sie sich von kurzfristigen Kurseinbrüchen nicht entmutigen. Neben dem steuerfreien Kursgewinn geht es oft um eine attraktive zweistellige Dividendenrendite. Denken Sie zudem an die sich summierenden Transaktionskosten.

Bei günstigen Kursen Aktien im Neubestand aufstocken. Wenn sich Ihre Aktien langfristig gut entwickeln, so kaufen Sie möglichst zu. Dann fällt es Ihnen leichter, mittels Teilverkauf einen hohen Kursgewinn zu realisieren, damit aus Buchgewinnen echte Erträge werden. Mit dem Geldzufluss lassen sich attraktive Investments finanzieren. Freilich gilt steuerrechtlich die Regelung: „First in – first out!" Die zuerst gekauften Aktien, ETFs oder Aktienfonds werden zuerst verkauft.

Bei Teilverkäufen steuerfreier Altbestände geschickt taktieren. Springt eine Aktie durch die Decke, sollten Sie zumindest so viele Aktien veräußern, dass Sie mit Ihrem Einsatz nicht mehr in die Verlustzone geraten und nach Abzug der Kosten ein Reingewinn übrig bleibt. Dies ist auch psychologisch vorteilhaft. Zählt Ihre Siegeraktie weiterhin zu den Gewinnern, müssen Sie sich nicht ärgern. Sie sitzen ja noch im Boot. Stürzt der Titel dauerhaft ab, trösten Sie sich, dass Sie nicht mehr in die Verlustzone geraten. Haben Sie mehrmals zugekauft, können Sie diese Strategie erfolgreicher Teilverkäufe ein zweites oder drittes Mal wagen.

Transaktionen mit SDAX-Aktie BERTRANDT (WKN 523 280)		
Kauf/Verkauf	**Datum/Preis/Steuerfreiheit**	**Bemerkung**
Kauf: 200 Stück	16.12.2004: 6,30 € (steuerfrei)	Hohe Div.-Rendite
Kauf: 100 Stück	12.12.2008: 17,05 € (steuerfrei)	Splitt 1 : 4 (2008)
Zukauf: 120 Stück	22.06.2009: 9,05 € (steuerpflichtig)	
1. Teilverkauf 40 St. aus Neudepot	Teilverkauf 26.11.2012 zu 101,85 € (Kaufpreis 9,05 € vom 22.06.2009)	Steuerpflichtiger Gewinn 1000%
Zukauf: 12 Stück	10.03.2011: 48,90 € (steuerpflichtig)	
2. Teilverkauf 40 St. aus Neudepot	Teilverkauf 03.06.2014 zu 112,50 € (Kaufpreis 9,05 € vom 22.06.2009)	Steuerpflichtiger Gewinn 1100%
Transaktionen mit der MDAX-Aktie Dürr (WKN 556 520)		
Kauf/Verkauf	**Datum/Preis/Steuerfreiheit**	**Bemerkung**
Kauf: 200 Stück	16.09.2008: 10,30 € (steuerfrei)	Hohe Div.-Rendite
Zukauf: 150 Stück	08.08.2011: 13,10 € (steuerpflichtig)	Splitt 1:2 (2013)
Teilverkauf: 40 Stück Altbestand	Teilverkauf am 25.11.2013 zu 65,90 € (Kaufpreis 10,30 € vom 16.09.2008)	Steuerfreier Gewinn über 500%
Zukauf: 25 Stück	01.08.2014: 55,20 € (steuerpflichtig)	
Transaktionen mit MDAX-Aktie Fuchs Petrol. (WKN 579 043)		
Kauf/Verkauf	**Datum/Preis/Steuerfreiheit**	**Bemerkung**
Kauf: 400 Stück	31.03.2005: 3,80 € (steuerfrei)	Hohe Div.-Rendite
Zukauf: 80 Stück	08.08.2011: 29,25 € (steuerpflichtig)	Mehrere Splitts
Teilverkauf: 40 Stück Neubestand	Teilverkauf am 14.01.2014 zu 73,25 € (Kaufpreis 29,85 € vom 08.08.2011)	Steuerpflichtiger Gewinn 250%
Zukauf nach Splitt: 44 Stück	29.01.2014: 29,50 € (steuerpflichtig): erneuter Splitt im Verhältnis 1:2	Hohe Div.-Rendite

Getrennte Depots für Alt- und Neubestand

Schön, wenn Sie zu den glücklichen Aktionären zählen, die noch einen steuerfreien Altbestand an Qualitätstiteln besitzen – gekauft bis zum Jahresende 2008. Hoffentlich befindet sich Ihr Neubestand seit Januar 2009 nicht im selben Depot. Höchste Zeit, diesen Fehler sofort zu bereinigen und für den Neubestand ein eigenes Depotkonto einzurichten. Verhängnisvoll, wenn Sie dies nicht ganz schnell ändern. Zwangsläufig werden die zuerst gekauften Aktien im selben Depot zuerst veräußert. Welch Jammertal tut sich auf, wenn Ihre steuerfreien Aktien zur Freude des Finanzamtes bald alle weg sind. Die einfachste Lösung: Sie übertragen den neuen Gesamtbetrag umgehend in ein zweites Depot.

Die strategische Neuausrichtung Ihrer Depots seit 2009		
Stichwort/ Erläuterung	**Depot I: steuerfreie Altbestände vor 2009**	**Depot II: steuerpflichtige Neubestände seit 2009**
Vorteil: rasche Orientierung	Guter Überblick durch Abgrenzung. Ein besonderer Ordner für Depot I.	Guter Überblick durch Abgrenzung. Ein zweiter Ordner für alle Neuinvestments.
Depotbank/ Discountbroker	Belassen Sie den Altbestand bei Ihrer bisherigen Depotbank.	Beim Blick auf die Gebühren kann sich ein Discountbroker lohnen.
Aktien, ETFs und Aktienfonds	Das Depot I enthält nur den bis 2008 gekauften steuerfreien Altbestand.	Sie wickeln alle Neukäufe über das Depot II ab (gleiches oder anderes Bankhaus).
Käufe und Verkäufe seit 2009	Sie greifen am besten nur auf den Altbestand zu, wenn die steuerpflichtige Alternative fehlt.	Das Zweitdepot erspart den Ärger, dass Ihre steuerfreien Altbestände laut „First in – First out“ zuerst verkauft werden.
Lang- und Kurzzeitstrategie	Das Depot I dient dem Vermögensaufbau und der Altersvorsorge, ist also langfristig ausgerichtet.	Das Depot II erlaubt ein schnelles Rein und Raus und risikoreichere Investments. Die Abgeltungsteuer greift immer.
Umgang mit Stoppkursen	Um den Altbestand nicht durch Stop-Loss-Orders zu gefährden, empfiehlt sich hier eine dynamische Verlustbegrenzung.	Hier sind Stoppkurse berechtigt. Sie büßen evtl. die Dividende ein, werden mit Ordergebühren belastet, begrenzen aber Ihre Verluste frühzeitig.

Wichtiges zum Anlagesteuerrecht seit 2009 im Überblick		
Kapitalanlagen	**Verändertes Steuerrecht seit 01. Januar 2009**	**Auswirkungen gegenüber vor 2009**
Aktien, Aktienfonds, Indexfonds bzw. ETFs	Keine Steuer für den Altbestand bis 2008. Seit 2009 für Kapitalerträge Abgeltungsteuer von 25%, Solidaritätszuschlag und Kirchensteuer. Anrechnung der ausländischen Quellensteuer.	**Schlechterstellung:** Wegfall des Halbeinkünfteverfahrens und keine Steuerfreiheit bei Anlagen seit 2009. Begrenzte Verlustverrechnung mit erzielten Kursgewinnen.
Dividenden	Gleichstellung mit Zinsen; einheitliche Abgeltungsteuer von 25%, anteiliger Solidaritätszuschlag sowie Kirchensteuer. Ertragsgutschrift beim Altbestand absolut steuerfrei.	**Verschlechterung** für die meisten Steuerzahler; dafür aber mehr Steuergerechtigkeit. Steuerhinterziehung gilt nicht mehr als „Kavaliersdelikt".

Als eine Art Rettungsanker für wenig betuchte Anleger mit persönlichem Steuersatz von unter 25% erweist sich die **Steuererklärung** bzw. der Antrag auf eine **Nichtveranlagungsbescheinigung.**

Der Preis für mehr Steuerehrlichkeit und der Verzicht auf das Kontenabrufverfahren bedeuten einen empfindlichen Rückschritt bei Vermögensaufbau und Altersvorsorge. Die Kleinverdiener stellen sich schlechter, die Großverdiener besser. Die geplante Transaktionssteuer dürfte weitere Privatanleger von Aktien fernhalten und den Ausstieg aus der schleichenden Kapitalvernichtung Sparbuch zunichte machen. Andere Länder fördern die Aktienanlage für die Altersvorsorge – warum nicht auch unsere Regierung?

Steuerhinterziehung – kein Kavaliersdelikt

Wer in seiner Steuererklärung unwahre Angaben macht oder Einkünfte nicht einträgt, macht sich der Steuerhinterziehung schuldig. Es droht eine Geld- oder/und Freiheitsstrafe. Steuern und Zinsen sind nachzuzahlen. Die Rechtslage hat sich erheblich verschärft.

Seitdem der frühere Präsident vom FC Bayern München, Uli Hönеß, bei hochspekulativen Börsengeschäften Steuern in Millionenhöhe unterschlug, hat sich die Einschätzung in der Öffentlichkeit im Hinblick auf Steuerbetrug verändert. Einerseits schnellen aus Angst vor Entdeckung die Selbstanzeigen in die Höhe. Andererseits wird Steuerhinterziehung mehrheitlich nicht mehr als „Kavaliersdelikt", sondern als Straftat bewertet. Das Bundesfinanzministerium hat die Strafen einhergehend mit einer von fünf auf zehn Jahre verlängerten Verjährungsfrist drastisch verschärft.

❼ Zauberformel Hoch/Tief-Mutstrategie

7.1 Neues über die Hoch/Tief-Mutstrategie

Im Herbst 2008 und Frühjahr 2009 stürzte der DAX infolge der Weltwirtschaftskrise bis auf 3600 Punkte ab und der TecDAX halbierte sich. Der Kursabsturz im Herbst 2008 bot für Mutige eine ideale Möglichkeit, sich noch bis zum Jahresende einen steuerfreien Aktienaltbestand zuzulegen und die richtigen Strategien einzuüben. So kam ich auf die Idee meiner Hoch/Tief-Mutstrategie. Im Juni 2014 übersprang der DAX erstmals die herbeigesehnte 10.000er-Marke, nachdem das bisherige Altzeithoch bei rund 8150 Punkten um die Jahrtausendwende und das Allzeittief während des dreijährigen „Salamicrashs" im Frühjahr 2003 bei 2200 Punkten lag. Im Oktober 2014 erlebten wir eine starke Korrekturphase – vom Allzeithoch beim DAX ausgehend – um über 15% und mehr als 1500 Punkten auf zeitweilig 8500.

So stellte sich die Frage: Was tun in unsicheren, von starken Kursschwankungen, Unsicherheit, Angst, Panik und Herdentrieb geprägten Börsenzeiten? Wie am besten reagieren, wenn die Bullen die Börsenarena erobern, die Aktienkurse teilweise durch die Decke springen und von niedriger Bewertung keine Rede mehr sein kann? Die zum globalen Finanzdesaster ausufernde Subprimekrise mit dem Schlusspunkt der Pleite von LEHMAN BROTHERS war die Hauptursache für den erneuten Crash. Viele Anleger reagierten unvernünftig und warfen in panischer Angst all ihre Aktien aus dem Depot. Der Aufbau eines steuerfreien Altbestands war kein Thema.

Ich wollte aus dem Crash Nutzen ziehen. Die Tatsache, dass im Herbst 2008 die Kurse gewaltig abgestürzt waren und eine einmalige Chance bestand, sich mit erstklassigen Aktien zu niedrigen Kursen einzudecken und für diesen Altbestand die Abgeltungsteuer dauerhaft einzusparen, war für mich ein großer Motivationsfaktor. Die Banken empfahlen Discount- und Bonuszertifikate. Ich erlebte es nicht, dass die Berater Aktien empfahlen. So kam ich auf die Idee meiner Hoch/Tief-Mutstrategie, die ich fortan ausbaute und sich als wahre Zauberformel entpuppte. Ich berichte über dieses Anlageverhalten, um zu ermutigen. Die Dokumentation ist überprüfbar. Es sind keine fiktiven, sondern tatsächliche Transaktionen. Und mein Börsenspruch hat sich auch bei der starken Korrektur im Oktober bewährt: **„Ein Crash ist gut – für Leute mit Mut!" – Angst ist der größte Renditevernichter.**

Der intensive Zukauf im zweiten Halbjahr 2008 zum Aufbau eines steuerfreien Altbestands und der Zukauf im Frühjahr 2009 mit Schwerpunkt Maschinenbau, Autoindustrie und Bergbau waren die Voraussetzung für dreistellige Kursgewinne bei etlichen Titeln und zweistellige Dividendenrenditen bei Spitzenaktien, die ich seitdem halte. In der ersten Augusthälfte 2014 verkaufte ich einen Teil der Titel, die erfreulicherweise auf Allzeithochniveau notierten, wie GrenkeLeasing, HAWESKO, KUKA, NEMETSCHEK und STRATEC. So hatte ich genug Geld, um extrem abgestürzte substanzstarke, fair bewertete Titel zu kaufen. Die Verkäufe im Okt./Nov. 2014 sind dem Kapitalbedarf wegen meines Oberschenkelhalsbruches geschuldet.

Ging es an der Börse turbulent zu und zog ein schweres Unwetter auf, fragte ich mich: Was tun, wenn das Guthaben aufgebraucht ist, jedoch ein Aktienkauf auf Pump ausscheidet? Dann ist nur über gleichzeitiges Veräußern ein attraktiver Zukauf möglich. Mein gelebter Börsenspruch: **„Aktieneinkauf auf Kredit – alles andre als ein Hit!“** bestärkte mein Hoch/Tief-Trading. Also veräußerte ich einen Teil solcher Aktien, deren Kursgewinn sich zumindest verdoppelt bzw. die aktuell kaum etwas eingebüßt hatten. Bei der Wahl verprügelter Titel als Folge von Gewinnmitnahmen und Ängsten wegen verschärfter Wirtschaftssanktionen gegen Russland mussten die Fundamentaldaten stimmen. Es bringt nichts, eine Aktie mit geringem Abschlag bei starker Korrektur oder Crash zu verkaufen, um eine andere mit schlechten Chancen zu ordern. Das schränkt die Wahl von vornherein ein.

Hoch/Tief-Mutstrategie: Ja oder Nein? Wann und wann nicht?

Wann funktioniert es?	Börsenklima	Wann klappt es nicht?
Tägliche Marktbeobachtung Fundiertes Börsenwissen Guter Depotüberblick Kenntnis der Kursentwicklung kaufenswerter Aktien Breit gestreutes Depot Risikobewusstsein, Mut, Disziplin, Entschlossenheit Zugang zum Online-Banking und/oder Telefonhandel Zugriff auf Aktien mit hohem Buchgewinn Einsatz pro Titel möglichst über 1000 €	**Scharfe Korrektur oder Crash** **Hohe Volatilität im Markt** **Große Nervosität an der Börse** **Kursabsturz fundamental unbegründet** **Auswirkungen auf einzelne Branchen unterschiedlich**	Zu kleines Depot „Heimatliebe“-DAX-Depot Zu wenig Siegeraktien für Geldbeschaffung Geringe Marktkenntnisse Keine ständige Marktbeobachtung Stark ausgeprägtes Sicherheitsbewusstsein Kein Zugang zum Internet und/oder Telefonhandel Mangel an Mut und Entschlossenheit Bauchgefühl, Herdentrieb und Verdrängung

Es ist einfach, aber unfair und unaufrichtig, im Nachhinein die besten Aktien auszuwählen und sich zu brüsten. Eine fiktive „Hätte"-Strategie – gern für fragwürdige Börsenbriefwerbung genutzt – gefährdet die eigene Glaubwürdigkeit. Entscheidend ist die gesamte Kursentwicklung – vergleichbar mit dem Tabellenplatz in der Fußballbundesliga-Saison. Kein Spieler kann stets seine Höchstform abrufen. Die Teamleistung muss stimmen, damit die drei Siegpunkte eingefahren werden und der erhoffte Tabellenplatz zum Abschluss der Saison erreicht wird – sei es Meisterschaft und europäischer Wettbewerb oder Nichtabstieg.

7.2 Kurslisten zur Hoch/Tief-Mutstrategie

Die Auszüge meiner authentischen Übersichten zur Hoch/Tief-Mutstrategie beginnen zum besseren Verständnis mit einem Rückblick auf 2008. Die Tabelle ❶ bringt einige steuerfreie Verkäufe zur Finanzierung neuer Anlagen. Die Übersicht ❷ dokumentiert Käufe zum Aufbau eines steuerfreien Altbestands – mein heute gehüteter Schatz und Quell hoher Kursgewinne und attraktiver Dividenden. Es geht nicht darum, verpassten Chancen nachzutrauern, sondern Mut zu schöpfen für künftige Aktivitäten. Dafür dient die Kursliste ❸ mit Käufen von Siegeraktien ab 2009. Stets verkaufe ich nur so viel, um geplante Zukäufe zu finanzieren und mit dem Gesamtbestand des betreffenden Titels nie mehr in die Verlustzone zu geraten. Die Teilverkaufsstrategie stärkt das Nervenkostüm und macht gelassen beim Blick auf die Zukunft. Ob Rallye oder Absturz, der Frust bleibt begrenzt.

Die letzte Tabelle ❹ setzt die Mutstrategie mit Käufen und Verkäufen ab 2010 um. Sie zeigt, dass es nie zu spät ist, ein solches Konzept umzusetzen. Dabei wird das aktive Handeln auch vom etwaigen Kapitalbedarf getrieben. Manch einer erwirbt eine Immobilie oder kauft sich ein teures Auto. Oder er muss wie ich hohe Klinikkosten wegen eines Oberschenkelhalsbruches im Oktober 2014 berappen – eine unerwartete Ausgabe, dank guter Aktienverkäufe problemlos zu meistern.

Diese Erfolgsstrategie habe ich auf ETFs ausgedehnt, auf Schwellenländer, Rohstoffe und Edelmetalle. Der Bedarf am „blauen Gold Wasser" in den Entwicklungsländern Asiens, Afrikas und Südamerikas sowie in Osteuropa ist groß. Massiv investiere ich in den Gesundheitssektor mit Biotech, Medtech und Pharma als Antwort auf die steigende Lebenserwartung im Zuge des demografischen Wandels.

Wie sieht die Zukunft für die Mutstrategie aus? Zwar lässt sich kein steuerfreier Altbestand mehr aufbauen. Aber jede scharfe Korrektur wie im Oktober 2014 oder ein neuerlicher Crash, der uns irgendwann wieder treffen und nicht verschonen wird, schafft die Basis für ein Handeln getreu dem Motto: **„Ein Crash ist gut – für Leute mit Mut!"** Es fragt sich nur: Wann? Wie heftig? Wie lange?

➊ Einige Beispiele für Hoch/Tief-Mutstrategie mit steuerfreien Aktienverkäufen 2008 zur Beschaffung von Geld für Zukäufe				
Aktien Europa	**Index**	**Datum Kaufpreis ab 2001**	**Datum Verkaufspreis €**	**Kurs 30.12.14 Hoch/Tief 1 J.**
E.ON	DAX	10.03.05: 21,75 €	09.01.08: 50,50	14,20/15,45/12,55
K+S	DAX	26.11.04: 6,30 €	10.01.08: 44,00	22,90/26,60/19,45
KWS Saat	SDAX	25.09.05: 68,90 €	22.01.08: 140,0	269,5/283,8/245,0
Siemens	DAX	25.07.01: 57,50 €	04.01.08: 109,3	93,55/101,4/82,35
Vossloh	SDAX	16.04.03: 28,80 €	04.02.08: 85,50	53,50/75,35/42,35
Wacker Ch.	MDAX	18.05.06: 86,00 €	02.01.08: 197,2	91,05/103,7/77,10

➋ Hoch/Tief-Mutstrategie Basis für Altbestand 2008. Die hohe Dividendenrendite ergibt sich aus dem Kaufpreis von 2008					
Aktienauswahl	**WKN**	**Kaufpreis 2008**	**Kurs am 02.01.15**	**Hoch/Tief 1 Jahr €**	**Div.-Rend. 2014**
BASF	BAS F11	13.10.08/27,10 €	69,90 €	87,35/65,60	2,80 €/10,4%
Bertrandt	523 280	12.12.08/16,95 €	115,00 €	118,0/88,95	2,40 €/14,1%
Bilfinger	590 900	11.12.08/36,55 €	46,35 €	92,70/41,90	3,20 €/8,8%
Dürr	556 520	16.09.08/10,15 €	73,25 €	73,90/50,55	1,50 €/14,8%
INIT	575 980	28.08.08/7,75 €	20,70 €	26,00/18,70	0,80 €/10,3%
Jungheinr.	621 993	15.07.08/18,20 €	52,95 €	56,50/39,20	0,96 €/5,3%
LEONI	540 888	10.11.08/9,35 €	49,40 €	60,65/39,00	1,50 €/16,0%
MTU Aero	80D 9PT	15.07.08/18,30 €	72,15 €	72,40/60,65	1,50 €/8,2%
Nor. Nickel	676 683	14.11.08/6,40 €	11,85 €	16,00/10,50	1,06 €/16,6%
Rational	701 080	26.03.08/118,0 €	259,8 €	267,8/217,6	7,00 €/5,9%
VIB Vermö.	245 751	29.12.08/3,70 €	14,25 €	14,60/11,50	0,45 €/12,2%

Auswertung: Fast alle Kurse haben sich gegenüber dem Kaufdatum 2008 verdoppelt bis versechsfacht. Das aktuelle Kursplus betrug Ende Juli 2014 bei diesen noch gehaltenen Aktien im Schnitt rund **250%.** Vergleichen Sie den Kaufpreis mit den jetzigen Kursen. Hinzu kommt die hohe Dividendenrendite auf den Einstandspreis bezogen.

Tipp: Hilfreich sind bei Zeit und Lust mein **Aktienauswahl-Punktesystem** und die Datenbank von **BÖRSE ONLINE.** Die Mutstrategie dient dem Vermögensaufbau und der Altersvorsorge. Sie taugt für risikofreudige Langzeitanleger, nicht für Angsthasen.

Welche Chancen bietet das Neudepot seit dem Crash 2009?

Zumindest die meisten jüngeren Anleger haben die Riesenchance versäumt, sich bis zum Jahresende 2008 einen steuerfreien Altbestand aufzubauen. Sofern sie nicht nur das Sparbuch/Sparkonto pflegten, empfahlen die meisten Bankberater Discount- und Bonuszertifikate, eine folgenschwere Fehlentscheidung. Auch im Frühjahr 2009, Sommer und Herbst 2011 sowie Ende Oktober 2014 gab es heftige Kurseinbrüche als Folge von Angst, Gewinnmitnahmen und Stop-Loss-Orders. Statt zu jammern, gilt es, Chancen zu nutzen. Es ist töricht, in Panik alle Aktien aus dem Depot zu werfen, aber klug, überlegt einzukaufen. Wählen Sie Aktien aus, die zukunftsträchtig, export- und finanzstark, fair bewertet und gering verschuldet sind. Dazu gehören ein im Branchenvergleich niedriges KGV, ein attraktiver Buchwert, eine ansehnliche Eigenkapitalquote, ein Ergebnisanstieg und als Sahnehäubchen eine hohe Dividendenrendite.

Es ist riskant, einseitig auf Verlierer zu setzen mit extrem hohen Kurseinbrüchen. Gewöhnlich raten Finanzberater zu Stop-Loss-Orders, um Verluste zu begrenzen, bis es richtig weh tut, und Gewinne mitzunehmen, sobald ein bestimmtes Kursziel erreicht wird. Daran verdienen sie viel Geld. Mir ist kein Berater bekannt, der auf eine zweistellige Dividendenrendite hinweist, sofern Sie eine „Marathonaktie" lange halten. Eine attraktive Ausschüttung rechnet sich bei Zinsen nahe null – ganz zu schweigen von „Strafzinsen". Darum führe ich meine besten Aktienkäufe von 2009 bis 2014 auf. Es gilt: **„Gewinne lass laufen – im Verlust nicht ersaufen!"**

❸ Langzeit-Siegeraktien mit Kauf in Krisen 2009 bis 2014. Die Dividendenrendite bezieht sich auf den Einstandspreis

Aktien-auswahl	WKN	Kaufpreis in € 2009 – 2014	Kurs am 02.01.15	Hoch/Tief 52 Wochen	Div.-Rend. 2014
Actelion	936 767	06.09.13: 50,70	96,60 €	98,70/60,60 €	0,0 €/0,0%
Allianz	840 400	22.09.11: 60,10	136,55 €	140,0/115,8 €	5,50 €/9,2%
Amadeus F.	509 310	24.09.09: 12,40	62,20 €	67,65/48,10 €	3,00 €/24,2%
Atoss Soft.	510 440	08.10.10: 14,80	33,10 €	34,40/25,90 €	0,80 €/5,4%
Aurelius	A0J K2A	02.09.09: 2,70	32,40 €	33,25/22,25 €	0,80 €/29,6%
Baidu	A0F 5DE	05.08.11: 98,65	184,90 €	202,1/102,5 €	0,0 €/0,0%
BASF	BAS F11	12.08.11: 53,20	69,75 €	88,25/64,10 €	2,80 €/5,3%
Basler	510 200	28.08.13: 21,25	39,10 €	44,30/27,75 €	0,30 €/1,4%
Bayer	BAY 001	15.08.11: 46,30	112,90 €	121,3/89,70 €	2,30 €/5,0%
BayWa	519 406	02.06.09: 19,10	30,90 €	42,00/27,30 €	0,75 €/3,9%

Aktien-auswahl	WKN	Kaufpreis in € 2009 – 2014	Kurs am 02.01.15	Hoch/Tief 52 Wochen	Div.-Rend. 2014
Bertrandt	523 280	22.06.09: 14,75	117,25 €	119,0/86,65 €	2,40 €/16,3%
Biogen	789 617	20.06.13: 155,5	283,40 €	298,0/192,8 €	0,0 €/0,0%
Biotest	522 723	13.04.09: 26,75	92,30 €	99,85/70,00 €	0,66 €/2,5%
BMW VZ	519 003	05.04.12: 44,00	66,50 €	74,95/58,10 €	2,82 €/6,5%
BOSS Hugo	A1P HFF	19.12.11: 55,30	102,25 €	114,2/87,90 €	3,75 €/6,8%
Brenntag	A1D AHH	02.02.11: 33,00	46,30 €	47,15/34,55 €	0,90 €/2,7%
Cancom	541 910	22.08.12: 12,50	36,40 €	39,75/24,65 €	0,50 €/4,0%
C.A.T.-Oil	A0J KWU	03.02.11: 7,90	15,05 €	22,70/11,85 €	0,35 €/4,4%
Celgene	881 244	11.06.13: 43,90	94,90 €	97,75/48,55 €	0,0 €/0,0%
CeWe Stift.	540 390	06.07.09: 20,70	52,10 €	60,90/39,80 €	1,65 €/8,0%
Continental	543 900	04.06.12: 62,45	171,80 €	183,2/136,8 €	3,00 €/4,8%
CytoTools	A0K FRJ	27.05.13: 30,50	59,00 €	76,35/28,05 €	0,0 €/0,0%
Daimler	710 000	14.11.11: 33,80	68,50 €	71,25/55,25 €	2,40 €/7,1%
Datagroup	A0J C8S	08.12.11: 5,15	9,15 €	10,60/7,00 €	0,20 €/3,9%
D. Euroshop	748 020	29.01.10: 19,50	36,25 €	37,95/30,70 €	1,30 €/6,7%
Dt. Post	555 200	24.02.12: 16,50	27,00 €	28,45/21,70 €	0,80 €/4,8%
Dt. Telekom	555 750	08.03.12: 8,50	13,15 €	13,85/10,10 €	0,50 €/5,9%
Dialog Sem.	927 200	27.05.12: 11,80	30,90 €	30,95/13,60 €	0,0 €/0,0%
DMG Mori	587 800	17.09.13: 14,90	23,60 €	26,90/17,65 €	0,50 €/3,4%
Drillisch	554 550	15.03.11: 6,75	30,30 €	32,00/20,85 €	1,60 €/23,7%
Dürr	556 520	08.08.11: 13,10	74,25 €	74,45/49,30 €	1,50 €/11,5%
Eckert & Z.	565 070	29.04.09: 8,10	18,80 €	30,65/18,45 €	0,60 €/7,4%
ElringKling.	785 602	30.06.10: 17,40	28,15 €	32,80/21,60 €	0,60 €/3,5%
Eurofins	910 251	27.06.12: 99,00	208,45 €	240,0/165,0 €	1,40 €/1,4%
Eurokai VZ	570 653	08.03.12: 18,20	30,85 €	34,50/21,70 €	1,00 €/5,5%
Fanuc	863 731	03.09.09: 52,90	139,70 €	155,0/115,1 €	1,75 €/3,3%
Fortec Elek.	577 410	24.08.09: 5,20	11,60 €	12,90/10,60 €	0,50 €/9,6%
Freenet	A0Z 2ZZ	12.08.11: 8,10	23,70 €	26,00/17,70 €	1,50 €/18,5%
Fuchs Petr.	579 043	06.08.09: 7,80	32,85 €	37,55/26,20 €	0,75 €/9,6%
GEA Group	660 200	08.03.09: 8,10	36,15 €	38,65/30,15 €	0,70 €/8,6%
Gerresheim.	A0L D6E	23.05.11: 31,95	45,10 €	56,15/41,55 €	0,80 €/2,5%
GESCO	A1K 020	19.05.09: 36,30	70,10 €	78,80/62,90 €	2,50 €/6,95%

Aktien-auswahl	WKN	Kaufpreis in € 2009 – 2014	Kurs am 02.01.15	Hoch/Tief 52 Wochen	Div.-Rend. 2014
Gilead	885 823	12.06.13: 39,50	79,00 €	93,40/45,75 €	0,0 €/0,0%
Grammer	589 540	12.06.13: 23,70	33,70 €	45,15/24,30 €	0,75 €/3,2%
GrenkeLea.	586 590	19.08.11: 34,25	90,70 €	91,70/67,90 €	1,00 €/2,9%
Hannover R.	840 221	15.03.10: 33,90	74,75 €	76,30/58,30 €	2,80 €/8,3%
Hawesko	604 270	12.08.09: 18,50	41,30 €	44,65/37,05 €	1,75 €/9,5%
Hermle	605 283	28.04.10: 59,15	161,50 €	190,0/140,5 €	4,00 €/6,8%
Hyundai M.	885 166	07.01.13: 24,30	46,55 €	60,70/37,20 €	0,0 €/0,0%
Illumina	927 079	19.12.12: 39,20	154,20 €	159,0/79,70 €	0,0 €/0,0%
Indus	620 010	04.11.11: 18,60	38,45 €	40,90/28,10 €	1,10 €/5,9%
INIT	575 980	14.09.09: 8,50	20,40 €	26,00/18,30 €	0,80 €/9,4%
Isra Vision	548 810	14.06.13: 32,35	45,30 €	55,00/37,80 €	0,35 €/1,1%
Jungheinr.	621 993	19.08.11: 19,25	52,85 €	58,90/38,40 €	0,96 €/5,0%
Krones	633 500	01.11.11: 35,80	81,00 €	81,90/56,30 €	1,15 €/3,2%
KUKA	620 440	01.06.12: 16,70	60,90 €	63,60/33,50 €	0,45 €/2,7%
Leifheit	646 450	21.06.11: 20,05	46,10 €	46,60/32,00 €	1,50 €/7,3%
LEONI	540 888	04.09.12: 28,70	48,85 €	61,10/36,55 €	1,50 €/5,2%
LINDE	648 300	25.07.12: 116,9	153,10 €	158,1/138,0 €	3,20 €/2,7%
MorphoSys	663 200	27.02.13: 30,95	76,80 €	89,00/53,70 €	0,0 €/0,0%
Munich Re	843 002	19.09.11: 82,85	164,80 €	170,2/141,5 €	7,25 €/8,8%
MTU	A0D 9PT	24.02.11: 47,10	71,95 €	72,80/60,05 €	1,50 €/3,2%
Nemetschek	645 290	02.08.12: 26,80	86,55 €	87,70/50,00 €	1,30 €/4,9%
Norma Gr.	A1H 8BV	02.08.11: 18,15	38,90 €	43,70/31,30 €	0,80 €/4,3%
Novartis	904 278	10.06.13: 54,60	77,00 €	78,40/57,35 €	2,04 €/3,2%
Novo Nord.	866 931	19.12.12: 24,50	35,60 €	38,55/26,70 €	0,63 €/2,6%
Pfeiffer Vac.	691 660	24.02.09: 37,00	68,05 €	100,7/57,15 €	3,70 €/10,0%
Porsche VZ	PAH 003	04.04.11: 38,00	66,05 €	82,00/57,30 €	2,00 €/5,3%
Priceline	766 054	08.08.12: 465,0	946,50 €	1.004/778,2 €	0,0 €/0,0%
Rational	701 080	27.02.09: 61,80	262,8 €	270,9/214,8 €	7,00 €/11,3%
R. Stahl	A1P HBB	09.02.09: 15,50	39,20 €	48,35/31,80 €	1,10 €/7,1%
SAF Holland	A0M U70	02.12.11: 3,85	11,15 €	12,30/8,60 €	0,40 €/10,4%
Samsung	881 823	21.06.11: 181,50	383,90 €	415,7/299,3 €	0,0 €/0,0%
Schaltbau	717 030	10.07.09: 11,95	42,15 €	56,45/38,00 €	0,86 €/1,7%

Aktien-auswahl	WKN	Kaufpreis in € 2009 – 2014	Kurs am 02.01.15	Hoch/Tief 52 Wochen	Div.-Rend. 2014
Siemens	723 610	26.08.11: 67,80	93,70 €	101,2/80,30 €	3,30 €/4,9%
SIXT VZ	723 133	12.09.11: 11,55	25,70 €	27,20/18,50 €	0,92 €/7,9%
Stratec Bio.	728 900	15.07.13: 27,60	46,10 €	53,05/30,10 €	0,60 €/2,2%
Symrise	SYM 999	28.04.09: 9,80	49,65 €	50,80/33,00 €	0,80 €/8,2%
Syngenta	580 854	18.03.10: 203,00	265,15 €	295,1/227,8 €	8,55 €/3,2%
Talanx	TLX 100	03.10.12: 18,70	25,40 €	28,10/23,30 €	1,25 €/6,7%
TUI	TUA G00	19.07.11: 6,35	13,90 €	14,60/9,50 €	0,50 €/7,9%
Uzin Utz	755 150	18.07.11: 20,00	28,60 €	**28,60**/22,10	0,85 €/4,3%
Vertex	882 807	22.10.12: 37,60	99,50 €	**99,50**/45,10 €	0,0 €/0,0%
Wacker Neu.	WAC K01	08.08.11: 9,90	16,55 €	18,25/11,75 €	0,40 €/4,0%

Auswertung: Der Kurs fast aller Aktien, die ich im Crashmonat März 2009 kaufte, hat sich mehr als verdoppelt bis verfünffacht. Hinzu kommt die oft hohe Dividendenrendite, die z. T. zweistellig ist. Auch die Käufe von 2010 bis 2014 haben Aufwärtspotenzial. Nur ein breit gestreutes Depot erlaubt die Umsetzung der Hoch/Tief-Strategie. Ausländische Titel dürfen nicht fehlen. Erneut ist festzustellen, dass es auch während einer scharfen Korrekturphase einzelne Aktien gibt, die auf Allzeithochniveau notieren. Hier sind Teilverkäufe angesagt, um genug Geld für lukrativen Zukauf aufzubringen.

Die meisten **Biotechunternehmen** schütten keine Dividende aus. Dies darf nicht dazu führen, auf solche Wachstumswerte ganz zu verzichten. Schauen Sie sich auch unter diesem Aspekt die Aktienentwicklung selbst in einem kürzeren Zeitraum an. Einige Biotechwerte erfreuten auch im Oktober und November mit neuen Höchstständen.

Erfolgreiche Umsetzung der Mutstrategie 2010 bis 2014

❹ Umsetzung der Mutstrategie 2010 bis 2014. Etliche Verkäufe im Herbst 2014 waren unerwartetem Kapitalbedarf geschuldet

Aktie mit WKN	Kauftag und Kurs in €	Verkaufstag und Kurs in €	Kursgewinn €	Gewinnplus%
Actelion (936 767)	06.09.13: 50,70	10.11.14: 92,70	42,00 €	80%
Allianz (840 400)	22.09.11: 60,10	10.11.14: 132,10	72,00 €	120%
Biotest (522 723)	01.09.10: 26,75	01.09.14: 87,80	61,05 €	210%
Continental (543 900)	04.06.12: 62,45	04.11.13: 135,65	73,20 €	110%
Daimler (710 000/DAX)	14.11.11: 33,20	20.09.13: 59,20	26,00 €	80%

Aktie mit WKN	Kauftag und Kurs in €	Verkaufstag und Kurs in €	Kursgewinn €	Gewinnplus%
Drägerwerk (555 060)	05.08.11: 69,90	25.07.13: 104,20	34,30 €	50%
Dürr (556 520/MDAX)	08.08.11: 13,10	25.11.13: 65,90	54,80 €	400%
Fuchs (579 043/MDAX)	08.08.11: 14,60	14.01.14: 73,10	58,50 €	400%
GrenkeLeas. (586 590)	19.08.11: 32,25	05.08.14: 78,25	46,00 €	140%
Hermle (605 283)	28.04.10: 59,15	27.05.13: 166,50	107,35 €	190%
Hyundai (885 166)	02.01.13: 24,40	19.08.14: 58,20	33,80 €	140%
Illumina (927 079)	19.01.12: 39,20	04.02.14: 113,30	73,10 €	190%
Indus (620 010/SDAX)	04.11.11: 18,50	02.10.14: 38,20	19,70 €	110%
Jungheinrich (621 993)	19.08.11: 19,25	02.07.13: 35,55	16,30 €	90%
KUKA (620 440/MDAX)	01.06.12: 16,70	06.08.14: 42,70	26,00 €	160%
Leifheit (646 450)	21.06.11: 20,00	14.08.14: 37,90	17,80 €	95%
LEONI (540 888/MDAX)	08.08.11: 29,50	26.11.13: 54,60	25,10 €	95%
LPKF Laser (645 000)	17.08.11: 4,25	03.07.13: 12,65	8,40 €	200%
Nemetschek (645 290)	02.08.12: 26,80	06.08.14: 75,55	48,75 €	200%
Samsung (881 823)	21.06.11: 181,50	17.04.14: 375,50	194,00 €	110%
Stratec (728 900)	15.07.13: 27,60	10.11.14: 45,70	18,10 €	60%
TUI (TUA G00/MDAX)	19.07.11: 6,35	26.11.13: 10,85	4,50 €	70%
Vertex (882 807)	29.06.12: 43,70	06.08.14: 64,90	21,20 €	50%
Wacker Neu. (WACK01)	08.08.11: 9,90	10.11.14: 16,95	7,05 €	70%

Anmerkung: Eine Umsetzung der Hoch/Tief-Mutstrategie bietet sich vor allem an bei starker Korrektur und Crash, um genug Geld für interessante Titel mit hohem Kursabschlag zu haben. Anfang August und Mitte Oktober 2014 gab es bei etlichen Titeln aus DAX, MDAX, TecDAX und SDAX zweistellige Kursverluste. Umgekehrt erreichten einige Titel im Herbst 2014 ihr Allzeithoch oder notierten ganz nahe daran. Dies galt vor allem für den Biotechbereich. Schon um Geld für unerwartete Ausgaben zu beschaffen, boten sich Teilverkäufe an. Bislang hat sich die Hoch/Tief-Mutstrategie mittel- bis längerfristig als meine Zauberformel erwiesen. Am 23. Januar 2015 übersprang der DAX die Marke von 10.600 Punkten – erneut eine große Chance für die Mutstrategie.

Überlegen Sie, warum Bankberater und Vermögensverwalter meist nicht an einer solch langfristigen Aktienstrategie interessiert sind und oft den strikten Verkauf bei Erreichen ihres Kurszieles empfehlen. Welche Erfahrungen haben Sie gemacht?

⑧ Das Punktesystem – Füllhorn für Kreativität

8.1 Beispiel für eine kreative Abwandlung

Der aktuelle *Aktien- und Börsenführerschein* in 6. Auflage mit Komplettüberarbeitung bringt die ursprüngliche Version meines praktischen Punktesystems, um Ihnen Entscheidungen zu erleichtern. Dabei habe ich die wichtigsten Kennziffern doppelt gewichtet gegenüber den als weniger bedeutsam eingeschätzten Daten. Ich empfahl, jeweils einen Punkt bis zu drei Punkte zu vergeben. Stehen mehrere Aktien auf Ihrer Beobachtungsliste, greifen Sie auf den Punktesieger zu. In seinen Grundzügen habe ich dieses System schon vor ein paar Jahrzehnten entwickelt, um meinen Kindern eine demokratische Auswahl des Urlaubszieles anzubieten oder die am besten passende Depotbank ausfindig zu machen.

Wie setzen Sie das Aktienauswahl-System am besten ein?

Das Aktienauswahl-Punktesystem ist besonders nutzbringend, wenn Sie die wichtigsten Finanzkennzahlen miteinbeziehen. Dazu zählen ein geringes Kurs-Gewinn-Verhältnis (KGV) im Branchenvergleich, ein attraktiver Buchwert gegenüber dem Kurs, ein günstiges Kurs-Umsatz- (KUV) und Kurs-Buchwert-Verhältnis (KBV) mit einer Null oder Eins vor dem Komma sowie ein ebenfalls niedriges Kurs-Cashflow-Verhältnis (KCV). Besonders wichtig sind mit Blick auf die niedrigen Zinsen für Sparkonten eine hohe Dividendenrendite, außerdem eine ansehnliche Eigenkapitalquote, eine steigende Ergebnisentwicklung und positive Analysteneinstufungen. Niemals darf eine Finanzzahl allein den Ausschlag geben. Es kommt auf die Gesamtsicht an, wozu auch die Marke zählt. Chancenreich sind unterbewertete Aktien von Unternehmen, bei denen der Firmenwert über dem Aktienkurs liegt.

Warum sollten Sie die Chance nutzen, hier etwas zu verändern?

Das umseitige Modell ❶ dient als Orientierungs-Grundmuster für Ihre Eingabe am Computer. Wandeln Sie das Punktesystem so um, dass es Ihren eigenen Vorstellungen entspricht. Die Liste muss, um übersichtlich und leicht berechenbar zu sein, auf eine A4-Seite passen. Danach sollten Sie Ihr persönliches Aktienauswahl-Punktesystem vorrätig ausdrucken oder kopieren. Dieses Verfahren habe ich auch den Studenten der EBZ Business School in Bochum bei einer ganztägigen Vorlesung vorgestellt.

➊ Grundmuster: Das Punktesystem für Ihre Aktienauswahl					
Bewertungsfaktor	**0 P.**	**1 P.**	**2 P.**	**3 P.**	Punktzahl
Doppelte Gewichtung: Jeder Punkt zählt hier zweifach.					
Kurs-Gewinn-Verhältnis					
Börsensegment/Index					
Kursentwicklung 1 Jahr					
Portfoliostreuung					
Eigenkapital oder KCV					
G+V und Bilanz					
Dividendenrendite					
Ergebnisentwicklung					
52-Wochen-Hoch/-Tief					
Value, Substanzkraft					
Marke, Bekanntheit					
Technische Analyse					
Zwischensumme					
Bewertungsfaktor	**0 P.**	**1 P.**	**2 P.**	**3 P.**	Punktzahl
Normale Gewichtung: Alle Ergebnisse zählen nur einfach.					
Geschäftsmodell					
Buchwert oder KBV					
Stellung im Wettbewerb					
Analysen/Rating					
Meldungen/Kommunikat.					
Sympathie/Standards					
Internationalität					
Marktkapitalisierung					
Handelbarkeit					
Zwischensumme					
Endergebnis					

Das folgende Modell ➋ dient als Vorschlag für eine innovative Umwandlung mit veränderten Schwerpunkten und einer differenzierten Bewertung.

② Kreative Umwandlung: Das Aktienauswahl-Punktesystem					
Bewertungsfaktor	**0 P.**	**1 P.**	**2 P.**	**3 P.**	Punktzahl
Dreifache Gewichtung: Jeder Punkt zählt hier dreifach.					
Kurs-Gewinn-Verhältnis					
Börsensegment/Index					
Portfoliostreuung					
Dividendenrendite					
Ergebnisentwicklung					
52-Wochen-Hoch/-Tief					
Zwischensumme					
Doppelte Gewichtung: Jeder Punkt zählt hier zweifach.					
Kursentwicklung 3 Jahre					
Eigenkapital oder KCV					
G+V und Bilanz					
Value, Substanzkraft					
Growth, konjunkturabhängig					
Marke, Bekanntheitsgrad					
Marktkapitalisierung					
Investitionen in F&E					
Zwischensumme					
Normale Gewichtung: Alle Ergebnisse zählen nur einfach.					
Geschäftsmodell					
Buchwert oder KBV					
Stellung im Wettbewerb					
Analysen/Rating					
Meldungen/Kommunikat.					
Sympathie/Standards					
Internationalität					
Handelbarkeit					
Zwischensumme					
Endergebnis					

8.2 Vorschläge für eine deutsche Aktienauswahl

Zwölf fair bewertete deutsche Indexaktien, Stand 2014					
Achten Sie auf ein niedriges Kurs-Gewinn-Verhältnis (KGV) im Branchenvergleich. Dabei verdient Premium einen Bewertungsaufschlag.					
Nr.	**Aktie**	**Index**	**WKN**	**Kurs am 20.08.14 Entw. 1, 3, 5 Jahre**	**KGV 2015**
❶	Lufthansa	DAX	823 212	13,15 €/-7/+20/+24%	5,4
❷	VW VZ	DAX	766 403	171,40 €/-7/+63/+151%	6,9
❸	Deutsche Bank	DAX	514 000	24,90 €/-23/-4/-37%	7,4
❹	Bauer	SDAX	516 810	15,20 €/-18/-17/-33%	7,9
❺	Rheinmetall	MDAX	703 000	41,40 €/+12/-4/+19%	8,0
❻	Talanx	MDAX	TLX 100	26,50 €/+9%/keine Ang.	8,1
❼	Munich Re	DAX	843 002	149,20 €/+5/+73/+52%	8,4
❽	LEONI	MDAX	540 888	48,50 €/+17/+78/+220%	8,4
❾	Hannover Rück	MDAX	840 221	62,8 €/+13/+102/+106%	8,6
❿	Daimler	DAX	710 000	61,45 €/+12/+78/+100%	8,7
11	Allianz	DAX	840 400	127,20 €/+12/+87/+74%	8,8
12	Stada	MDAX	725 180	29,35 €/-22/+28/+89%	9,1

Anmerkung: Ein einstelliges KG gilt als preiswert. Theoretisch braucht eine AG dann weniger als 10 Jahre, um netto so viel zu verdienen, wie sie an der Börse wert ist. Als teuer gelten Firmen, die erst nach 20 oder mehr Jahren ihren Wert einspielen. Dennoch müssen AGs mit einem KGV unter 10 kein Schnäppchen sein. Schlechte Zahlen schlagen sich in abstürzenden Kursen nieder. Wichtig sind die Zukunftsperspektiven.

Niedrige Bewertung bei attraktivem Buchwert gegenüber dem Kurs; alternativ: Kurs-Buchwert-Verhältnis mit Null oder Eins vor Komma					
Nr.	**Aktie (Einordnung Alphabet)**	**Index**	**WKN**	**Kurs am 20.08.14 Entw. 1, 3, 5 Jahre**	**Buchwert**
❶	Aurubis	MDAX	676 650	38,15 €/-12/+10/+53%	43,05 €
❷	Bauer	SDAX	516 810	15,20 €/-18/-17/-33%	22,75 €
❸	BB Biotech	TecDAX	A0N FN3	137 €/+39/+234/+194%	142,2 €
❹	Commerzbank	DAX	CBK 100	10,90 €/+35/-23/-69%	22,8 €

Niedrige Bewertung bei attraktivem Buchwert gegenüber dem Kurs					
Nr.	**Aktie (Einordnung Alphabet)**	**Index**	**WKN**	**Kurs am 20.08.14 Entw. 1, 3, 5 Jahre**	**Buchwert**
5	Deutsche Bank	DAX	514 000	24,80 €/-23/-4/-37%	39,10 €
6	DIC Asset	SDAX	A1X 3XX	6,75 €/+11/+19/+34%	11,25 €
7	E.ON	DAX	ENA G99	13,80 €/+13/-2/-50%	16,15 €
8	HeidelbergCement	DAX	604 700	56,3 €/+2/+100/+80%	61,40 €
9	Klöckner & Co.	MDAX	KC0 100	10,10 €/+1/+3/-31%	14,35 €
10	Salzgitter	MDAX	620 200	26,65 €/-9/-30/-59%	52,70 €
11	Südzucker	MDAX	729 700	13,10 €/-45/-41/-4%	18,25 €
12	VW Vorzüge	DAX	766 403	173 €/-7/+63/+151%	184,6 €

Anmerkung: Der Buchwert spiegelt die materiellen Vermögenswerte bzw. das Eigenkapital wider. Bei Kurseinbrüchen steigt die Chance, dass der Buchwert über dem aktuellen Kurs notiert. Langfristig kann dies eine willkommene Einstiegschance sein.

Zwölf dividendenstarke deutsche Indexaktien, 2014, ab 5,2%					
Eine üppige Dividendenrendite sichert den Kurs nach unten ab. Gut ist eine verlässliche Ausschüttung mit einer Quote von 40 – 50%.					
Nr.	**Aktie**	**Index**	**WKN**	**Kurs am 20.08.14 Entw. 1, 3, 5 Jahre**	**Dividende + Rendite**
1	ZEAL Network	SDAX	TPP 024	33,8 €/-32/+13/+56%	3,00 €/9,1%
2	Telefónica D.	TecDAX	A1J 5RX	5,70 €/+11%/keine A.	0,47 €/8,2%
3	Freenet	TecDAX	A0Z 2ZZ	19,9 €/+10/+150/+129%	1,50 €/7,2%
4	Drillisch	TecDAX	554 550	27,7 €/+97/+301/+763%	1,60 €/6,9%
5	Bilfinger	MDAX	590 900	56,00 €/-23/+7/+53%	3,20 €/5,9%
5	Amadeus Fire	SDAX	509 310	52,5 €/+8/+111/+299%	3,00 €/5,8%
7	MLP	SDAX	656 990	4,55 €/-6/-19/-52%	0,28 €/5,7%
7	TAG Immobil.	MDAX	830 350	8,75 €/0%/+37/+178%	0,50 €/5,6%
9	Alstria Office	SDAX	A0L D2U	9,95 €/+11/+16/+61%	0,55 €/5,6%
10	Comdirect	SDAX	542 800	7,80 €/+4/+24/+31%	0,42 €/5,4%
11	Pfeiffer Vac.	TecDAX	691 660	70,20 €/-18/+10/+35%	3,70 €/5,3%
12	Pro7SAT.1	MDAX	PSM 777	30,9 €/+1/+162/+400%	1,60 €/5,2%

8.3 Internationale Aktienauswahl nach Branchen

Die Forderung „Breit gestreut – nie bereut" lässt sich leichter umsetzen beim Blick auf weltweit interessante Aktien aus führenden Branchen. Fehlt es an Geld, Zeit und Lust, die wichtigsten Märkte mit fair bewerteten Qualitäts-Einzelaktien abzudecken, lässt sich dies auch mit einem ETF erreichen. Es empfiehlt sich, Kursschwäche für den möglichen Einstieg oder Zukauf zu nutzen. Setzen Sie sowohl auf die Sieger, denn der Trend ist dein Freund, als auch auf übertrieben abgestrafte zeitweilige Verlierer. Orientieren Sie sich am Punktesystem, beachten Sie wichtige Kennzahlen, schauen Sie auf die G+V, die Bilanz und eine hohe Dividendenrendite. Für das Gesundheitswesen, Edelmetalle, Rohstoffe und Erneuerbare Energien gibt es eigene Kapitel.

Milliardär Li Ka-Shing, der reichste Chinese, „König von Hongkong" genannt, legt sein Geld vorsichtig an – ganz ohne Kredit. Er sucht Wachstum, ohne die Stabilität zu vernachlässigen. Er investiert in das, was sich aus menschlichen Bedürfnissen ableitet. Ob es jedoch ratsam ist, auf die US-Firma MODERN MEADOW zu setzen, die mithilfe des 3D-Druckers Fleisch und Leder künstlich herstellen will, ist kritisch zu hinterfragen. Li Ka-Shing hat ein Gespür für Branchen und Trends. Komplizierte Geschäfte im Finanzmarkt sind ihm nicht geheuer. Darum lässt er wie ich die Finger von Hebelprodukten und verzichtet auf jegliche Finanzspielereien.

Interessante Aktien: Automobilindustrie mit Zulieferern

Deutschland gilt im hochpreisigen Premiumsektor als weltweit führende Automobilnation. Hier zeichnet sich ein Dreikampf zwischen **DAIMLER, BMW** und **AUDi** ab. Seit 2009 zeigen alle drei Autobauer steigende Umsätze. Die Digitalisierung in der Autowelt ist ein heißes Thema. Dazu meint Firmenchef Dieter Zetsche: „Angst ist immer ein schlechter Ratgeber. Google und Daimler – wir sind primär Partner. Es gibt viele Themen, bei denen wir uns ergänzen." Es gibt nur wenige Branchen, in denen die Bundesrepublik rund um den Globus so eindeutig die Rangliste anführt. Allerdings drohen den großen deutschen Spitzenunternehmen VW, BMW und DAIMLER Exporteinbrüche in den **BRIC-Staaten.** Nur das **C** für China bleibt übrig.

Internationale Aktienauswahl aus der Automobilindustrie				
Aktie bzw. Unternehmen	**WKN**	**Index bzw. Land**	**Kurs 02.12.2014 Entw. 1, 3, 5 Jahre**	**Hoch/Tief 1 Jahr**
AUDI (VW)	675 700	Deutschland	641 €/**-2**/**+21**/**+40%**	675/540 €
Bertrandt	523 805	SDAX	109 €/**+9**/**+148**/**+444%**	120/85,3 €
BMW ST	519 000	DAX	92,0 €/**+9**/**+68**/**+188%**	96,1/74,7 €

Daimler	710 000	DAX	67,7 €/+12/+104/+94%	71,3/55,1 €
ElringKlinger	785 602	MDAX	27,2 €/-11/+45/+78%	32,9/21,5 €
Fiat Chrysler	812 CBU	Italien	**10,4 €**/+77/+159/+96%	**10,4**/5,25 €
Ford Motor	502 391	USA	12,8 €/0%/+33/+115%	13,5/10,4 €
General Motors	A1C 9CM	USA	26,5 €/-8/+68/+5%	30,6/22,7 €
Grammer	589 540	SDAX	32,9 €/-12/+175/+439%	45,0/24,2 €
Honda Motor	853 226	Japan	24,3 €/-22/+1/+12%	30,7/22,9 €
Hyundai Motor	885 166	Südkorea	46,2 €/+7/+115/+314%	60,4/37,3 €
MAN	593 700	MDAX	92,2 €/+4/+44/+77%	94,3/87,8 €
Nissan Motor	853 686	Japan	7,40 €/+12/+12/+48%	7,85/6,00 €
Porsche (VW)	PAH 003	Deutschland	70,2 €/-6/+58/+77%	82,5/57,3 €
Renault	893 113	Frankreich	62,7 €/-3/+125/+90%	75,6/50,5 €
Rolls-Royce	A1H 81L	England	10,9 €/-26/+25/+106%	15,7/9,90 €
SAF Holland	A0M U70	SDAX	11 €/+11/+196/+246%	12,3/8,55 €
SHW (Zulieferer)	A1J BPV	SDAX	37,3 €/-10/+105/-18%	56,5/28,7 €
Suzuki Motor	857 310	Japan	25,8 €/+41/+68/+61%	26,9/17,9 €
TESLA Motors	A1C X3T	Amerika	189 €/+100%/keine Ang.	225/92,4 €
Toyota Motor	853 510	Japan	**51,1 €**/+10/+109/+87%	**51,1**/37,4 €
VOLVO	855 689	Schweden	8,95 €/-10/+4/+36%	11,7/7,85 €
Volkswagen VZ	766 403	DAX	186 €/-6/+46/+213%	205/147 €

Interessante Aktien: Deutscher Anlagen- und Maschinenbau

Im sehr differenzierten deutschen Maschinenbau gibt es zahlreiche Weltmarktführer. Die Branche wird aktuell belastet durch die von der EU in Kraft gesetzten harten Wirtschaftssanktionen gegenüber Russland und die von Regierungschef Putin eingeleiteten Gegenmaßnahmen. Außerdem erschwert die Produktpiraterie aus China die Wachstums- und Ertragschancen bundesdeutscher Unternehmen.

Anlagen- und Maschinenbauaktien vor allem aus den Indizes				
Aktie bzw. Unternehmen	**WKN**	**Index**	**Kurs 05.01.2015 Entwicklg. 1, 3, 5 J.**	**52-Wochen-Hoch/-Tief**
BAUER	516 810	SDAX	14,05 €/-24/-35/-53%	20,35/11,70 €
DEUTZ	630 500	SDAX	4,10 €/-34/+2/+23%	8,00/3,30 €
DMG Mori Seiki	587 800	MDAX	23,20 €/+3/+138/+116%	26,90/17,60 €

Aktie bzw. Unternehmen	WKN	Index,	Kurs 05.01.2015 Entwicklg. 1, 3, 5 J.	52-Wochen-Hoch/-Tief
DÜRR	556 520	MDAX	72,70 €/+16/+326/+777%	74,45/49,30 €
Heidelberger Dr.	731 400	SDAX	2,05 €/-21/+55/-42%	3,15/1,80 €
HERMLE	605 283	Entry St.	162,50 €/+6/+129/+243%	189,0/140,1 €
HOMAG	529 720	Prime St.	30,30 €/+57/+282/+174%	30,45/17,75 €
Jungheinrich	621 993	MDAX	51,60 €/+12/+166/+299%	59,00/38,40 €
KION Group	KGX 888	MDAX	31,35 €/+3%/Börsengang	37,35/25,20 €
KRONES	633 500	MDAX	80,10 €/+25/+100/+124%	91,90/56,40 €
KUKA	620 440	MDAX	59,05 €/+79/+314/+388%	63,60/33,50 €
Manz Automat.	A0J Q5U	TecDAX	54,50 €/-4/+158/-16%	84,40/51,00 €
NanoFocus	540 066	Entry All	3,65 €/-5/+21/-34%	4,40/2,60 €
Pfeiffer Vacuum	691 660	TecDAX	67,90 €/-31/-1/+15%	100,70/57,15 €
RATIONAL	701 080	SDAX	258,70 €/+7/+52/+118%	270,9/214,8 €
SIEMENS	723 610	DAX	91,00 €/+5/+29/+48%	101,2/80,30 €
ThyssenKrupp	750 000	DAX	20,50 €/+24/+17/-23%	22,80/16,90 €
Vossloh	766 710	SDAX	51,90 €/-25/-27/-22%	75,70/42,10 €
Wacker Neuson	WACK01	SDAX	16,80 €/+41/+76/+95%	18,30/11,70 €

Interessante deutsche Chemieaktien aus dem DAX und MDAX

Die deutschen DAX-Chemieunternehmen sind führend auf dem Weltmarkt. Dies gilt sowohl für BAYER als auch für BASF, HENKEL und LINDE. Auch die MDAX-Konzerne BRENNTAG, FUCHS PETROLUB, SYMRISE und WACKER CHEMIE erfreuen die Aktionäre mit jahrelangen Kursgewinnen. Die Zuordnung ist jedoch schwierig. Die Abgrenzung zum Pharma-, Konsum- und Industriebereich bereitet Kopfzerbrechen. BAYER aus Leverkusen verfügt über eine international herausragende Stellung und enteilt den Konkurrenten im Pharma- und Agrochemiebereich.

Deutsche Chemieaktien aus den Indizes DAX und MDAX				
Aktie bzw. Unternehmen	WKN	Index, Dividende 2015	Kurs 05.01.2015 Entw. 1 + 3 J.	52-Wochen-Hoch/-Tief
BASF	BAS F11	DAX/3,00 €	66,70 €/-8/+27%	88,25/64,25 €
BAYER	BAY 001	DAX/2,50 €	109,2 €/-13/+123%	121,40/91,30 €

Aktie bzw. Unternehmen	WKN	Index, Dividende 2015	Kurs 05.01.2015 Entw. 1 + 3 J.	52-Wochen-Hoch/-Tief
Beiersdorf	520 000	DAX/0,80 €	66,05 €/-5/+21%	77,40/60,80 €
Brenntag	A1D AHH	MDAX/0,95 €	44,95 €/+4/+91%	47,25/34,50 €
EVONIK	EVN K01	MDAX/1,00 €	26,60 €/-8%/IPO	30,95/24,20 €
Fuchs Petrolub	579 043	MDAX/0,80 €	32,05 €/-7/+93%	37,55/26,20 €
HENKEL	604 843	DAX/1,37 €	87,95 €/+7/+92%	90,80/72,15 €
K+S	KSA G88	DAX/0,35 €	22,40 €/+5/-36%	27,20/19,10 €
Lanxess	547 040	DAX/0,70 €	35,25 €/-20/-7%	56,80/35,25 €
LINDE	648 300	DAX/3,50 €	149,90 €/+2/+32%	158,5/137,0 €
SGL Carbon	723 530	SDAX/0,00 €	13,30 €/-48/-61%	29,75/12,10 €
STADA	725 180	MDAX/0,80 €	25,50 €/-28/+29%	39,00/24,10 €
Symrise	SYM 999	MDAX/0,85 €	49,45 €/+47/+138%	51,00/33,00 €
Wacker Chem.	WCH 888	MDAX/0,90 €	85,45 €/+14/+38%	104,4/76,05 €

Deutsche Finanzdienstleister-Aktien aus DAX, MDAX und SDAX

Die deutschen Indizes enthalten zahlreiche Versicherungs-, Banken- und Finanzberateraktien. Die Geldinstitute leiden noch unter früheren Verwerfungen mit toxischen Kreditderivaten und den aktuell niedrigen Leitzinssätzen nahe 0%. Die Deutsche Bank mit ihrem höchstbezahlten Vorstand erzielt nicht zuletzt wegen ständiger Rechtsstreitigkeiten nur eine dürftige Rendite. Die Versicherungskonzerne können Neukunden Kapitallebensversicherungen kaum mehr schmackhaft machen. Die sich häufenden Umweltkatastrophen im Zuge des Klimawandels – wie Sturmfluten, Überschwemmungen, Tsunamis, Orkane, Erdbeben – schmälern den Gewinn, was sich nicht verlässlich durch künftige Beitragserhöhungen ausgleichen lässt. Gerade in diesem Sektor ist eine gründliche Marktbeobachtung notwendig.

Deutsche Bank- und Versicherungsaktien: DAX, MDAX, SDAX				
Aktie bzw. Unternehmen	**WKN**	**Index, Dividende 2015**	**Kurs 05.01.2015 Entw. 1 + 3 J.**	**52-Wochen-Hoch/-Tief**
Allianz	840 400	DAX, 6,80 €	133,90 €/+4/+79%	140,0/115,5 €
Aarealbank	540 811	MDAX, 1,50 €	32,40 €/+12/+143%	36,55/26,20 €
CapitalStage	609 500	SDAX, 0,14 €	4,80 €/+32/+53%	5,00/3,45 €
Comdirect B.	542 800	SDAX, 0,38 €	8,40 €/-1%/+10%	8,90/7,60 €

Aktie bzw. Unternehmen	WKN	Index, Dividende 2015	Kurs 05.01.2015 Entw. 1 + 3 J.	52-Wochen-Hoch/-Tief
Commerzbank	CBK 100	DAX, 0,15 €	10,90 €/-7%/+19%	14,50/9,90 €
Deutsche Bank	514 000	DAX, 0,90 €	24,20 €/-26/-9%	38,15/22,65 €
Hannover Rück	840 221	MDAX, 3,20 €	73,30 €/+20/+95%	76,10/58,15 €
MLP	656 990	SDAX, 0,25 €	3,70 €/-28/-28%	6,05/3,45 €
Munich Re	843 002	DAX, 7,75 €	161,20 €/+4/+71%	170,4/141,1 €
Talanx	TLX 100	MDAX, 1,30 €	24,70 €/0%/IPO	27,95/23,20 €

Internationale Finanzdienstleisteraktien: USA und Europa

Die amerikanische Notenbank Fed und die Europäische Zentralbank EZB bestimmen den geldpolitischen Kurs. Solange die Gelddruckmaschinen in hohem Tempo laufen und in großem Stil Staatsanleihen als Konjunkturstütze gekauft werden, bleiben die Leitzinssätze niedrig. Dies schmälert die Ertragschancen für Banken und Versicherungen, auch wenn sich die Lage seit der Weltwirtschaftskrise 2008/2009 trotz des Überschuldungsszenarios in einigen südlichen Ländern und den USA etwas entspannt hat. Mit Sparbuch und seriösen Staatsanleihen lässt sich momentan kein Kapital vermehren, wird die Inflationsrate einbezogen. Ist der Freibetrag von jährlich 801 € für Ledige und 1602 € für gemeinsam veranlagte Verheiratete ausgeschöpft, wird selbst bei den lächerlich niedrigen Zinserträgen unter 1% die Abgeltungsteuer von 25% plus Solidaritätszuschlag fällig.

Umso interessanter sind für marktkundige Anleger Aktien. Mit überdurchschnittlich hohen Kursgewinnen ist im Finanzsektor nicht unbedingt zu rechnen. Mehr Freude machen da hohe Dividenden wie bei ALLIANZ und MÜNCHNER RÜCK aus dem DAX. Vorsicht vor betrügerischen Anpreisungen am Grauen Kapitalmarkt! Was wird hier nicht alles angeboten, um die Gier der Privatanleger auszunutzen! Als Richtschnur gilt: Hohe Renditen bei gleichzeitig hoher Sicherheit gibt es nicht. Wer viel gewinnen will, muss viel riskieren und ein Scheitern bis zum Totalverlust miteinkalkulieren. Die Versicherungsgesellschaften sollten unbedingt ihren prozentualen Aktienanteil erhöhen. Aber Deutschland präsentiert sich als Angsthasenvolk. Die Privatanleger greifen erst recht nicht zu, wenn die Aktienkurse in den Keller rauschen, wie beispielsweise am 4. Januar 2015. Eher wird panikartig verkauft.

- **Um Ihnen in schwierigen Zeiten Ihre Anlageentscheidungen zu erleichtern, folgt nach der Kursliste für deutsche Aktien die Übersicht über Bank- und Versicherungstiteln aus dem Leitindex DOW JONES, dem EURO STOXX 50 für Euroland und dem STOXX 50 für Gesamteuropa.**

Internationale Bank- und Versicherungsaktien: USA/Europa				
Aktie bzw. Unternehmen	**WKN**	**Index**	**Kurs 05.01.2015 Entw. 1 + 3 J.**	**52-Wochen-Hoch/-Tief**
AIG American I.	A0X 88Z	S&P 500	46,35 €/+25/+113%	47,25/34,35 €
AXA	855 705	Euro Stoxx 50	18,45 €/-7%/+87%	20,65/16,35 €
Báloise	853 020	SMI	106,3 €/+15/+99%	129,0/101,6 €
Banco Bilbao	875 773	Euro Stoxx 50	7,85 €/-10%/+24%	10,00/7,50 €
Banco Santander	858 872	Euro Stoxx 50	6,75 €/+12/+66%	7,80/5,85 €
Bank of America	858 388	S&P 500	14,60 €/+20/+102%	15,00/10,50 €
BNP Paribas	887 771	Euro Stoxx 50	46,80 €/-15/+19%	61,6/44,15 €
Citigroup	A1H 92V	S&P 500	44,70 €/+13/+102%	46,05/32,35 €
Goldman Sachs	920 332	Dow Jones	158,75 €/+21/+72%	163,4/109,2 €
HSBC Holdings	923 893	Stoxx 50	7,65 €/-3%/+28%	11,55/9,55 €
Ing Group	907 466	Euro Stoxx 50	10,80 €/+7/+63%	10,90/8,15 €
Julius Bär	A0Y BDU	SMI	37,65 €/+9/+27%	38,20/29,60 €
JP Morgan Chas.	850 628	Dow Jones	50,75 €/+18/+64%	52,55/38,15 €
Morgan Stanley	885 836	S&P 500	32,00 €/+39/+159%	44,45/31,85 €
Société Générale	873 403	Euro Stoxx 50	33,90 €/-19/+109%	48,55/31,85 €
Swiss Re	A1H 81M	SMI	68,70 €/+3%/k. A.	70,90/57,80 €
Travelers	A0M LX4	Dow Jones	88,65 €/+35/+94%	88,65/63,25 €
UBS NA	UB0 BL6	Stoxx 50	13,45 €/-4%/+45%	15,50/11,60 €
UniCredit	A1J RZM	Euro Stoxx 50	5,10 €/-8%/+73%	6,85/5,00 €
Visa Inc.	A0N C7B	Dow Jones	215,50/+34%/k. A.	224,1/140,7 €
Wells Fargo	857 949	S&P 500	44,60 €/+36%/k. A.	46,00/32,60 €
Zurich Insurance	579 919	Stoxx 50	257,65 €/+24/+47%	261,8/200,7 €

Deutsche Immobilienaktien aus dem MDAX und SDAX

Es gibt eine Unzahl börsennotierter Immobilien-AGs. Im Zuge der Weltwirtschaftskrise 2008/2009 stürzten fast alle Titel so stark ab, dass der Buchwert den Börsenkurs übertraf. Dies hat sich durch die großteils hervorragende Kursentwicklung geändert. Aber es gibt noch fair bewertete, dividendenstarke Immobilienaktien. Im DAX taucht der Sektor bislang nicht auf, umso öfter im MDAX und SDAX.

Die hiesigen Immobilien-AGs sind in jüngster Zeit so stark gewachsen wie nie zuvor. 2013 betrug der Börsenwert 10,1 Mrd. €. Im Oktober 2014 waren es 21,8 Mrd. €. Niedrige Zinsen, billiges Baugeld, Aktienscheu und Preisanstieg bei Kauf und Vermietung von Gewerbe- und Wohnimmobilien in den Ballungsräumen und wachstumsstarken Mittelstädten bilden den Treibsatz für diesen Aufwärtstrend.

Deutsche Immobilienaktien bevorzugt aus 2. und 3. Börsenliga				
Aktie bzw. Unternehmen	**WKN**	**Index, Dividende 2015**	**Kurs 05.01.2015 Entw. 1 + 3 J.**	**52 Wochen-Hoch/Tief**
Alstria Office R.	A0L D2U	SDAX, 0,52 €	10,65 €/+15/+20%	10,70/9,05 €
Dt. Annington	A1M L7J	MDAX, 0,90 €	27,65 €/+50%/IPO	28,50/18,55 €
Dt. Euroshop	748 020	MDAX, 1,35 €	36,45 €/+14/+52%	37,90/30,55 €
Dt. Wohnen	A0H N5C	MDAX, 0,52 €	19,70 €/+41/+105%	20,05/13,65 €
DIC Asset	A1X 3XX	SDAX, 0,35 €	7,60 €/+11/+50%	8,20/5,85 €
Gagfah	A0L BDT	MDAX, 0,50 €	18,40 €/+72/+373%	18,70/10,35 €
GSW Immobilien	GSW 111	Prime, 0,90 €	46,05 €/+68/+118%	47,25/27,80 €
Hamborner Reit	601 300	SDAX, 0,45 €	8,25 €/+13/+30%	8,30/7,35 €
Helma Eigenheim	A0E Q57	Entry, 0,50 €	27,10 €/+43/+244%	29,30/18,20 €
LEG Immobilien	LEG 111	MDAX, 2,10 €	61,45 €/+43%/IPO	62,80/42,65 €
Patrizia Immob.	PAT 1AG	SDAX, 0,20 €	13,20 €/+90/+416%	13,30/6,65 €
TAG Immobilien	830 350	MDAX, 0,55 €	9,60 €/+11/+57%	9,90/8,45 €
VIB Vermögen	245 751	m:access, 0,50	14,35 €/+23/113%	14,55/10,15 €

Internationale Aktien Mode, Luxus, Kosmetik, Uhren

Hier gibt es so viele Firmen, dass eine Auswahl nach Marke, Bekanntheit, Börsenwert und Notierung in einem der weltweit führenden Börsenbarometer genügen muss. Boomen Konjunktur und Wirtschaftswachstum, ist mit Luxusaktien viel Geld zu verdienen, vor allem wenn Chinesen eifrig einkaufen. Die russischen Oligarchen haben auch als Milliardäre wegen der Ukrainekrise, des Ölpreisverfalls und des Rubelabsturzes andere Bedürfnisse, als sich mit wertvollen Luxusartikeln einzudecken. Seien es teuere Yachten und Automobile, Schmuck, Uhren, Elektronik, Mode, Kosmetik, Champagner oder Kunstwerke. Tiffany, erste Adresse für Luxusschmuck, präsentiert schwache Zahlen. Hugo Boss träumt vielleicht vom DAX-Aufstieg. Für Privatanleger gilt: breit streuen, Kursschwäche nutzen, diesen Sektor nicht übergewichten. Wer größere Kursschwankungen nervlich nicht aushält, sollte diese interessante Branche meiden oder am besten mit einem ETF abdecken.

Internationale Aktien Mode, Luxus, Kosmetik, Uhren				
Aktie, Unternehmen	**WKN**	**Index bzw. Land**	**Kurs 05.01.2015 Entw. 1 + 3 Jahre**	**52-Wochen-Hoch/-Tief**
Adler Moden	A1H 8MU	Prime St.	13,20 €/+26/+208%	14,15/8,90 €
Beiersdorf	520 000	DAX	66,70 €/-9%/+50%	77,35/60,80 €
Burberry	691 197	England	20,65 €/+13/+42%	21,50/16,40 €
DIOR	883 123	Frankreich	138,00 €/+5/+50%	155,1/127,8 €
GAP	863 533	Amerika	35,00 €/+24/+144%	35,30/26,70 €
Gerry Weber	330 410	MDAX	33,15 €/+9/+32%	39,55/27,60 €
Hennes & M.	872 318	Schweden	33,00 €/+1/+40%	34,65/28,85 €
Hermes	886 670	Frankreich	282,30 €/+11/+22%	304,4/226,9 €
Hugo Boss	A1P HFF	MDAX	100,10 €/-2%/+62%	115,0/88,60 €
Inditex	A11 873	Euro Stoxx 50	23,20 €/-3%/+81%	24,10/19,40 €
L'Oreal	853 888	Euro Stoxx 50	134,25 €/+8/+66%	140,4/114,9 €
LVMH	853 292	Euro Stoxx 50	126,50 €/-1%/+15%	147,0/121,1 €
PRADA	A0N DNB	Italien	4,65 €/-27%/+41%	6,80/4,45 €
Procter & G.	852 062	Dow Jones	75,95 €/+29/+47%	76,85/55,20 €
Richemont	A1W 5CV	Euro Stoxx 50	71,80 €/-2%/keine A.	76,50/60,10 €
SWATCH	865 126	Schweiz	363,35 €/-24%/+22%	486,4/348,4 €
Tiffany	872 811	S&P 500	86,48 €/+30/+72%	89,30/59,90 €
Tom Tailor	A0S TST	SDAX	11,45 €/-31/-8%	16,85/10,25 €

Deutsche Aktien IT/Software bevorzugt aus DAX und TecDAX

Die Softwarebranche wird von Big Data, der Digitalisierung in der zunehmend vernetzten Datenwelt, dem Cloud Computing, also Auslagerung eigener Firmendaten in darauf spezialisierte Softwarehäuser, geprägt. Die besten IT-Spezialisten wachsen kräftig, schreiben schwarze Zahlen und schütten zum Teil üppige Dividenden aus. Der IT-Markt ist einerseits durch zahlreiche Übernahmen und Fusionen gekennzeichnet. Umgekehrt bereitet der zunehmende Mangel an qualifizierten Arbeitskräften große Sorgen. Die führenden deutschen IT-Unternehmen sind im DAX und TecDAX notiert. Aber es gibt weitere chancenreiche Aktien aus dem Prime und Entry Standard, die es verdienen, berücksichtigt zu werden. Interessant ist, dass auch die Bundesregierung das große Geschäft mit Big Data entdeckt.

Die auf Cloud Computing spezialisierten IT-Firmen verdienen mit der Vernetzung von Hausgeräten, Uhren, Brillen und Gesundheits-Apps viel Geld. Das Wachstumspotenzial ist riesig. Aber auch hier gilt es, die Spreu von Weizen zu trennen. Parallel dazu müssen der Datenschutz viel effektiver und das Eindringen von Hackern deutlich erschwert werden. Gerade für diesen Sektor gilt: Das Depot breit streuen, Gewinne laufen lassen und bei dreistelligen Erträgen Teilverkäufe vornehmen. Gesundheits-, Immobilien- und Softwareaktien waren Spitzenreiter.

Deutsche IT/Softwareaktien bevorzugt aus DAX und TecDAX				
Aktie, Unternehmen	**WKN**	**KGV 2015 (e), Index**	**Kurs 05.01.2015 Entw. 1 + 3 Jahre**	**52-Wochen-Hoch/-Tief**
Adesso	A0Z 23Q	**17,3**/Gen. St.	13,60 €/**+15/+111%**	14,75/9,10 €
Atoss Softw.	510 440	**16,2**/Prime St.	32,65 €/**+19/+99%**	32,70/25,90 €
Bechtle	515 870	**16,2**/TecDAX	64,75 €/**+24/+152%**	66,60/49,25 €
Cancom	541 910	**17,3**/TecDAX	36,25 €/**+15/+305%**	39,80/24,65 €
Cenit	540 710	**14,2**/Prime St.	11,75 €/**+4/+130%**	12,70/8,30 €
CompuGroup	543 730	**12,9**/TecDAX	20,25 €/**+10/+138%**	21,35/16,90 €
Datagroup	A0J C8S	**12,0**/Entry St.	9,15 €/**+32/+80%**	10,55/7,05 €
Easy Softw.	563 400	**19,1**/Entry St.	6,15 €/**+8/+126%**	7,40/4,85 €
Ifa Systems	783 078	**9,0**/Entry St.	7,20 €/**+49/+6%**	8,00/4,55 €
InVision	585 969	**15,0**/Prime St.	47,50 €/**+91/+275%**	67,25/25,00 €
PSI	A0Z 1JH	**18,9**/Prime St.	11,90 €/**-12/-16%**	14,75/10,40 €
RIB Software	A0Z 2XN	**21,5**/TecDAX	11,25 €/**+41/+182%**	14,15/7,75 €
SAP	716 460	**15,7**/DAX	55,00 €/**-9%/+34%**	63,00/50,15 €
Software AG	330 400	**10,2**/TecDAX	19,90 €/**-18/-33%**	29,25/17,60 €
Softing	517 800	**17,3**/Prime St.	14,05 €/**-6%/+207%**	18,75/9,45 €
USU Software	A0B VU2	**15,7**/Prime St.	13,70 €/**+40/+219%**	16,10/9,25 €

Internationale Aktienauswahl: Telekom, Netzwerke, Internet

Durch den Internetsiegeszug verstärkt sich der Wettbewerb bei den Telekom- und Netzwerkanbietern, den Online-Portalen und sozialen Netzwerken. Nur wer sehr innovativ ist, sich von der Konkurrenz durch Ideenreichtum abhebt, eine attraktive Marke entwickelt und neben dem Wachstum keineswegs den Gewinn vernachlässigt, macht auf Dauer das Rennen. Die viel beschimpfte „Volksaktie Deutsche Telekom“ bereitet aktuell Freude – auch dank der hohen steuerfreien Dividende.

Internationale Aktienauswahl: Telekom, Netzwerke, Internet				
Aktie, Unternehmen	**WKN**	**Index bzw. Land**	**Kurs 05.01.2015 Entw. 1 + 3 Jahre**	**52-Wochen-Hoch/-Tief**
Alibaba	A11 7ME	China	84,20 €/+21%/IPO	96,80/64,55 €
AT & T	A0H L9Z	Dow Jones	28,10 €/+11/+21%	29,00/22,85 €
BAIDU	A0F 5DE	Nasdaq 100	182,95 €/+45/+96%	187,0/102,5 €
China Mobile	909 602	Hongkong	9,60 €/+30/+26%	10,10/6,00 €
CISCO	878 841	Dow Jones	22,95 €/+41/+56%	23,60/15,10 €
Dt. Telekom	555 750	DAX	12,60 €/+5/+44%	13,85/10,10 €
Drillisch	554 550	TecDAX	29,90 €/+41/+321%	32,00/20,85 €
EBAY	916 529	Nasdaq 100	46,00 €/+5%/keine A.	47,25/35,40 €
Ericsson	850 001	STOXX 50	9,90 €/+15/+31%	10,35/8,50 €
Facebook	A1J WVX	Nasdaq 100	63,65 €/+62%/IPO	67,25/38,10 €
F5 Networks	922 977	Nasdaq 100	108,15 €/+70/+36%	110,3/64,45 €
Freenet	A0Z 2ZZ	TecDAX	23,25 €/+7/+132%	26,00/17,75 €
GOOGLE	A0B 7FY	Nasdaq 100	425,30 €/+8/+69%	473,9/367,9 €
Orange	906 849	Euro Stoxx 50	13,25 €/+52/+14%	14,90/8,75 €
Priceline.com	766 054	Nasdaq 100	910,0 €/-3%/keine A.	1.004/778,0 €
Rocket Internet	A12 UKK	Entry Stand.	51,25 €/+44%/IPO	60,25/31,95 €
Softbank	891 624	Nikkei 225	49,50 €/-21%/+113%	65,70/47,60 €
Telefonica Dt.	A1J 5RX	TecDAX	4,40 €/-7%/IPO	5,05/3,45 €
United Internet	508 903	TecDAX	36,25 €/+19/+165%	38,20/28,20 €
XING	XNG 888	TecDAX	92,80 €/+18/+127%	107,0/72,40 €
Yahoo	900 103	Nasdaq 100	40,55 €/+42/+242%	42,10/23,15 €

Internationale Aktienauswahl: Konsumgüterkonzerne

Die Konsumgüterindustrie ist von solch großer Vielfalt geprägt, dass ich nur einige Global Player aus den weltweit führenden Indizes aufnehmen kann. Das wirtschaftliche Wohlergehen im hoch verschuldeten, aber konjunkturell auf gutem Weg befindlichen Amerika mit einem erstarkenden Dollar und neuen Allzeithochs beim DOW JONES, S&P 500 und NASDAQ 100 Ende 2014 hängt von Konsumverhalten und Verbrauchervertrauen sowie den Arbeitsmarktdaten ab. Ölpreisverfall, Griechenland- und Ukrainekrise lassen die Aktienkurse Anfang 2015 einbrechen.

Internationale Aktienauswahl: Konsumgüterkonzerne				
Aktie, Unternehmen	**WKN**	**Index bzw. Land**	**Kurs 06.01.2015 Entw. 1, 3, 5 Jahre**	**52-Wochen-Hoch/-Tief**
Acer	552 863	USA	3,10 €/+14/+31/-38%	3,35/1,95 €
Adidas	A1E WWW	DAX	54,50 €/-39/+6/+38%	93,10/52,95 €
Amazon	906 866	Nasdaq	245,5 €/-10/+86/+173%	302,0/206,7 €
Altria Group	200 417	S&P 500	41,6 €/+49/+85/+201%	41,95/25,05 €
Anheuser-B.	590 932	Euro Stoxx 50	89,7 €/+22/+95/+147%	95,00/68,95 €
Apple	865 985	Nasdaq	88,6 €/+58/+94/+320%	96,25/52,15 €
Beiersdorf	520 000	DAX	66,25 €/-9/+50/+43%	77,40/60,65 €
Canon	853 055	Nikkei	26,00 €/+14/-23/-12%	27,25/20,90 €
CeWe Stiftg.	540 390	SDAX	51,3 €/+23/+59/+131%	60,90/39,80 €
Coca-Cola	850 663	Dow Jones	35,70 €/+21/+31/+83%	36,20/26,95 €
Continental	543 900	DAX	168 €/+8/+212/+332%	183,4/136,8 €
Danone	851 194	Euro Stoxx 50	52,25 €/+3/+8/+23%	57,25/48,50 €
Diageo	851 247	Stoxx 50	23,00 €/0/+37/+98%	25,30/21,15 €
EBAY	916 529	Nasdaq	46,00 €/+21%/keine A.	47,25/35,40 €
Electronic A.	878 372	S&P 500	38 €/+143/+212/+208%	39,75/15,70 €
Fielmann	577 220	MDAX	56,0 €/+33/+53/+121%	56,90/40,40 €
Hawesko	604 270	Prime Stand.	40,25 €/+5/+20/+85%	45,00/34,50 €
Heineken	A0C A0G	STXE 600	56,80 €/+21/+56/+73%	63,70/44,60 €
Henkel	604 843	DAX	89,05 €/+6/+92/+142%	90,70/72,00 €
Hewlett Pack.	851 301	S&P 500	32,80 €/+61/+62/-8%	33,80/20,00 €
Home Depot	866 953	Dow Jones	84 €/+41/+142/+329%	87,60/54,45 €
Kraft Foods	A1J 20U	Nasdaq	52,45 €/+32%/keine A.	52,80/37,30 €
Lenovo	894 983	Hongkong	1,10 €/+26/+102/+134%	1,30/0,70 €
L'Oreal	853 888	Euro Stoxx 50	134,00/+8/+66/+71%	140,0/113,8 €
Mattel	851 704	Nasdaq	25,50 €/-25/+18/+86%	34,40/22,45 €
McDonald's	856 958	Dow Jones	77,30 €/+12/+1/+80%	78,85/67,75 €
Microsoft	870 747	Dow Jones	38,75 €/+46/+82/+81%	40,10/25,30 €
Mondelez	A1J 4U0	Nasdaq	30,20 €/+19%/keine A.	32,00/24,90 €

Aktie, Unternehmen	WKN	Index bzw. Land	Kurs 07.01.2015 Entw. 1, 3, 5 Jahre	52-Wochen-Hoch/-Tief
Nestlé	A0Q 4DC	Stoxx 50	59,45 €/+12/+34+79%	61,00/52,20 €
Nokia	870 737	STXE 600	6,25 €/+9/+54/-30%	6,95/4,90 €
Nike	866 993	Dow Jones	78,0 €/+39/+92/+240%	80,90/51,00 €
Panasonic	853 666	Nikkei	9,55 €/+14/+53/+1%	10,90/7,30 €
Pepsico	851 995	S&P 500	79,40 €/+30/+65/+78%	81,20/56,15 €
Procter & G.	852 062	Dow Jones	75,40 €/+30/+29/+47%	76,85/55,80 €
Samsung El.	881 823	Korea Comp.	378 €/+12/+70/+130%	416,4/299,2 €
Sony	853 687	Nikkei	17,90 €/+33/+23/-18%	18,00/10,95 €
Starbucks	884 437	Nasdaq	66,6 €/+21/+86/+319%	68,90/49,50 €
Unilever	A0J MZB	Euro Stoxx 50	31,70 €/+10/+18/+42%	34,05/27,00 €
Villeroy & B.	765 723	SDAX	11,95 €/0/+108/+122%	14,90/10,20 €
Wal Mart	860 853	Dow Jones	73,00 €/+26/+55/+93%	75,05/53,10 €
Walt Disney	855 686	Dow Jones	77,90 €/+37%/keine A.	79,50/54,95 €
Whirlpool	856 331	S&P 500	157 €/+65/+172/+95%	161,3/98,30 €
Zooplus	511 170	SDAX	64,9 €/+28/+57/+326%	68,50/43,50 €

Diese Aktienauswahl erfasst Konsumgüterproduzenten, Händler und Mischkonzerne. Die Zuordnung ist schwierig, gibt es doch Überschneidungen mit anderen Branchen wie Mode, Luxus, Pharma, Chemie, Elektronik, Technologie. Die Kursentwicklung über einen Zeitraum von fünf Jahren zeigt, wie lukrativ es sein kann, Gewinne anwachsen zu lassen. Es empfiehlt sich, zur Sicherheit und bei Kapitalbedarf Teilverkäufe vorzunehmen und die Hoch/Tief-Mutstrategie erfolgreich anzuwenden. Dass Irrtümer vorkommen, zeigt die katastrophale Kursentwicklung von TESCO. Warren Buffett hat in diese große britische Einzelhandelskette investiert.

Internationale Aktienauswahl: die Vielfalt in der Medienwelt

Die heutige Medienwelt mit starken Aktivitäten auch in China ist von unglaublicher Vielfalt geprägt. Dazu zählen Film, Fernsehen, Presse und Werbung, Print und Online, Big Data, die rasant fortlaufende Digitalisierung in unserer vernetzten Welt. Die Medienwelt von heute beeinflusst unser Denken und Handeln in nahezu allen Lebensbereichen, wie Familie, Freizeit, Bildung und berufliche Arbeit. Die Zuordnung wird erschwert durch mögliche Überschneidungen, vor allem mit den Sektoren Internet, Online-Dienstleistungen und Netzwerkaktivitäten. Die ausgewählten deutschen Aktien aus der Medienwelt stammen aus dem MDAX und SDAX.

Als dividendenstark mit Ausschüttungsrenditen von über 5% sind **RTL GROUP** und **Pro7SAT.1** aus dem MDAX zu nennen. Der milliardenschwere Börsenneuling **ALIBABA** aus China macht Furore und imponiert durch riesigen Umsatzanstieg.

Internationale Aktienauswahl: die Vielfalt der Medienwelt				
Aktie, Unternehmen	**WKN**	**Index, Land**	**Kurs 07.01.2015 Entw. 1, 3, 5 Jahre**	**52-Wochen-Hoch/-Tief**
Axel Springer	550 135	MDAX	49,40 €/+8/+51/+201%	51,45/40,35 €
Comcast	157 484	Nasdaq	46 €/+29/+160/+308%	48,55/34,45 €
CTS Eventim	547 030	SDAX	23 €/+34/+112/+188%	25,35/18,20 €
GFK	587 530	SDAX	33,80 €/-15/+11/+41%	44,70/29,65 €
Google	A0B 7FY	Nasdaq	430 €/+9/+477/+104%	473,9/367,9 €
Kabel Deutschl.	KD8 888	MDAX	113,3 €/+20/+187/+6%	114,7/93,85 €
Pro7SAT.1	PSM 777	MDAX	33,80 €/-3/+147/+333%	36,05/27,90 €
Reed Elsevier	A0M 95J	STXE 600	14 €/+31/+128/+147%	14,10/10,35 €
RTL Group	861 149	MDAX	77,65 €/-15/+31%/k. A.	100,0/64,80 €
Sony	853 687	Nikkei	**18,10 €**/+34/+26/-16%	**18,10**/10,50 €
Ströer Media	749 399	SDAX	24,30/+92/+95%/k. A.	25,25/11,40 €
Thomson Reut.	864 655	Kanada	32,50 €/+21/+63/+50%	33,75/23,95 €
Time Warner	A0R GAY	S&P 500	70,30 €/+39%/keine A.	71,10/57,00 €
Viacom	A0H M1Q	Nasdaq	60,65 €/+1/+80/+204%	65,10/53,00 €
Vivendi	591 068	Euro St. 50	19,90 €/+9/+28/+3%	21,25/17,35 €
Walt Disney	855 686	Dow Jones	78,45 €/+39%/keine A.	79,20/54,95 €
Wolters Kluwer	A0J 2R1	STXE 600	25,20 €/+22/+92/+66%	25,50/18,65 €
Yahoo	900 103	Nasdaq	42 €/+41/+235/+260%	42,05/23,15 €

Interessante Standard-Industrieaktien rund um den Globus

Im Industriesektor tummeln sich sowohl ertragsstarke als auch vom Pleitegeier bedrohte Firmen. Meine Auswahl berücksichtigt marktführende AGs aus wichtigen Indizes. Im Juli 2014 erfolgte hierzulande der stärkste Anstieg der Industrieaufträge seit gut einem Jahr – ein Plus von 4,6% zum Vormonat. Jetzt trüben sich die Aussichten ein. Viele Industriewerte aus Deutschland, Europa und Amerika erfreuen nicht nur durch ansehnliche Kursgewinne, sondern steigende Dividenden. Bei langfristigem Anlagehorizont kann die Rendite zweistellig wachsen.

Internationale Aktienauswahl aus dem Industriesektor				
Aktie, Unternehmen	**WKN**	**Index bzw. Land**	**Kurs 07.01.2015 Entw. 1, 3, 5 Jahre**	**52-Wochen-Hoch/-Tief**
Airbus Group	938 914	MDAX	44,00 €/-26/+71/+199%	57,30/39,65 €
Boeing	850 471	Dow Jones	108 €/+11/+89/+186%	109,1/87,10 €
Continental	543 900	DAX	170 €/+11/+266/+382%	183,4/136,9 €
Gamesa	A0B 528	Spanien	7,65 €/+2/+138/-35%	9,90/6,45 €
GDF Suez	A0E R6Q	E. Stoxx 50	18,40 €/+15/-4/-34%	21,15/16,05 €
General Elec.	851 144	Dow Jones	20,45 €/+5/+53/+100%	21,85/17,90 €
Gerresheimer	A0L D6E	MDAX	45,45 €/-11/+40/+92%	57,00/41,05 €
Grammer	589 540	SDAX	31,35 €/-4/+154/+447%	45,05/24,20 €
Heidelberg C.	604 700	DAX	57,80 €/+7/+80/+22%	68,70/48,30 €
LINDE	648 300	DAX	149,9 €/+2/+35/+84%	158,5/137,1 €
MTU Aero	A0D 9PT	MDAX	74,65 €/+2/+46/+89%	74,70/60,00 €
Norma	A1H 8BV	MDAX	39,2 €/+10/+148%/IPO	43,65/30,80 €
Saint-Gobain	872 087	E. Stoxx 50	33,90 €/-10/+22/-7%	46,45/30,10 €
Sartorius VZ	716 563	TecDAX	103 €/+18/+186/+537%	106,8/76,00 €
Schaltbau	717 030	SDAX	41,60 €/-8/+80/+224%	56,50/38,00 €
Siemens	723 610	DAX	92,10 €/-5/+31/+51%	101,4/80,15 €
Symrise	SYM 999	MDAX	**51 €**/+50/+144/+235%	**51,00**/33,00 €
ThyssenKr.	750 000	DAX	20,80 €/+21/+20/-19%	22,80/16,85 €
VINCI	867 475	E. Stoxx 50	45,60 €/-3/+39/+18%	57,25/39,80 €

Aktien weltweit rund um fossile Energien

Wirtschaftlichkeit und Umweltfreundlichkeit sind oberste Gebote einer vernünftigen Energiepolitik. Der Trend geht in Richtung erneuerbare Energien, verlangt doch der Klimawandel, begleitet von Umweltkatastrophen wie Orkan, Tsunami, Sturmflut, Erdbeben, ein Umdenken im Hinblick auf den Umweltschutz. Trotz der aktuellen Ölschwemme verknappen sich mittel- und längerfristig die fossilen Energien wie Erdöl und Gas. Daran wird sich trotz der neuen Fördertechnik Fracking wenig ändern. Dies führt dazu, dass die USA 2016 wohl an Russland und Saudi-Arabien vorbeiziehen dürften und größter Ölproduzent der Welt werden. Die Schiefersteingasförderung wird in 20 Jahren die Hälfte der amerikanischen Gas- und Ölproduktion ausmachen. Versorger wie E.ON zählen zur Energiewirtschaft.

Internationale Aktienauswahl fossile Energie, Schwerpunkt Öl				
Aktie, Unternehmen	**WKN**	**Index bzw. Land**	**Kurs 07.01.2015 Entw. 1, 3, 5 Jahre**	**52-Wochen-Hoch/-Tief**
C.A.T. OIL	A0J KWU	SDAX	15 €/-26/+233/+111%	22,70/11,90 €
Chevron	852 552	Dow Jones	92,00 €/+2/+14/+71%	101,1/79,50 €
China Petr.	578 971	China	68,30 €/+17/+7/+45%	85,00/55,15 €
ENEL	928 624	E. Stoxx 50	3,50 €/+17/+20/-9%	4,50/3,10 €
E.ON	ENA G99	DAX	13,35 €/+6/-14/-51%	15,40/12,25 €
Exxon Mobil	852 549	Dow Jones	76,50 €/+4/+15/+58%	78,40/65,50 €
GDF Suez	A0E R6Q	E. Stoxx 50	18,35 €/+15/-4/-34%	21,15/16,00 €
Iberdrola	A0M 46B	E. Stoxx 50	5,5 €/+22/+369/+236%	5,95/4,40 €
Lukoil	899 954	RTX	32,60 €/-28/-20/-16%	46,05/24,35 €
PetroChina	A0M 4YQ	China	0,95 €/+14/-6/+8%	1,15/0,70 €
Royal Dutch	A0D 94M	Stoxx 50	26,80 €/+7/-2/+31%	31,10/24,30 €
Schoeller-Bl.	907 391	Austria	59,90 €/-23/-11/+82%	98,90/55,00 €
Southern CO	852 523	S&P 500	42,00 €/+41/+16/+80%	42,90/29,60 €
Total	850 727	E. Stoxx 50	40,90 €/-2/+9/-4%	54,65/38,25 €

Wer sind die Opfer der Ölschwemme? Russland leidet extrem, stammt doch die knappe Hälfte der Staatseinnahmen aus Öl und Gas. Beim Exportvolumen machen fossile Energien über zwei Drittel aus. Der Rubel sinkt weiter. Die Kurse der Öl- und Gaskonzerne stürzen in den Keller. Russland steht vor einer Rezession. Weitere Leidtragende sind vor allem Venezuela und der Iran. Überlegen Sie, welche Branchen Nutznießer sind und welche Bereiche Auftragsrückgänge verzeichnen.

Aktien der weltweit führenden Technologieunternehmen

Es gibt viele Technologieunternehmen mit verschiedener Ausrichtung und Schwerpunktsetzung. Ich beschränke mich auf führende Titel aus den deutschen Indizes DAX und TecDAX, dem EURO STOXX 50 für Euroland, dem STOXX 50 für Gesamteuropa, dem amerikanischen Leitindex DOW JONES sowie dem S&P 500 und dem NASDAQ 100. Die Zuordnung ist schwierig wegen Überschneidungen mit Software, Internet und Industriebereich. Etliche Großkonzerne pflegen nicht nur einen Sektor, sondern sind wegen Risikominimierung, Internationalisierung und Aufgreifen neuer Trends breit aufgestellt. Wichtig ist eine variable, auf Fundamentaldaten gründende Strategie: Setzen Sie nicht nur auf Potenzial bei Verlierern. Was halten Sie von: „Der Trend ist dein Freund"?

Internationale Aktienauswahl aus der Technologiewelt				
Aktie, Unternehmen	**WKN**	**Index bzw. Land**	**Kurs 07.01.2015 Entw. 1, 3, 5 Jahre**	**52-Wochen-Hoch/-Tief**
ABB	675 089	Stoxx 50	17,55 €/-61/+20/+29%	19,90/15,60 €
APPLE	865 985	Nasdaq	91,45 €/+63/+110/+352%	96,25/52,15 €
ASML	A1J 4U4	Euro Stoxx 50	85,00 €/+31%/keine Ang.	89,75/57,00 €
CISCO	878 841	Dow Jones	23,00 €/+47+66/+39%	23,60/15,10 €
EMC	872 526	S&P 500	24,20 €/+40/+16/+106%	25,15/17,20 €
Fujitsu	855 182	Nikkei	4,20 €/+10/+2/-5%	5,90/3,45 €
General El.	851 144	Dow Jones	20,45 €/+5/+53/+100%	21,85/17,90 €
Hewlett-P.	851 301	S&P 500	33,55 €/+64/+71/-8%	33,80/15,00 €
Hitachi	853 219	Nikkei	6,10 €/+5/+41/+176%	6,35/4,75 €
Infineon	623 100	DAX	8,60 €/+14/+53/+128%	9,45/6,75 €
Intel	855 681	Dow Jones	30,15 €/+64/+62/+116%	30,90/17,30 €
Jenoptik	622 910	TecDAX	10,35 €/-16/+128/+174%	13,65/8,05 €
Kyociera	860 614	Nikkei	37,45 €/+6/+25/+26%	40,50/30,45 €
LEONI	540 888	MDAX	47,85 €/-9/+92/+204%	61,45/37,25 €
Lenovo Group	894 983	Hongkong	1,15 €/+26/+119/+160%	1,30/0,70 €
Mitsubishi El.	856 532	Nikkei	9,75 €/+9/+31/+94%	10,50/7,70 €
NOKIA	870 737	STXE 600	6,40 €/+14/+77/-26%	6,95/4,90 €
Panasonic	853 666	Nikkei	9,80 €/+10/+48/-6%	10,90/7,30 €
Philips	940 602	E. Stoxx 50	23,55 €/-8/+50/+17%	28,25/20,80 €
Samsung	881 823	Südkorea	385,0 €/+11/+67/+132%	416,0/299,3 €
SAP	716 460	DAX	54,80 €/-11/+31/+66%	63,30/50,15 €
Schaltbau	717 030	SDAX	41,35 €/-8/+80/+224%	56,50/38,00 €
Schneider El.	860 180	E. Stoxx 50	57,55 €/-4/+51/+48%	71,90/53,20 €
Seagate	A1C 08F	Nasdaq	54,20 €/+30/+290/+329%	57,00/34,15 €
Siemens	723 610	DAX	91,40 €/-8/+24/+43%	101,4/80,30 €
SONY	853 687	Nikkei	18,15 €/+30/+22/-18%	18,20/10,95 €
Toshiba	853 676	Nikkei	3,45 €/+16/+13/-7%	3,75/2,70 €
United Tech.	852 759	Dow Jones	95,20 €/+14%/keine Ang.	96,85/75,60 €

Globale Aktien, ETFs und Fonds für das „blaue Gold" Wasser

Es ist schwierig, den Wassersektor mit Aktien abzudecken. Wo will man anfangen? Wo will man aufhören? Man denke an Versorgung, Wasserwirtschaft für Landwirtschaft, Industrie, öffentliche und private Haushalte, Kanalisation, Wasserwerke, Schwimmbäder, Meerwasserentsalzung, Transport, Aufbereitung, Reinigung, Leitungs- und Kühlwasser, Getränkeindustrie usw. 2050 dürften 9,3 Mrd. Menschen auf der Erde leben. Jetzt sind es schon über 7 Mrd. Etwa 90 Mio. Menschen haben keinen Zugang zu sauberem Wasser. Mehr als ein Drittel der Weltbevölkerung lebt ohne sanitäre Anlagen. 80% des ständigen Abwassers fließen weltweit unbehandelt in Flüsse, Seen, Meere und verschmutzen bzw. vergiften die Umwelt. Betroffen sind nicht nur die armen Länder. So sollen in London ein Drittel und in New York ein Fünftel des Trinkwassers durch undichte Leitungen verloren gehen. China will laut Fünf-Jahres-Plan 450 Mrd. Dollar in die Verbesserung seiner Wasserwirtschaft stecken. Wasser ist ein ungemein knappes und begehrtes Gut.

Internationale Aktien aus unterschiedlichen Wasserbereichen				
Aktie bzw. Unternehmen	**WKN**	**Kurs am 07.01.15**	**Hoch/Tief 52 Wochen**	**Entwicklung 1, 3, 5 Jahre**
American Water W.	A0N J38	37,60 €	39,10/28,65 €	**+26/+87/+177%**
American Stat. Wat.	881 720	24,35 €	24,95/19,25 €	**+22,6/+102/+117%**
Aqua America	A0B LWO	18,80 €	19,10/16,45 €	**+1/+57/+105%**
Beijing Enterprises	A0N EXK	6,65 €	7,30/5,05 €	**+29/+86/+103%**
BWT (Österreich)	884 042	17,65 €	17,45/13,40 €	**+30/+20/-3,5%**
GDF SUEZ (Euro St.)	A0E R6Q	18,85 €	21,15/16,00 €	**+16/-9/-35%**
Geberit (STXE 600)	A0M QWG	262,15 €	262,7/186,4 €	**+42/+83/+168%**
Severn Trent (STXE)	A0L BHG	24,40 €	25,00/19,60 €	**+23/+49/+124%**
Suez Environnement	A0Q 418	13,40 €	15,40/11,35 €	**+27/+24/+5%**
United Utilities	A0Q 4EC	11,05 €	11,60/7,65 €	**+34/+64/+115%**
Veolia Environnem.	501 451	14,20 €	14,80/11,10 €	**+20/+28/-39%**
2 ETFs und 2 Aktienfonds aus dem globalen Wasserbereich				
ETF iShares S&P Gl.	A0M SAG	26,20 €	26,30/21,45 €	**+21/+61/+88%**
ETF Lyxor World W.	LYX 0CA	26,30 €	26,40/20,65 €	**+26/+64/+91%**
Fonds Piktet Water	933 349	215,00 €	215,0/177,6 €	**+21/+64/+87%**
Fonds Robeco SAM	763 763	212,85 €	213,8/174,2 €	**+23/+63/+82%**

Die Aufstellung zeigt Ihnen, in welche Einzelaktien, ETFs und Aktienfonds Sie unmittelbar im Wasserbereich investieren können – in unterschiedliche Sparten. Aber es gibt darüber hinaus auch Chemiekonzerne aus dem DAX und TecDAX, die vor allem bei der **Aufbereitungstechnologie** weltweit führend sind. Umgekehrt verbraucht gerade die Chemiebranche gigantische Mengen allein an Kühlwasser.

- Der DAX-Konzern **LANXESS**, eine Abspaltung von BAYER, hat in Bitterfeld eine Fabrik zur Herstellung von Membranfiltern für die Wasseraufbereitung errichtet. Der DAX-Chemieriese **BASF** stellt Spezialchemikalien für die Abwasserreinigung und die Meerwasserentsalzung her. Die Pharmakonzerne **MERCK** aus dem DAX und **SARTORIUS** aus dem TecDAX erfüllen höchste Ansprüche für ihre Reinstwassergeräte im Forschungsbereich. Indirekt wären Sie auch mit diesen Aktien im Wassersektor vertreten – wenngleich prozentual geringfügig.

Der Kampf um das kostbare Nass verschärft sich in den Schwellenländern – zwar noch nicht mit Waffen, aber mit Baggern

Erbittert wird um die kostbare und knappe Ressource Wasser in Asien, Afrika und Lateinamerika gerungen. Die westlichen Industrieländer gehen mit Wasser recht sorglos um. Es wird kaum gespart – und dies trotz anziehender Wasserpreise. Wie viel von dem kostbaren Nass für die Herstellung unterschiedlicher Produkte verbraucht wird, soll die kleine Aufstellung verdeutlichen.

Geschätzter Wasserverbrauch für unterschiedliche Güter

Produkt	Wasserverbrauch	Produkt	Wasserverbrauch
1 kg Tomaten	184 Liter	1 PC	20.000 Liter
1 Liter Bier	300 Liter	1 kg Röstkaffee	21.000 Liter
1 Liter Milch	1.000 Liter	1 PKW	400.000 Liter

Der durchschnittliche Wasserverbrauch pro Tag beträgt in Deutschland für Essen, Trinken sowie Körperpflege 124 Liter und indirekt über die konsumierten Verbrauchs- und Gebrauchsgüter 5288 Liter.

Quelle: *Handelsblatt* Nr. 164 vom 27. August 2014

Wichtig ist, das Wassermanagement zu verbessern. Es darf nicht länger angehen, dass Indien für den Anbau von einem Kilogramm Baumwolle fast viermal so viel Wasser wie China und das Riesenreich wiederum etwa viermal so viel Wasser wie die westlichen Industrieländer verbraucht. Vielleicht hilft die unter Mitwirkung von BASF, BAYER und SIEMENS erstellte Datenbank, Missstände zu verringern. Dies sollte auch Sinn des 1993 eingeführten Weltwassertags am 22. März sein.

8.4 Expertentipps für ein Zukunfts-Stock-Picking

Wer die im August 2013 im *Handelsblatt* abgedruckten Analysten-Empfehlungen zeitnah umsetzte, dürfte sich über seine Rendite gefreut haben. Die favorisierten europäischen Aktien legten doppelt so stark zu wie der EURO STOXX 50. Und auch die ausgewählten amerikanischen Titel schlugen den US-Leitindex DOW JONES um Längen. Nachdem die EZB in ihrer September-Sitzung 2014 praktisch die Guthabenverzinsung abgeschafft hat, bietet es sich an, das Ersparte sinnvoll in die besten Zukunftswerte rund um den Globus anzulegen. Die Tabelle bringt die Auswahl der Experten für 2014/2015 – von mir erweitert durch zahlreiche wichtige Details in Stichpunkten.

Expertentipps für ein internationales Zukunfts-Stock-Picking

Aktie bzw. Unternehmen	WKN	Kurs am 07.01.15	Hoch/Tief 52 Wochen	Entwicklung 1, 3, 5 Jahre
Abbott Labs (Pharma)	850 103	37,90 €	37,95/26,20 €	**+31%**/keine Ang.
Für den US-Pharmakonzern spricht vor allem die ständig höhere Dividendenrendite. Abbott Labs investiert nach Abspaltung von AbbVie bevorzugt in Schwellenländer.				
ACE (Versicherung)	A0Q 636	95,16 €	95,30/66,95 €	**+28/+74/+184%**
Der Schweizer Versicherungskonzern zählt zum S&P 500, betreut seine Kunden in 140 Ländern und gehörte schon 2012/13 zu den Top-Empfehlungen der Analysten.				
Accenture (Dienstl.)	A0Y AQA	74,10 €	74,90/55,25 €	**+24/+80/+149%**
Mit 280.000 Mitarbeitern ist Accenture einer der größten Managementberater.				
CVS Health (Pharma)	859 034	80,80 €	81,05/48,40 €	**+51/+142/+245%**
Die Aktie des US-Pharmahändlers steht ganz oben auf den Kurslisten der Analysten.				
Roche (Pharma)	851 311	226,70 €	241,9/191,6 €	**+11/+63/+85%**
Das herausragende Portfolio für Krebsmedikamente mit neuen Wirkstoffen überzeugt die Investoren. Der jüngste Coup ist die Übernahme der US-Biotechfirma Intermune.				
Sodexo (Catering)	870 935	78,75 €	81,55/70,55 €	**+7/+44/+88%**
Der französische Catering-Spezialist wird trotz der Umsatzdelle zum Kauf empfohlen.				
Union Pac. (Logistik)	858 144	95,70 €	100,0/60,65 €	**+36%**/keine Ang.
Der US-Konzern Union Pacific verfügt über lukrative Logistik und große Marktmacht.				
Walt Disney (Medien)	855 686	78,25 €	79,05/51,50 €	**+22%**/keine Ang.
Die Aktie des amerikanischen Unterhaltungsriesen zählt zu den Langzeit-Lieblingen.				
Quelle: *Handelsblatt* Nr. 172, 08.09.2014, S. 1, 4, 5, Artikel: „Rendite bleibt machbar"				

8.5 Forschung/Entwicklung als Wachstumsmotor

Wer bei Investitionen für Forschung/Entwicklung spart, kann sich nicht beständig im Wettbewerb um Marktanteile behaupten. Weltweit forschen Pharma- und IT-Konzerne am meisten. Hierzulande ist die Autobranche auf dem Vormarsch. VOLKSWAGEN, SAMSUNG und INTEL liegen mit Investitionen von 37 Mrd. Dollar vorn. Auf den Umsatz bezogen führen INTEL, ROCHE und NOVARTIS die Rangliste an. Deutschland kommt auf einen F&E-Anteil von 8,5%.

Wer investiert am meisten in F&E? Top-10-Rangliste weltweit				
Aktie bzw. Unternehmen	**WKN**	**Anteil Umsatz**	**Kurs 03.12.2014 Hoch/Tief 1 Jahr**	**Entwicklung 1, 3, 5 Jahre**
❶ Intel	855 681	20,1%	30,65/30,65/17,20 €	+73/+63/+130%
❷ Roche	851 311	19,8%	238/239/188 €	+18/+89/+111%
❸ Novartis	904 278	17,0%	77,65/78,10/55,20 €	+31/91/+106%
❹ Merck & Co.	A0Y D8Q	17,0%	49,20/49,20/34,75 €	+12/+88/+123%
❺ Microsoft	870 747	13,4%	39,15/40,10/25,30 €	+38/+107/+97%
❻ Google	A0B 7FY	13,3%	437/474/368 €	+12/+88/+123%
❼ Johnson & J.	853 260	11,9%	87,90/88,60/63,70 €	+26/+82/+106%
❽ Samsung	881 823	6,4%	380/416/299 €	+7/+76/+173%
❾ Volkswagen	766 403	5,2%	184/205/148 €	-6%/+43/+291%
❿ Toyota	853 510	3,5%	51,90/51,90/37,50 €	+11/+106/+88%

Wer führt in Deutschland bei F&E? Die Top-7-Rangliste 2014				
Aktie bzw. Unternehmen	**WKN**	**Aufwand F&M $**	**Kurs 03.12.2014 Hoch/Tief 1 Jahr**	**Entwicklung 1, 3, 5 Jahre**
❶ Volkswagen	766 403	13,5 Mrd.	184/205/148 €	-6%/+43/+291%
❷ Daimler	710 000	7,0 Mrd.	68,45/71,25/55,20 €	+11/+100/+93%
❸ Siemens	723 610	5,6 Mrd.	93,85/101/80,30 €	-3%/+29/+44%
❹ BMW	519 000	5,5 Mrd.	91,40/95,95/74,90	+8/+66/+191%
❺ BAYER	BAY 001	4,2 Mrd.	119/121/89,70 €	+21/+151/+124%
❻ SAP	716 906	3,0 Mrd.	56,50/63,00/50,15 €	-5%/+28/+84%
❼ Continental	543 900	2,6 Mrd.	169/183/137 €	+9/+222/+382%

⑨ Das kleine Börsenlexikon

A

Aktien. Die Aktie verbrieft einen Anteil am Grundkapital. Der Aktionär ist Miteigentümer der AG. Es gibt folgende Rechte: **a) Verwaltungsrechte** (Teilnahme an der HV, Auskunfts- und Rederecht, Stimmrecht) und **b) Vermögensrechte** (Anspruch auf **Dividende,** wenn Gewinn ausgeschüttet wird; **Bezugsrecht** bei Kapitalerhöhung gegen Bareinzahlung; **Berichtigungs- bzw. Gratisaktien** bei Kapitalerhöhung aus Gesellschaftsmitteln). Nach **Art der Übertragbarkeit** unterscheiden wir: **Inhaber-, Namens- und vinkulierte Namensaktien** (die AG entscheidet, ob jemand Aktionär wird). Bezüglich der **Rechte** gibt es **Stammaktien** (ST = Stimmrecht auf der HV) und **Vorzugsaktien** (VZ = keine oder begrenzte Stimmrechte bei der HV, dafür oft höhere Dividende).

Aktienanalyse. Der Analyst bewertet Aktien und zieht Rückschlüsse auf die künftige Entwicklung. Aus Rücksicht gegenüber Arbeitgeber und guten Kunden überwiegen Kaufempfehlungen. Darum sollte nie eine einzige Analyse als Entscheidungshilfe dienen. Niedrig kapitalisierte Werte werden von Analysten eher selten beobachtet.

Aktienanleihen. Üblich sind einjährige Laufzeit, fester Zinssatz und Aktienandienungsrecht. Bei **Aktienanleihen** mit hohem Zinskupon entscheidet am **Stichtag die ausgebende Bank,** ob sie das Geld bar oder in Aktien zurückgibt. Der hohe Zinskupon ist der Anreiz. Mit Aktienanleihen lässt sich im Seitwärtstrend am besten Geld verdienen. Fällt der Aktienkurs stark, ist der attraktive Zinssatz nur ein kleines Trostpflaster für erlittene Verluste. Die **Aktiengesellschaften** begeben selbst **Wandelanleihen** mit **Niedrigzinskupon.** Hier bestimmt der Anleger, ob er Barauszahlung oder Aktien vorzieht. Bei Wandelanleihen ist das Risiko gering, wenn das Rating im A-Bereich liegt.

Aktienfonds, Investmentfonds. Die Fondsgesellschaften bieten unterschiedliche Finanzprodukte an, nämlich Aktien, Anleihen, Misch- und Dachfonds. Es gibt Produkte mit Garantie auf Kapitalerhalt, alternative Investments in Hedge- und Managed Futures-Fonds. Die Aktienfonds decken bestimmte Märkte, Länder, Branchen, Themen, Indizes und Schwerpunkte ab. Oft wird ein Ausgabeaufschlag von 5% erhoben, der allerdings verhandelbar ist. Hinzu kommt meist eine Verwaltungsgebühr von ca. 2%.

Aktienrückkauf. Der auf der HV zu genehmigende Aktienrückkauf dient dazu, Aktien einzuziehen oder als Akquisitionswährung eine Übernahme zu finanzieren. Der Rückkauf wird begrüßt; denn die einzelne Aktie gewinnt an Wert. Im Gegensatz zur Dividende bleiben Kursgewinne durch Rückkauf beim Altbestand steuerfrei.

Aktionärsschützer. Die Vertreter der Deutschen Schutzvereinigung für Wertpapierbesitz (DSW) und der Schutzgemeinschaft der Kapitalanleger (SdK) sehen sich als Anwalt der Privatanleger. Sie üben auf der HV Kritik, nennen ihre Wünsche und ihr Abstimmungsverhalten. Die vielen Fragen gehen oft über das Aktionärsinteresse hinaus.

All-Time-High. Das **Allzeithoch** zeigt den Spitzenpreis einer Aktie an. Charttechnisch gibt es keine Widerstandslinie mehr, die den Aufwärtstrend abbremst. Der DOW JONES schaffte bis Ende 2014 neue Rekordmarken mit dem DAX im Schlepptau.

Altersvorsorge. Das Ungleichgewicht steigender Lebenserwartung bei niedriger Geburtenrate stellt die Rentenfinanzierung vor Probleme. Eine eigenverantwortliche Altersvorsorge wird unverzichtbar. **ETF-Sparpläne** sind besonders interessant.

Anlagebetrug. Alljährlich verschwinden 30 bis 50 Mrd. € in den Kassen der Anlagebetrüger. Jede Warnlampe sollte aufleuchten, wenn der Berater ungebeten anruft, steuerfreie Traumrenditen verspricht, ein exklusives Supergeschäft vorgaukelt, sein dubioses Produkt kaum erklärt und als Geschäftssitz ein exotisches Land nennt.

Anlagestrategie. Das A und O für den Börsenerfolg ist eine passende Strategie. So sind Krisenzeiten besser zu überstehen. Wir unterscheiden: a) Sicherheitsbewusstsein, b) Chancenorientierung, c) Risikobewusstsein. *Hohe Gewinnchancen sind mit hohem Verlustrisiko verbunden!* Eine vernünftige Strategie berücksichtigt: Einkommen, Monatsaufwand, Vermögensdecke, Anlagezeitraum, Renditeziele, familiäre Lage, finanzielle Pflichten, Lebensalter, Steuern und Marktlage. Bei einer Leitzinspolitik nahe Null ist es das höchste Risiko, kein Risiko einzugehen und das Sparbuch zu pflegen.

Antizyklisches Handeln. Dies ist ein beherztes Handeln entgegen dem Trend. Als mutiger Anleger greifen Sie während der Bodenbildungsphase bei starker Korrektur und Crash zu, während Sie auf dem vermeintlichen Gipfel schrittweise verkaufen.

Aufsichtsrat. Er besteht aus mindestens drei Mitgliedern und wählt den Vorsitzenden. Der Aufsichtsrat überwacht das Management und beruft die jährliche HV ein. Das Anforderungsniveau steigt. Eine Frauenquote von 30% ist für Indexfirmen Pflicht.

Ausgabeaufschlag. Bei vielen Investmentfonds besteht ein Ausgabe- und Rücknahmepreis. Der bei Investmentfonds verhandelbare Ausgabeaufschlag beträgt bis zu 5% und fällt bei der Kauforder an. Allgemein wird bei Aktienfonds eine jährliche Managementgebühr von 1,9%, bei ETFs dagegen nur 0,3% erhoben.

Außerbörslicher Handel. Dies ist der stark im Auftrieb befindliche Wertpapierhandel außerhalb der Börsenzeiten. Kurz vor einem Börsengang erleichtern die hier erzielten Preise die Entscheidung, die Aktie zu zeichnen oder dies nicht zu tun.

B

Baisse. Damit ist ein länger anhaltender Kursrückgang gemeint, verursacht durch eine konjunkturelle Schwäche bis hin zu Rezession und Deflation. Hinweise für einen Umschwung liefern günstige Frühindikatoren über wichtige Wirtschaftsdaten.

Behavioral Finance. Sie untersucht den Einfluss irrationaler Verhaltensmuster auf Kauf- und Verkaufsentscheidungen. Eine begrenzte Sichtweise, Angst vor Gesichtsverlust, Selbstwertprobleme, Verdrängung und Herdentriebverhalten führen dazu, Gewinne zu früh mitzunehmen und auf Verlustbringern zu lange sitzen zu bleiben.

Benchmark. Als Messlatte und Vergleichsmarke für eine globale Anlagestrategie dient der **MSCI-Welt-Aktienindex**. Wird ein DAX-Fonds neu aufgelegt, will der Manager den Vergleichsindex schlagen, auch wenn dies bei Blue Chips meist nicht gelingt.

„Bestens“. Dies ist eine **unlimitierte Verkaufsorder**. Die Bank soll das Wertpapier möglichst teuer verkaufen. Unlimitierte Orders werden meist ausgeführt, haben aber den Nachteil, dass dies häufig zu einem niedrigeren Kurs als mit Limit geschieht.

Bezugsverhältnis. Es geht um das Verhältnis der Zahl alter und neuer Aktien bei Kapitalerhöhungen. Ein Bezugsverhältnis von 5:1 zeigt an, dass ein Altaktionär für je fünf Anteilscheine eine junge Aktie erwerben kann – oft mit hohem Preisabschlag.

„Billigst“. Es handelt sich um einen **unlimitierten Kaufauftrag**. Die Bank versucht, den Titel aus Anlegersicht preiswert zu erwerben. Unlimitierte Kaufaufträge werden meist sofort ausgeführt, haben aber den Nachteil, dass vielleicht zu viel bezahlt wird.

Biotechaktien. Üppige Kursgewinne winken, wenn die klinische Phase III erfolgreich ist, ein Präparat zugelassen und ein Bestseller wird. Weniger riskant sind breit gestreute Biotechfonds oder ETFs. Ein Forschungsabbruch, eine verweigerte Zulassung und Meldungen über schädliche Nebenwirkungen führen zum Kursabsturz.

Blue Chips. Dieser Begriff ist für die großen Standardwerte, für bekannte Qualitätstitel bspw. aus dem DAX, EURO STOXX 50, DOW JONES oder NIKKEI reserviert.

Bookbuilding-Verfahren. Vor dem Börsengang (IPO) wird die Preisspanne festgelegt, zu der Sie zeichnen können. In schlechten Börsenzeiten ist eher mit einem fairen Preis zu rechnen, als wenn die Börse boomt. Erfolgt die Neuemission zum überhöhten Preis und bereichern sich die Altaktionäre übertrieben, kann der Börsengang scheitern. Ein Blick auf die außerbörsliche Kursentwicklung dient zur Orientierung und erleichtert die Entscheidung.

Börse. Die Börse als hoch organisierter Handelsplatz ist ein Treffpunkt von Angebot und Nachfrage. Der Börsenhandel findet in Frankfurt (elektronisches Handelssystem XETRA) und an den Regionalbörsen Berlin-Bremen, Düsseldorf, Hamburg, Hannover, München und Stuttgart statt. Die Deutsche Börse AG ist im DAX notiert. Über Börsengang und Kapitalerhöhung stocken AGs ihr Eigenkapital auf und Anlegern eröffnen sich Chancen auf Kursgewinn und Dividende. Die Transparenz wird durch Presse, Börsenmagazine, TV, Internet und Online-Banking erhöht. An den Präsenzbörsen sind Börsenhändler von Banken und Skontroführer tätig.

Branchenanalyse. Die Fundamentalanalysten untersuchen die Folgen einer anziehenden oder sich abschwächenden Konjunktur auf die Branche, zu der die AG gehört.

Branchenrotation. Je nach Konjunktur laufen zyklische oder nicht zyklische Aktien gut. Mal sind Auto- und Maschinenbauer, Chemie, Biotech, Medizintechnik oder Pharma gefragt. Heute schwört vielleicht alles auf soziale Netzwerke. Morgen sind möglicherweise Softwareaktien (Growth) und übermorgen Konsum (Value) begehrt.

Break-Even, Gewinnschwelle. Es geht um die Frage, ob und wann eine Firma wieder profitabel arbeitet und schwarze Zahlen schreibt. Einflussfaktoren sind Kostensenkung, Gesundschrumpfung, eine erfolgreiche Produktpalette oder Übernahme.

BRIC- und BRICS-Staaten. Diese auch für Indexfonds gern verwendete Abkürzung bezeichnet Schwellenländer bzw. Wachstumsmärkte: **B**rasilien, **R**ussland, **I**ndien, **C**hina. Wird das Quartett zum Quintett ausgebaut, kommt das **S** für **S**üdafrika hinzu.

Briefkurs. „B" für Brief zeigt an, zu welchem Kurs Sie den Titel kaufen können. Der Briefkurs ist der höhere Kaufpreis, der **Geldkurs** der niedrigere Verkaufspreis.

Buch- bzw. Substanzwert. Damit sind Immobilien, Fahrzeuge, Anlagen, Maschinen usw. gemeint. Der **Buchwert** bezieht sich auf die Vermögensgegenstände bzw. das Eigenkapital. Liegt der Buchwert über dem Kurs, spricht dies für faire Bewertung.

Bullen- und Bärenfalle. Die Bullenfalle liefert charttechnisch falsche Kaufsignale. Der Aktionär erleidet Verluste. Umgekehrt signalisiert die Bärenfalle sinkende Kurse.

C

CAC-40-Index. Der französische Aktienindex der Pariser Börse ist in seiner Bedeutung mit dem DAX vergleichbar und umfasst die wichtigsten 40 französischen Aktien.

Cashflow. Dies ist die wohl wichtigste Kennzahl zur Beurteilung der **Finanz- und Ertragskraft** eines Unternehmens. Der Cashflow umfasst Jahresüberschuss, Abschreibungen, Rückstellungen sowie Steuern auf Einkommen und Ertrag.

Chart, Charttechnik. Ein Chart stellt den Kursverlauf über eine bestimmte Zeit wie Tages-, Wochen-, Jahres- und Mehr-Jahres-Chart mittels Linien, Balken, Kerzen usw. dar. Aus der Kursentwicklung der Vergangenheit ziehen Experten Rückschlüsse für die Zukunft, da menschliches Verhalten wiederkehrenden Regelabläufen unterliegt.

China. Das Riesenreich ist weiterhin auf Wachstums- und Exportkurs und erwirbt ausländische Währungen und internationale Beteiligungen. Nutznießer sind der Rohstoffsektor, die Textil- und Solarindustrie. Leidtragende sind die Produktpiraterie-Opfer.

Cost Average. Dieser Effekt kommt bei **Sparplänen für Aktienfonds** und **ETFs** zum Tragen. Der Durchschnittspreis sinkt, indem mit gleich hohem Einsatz bei fallenden Preisen mehr und bei steigenden Kursen weniger Wertpapiere gekauft werden.

Crash. Dies sind **massive Kurseinbrüche** auf breiter Front. Die größten Crashs fanden 1929 und 1987 im Oktober statt. Beim dreijährigen Crash von Frühjahr 2000 bis März 2003 stürzte der DAX von über 8150 auf 2200 Punkte ab. Der Neue Markt büßte über 95% ein und auch die US-Technologiebörse NASDAQ verlor gegenüber dem Allzeithoch rund zwei Drittel ihres Wertes. Im Herbst 2008 und im Frühjahr 2009 kam es infolge der weltweiten Finanz- und Wirtschaftskrise zu einem erneuten Crashszenario. Der DAX notierte nur noch bei 3600 Punkten. Ein Crash ist auch künftig unvermeidbar. Es stellt sich nur die Frage: wann, wie heftig und wie lange?

D

D-A-CH-Region. Diese Abkürzung wird im Wirtschaftsleben gern für den deutschsprachigen Raum, also Deutschland, Austria (Österreich) und die Schweiz verwendet.

DAX. Dies ist die Abkürzung für **D**eutscher **A**ktienunde**X**. Im DAX werden die Kurse der 30 führenden deutschen AGs notiert. Neben dem Börsenwert ist der **Streubesitz**, also der Anteil der **frei handelbaren** Aktien – **Free Float** genannt – entscheidend.

Day-Trading. Damit ist der Kauf und Verkauf am selben Tag gemeint. Ziel ist das Ausnutzen kleiner Preisschwankungen. Bevorzugt werden volatile, liquide Aktien. Day-Trading eignet sich nur für disziplinierte, nervenstarke, spekulative Anleger.

Demografie. Die Lebenserwartung nimmt bei niedriger Geburtenrate weiter zu – pro Jahrzehnt um zweieinhalb Jahre. Nutznießer und damit interessant für die Aktienauswahl sind der Biotech-, Medtech- und Pharmasektor, Privatkliniken und Senioreneinrichtungen, Wellness und Touristik, Haustierhaltung, gediegene Kleidung, Körperpflege und Ernährung. Verlierer dürften die Zigaretten-, Spielzeug-, Möbel- und Elektroindustrie sein, werden doch langlebige Güter jetzt nur noch selten neu angeschafft. Die Automobilindustrie muss Unfallschutz durch Fahr- und Einparkhilfen bieten.

Depot, Depotgebühren. Vor dem Aktienkauf ist ein Wertpapierdepot einzurichten. **Depotauszug** heißt das erstellte detaillierte Verzeichnis über alle geführten Wertpapiere. Für die Verwaltung darf die Bank Depotgebühren berechnen.

Deutsche Bundesbank. Sie setzt die geldpolitischen Beschlüsse der Europäischen Zentralbank (EZB) um. Die Deutsche Bundesbank übernimmt gemeinsam mit der Bundesanstalt für Finanzdienstleistungsaufsicht (BaFin) die Bankenaufsicht.

Deutsches Aktieninstitut (DAI). Der Verband börsennotierter Unternehmen will die rechtlichen und wirtschaftlichen Rahmenbedingungen am Aktienmarkt und die Aktienkultur durch Grundlagenforschung, Beratung und Information verbessern.

DivDAX. Diesen Index gibt es seit 2005 mit den 15 dividendenstärksten DAX-Werten. Alljährlich aktualisiert die Deutsche Börse die Zusammensetzung. Beim Blick auf eine üppige Dividende wird jedoch oft übersehen, dass vor allem diejenigen Konzerne prozentual viel ausschütten, deren Kursentwicklung nicht vorankommt.

Diversifikation. Das A und O einer erfolgreichen Strategie ist eine breite **Streuung** nach Indizes, Branchen, Ländern und vom Zeitpunkt her. Wer zu wenig Kapital hat, um mit Einzelaktien breit zu streuen, sollte auf ETFs oder Aktienfonds zurückgreifen.

Dividende. Wer den Titel am HV-Tag hält, bekommt die volle Gewinnausschüttung am nächsten Werktag ausgezahlt. Bei Vorzugsaktien ist die Dividende oft höher als bei Stämmen. Eine verlässlich steigende Ausschüttung gilt nach der Rückbesinnung auf Substanzkraft und Nachhaltigkeit als wichtiges, aber nicht einziges Kaufargument. 2012/13/14 schütteten die DAX-Konzerne pro Jahr jeweils 26 bis 28 Mrd. € aus.

Dow Jones. Der an der New Yorker Börse gehandelte DOW JONES INDUSTRIAL AVERAGE erfasst als Leitindex die Kurse der 30 größten US-Firmen und gibt weltweit die Marschroute vor. Der DAX kann sich nicht abkoppeln. Institutionelle Anleger orientieren sich eher am S&P 500. Seit März 2013 eilt der DOW JONES von einem zum nächsten Allzeithoch und schaffte 2014 mit über 18.000 Punkten den Höchststand.

E

EBIT, EBITDA. Als EBIT wird der Gewinn eines Unternehmens vor Zinsen und Steuern bezeichnet. EBITDA ist der Gewinn vor Zinsen, Steuern und Abschreibungen.

Eigenkapital. Dies sind die finanziellen Mittel, über die ein Betrieb nach Abzug aller Verbindlichkeiten verfügt. Kapitalerhöhungen stärken die Eigenkapitalbasis und ermöglichen Investitionen und Übernahmen.

Einzelanalyse. Die Fundamentalanalyse überprüft die AG auf Herz und Nieren. Im Blickpunkt stehen KGV, Buchwert, Cashflow, EBIT und EBITDA, Ergebnis je Aktie, Dividendenrendite, Eigenkapitalquote, Zukunftschancen, Geschäftstätigkeit und Marke.

Emerging Markets. Damit sind aufstrebende Volkswirtschaften Ostasiens, Afrikas und Lateinamerikas gemeint. Hier werden überdurchschnittliches Wirtschaftswachstum und steigender Lebensstandard mit Angleichung an westliche Industrieländer erwartet.

Emittent. Dieser Begriff trifft zu, wenn ein Unternehmen neue Aktien oder Anleihen anbietet bzw. eine Großbank Aktienanleihen, Anlage- und Hebelzertifikate auflegt.

Entry Standard. Seit 2005 besteht das von der Deutschen Börse eingerichtete preiswerte Freiverkehrssegment (Open Market). Bei Aufstiegschancen in den SDAX, MDAX oder TecDAX ist der Wechsel in den strengen Prime Standard zwingend.

Ethikanlagen. Das Ethik-Rating „mit gutem Gewissen Geld anlegen" fordert: a) Umweltverträglichkeit (erneuerbare Energien, Schutz bedrohter Tiere und Pflanzen, energiesparendes Bauen, Recycling, Schadstoffvermeidung); b) Sozialverträglichkeit (keine Niedriglöhne, Ausbeutung und Diskriminierung); c) Kulturverträglichkeit.

EURO STOXX 50. Der Leitindex der EU umfasst die 50 größten Firmen mit zahlreichen Energie- und Finanztiteln. Anfang 2015 notierte der dividendenstarke EURO STOXX 50 – vergleichbar mit der Champions League im Fußball – bei 3200 Punkten.

Exchange Traded Funds (ETFs). Damit sind die preiswerten, transparenten, börsengehandelten Indexfonds gemeint, die weder besser noch schlechter als der Index abschneiden. Mit passiv gemanagten ETF lassen sich alle wichtigen Märkte abdecken.

F

Finanztermingeschäftsfähigkeit. Zu den spekulativen Finanztermingeschäften zählen Derivate (Optionen und Futures) sowie Optionsscheine. Die Bank muss bei Termingeschäften die Risiken genau darlegen und ein Beratungsprotokoll erstellen.

Footsie, FTSE-100-Index. Der seit 1984 bestehende und von der *Financial Times* betreute Aktienindex der Londoner Börse umfasst die 100 wichtigsten englischen Titel.

Free Float. Die **frei handelbaren** Aktien befinden sich im **Streubesitz** statt in fester Hand. Für die DAX-Gewichtung sind der Börsenwert und der Streubesitz maßgebend.

Freibetrag. Sofern der Bank ein Freistellungsauftrag (Pauschalbetrag 801 €) vorliegt, schreibt sie **Dividenden, Zinseinkünfte und Kursgewinne** bis zum Ausschöpfen steuerfrei gut. Wer seinen Freistellungsauftrag ändert oder erstmals einreicht, muss seine **Steueridentifikations-Nr.** angeben, um Missbrauch vorzubeugen.

Fundamentalanalyse. Analysten untersuchen die unternehmerischen Einflussfaktoren auf den Geschäftsverlauf. So ist leichter erkennbar, ob die Aktie fair bewertet ist und wie die künftige Entwicklung einzuschätzen ist. Die Fundamentalanalyse stützt sich unabhängig von der Charttechnik auf die **Global-, Branchen- und Einzelanalyse.**

Fusion. Der Zusammenschluss von Unternehmen durch *freundliche* oder *feindliche* Übernahmen soll Kosten senken, die Marktstellung stärken und die Umsatz- und Gewinnchancen erhöhen. Fusionen führen wegen unterschiedlicher Firmenkulturen nicht immer zum erhofften Erfolg. Bei einer Übernahme steigt der Aktienkurs der Zielfirma meist deutlich, während er bei der Bieterfirma eher um einige Prozentpunkte sinkt.

G

Geldkurs. Börse und Nachrichtensender informieren Sie, zu welchem Preis Sie handeln können. Aus Anlegersicht ist der Geldkurs „G“ der **niedrigere Verkaufspreis** (englisch: **bid**) und der Briefkurs „B“ (englisch: **ask**) der etwas höhere Kaufpreis.

Genehmigtes Kapital. Eine AG darf ihr Grundkapital nur aufstocken, also eine **Kapitalerhöhung** durch Ausgabe junger Aktien vornehmen, wenn ein HV-Beschluss vorliegt. Im Aktienrecht wird deshalb vom „Genehmigten Kapital“ gesprochen.

General Standard. Seit der Neusegmentierung 2003 gibt es den **Prime Standard** mit strengen Auflagen. Darunter ist der **General Standard** mit milderen Auflagen angesiedelt. Mehr gefragt ist der kostengünstige Unterbau **Entry Standard.**

Gewinnschwelle. Der **Break-Even** bedeutet: „schwarze Zahlen“. Die Gewinnschwelle, ab der ein Unternehmen Erträge erwirtschaftet, erscheint greifbar nahe.

Gewinnwarnung. Das Unwort warnt nicht vor Gewinnen. Es ist eine negative Ergebniserwartung. Je schlimmer die Abweichung, umso größer der Kursabsturz!

GEX. Seit 2004 gibt es im Prime-Standard-Segment den GEX (German Entrepreneurial Index) für Familienunternehmen aller Branchen. Der GEX krankt daran, dass die Börsennotiz höchstens zehn Jahre zurückliegen darf. Danach endet die Mitgliedschaft.

Girosammelverwahrung. Bei dieser rationellen Art der Wertpapierverwahrung erhält der Aktionär ein Miteigentumsrecht an allen eingebuchten Wertpapieren.

Globalanalyse. Bei der Fundamentalanalyse überprüfen die Experten die konjunkturelle Einschätzung weltweit. Sie untersuchen die Wirtschafts-, Sozial- und Steuerpolitik, den Ölpreis, die Währung, Wechselkurse, politische Ereignisse, Zinspolitik usw.

Gold. Das von Mythen umrankte Edelmetall gilt in Krisen als sicherer Hafen in Form von Barren und Münzen. Interessant sind zudem physisch unterlegte Edelmetall-ETCs. 5% bis 15% Vermögensanteil in unterschiedlicher Form sind vernünftig.

Gratisaktien, Berichtigungsaktien. Bei einer „**Kapitalerhöhung aus Gesellschaftsmitteln**" werden Unternehmensrücklagen in Grundkapital umgewandelt. Die Altaktionäre erhalten zusätzliche Aktien. Der Anteil am Grundkapital ändert sich nicht.

Growth. Damit sind wachstumsstarke Aktien und Aktienfonds gemeint. Längerfristig lässt sich mit der Kombination substanzstarker Value-Aktien und aussichtsreicher Growth-Titel eine bessere Wertentwicklung erzielen. Generell gilt: Bei Konjunkturschwäche Value-Titel, bei Wirtschaftswachstum zyklische Werte übergewichten.

Grundkapital. Das Grundkapital einer AG wird in Aktien zerlegt, muss also mit der Stückelung der ausgegebenen Aktien übereinstimmen. Der Aktionär ist entsprechend seiner Aktienzahl als Miteigentümer am Grundkapital beteiligt.

H

Hauptversammlung. Auf dem jährlichen Aktionärstreffen werden wichtige Beschlüsse über Kapitalerhöhungen, Rückkaufprogramme usw. gefasst. Pro Aktie gibt es eine Stimme. Wer am HV-Tag den Titel besitzt, hat Anspruch auf die volle Dividende.

Hausse. Sie ist das positive Gegenstück zur **Baisse** und steht für einen länger anhaltenden Kursanstieg. Antizyklisch handelnde Aktionäre realisieren einen Teil ihrer Kursgewinne in der Höhepunktphase und kaufen in der Talsohle einer Baisse wieder zu.

Hoch/Tief-Mutstrategie. Bei starker Korrektur und Crash gilt es, die unterschiedliche Kursentwicklung klug zu nutzen. Nicht alle Aktien versinken im Kellerloch. Mancher Wert notiert nahe am Allzeithoch. Mithilfe von Teilverkäufen werden Gewinne mitgenommen und das notwendige Geld beschafft, um in stark abgestürzte Aktien mit guten Zukunftschancen zu investieren. Diese Strategie ist langfristig eine Art Zauberformel.

I

Index, Aktienindex. Allgemein sind die Aktien nach **Marktkapitalisierung** bzw. **Börsenwert** gewichtet. Dies gilt neben der Umsatzentwicklung beim Streubesitz auch für den Auf- und Abstieg der Börsenbarometer DAX, MDAX, TecDAX und SDAX.

Indexfonds (ETF). Im Gegensatz zum Indexzertifikat ist dies keine Schuldverschreibung, sondern geschütztes **Sondervermögen**. Ein ETF spiegelt die Aufnahme aller Aktien eines Börsenbarometers wie DAX, MDAX, EURO STOXX 50, DOW JONES, NASDAQ usw. wider. Kursschwankungen entsprechen dem abgebildeten Index.

Inflation, Inflationsrate. Zum Preisanstieg kommt es, wenn die Nachfrage das Angebot übertrifft oder Spekulanten agieren. Auch ein Ungleichgewicht bei Dollar, Euro, Yen und explodierende Nahrungsmittelpreise gefährden die Stabilität. Die Notenbanken reagieren auf Kaufkraftverlust mit Zinserhöhung. Das macht Aktien unattraktiv.

Insidergeschäft. Personen, die aufgrund ihrer beruflichen Position über Insiderinformationen verfügen, dürfen ihr Wissen erst nach erfolgter Veröffentlichung weitergeben und die Aktie handeln. Verstöße werden mit Geld- oder Freiheitsstrafe geahndet.

Investmentclub. In Städten tun sich mitunter Privatanleger zusammen, um gemeinsam ein Aktiendepot aufzubauen, Kosten zu sparen und eine gute Rendite zu erzielen.

ISIN (International Securities Identification Number). Seit 2003 gilt die zwölfstellige ISIN neben der sechsstelligen Wertpapierkennnummer. Bei deutschen Aktien folgt als Kern die bisherige WKN. Zum Schluss wird eine Prüfziffer angehängt. Die einprägsame WKN ist besser erkennbar und es gibt weniger Verwechslungsfehler.

J

Junge Aktien. Bei einer Kapitalerhöhung werden oftmals neue Aktien mit oder ohne Bezugsrechte für Altaktionäre ausgegeben. Dies führt zur Verwässerung und löst nur dann Freude aus, wenn der Preisabschlag deutlich zweistellig ist.

K

Kapitalerhöhung. Eine AG kann nach Genehmigung auf der jährlichen HV ihr Grundkapital aufstocken durch Ausgabe junger Aktien, Genussscheine oder Wandelanleihen. Ein solcher Beschluss steht z. B. bei Übernahmen an.

Kaufsignal. Die Technische Analyse liefert Kauf- und Verkaufssignale. Durchbricht der Kurs die obere **Widerstandslinie** oder hält die untere **Unterstützungslinie,** entsteht ein Kaufsignal. Bullen- und Bärenfallen vermitteln falsche Signale.

Konjunktur. Ein Konjunkturzyklus verläuft wellenförmig. Günstig im Abwärtstrend ist der **V**-Verlauf. Die Wirtschaft erholt sich schnell. Der **U**-Verlauf ist dramatischer. Die Talsohle wird nur langsam durchschritten. Das **„W"** markiert den gefürchteten **Double-Dip.** Nach kurzem Auftrieb geht es erneut abwärts. Am gefährlichsten ist der **L**-Verlauf. Weder Zins- noch Steuersenkungen bringen bei Deflation die Wirtschaft auf Trab.

Konsolidierung, Korrektur. Ein mäßiger Abwärtstrend wird Konsolidierung, ein stärkerer Einbruch Korrektur genannt. Ein extrem heftiger Absturz gilt als Crash.

Kurs-Gewinn-Verhältnis. Das **KGV** bildet die wichtigste Kennziffer der **Fundamentalanalyse** und erleichtert die Bewertung einer Aktie. Ein möglichst niedriges KGV zeigt, mit welch Vielfachem des Jahresgewinns die Aktie gehandelt wird.

Kurszusätze. Der Zusatz **B** für **Brief** (der höhere Kaufkurs) und **G** für **Geld** (der niedrigere Verkaufskurs) erleichtert vor allem bei Nebenwerten aktuelle Entscheidungen. Der Hinweis **exD** zeigt die Kursnotierung am Tag des Dividendenabschlags an.

L

Leerverkauf. Diese Spekulation setzt auf fallende Kurse überbewerteter Aktien. **Hedgefonds** nutzen gern dieses Finanzinstrument. Der **Short Seller** verkauft an der Börse Papiere, die er sich gegen Zahlung einer Gebühr von einem Broker in der Annahme leiht, sie später zum niedrigeren Kurs an der Börse zurückzukaufen.

Leitzins EZB. Die Europäische Zentralbank (EZB) mit ihrem Präsidenten Mario **Draghi** legt den Leitzinssatz für die EU fest. Zu diesem Zinssatz können die Banken Geld von der EZB erhalten. Der Leitzinssatz nahe 0% ist ungewöhnlich niedrig.

Leitzinspolitik Fed. Im Zuge der Weltwirtschaftskrise senkte die US-Notenbank Fed mit ihrem damaligen Präsidenten Ben **Bernanke** den Leitzinssatz auf das historische Tief von 0,0% bis 0,25%. Er wird vorerst beibehalten, um den konjunkturellen Aufschwung im überschuldeten Amerika und in Südeuropa nicht abzuwürgen.

Limit, Limitierung. Um Überraschungen bei marktengen Werten zu vermeiden, ist es ratsam, ein Limit bis zum Monats- oder Quartalsende einzugeben. Bei einer Kauforder ist das Limit der höchste Kurs, beim Verkauf der niedrigste akzeptierte Kurs. Wer das Limit zu eng setzt, läuft Gefahr, dass der Auftrag nicht ausgeführt wird.

Liquidität bezeichnet die Fähigkeit, seine Zahlungsverpflichtungen zu erfüllen. Bei hoher Liquidität werden Wertpapieraufträge sekunden- bis minutenschnell abgewickelt.

M

Marathonaktien, Highflyer. Dies sind Aktien, die sich dauerhaft zu Kursraketen entwickeln. Es zahlt sich nur selten aus, Gewinne vorzeitig mitzunehmen. Spitzenaktien setzen ihren Höhenflug meist fort – z. B. vierstellige Rendite in einem Jahrzehnt.

Marktkapitalisierung. Der **Börsenwert** ist neben dem Umsatz entscheidend für Aufnahme und Gewichtung im Index. Die Marktkapitalisierung ergibt sich, indem der Kurs mit der Aktienanzahl multipliziert wird. Kleine AGs sind anfällig für Kursmanipulationen durch Gurus. Fonds greifen oft erst bei einem Börsenwert ab 100 Mio. € zu.

MDAX. Er umfasst nach dem DAX die Aktien der nächstgrößeren 50 klassischen Titel und ist vergleichbar mit der 2. Fußballbundesliga. Ein Auf- und Abstieg erfolgt zweimal jährlich. Der MDAX entwickelt sich seit Jahren besser als der DAX. Das Geheimnis liegt auch in der Blutauffrischung, den Neuemissionen und den SDAX-Nachrückern.

Micro Caps. Die niedrig kapitalisierten Werte unterhalb des SDAX befinden sich in den wenigsten Anlegerdepots. Oft liegt die Kommunikationspolitik im Argen. Mit Informationen nur in Englisch wird fehlende Größe vorgetäuscht. Bei einer Turnaround-Story locken hohe Kursgewinne. Es ist ratsam, ausländische Nebenwerte wegen des erhöhten Risikos über einen Indexfonds (ETF) oder Themenfonds abzudecken.

Mid Caps. Die Aktien mittelgroßer AGs sind in Deutschland im MDAX mit 50 klassischen Titeln und im TecDAX mit 30 Hightechwerten aus dem In- und Ausland notiert.

N

Nanotechnologie. Den Strukturen in Nanometergröße, der millionste Teil eines Millimeters, werden beeindruckende Eigenschaften nachgesagt. Ein Nanometer steht zum Fußball im gleichen Verhältnis wie der Fußball zur Erdkugel. Die Grundlagenforschung umfasst vor allem den Bereich der Naturwissenschaften.

NASDAQ. An der US-Technologiebörse sind Hightech-, Biotech-, Internet-, Telekom- und Medienaktien gelistet. Der Nasdaq 100 eilte von einem zum nächsten Allzeithoch und notierte Anfang 2015 bei 4.150 Punkten. Der TecDAX orientiert sich am NASDAQ mit Titeln wie **AMGEN, APPLE, BIOGEN, FACEBOOK, GILEAD, GOOGLE.**

Nebenwerte. Hierzulande zählen dazu der MDAX und SDAX mit je 50 Titeln aus klassischen Branchen sowie der TecDAX mit 30 Hightechaktien, ebenso die Titel im Entry Standard. Marktkundige Investoren stöbern hier substanzstarke Titel mit üppiger Dividende und überzeugender Gewinnentwicklung auf. ETFs und Themenfonds mit in- und ausländischen Nebenwerten führen meist die Siegerlisten an.

Neuemission. Eine AG tritt ihren Börsengang (**IPO: I**nitial **P**ublic **O**ffering) an. Bei Notierung im Prime Standard besteht die Aussicht, bei einer der nächsten Indexüberprüfungen in den MDAX, TecDAX oder SDAX aufzusteigen. Beim **Bookbuilding-Verfahren** wird die Preisspanne genannt, zu der Zeichnungsangebote möglich sind.

Nicht zyklische Aktien. Damit sind die weniger konjunkturabhängigen Aktien gemeint wie Energie, Versorger, Nahrungsmittel, Haushaltsbedarf, Versicherungen. An Essen, Trinken, Pflegemitteln, Strom und Heizung wird auch in Krisen kaum gespart.

Nikkei. Dies ist der Leitindex für 225 japanische Aktien an der Börse Tokio. Seit dem Absturz von 40.000 auf 7000 Punkte gelang Ende 2014 ein Kursanstieg auf 16.300 Punkte. Interessant für Investoren ist der breiter aufgestellte **TOPIX** mit 1700 Titeln.

NYSE (New York Stock Exchange). Die NYSE an der Wall Street gilt als wichtigste Aktienbörse. Der **DOW-JONES-Index** mit den 30 größten US-Industriekonzernen liefert die Vorgaben für die weltweite Kursentwicklung der Standardwerte.

O

Order. Hier geht es um die Aufträge im Wertpapierhandel. Bei marktengen Werten begrenzen Sie mittels **Limit** die Preisspanne beim Verkauf nach unten und beim Kauf nach oben. Preisgünstig ist eine Order bei Discountbrokern. Beim Einsatz unterhalb von 1000 € fressen die Transaktionsgebühren oft den Kursgewinn auf.

P

Penny Stock. Durch den Kurssturz am längst „beerdigten“ Neuen Markt sind manche Aktien so stark abgestürzt, dass sie unter 1 € notieren. Penny Stocks sind eine beliebte Spielwiese für Zocker, aber ungeeignet bei langfristigem Anlagehorizont. In China ist es nicht ungewöhnlich, beim Börsengang als Penny Stock zu starten.

Performance. Sie bezeichnet die Entwicklung des Depots und einzelner Wertpapiere. Ein gutes Abschneiden verlangt eine auf das Marktgeschehen angepasste Anlagestrategie mit Streuung in Qualitätstitel und Blick auf hohe Dividenden.

Photovoltaik, Solarstrom. Mit drastisch verringerten Einspeisevergütungen in Deutschland und riesigem Preisdruck wegen starker Konkurrenz aus China und Amerika ist vom früheren Boom in Deutschland nichts mehr zu spüren. Eine Bereinigung des übersättigten Marktes durch Abbau zu hoher Kapazitäten war unumgänglich.

PIN. Die mehrstellige **p**ersönliche **I**dentifikations**n**ummer sollte auswendig gelernt und in raffiniert verschlüsselter Form, z. B. Telefonnummer-Versteck, verwahrt werden.

Portfolio. So wird der Depotbestand von Anlegern wie auch die Wertpapierzusammensetzung bei Fondsmanagern und die Produktpipeline von Firmen genannt.

Prime Standard. Seit der Neusegmentierung 2003 gibt es den **Prime Standard** mit strengen und den **General Standard,** ein Auslaufmodell, mit milderen Auflagen. Im Prime Standard sind alle Aktien von DAX, MDAX, TecDAX und SDAX vertreten. Verlangt werden Quartalsberichte, internationale Bilanzierung und Analystenkonferenzen.

Q

Quanto. Dieser Zusatz bedeutet, dass der Aktienfonds oder ETF **währungsgesichert** ist und die Kursentwicklung nicht unter dem Wechselkurs Euro/Dollar/Yen leidet.

Quartalsbericht. Von den im Prime Standard notierten AGs verlangt die Deutsche Börse AG vierteljährlich einen Bericht über die Umsatz- und Gewinnentwicklung.

R

Rallye. Die Rezeptur lautet: Nachhaltigkeit, Substanzkraft, steigender Umsatz und Ertrag, gesunde Bilanzstruktur, hohe Dividende, erstklassiges Management.

Rating/Ranking. Die Rating-Skalen der großen Agenturen S&P, MOODY'S, FITCH und FERI TRUST beurteilen die Kreditwürdigkeit von Staaten und Fonds. AAA ist die höchste Bonitätsstufe. Das **Rating** bewertet qualitative Kriterien wie das Management, das **Ranking** quantitative Maßstäbe wie Rendite und verwendet das Sterne-System.

Realtimekurse. Im Internet erscheinen Börsenkurse oft zeitverzögert von 15 Minuten, teilweise auch sekundengenau wie auf der Bildtafel 216 beim Fernsehsender n-tv für den DAX. Die Discountbroker bieten ihren Kunden aktuelle Notierungen an.

Regenerative Energien. Ob Solarstrom, Windkraft, Erdwärme oder Biodiesel aus nachwachsenden Rohstoffen: Bevölkerungswachstum, knapper werdende fossile Energieträger und Klimawandel machen erneuerbare Energien für Strom und Heizung unverzichtbar. Auch Wasser als „blaues Gold" wird in vielen Regionen zum knappen und damit teuren lebensnotwendigen Gut. Sie sollten mit Themenfonds, ETFs und bei guter Marktkenntnis mit Einzeltiteln in diese Zukunftsmärkte anlegen.

Regionalbörsen. Neben der Leitbörse in Frankfurt gibt es die Regionalbörsen Berlin-Bremen, Düsseldorf, Hamburg, Hannover, München und Stuttgart. Nach Frankfurt sind Stuttgart und München am besten positioniert. Einige Regionalbörsen kämpfen ums nackte Überleben. Die Regionalbörsen wenden sich vor allem an Privatanleger.

Rendite. Sie bezeichnet den Wertpapierertrag im Verhältnis zum eingesetzten Kapital. Die **Dividendenrendite** bezieht sich auf die prozentuale Ausschüttung für bestimmte Zeiträume. Langfristig erzielen substanzstarke Aktien eine hohe Rendite.

Reverseplit(t). Beim **Umkehrsplit(t)** werden Aktien zusammengelegt, z. B. im Verhältnis 5:1 oder 10:1, um einen Kapitalschnitt vorzunehmen und eine Kapitalerhöhung zu ermöglichen. Dies wäre bei einer Notierung unter 1 € (Penny Stock) unzulässig.

Riester-Rente. Nutznießer dieses staatlich geförderten Altersvorsorgemodells sind Personen, die in die gesetzliche Rentenversicherung einzahlen. Gefördert werden **zertifizierte** Rentenversicherungen, Investmentfonds- und Banksparpläne.

Risikoneigung. Jeder sollte seine Risikobereitschaft und Renditeerwartung kennen. Nur dann lässt sich eine passende Strategie entwickeln und einhalten. Ein risikobewusster Anleger setzt nicht nur auf die Trumpfkarte „Sicherheit“. Er weiß, dass es bei Sparbuchzinsen nahe 0% das größte Risiko ist, überhaupt kein Risiko einzugehen.

Rohstoffmarkt. Der Experte **Jim Rogers** setzt für den Rohstoffzyklus eine Zeitspanne von ein bis zwei Jahrzehnten an. Neben der physischen Edelmetallanlage bieten sich Rohstoff-ETCs, Themenfonds und chancenreiche Einzelaktien an.

Rückkaufprogramm. Das bei der HV beschlossene Rückkaufprogramm ist beliebt, wenn die AG damit nicht Aktienoptionen der Führungskräfte finanziert, sondern eigene Titel einzieht und damit den Wert der übrigen Aktien erhöht. Akzeptiert wird auch, wenn das Rückkaufprogramm als Akquisitionswährung für Übernahmen dient.

Rürup-Rente. Wer hier einzahlt, nutzt Steuervorteile und sichert sich eine Leibrente bis zum Tod. Die Lebenszeit wird voll abgesichert, unabhängig davon, ob jemand 75 oder 100 Jahre alt wird. Die Rürup-Rente darf nicht beliehen, verkauft oder vererbt werden. Im Gegensatz zu Riester fördert das Rürup-Modell auch Selbstständige.

S

Schuldverschreibung. Sie werden auch als Bonds, Anleihen, Renten, Obligationen bezeichnet und verbriefen ein **Gläubigerrecht.** Der Inhaber ist kein Anteilseigner, sondern hat Anspruch auf Rückzahlung des Nennwerts. Indexzertifikate sind Schuldverschreibungen, während Indexfonds (ETF) als Sondervermögen geschützt sind.

Schulter-Kopf-Schulter-Formation. Diese charttechnische Formation besteht aus Kopf und Schultern. Um den Scheitelpunkt bilden sich links und rechts zwei niedrige Scheitel. Die **Nackenlinie** verbindet die Tiefpunkte. Ein Durchstoß nach unten bildet ein Verkaufssignal. Hält die Unterstützungslinie, raten Charttechniker zum Kauf.

SDAX. Bei der Neusegmentierung 2003 wurde auch der SDAX umstrukturiert. Er umfasst nach dem MDAX die 50 größten Unternehmen klassischer Branchen. Die Anpassung geschieht vierteljährlich. Hier dominieren flexible familiengeführte Mittelständler, die sich in Nischen behaupten. Neuemissionen sorgen für Blutauffrischung.

Sell in May and go away. Der Rat, im Mai seine Aktien zu verkaufen und später wieder einzusteigen, fußt auf der Erfahrung, dass im Sommer Kursabschläge drohen. Nutznießer dieser Transaktionen sind die drei großen **B**: **B**örse – **B**roker – **B**anken. Die Gebühren schmälern die Rendite. Hinzu kommt, dass von Mai bis Juli viele Konzerne ihre Dividende ausschütten. Wer vor 2009 diesen Rat befolgte, versäumte es, sich einen steuerfreien Altbestand aufzubauen – ein Riesenpatzer!

Sell-out. Der panikartige Aktienverkauf zu Tiefstpreisen zeigt die Crash-Bodenbildung an. Die Chance auf Trendumkehr steigt. Gut, wer die Nerven behält und extrem günstig schrittweise zukauft statt verlustreich all seine Aktien aus dem Depot zu werfen.

Shareholder Value. Die Firmenpolitik orientiert sich an den Interessen der „**Aktienhalter**". Viele werthaltige Industrieunternehmen sind auf Shareholder Value ausgerichtet. Dazu gehören eine attraktive Dividende und eine gute Informationspolitik.

Sparplan. Berufsstarter sollten für Vermögensaufbau und Altersvorsorge am besten einen Sparplan über preiswerte Indexfonds (ETF) mit niedrigen Gebühren abschließen und den **Cost-Average-Effekt** nutzen. Bei gleich hohem Monatseinsatz werden bei fallenden Preisen mehr und bei steigenden Kursen weniger Anteile eingebucht.

Spekulationsblase. Die Börse neigt zu Über- und Untertreibungen, angeheizt durch Gier und Panik. Früher oder später türmen sich Spekulationsblasen auf, die irgendwann platzen. Dies ist unvermeidbar; denn der Mensch lernt kaum aus Fehlern und neigt zu wiederkehrenden Verhaltensweisen. Die Frage lautet nicht ob, sondern nur wann, wie heftig und wie lange der nächste Börsencrash dauert.

Split/Splitt. Mithilfe eines Aktiensplit(t)s wirkt der Titel optisch billiger. Zuvor teure Papiere sind durch Stückelung im Verhältnis von 1:2, 1:3, 1:5 usw. besser handelbar. Der Wert ändert sich dadurch nicht. **Ein Vergleich:** Ich kann eine Torte in mehrere Stücke aufteilen. Solange ich sie nicht aufesse, bleibt die Gesamtmenge gleich. Ein Split(t) signalisiert, dass der Vorstand mit weiterem Wachstum rechnet. Kreist der Pleitegeier über der AG, stückelt sich der Aktienkurs mit Wertverfall von selbst.

Spread. Bei Zertifikaten bedeutet der Spread die Spanne zwischen dem aus Anlegersicht etwas höheren Briefkurs beim Kauf („Ask") und dem niedrigeren Geldkurs beim Verkauf („Bid"). Dafür entfällt ein Ausgabeaufschlag wie bei Investmentfonds üblich.

Squeeze-out. Die Regelung erlaubt es, bei **feindlichen Übernahmen** verbleibende Aktionäre mit einer dem tatsächlichen Wert entsprechenden Zwangsabfindung herauszudrängen. Vorausgesetzt wird, dass der Bieter 95% der Anteile kontrolliert.

Stammaktien. Stämme (ST) verbriefen ein volles Stimmrecht bei der HV. Zunehmend werden Vorzüge – von Spöttern als „kastriert“ tituliert – in Stämme umgewandelt. Die früher wegen der oft höheren Dividende beliebten Vorzüge (VZ) lehnen vor allem Großaktionäre wegen der verminderten Rechte ab. Die Deutsche Börse berücksichtigt nur eine Aktienart bezüglich Indexzugehörigkeit, Gewichtung, Auf- und Abstieg.

Stoppkurs, Stop-Loss-Order. Um bei einem Kurssturz glimpflich davonzukommen, werden Stop-Loss-Orders zur Gewinnabsicherung und Verlustbegrenzung eingesetzt und bei Bedarf nachgezogen. Dies ist im Abwärtstrend oder bei längerer Abwesenheit vorteilhaft. Bei einem Minuten-Blitzcrash wie am 6. Mai 2010 wird das Depot jedoch leergefegt. Frust kommt auf, wenn die Aktie kurz vor der Gewinnausschüttung ausgestoppt wurde und vor 2009 den Aufbau steuerfreier Altbestände verhinderte. In der Hausse erholen sich Qualitätstitel. Die Baisse wird von sinkenden Kursen geprägt. Bei Blue Chips kann die Spanne knapper, bei volatilen Titeln weiter sein. Die „drei großen **B**“ – **B**örse, **B**roker, **B**anken – halten Stoppkurse für unverzichtbar, sorgen sie doch für sprudelnde Einnahmequellen! Marktkundige Aktionäre verkaufen, wenn die fundamentalen Daten dafür sprechen und die Charttechnik Ausstiegssignale liefert.

Strategie. „Für einen Seemann, der nicht weiß, welches Ufer er ansteuern soll, ist kein Wind der richtige.“ Nur wer sich über Anlageziel, Risikobewusstsein, Anlagezeitraum usw. klar ist, findet das für ihn passende Konzept. Sonst stochert er im Nebel.

Streubesitz. Damit ist der nicht in festem Besitz befindliche Aktienanteil gemeint. Für die DAX-Gewichtung gelten der Börsenwert und die **frei handelbaren** Stücke, **Free Float** genannt. Bei hohem Streubesitz steigt die Gefahr feindlicher Übernahmen.

Substanz- bzw. Buchwert. Er bezieht sich auf Immobilien, Fuhrpark, Anlagen, Maschinen usw. Liegen Aktienkurs und Buchwert nahe beieinander, ist die Bewertung angemessen. Übertrifft der Buchwert den Kurs, erscheint der Titel unterbewertet.

T

TecDAX. Im Frühjahr 2003 wurde der skandalumwitterte Neue Markt durch den TecDAX ersetzt. Er umfasst die 30 größten AGs nach dem DAX aus dem Hightechsektor. Die Indexanpassung erfolgt halbjährlich. Zunächst dominierten die Solarstromtitel und von „Sonnen-DAX“ war die Rede. Von elf Titeln blieb nur **SMA SOLAR**, Weltmarktführer für Wechselrichter, übrig. 2014 schlitterte der Kurs um 33% nach unten. Biotech-, Medtech- und Software/IT-Aktien bringen den Index nach vorn.

Technische Wertpapieranalyse. Der Charttechniker richtet sein Augenmerk auf die Entwicklung von Wertpapieren, Rohstoffen, Währungen usw. Er stellt die Kursverläufe grafisch mittels Linien, Balken, Kerzen dar. Langzeitcharts erlauben Rückschlüsse auf künftige Entwicklungen von Aktien, Indizes, Branchen usw. Da das menschliche Verhalten gewissen Regelabläufen unterliegt, zieht der technische Analyst aus den Charts der Vergangenheit Erkenntnisse für die Zukunft. Dabei sind Trend und Trendumkehr, Unterstützungs- und Widerstandslinien wegweisend.

Thesaurierung. Dies ist der Fall, wenn Fondshäuser bei ETFs und Aktienfonds die Dividende nicht auszahlen, sondern die Erträge in neue Anteile investieren. Bei Aktienfonds und ETF im Altbestand vor 2009 bleiben die Thesaurierungserträge steuerfrei.

Trading, Day-Trading. Der Zugriff auf elektronische Handelssysteme ermöglicht es auch dem Privatanleger, auf kleinste Kursbewegungen blitzschnell zu reagieren.

Trend, Trendkanal. „Der Trend ist dein Freund“ zeigt, dass es unklug ist, sich gegen den vorherrschenden Trend zu stemmen. Das prozyklische Handeln stimmt die eigene Strategie auf den Markttrend ab. Mutiges antizyklisches Handeln heißt, entgegen dem Herdentrieb frühzeitig auf eine sich abzeichnende Trendwende zu reagieren.

Turnaround. In Kürze sollte der Boden gebildet sein und das Unternehmen schwarze Zahlen schreiben. Bleibt die Rückkehr in die Gewinnzone aus, droht ein erneuter Kurssturz. Auf eine Turnaround-Story zugeschnittene seriöse Börsenbriefe sorgen für Informationen, die über marktenge Titel sonst nur schwer zu beschaffen sind.

U

Übernahme. Von **feindlichen** Übernahmen sind vor allem Unternehmen bedroht, die keinen treuen Ankeraktionär, aber einen hohen Streubesitz (Free Float) haben. Aktionäre erwarten vom Aufkäufer einen zweistelligen Preisaufschlag. **Freundliche** Übernahmen sind üblich, wenn das **Zielunternehmen** gut zur **Bieterfirma** passt. Oft aber zerstört der „Kampf der Kulturen“ die erhofften Synergieeffekte.

Überzeichnung. Bei begehrten Neuemissionen sind **Zeichnungsgewinne** zu erwarten. Der Ausgabepreis dürfte am oberen Ende der **Bookbuilding-Spanne** liegen. Ein Blick auf außerbörsliche Kurse macht Chancen beim Börsenstart berechenbar. Wer bei der Zeichnung leer ausgeht, sollte Geduld üben. Oft geht der Kurs später zurück.

Ultimo. Zum einen läuft die Kauf- oder Verkaufsorder bis zum Monatsende. Zum anderen ist damit der letzte Börsentag im laufenden Monat gemeint.

Umkehrformation. Es handelt sich um Chartformationen, die auf eine Trendumkehr hinweisen wie die **M-, W-, Schulter-Kopf-Schulter- und Untertassenformation.**

Umkehrstrategie. Sie wählen internationale Titel aus, die im letzten Jahr schlecht abschnitten und vertrauen auf eine Aufholjagd. Dies ist möglich, wenn sich die fundamentalen Daten verbessern. Aber nicht jeder „gefallene Engel“ steht wieder auf.

Unterstützungslinie. Wird sie nach unten durchbrochen, ist dies ein **Verkaufssignal.** Hält die Unterstützungslinie, deuten Experten dies positiv und raten zum Kauf.

V

Value-Aktien, Value-Fonds. Ab 2000, als die Kurse weltweit in den Keller rauschten, erntete Warren Buffett, der alles, was er nicht kennt und versteht, verschmäht, neuen Ruhm. Value ist auf substanzstarke, nachhaltige Aktien zugeschnitten.

Verkaufssignal. Bei der technischen Analyse deuten bestimmte Kursverläufe auf sinkende Notierungen hin. Ein Verkaufssignal wird gebildet, wenn der Aktienkurs an einer **Widerstandslinie** abprallt, ohne sie nach oben durchstoßen zu können.

Verlustbegrenzung. Vernünftig ist es, Gewinne laufen zu lassen und bei schlechten Nachrichten Verluste rasch zu begrenzen. Im Crash ist bei Qualitätstiteln auch das Aussitzen nicht verkehrt. Das Geheimnis des Börsenerfolgs liegt darin, dass eine Aktie zwar zum Totalverlust führen kann. Nach oben aber gibt es keine Grenze.

Volatilität. Hightechaktien und marktenge Werte sind besonders schwankungsfreudig. Wer das mitunter heftige Auf und Ab nervlich nicht aushält, vertraut lieber auf die großen Standardwerte oder investiert in ETFs oder Branchenfonds.

Vorzugsaktien. Sie sind wegen fehlender Stimmrechte auf der HV wenig beliebt. Da tröstet die oft höhere Dividende kaum. Manchmal werden **Vorzüge** in **Stämme** umgewandelt, weil für Indexgewichtung und Indexaufstieg nur eine Aktiengattung zählt.

W

Wachstumswerte. Dazu zählen Hightech-, Biotech-, Medtech-, Internet-, Nanotechnologie- und Medienwerte. Growth-Aktien sind attraktiv, wenn die Konjunktur anzieht und die Eroberung neuer Märkte zum Umsatz- und Gewinnanstieg führt.

Wall Street. Dies ist die Straße, in der die New York Stock Exchange (NYSE) ihren Geschäftssitz hat.

Wandelanleihen. AGs begeben Wandelanleihen mit mittlerem Zinskupon, um ihr Kapital aufzustocken. Sie selbst bestimmen innerhalb einer Frist, ob Sie zum Ende der Laufzeit Geld oder Aktien wünschen. Das Risiko ist beim A-Rating relativ gering.

Wertpapierkennnummer (WKN). Wer Aktien telefonisch oder online ordert, verwendet gern die sechsstellige WKN. Die zwölfstellige **ISIN** ist schwer zu entziffern und verleitet zu Fehlern. Bei 0 und D, bei G, 6 und 8, bei L, I und J sowie M und N wird bei kleiner Schrift leicht verwechselt. Deshalb ist ein Namensvergleich wichtig!

Widerstandslinie. Charttechnisch wird die Ampel auf „Grün" gestellt, wenn die Widerstandszone nachhaltig nach oben durchstoßen wird. Größere Barrieren liegen psychologisch bedingt bei runden Zahlen und früheren Index-Höchstständen.

X

XETRA. Das vollelektronische Handelssystem der Frankfurter Börse macht den Parketthandel entbehrlich. XETRA führt Aufträge über Computer blitzschnell zusammen.

Z

Zeichnung. So heißt die Abgabe eines Kaufangebots für neue Aktien zum Ausgabepreis. Hohe Zeichnungsgewinne am ersten Börsentag sind im Gegensatz zu den Zeiten des Neuen Markes heutzutage nur bei attraktiven Titeln zu erwarten.

Zinspolitik. Von 2006 bis Februar 2014 war Ben Bernanke Notenbankchef der US-Fed. Sein langjähriger Vorgänger Alan Greenspan ging mit 79 Jahren in den Ruhestand. Seit Februar 2014 führt Janet Yellen die Geschicke der US-Notenbank Fed. Mit der schwersten Finanz- und Weltwirtschaftskrise 2008/2009 seit 80 Jahren sowie dem Überschuldungsszenario wurde zur Stabilisierung des Finanzsystems eine Niedrigzinspolitik mit historischen Tiefständen eingeläutet – in den USA zwischen 0,0% und 0,25%. Die Europäische Zentralbank (EZB) mit ihrem Präsidenten Mario Draghi (Vorgänger Jean-Claude Trichet) legt den Leitzinssatz für die Länder der EU fest. Der Leitzinssatz von 0,25% ist historisch extrem niedrig. Mit langsam steigenden Zinssätzen wird bei anziehender Konjunktur in den USA im Laufe des Jahres 2015 gerechnet.

Zykliker, zyklische Aktien. Dieser Begriff bezieht sich auf konjunkturabhängige Unternehmen. Dies trifft zu für Maschinen- und Autobauer, Chiphersteller, Stahl-, Bergbau,- Biotech- und Chemiekonzerne. Beim Konjunkturaufschwung werden zyklische Titel favorisiert. Ist der Hochpunkt überschritten, nehmen vorsichtige Investoren nichtzyklische Titel wie Versorger, Konsum- und Energiewerte in ihr Depot.

⑩ Anhang

10.1 Sachwortverzeichnis: Wo steht was?

Die fett gedruckten Seitenzahlen zeigen Kerninformationen an. Der Kursivdruck weist auf das Lexikon hin.

10.2 Wichtige Börsenindizes im Rückblick 2014

Die letzte Buchseite verschafft Ihnen einen Überblick über die Kursentwicklung der deutschen Indizes und führender Börsenbarometer rund um den Globus für einen Zeitraum von einem bis zu fünf Jahren. Sie finden hier die schwer auffindbare Wertpapierkennnummer, wichtig für schnelle Orientierung und charttechnische Online-Informationen für beliebige Zeitabschnitte.

Internationale Indexübersicht 2014 mit Punkten und Kursen

Index	WKN	Stand 31.12.14	Kursentwicklung 1, 3 und 5 Jahre	Jahres-hoch
DAX	846 900	**9.806 P.**	+2,7%/+66 /+65%	**10.093 P.**
MDAX	846 741	**16.935 P.**	+2,2%/+90/+126%	**17.204 P.**
TecDAX	720 327	**1.371 P.**	**+17,5%**/+100/+68%	**1.385 P.**
SDAX	965 338	**7.186 P.**	+5,9%/+63/+102%	**7.573 P.**
DivDAX	A0C 33D	**258 P.**	+4,7%/+76/+67%	**268 P.**
DAXplus Family	A0YKTP	**3.081 P.**	+9,3%/+63%/ k. A.	**3.087 P.**
GEX	A0A ERO	**1.187 P.**	+15,0%/+12/-20%	**1.273 P.**
Entry Standard	A0G 834	**362 P.**	-2,9%/-6/-36%	**391 P.**
Euro Stoxx 50	965 814	**3.146 P.**	+1,1%/+35/+70%	**3.326 P.**
Stoxx 50	965 816	**3.004 P.**	+2,8%/+26/+16%	**3.132 P.**
Dow Jones	969 420	**18.038 P.**	+8,8%/+47/+70%	**18.103 P.**
S&P 500	A0A ET0	**2.091 P.**	+13,1%/+65/+85%	**2.094 P.**
Nasdaq 100	A0A E1X	**4.313 P.**	**+20,0%**/+87/+129%	**4.347 P.**
Nikkei 225	969 244	**17.451 P.**	+7,1%/+105/+65%	**18.031 P.**
TOPIX 100	965 295	**926 P.**	+11,3%/+86/+50%	**963 P.**
Hang Seng (China)	145 733	**23.605 P.**	+0,4%/+27%/ k. A.	**25.363 P.**

Anmerkung: Diese Übersicht erweist sich als sehr hilfreich, wenn es darum geht, bestimmte Indizes mit einem ETF abzudecken und Charts einzusehen. Diese Strategie ermöglicht breite Streuung auch bei bescheidener Vermögensdecke und wenig Zeit und Lust, ständig das Marktgeschehen zu beobachten und intensiv zu handeln.